김수현 드라마 전집

김수현 드라마 전집

16

세 번 결혼하는 여자 3

솔

1. 대사 문장에는 띄어쓰기 원칙을 적용하지 않았다.

가장 먼저, 김수현 극본의 대사에는 마치 악보처럼 리듬이 존재한다는 것을 알면 이해가 한층 쉬워진다. 대사의 리듬과 더불어 대사의 타이밍, 대사의 전환점, 호흡의 완급, 감정선의 절제 또는 연장 등이 대본 자체에서 표현되고 있다. 따라서 문법적 원칙보다 대사의 리듬, 장단이 우선하는 이유로 띄어쓰기 원칙은 간혹 무시되고 있으며 이러한 작가의 의도를 손상시키지 않기 위해 띄어쓰기 문법을 적용시키지 않고 원본 그대로 실었다.

2. 대사에는 맞춤법을 적용하지 않은 경우가 적지 않다.

김수현 극작품의 대사는 구어체에 가까운 것으로 한글, 곧 '소리 나는 대로 읽기-쓰기'에 충실하다. 사투리가 대사에 적용될 때, 캐릭터의 어투나 억양을 강조하기 위한 수단으로 쓰일 때에도 그러하다. 곧 모든 대사의 바탕은 실제 생활 속 일상 언어의 발성이며, 때문에 공식적인 맞춤법이 적용되지 않은 경우가 많다. 외래어 또한 대부분 표기법을 적용해 사용하지 않았고, 문장부호의 사용 또한 일부 맞춤법을 적용하지 않았다.

> 예) "가께 오빠"("갈게 오빠") "늘구지 마세요 선생님"("늘리지 마세요 선생님") "택시 타구 갈께요"("택시 타고 갈게요") "어뜩해. 들으셨어요?"("어떡해. 들으셨어요?") "잔소리 피할려 그러지."("잔소리 피하려 그러지.") "친구 잘못 사겨 착한 내 아들 버렸다는 거랑 같아"("친구 잘못 사귀어 착한 내 아들…") "납쁜 자식"("나쁜 자식") "이제 여덜시야"("이제 여덟 시야") "키이"("키key")

마침표(.)를 넣지 않은 대사 문장에 대해
마침표의 유무에 따라 호흡과 말투, 대사와 대사와의 연결, 뉘앙스에서 차이가 있음

4

을 지시하는 것으로 원본 그대로 실었다.

3. 의성어 및 의태어의 사용은 김수현 작가만의 언어를 반영하여 최대한 수정하지 않은 원문을 싣거나, 부분 삭제하였다.

　　예) '식닥식닥'(화나거나 흥분해 가만히 있지 못 하고 숨을 헐떡거리
　　는 상태), '채뜰 듯'(낚아채서 빠르게 들어 올리는 모양)

4. 작품에 쓰인 용어의 설명은 다음과 같다.

S#: S: Scene의 약자. / #: Number를 의미하는 기호.

E: Effect의 약자.
E는 여러 쓰임새가 있다. 이번 전집에서는 대체로 다음 두 가지로 쓰인다.
　　① 화면상에서 A의 얼굴 위로 B의 목소리를 나오게 할 때
　　② 특별한 음향효과를 지시할 때
　　이번 전집에서는 ①에서처럼 화면 연출상의 기법을 위한 경우로 쓰일 경우에는
전후 문맥상 반드시 필요한 경우를 제외하고 부분 생략하였다. 그러나 ②에서처럼
전화벨이나 음향효과를 위한 장면에서는 원문 그대로 E라고 표기하였다.

　　예) E 전화벨 울리고 있고 / E 볼륨 줄여놓은 피아노 연주곡.

F: Filter의 약자.
이것은 예를 들면 A와 B가 통화를 할 때, A가 화면에 나와 있는 상태에서 B의 전화
목소리를 들려줘야 하는 경우, 상대방의 목소리를 전화 저편에서 말하는 것처럼 들
리게 하는 음향적 효과를 지시하는 부호이다.

오버랩: Overlap.
앞의 장면과 뒤에 연결되는 장면이 겹쳐지며 다음 화면으로 넘어가게 할 때 쓰는 부호이다. 대본에서의 오버랩은 앞 사람의 대사가 끝나기 전에 다음 사람의 대사를 겹쳐서 말하게 할 때 주로 쓰이고 있다.

인서트: Insert.
일련의 화면에 글자나 필름을 삽입하는 것을 뜻한다. 이 대본에서는 대부분의 경우이 지시 사항은 생략되었고, 건물의 외경이나 풍경 등의 씬을 삽입할 때 주로 쓰였다.

디졸브: Dissolve.
한 화면의 밀도가 점점 감소되어 사라짐과 동시에 점차 다른 화면의 밀도가 높아져나타나는 장면 전환 기법 중 하나. 대본에서의 디졸브는 시간이나 장소의 변화를 보여주기 위해 사용되었다.

페이드 인: Fade in.
영상이 검정색 상태에서 다음 이미지가 점차 선명하게 나타나는 장면 전환 효과를말하는 것으로 대본에서는 'F.I'로 표기했다.

페이드 아웃: Fade out.
화면이 어두워져 완전히 꺼지는 상태. 장면의 전환, 또는 시간을 건너뛸 때 주로 쓰인다. 대본에서는 'F.O'로 표기했다.

스니크 인: Sneak in.
해설이나 대사 등이 진행되고 있는 사이에 음악이나 효과음을 서서히 삽입시키면서 점점 확대해가는 오디오 연출 용어이다.

5. 기호와 지시문에 대한 설명은 다음과 같다.

/ : 대사 속의 / 부호와 지문 속의 / 부호가 있다.

① 대사 속의 / 부호

대사 도중에 나오는 / 부호는 말투, 억양을 바꿀 때, 텀term 혹은 호흡을 지시 할 때 쓰인다. 그 길이는 길 수도, 짧을 수도 있으며 바로 전 대사의 호흡을 끊고 바로 다음 대사로 빠르게 연결해야 할 때도 쓰인다.

    예) **수정** (일어나 아들 앞으로 가 서며)너 어떻게/어디 아파? 돌았어?

② 지문 속의 / 부호

연출할 화면을 나열, 혹은 순서대로 지시하는 부호이다.

    예) **서연** ???(허둥지둥 다른 손으로 무릎에 놓은 가방 휘저으며 전화 찾는/도저히 전화가 손에 안 잡힌다/브러시질 멈추고 아예 가방 내용물을 무릎에 몽땅 쏟아버린다/지갑 수첩 필통 손수건 콤팩트 립스틱 선글라스 두통약병 등등/그러나 전화는 없다/설마 하는 얼굴로 내용물들 다시 손으로 움직이며 체크/역시 없다)

③ 지문과 대사 속의 //

/ 부호를 겹쳐 사용한 것은 대사와 지문 모두 호흡을 위해 그대로 표기하였다. 행동이나 대사를 완전히 끊고 마무리할 때 사용되었다.

    예) 지문: (대화 시작되고 유창하게 응답하는 이모//매일 전화로 학습시키는
           영어 회화)
       대사: ····그럼 // 충격받을 준비해.

( ): 배우의 연기에 대한 지시 사항.

[ ]: 작중 정황을 지시하는 지문.
설정, 행동, 환경, 동선 등을 지시하는 부호이다.

…… : 말줄임표
　　① 대사의 말줄임표: 배우의 대사에서의 감정선에 따른 호흡의 길이를 지시하는 부호.
　　② S#의 말줄임표: 도입되는 장면에 대한 연출의 길이를 조절하라는 뜻이다.
　　③ [ ]의 말줄임표: 해당 장면에 대한 추가 연출이 필요하다는 뜻으로 쓰인다.

(오버랩의 기분): 오버랩처럼 대사가 완전히 겹치지 않고 앞 대사가 마무리될 때쯤 대사를 시작하는 것을 말한다.

　　예) **이여사**　글쎄 기분 나쁜 이유가
　　　　영주　　(오버랩의 기분)엄마 내가 말하구 싶지 않은 거 그래서 알아
　　내본 적 있수?

(에서): 장면의 마지막 대사 뒤에 붙여 대사 후 화면이 바로 전환됨을 나타낸다. 간혹 대사 후 바로 화면 전환을 하지 않고 그대로 두어 여운을 줄 때도 사용한다.

　　예) **채린**　　어머니 꿈꾸셨어요?(에서)
　　　　S# 준모의 침실

6. 배우의 연기나 대사, 작중 정황 등 대본의 서술과 실제 방영된 드라마 방송분이 다를 경우 대본을 우선으로 한다.

| 등장인물 |

주요 인물

오은수　쇼호스트. 두 번의 결혼을 한다.

정태원　은수의 첫 번째 남편.

김준구　은수의 두 번째 남편.

은수네 가족

자부(오병식)　은수 자매의 아버지.

자모(이순심)　은수 자매의 어머니.

오현수　은수의 언니.

정슬기　은수와 태원의 딸.

태원네 가족

태모(최여사)　태원의 어머니.

정태희　태원의 누나.

한채린　태원의 두 번째 아내.

준구네 가족

준부(김회장)　준구의 아버지.

준모(손여사)　준구의 어머니.

이모(손보살)　준구의 이모.

9

현수 주변 인물

안광모 현수의 친구.

천(천경숙) 광모의 어머니.

박주하 현수의 친구.

주모(유민숙) 주하의 어머니.

김인태 주하의 동료 교사.

준구 주변 인물

이다미 준구의 연인.

정수 준구의 친구.

그 외 인물

임실(임실댁) 태원네 집 가사도우미.

차(차실장) 이다미의 매니저.

송(송기자) 연예부 기자.

대표 현수의 회사 대표.

하나 대표의 조카.

차례

제28회

S# 슬기의 방

태원 정말 큰 비밀인가 보구나··좋아 더 안 물을께··그런데 뭐가···마음이 이상해?

슬기 그게 무슨 소리야?

태원 뭐냐 마음이···아냐··그런데 아빠는 방문 잠그지 말고 그냥 혼자 있고 싶을 때는 혼자있고 싶어요 말로 하는 게 좋을 거 같아. 아니면 얘가 방문 잠그고 혼자 뭐하는 걸까 식구들이 궁금하잖아.

S# 태모 방

태모 돈이 썩어? 그 돈두 아까워 배 아픈데. 깨진 물독에서 쏟아진 물이랑 한번 내 뱉은 말은 천하 없어두 다시 못 쓸어담는 법이야.

태희 아으 신경쓸 거 없어. 할테면 해보라 그래. 누가 뭐라면 엄만 그냥 사람잡는다구 거품 물고 펄펄 뛰어. 거꾸로 신용못할 여자 만들면 돼.

S# 준구 침실

은수 나 알아들어··결혼은 많은 부분을 나 아닌 나로 살아야 해. 자고

싶을 때 자고 먹고싶을 때 먹을 수 있는 자유가 얼마나 큰 건지 몰
라. (들어오는 준구/아침 먹고)더 얘기하고 싶은데 끊어야 해. 이게
결혼이야.

S# 태모 주방

임실 (포기하는/궁시렁)애가 낫살 먹은 이사람 붙잡고 눈물 쪽쪽 짜
길래 이 늙은이가 그 꾀에 넘어가부렸소잉.내가 잘못했소. 그만두
시오.

태모 십년이 넘게 한솥밥 먹으면서 며느리 붙잡구 내 험담이나 하구
도대체 누굴 믿구 살아. 믿을 사람이 누구야.

S# 태희 방

태원 나 또 이혼할 순 없어요누나.

태희 아 좀 지나면 엄마 포기될 거야. 엄마 이해해라. 누우렇게 익은
벼가 몽땅 쭉징이였으니 얼마나 낙망이 크겠어 낄낄.

S# 백화점 커피숍

준구 찢어지게 울더라…내가 무슨 짓을 한 건가‥내 이기심이 애를 완
전히 망가뜨려놨구나…복잡했어…. 복잡해.

정수 결혼을 왜 그렇게 서둘렀어

준구 손에 잡혀주질 않아서 초조했었어. 빨리 붙잡아다 놔야할 거 같
아서.

S# 준구의 침실

준구 (들어오는 은수 다가들어 안으려)

은수 아 꽃 망가져‥

준구 (꽃 빼내 적당히 치우고 다시 안으며)여자들 사랑한다는 말 좋아
하지‥사랑해 당신.

은수 코치받구 들어온 거 표나.

준구 애 취급하지 마. 김새.

S# 타이틀

S# 광모 오피스텔

  [광모/천/현수.]

광모 ????....(현수 보며)

광모 말해 현수야.

현수 .....(입 내밀고).....(안 보는 채)

광모 (직신)말해애애.

현수 (직신거리는 광모 팔 밀어내듯).....(여전히)

천 .....(보다가 달래듯)현수야...현수야아아?

현수 (보는)

천 너 그 입 좀 디밀래? 이 머저리가 너 그거 이쁘다니까 정말인줄
    아는 모양인데/아니 그래 뭐 머저리한텐 이쁜 걸수두 있겠지만 나
    는 아니다.그러니까 디밀

현수 (입 디밀었다)

천 E ...응 그래 고맙다 훨씬 낫다...그리구 너 나 좀 볼래?

현수 (보는)

천 너 이거 심하지 않니? 내 아들을 왜 니맘대루 주물러터뜨려.

광모 엄마.

천 (오버랩)(상관없이)알았다 그렇게 소원이면 해라 나 쉬웠겠니?
    이 자식이 콧물눈물에 휴지 한통을 다 쓰구

광모 (오버랩)오바하지 마엄마.몇장 안 남았었어.

천 (오버랩 아들에게 주먹 퍽 나가고/광모 잽싸게 피하고)암튼/ 암튼/

어떤 부모는 멀쩡한 자식 다녀오겠습니다 나갔다 죽기도 하는데 그보다는 낫지까지 내가

현수 (오버랩)어머니.(광모 ?? 현수 보고)

천 ??? 아이구 고맙습니다 네에에 말씀하세요.

현수 저번에 벌써 결혼은 아니라구 말씀드렸는데요.

천 니 어머니는

현수 (오버랩)집에두 확실하게 말씀드려놨어요.

천 결혼은 아니구 동거한다구?

현수 네.(광모 현수 보고/놀랄 건 없고/그랬겠지)

천 ??? 그런데 니 어머니는 왜 나한테

현수 (오버랩)엄마는 동거는 말 안된다 생각하시니까 어떻게든 결혼 시킬라 그러셨겠죠‥

천 셨겠죠.셨겠죠오오.얘 난 너 그 말투도 맘에 안들어.

광모 (오버랩)아 엄마 지금

천 (오버랩)너 남의 집 불구경이야?

현수 죄송합니다.

천 늬들이 스물 다섯 살이면 그래/ 한번 살아봐라 하겠어. 나 그렇게 꽉 막힌 사람 아니야.그런데 두 것들 (손가락질하며)마흔이 낼 모레야. 그런 실험하기 너무 늙었어. 제대로 제 나이에 결혼했으면 지금 열 살 자식두 너끈했을텐데 허송세월 다아 하구 뭐? 뭘 하겠다구?

광모 (오버랩)아 자식 필요없다니까. 우리 자식같은 거에 연연안해.

천 (오버랩)헤어져.

광모 ?? 엄마.

천　더 이상은 못하겠다.각자 갈길 가.

광모　아 왜 이래애.

천　(벌떡 일어나며)결혼이 아니면 죽음을 달라 그래서 줬어. 내가 대답할 차례야. 결혼이 아니면 갈라서. 내 아들 갖구 장난치지마 너어.

광모　(엄마와 같이 일어났다)장난은 누가 장난쳐 엄마.

천　(입 꽉 다물고 현관으로 거칠게)

광모　엄마엄마. 내 말 좀 들어봐 엄마 엄마아아.(천 나가고 광모 허둥지둥 따라 나가고)

현수　…..(일어서서)…….(있다가 입이 또 튀어나온다)……(그러고 있다가 냉장고로/ 맥주 하나 꺼내 벌컥벌컥 마시는)

광모　(들어와 현수 보고/…식탁 쪽으로)신경쓰지 마.

현수　(오버랩)왜 전화 안했니.

광모　너는 왜 안했는데‥

현수　….(마시는)

광모　내내 기다렸는데…안하더라‥그래서 확실한 생각이구나 안되겠다 내가 포기하자. 포기했어‥

현수　….

광모　뭐했냐.

현수　집에‥주하한테 가서 점심 얻어먹구 왔어.

광모　움‥느이는 괜찮구나‥니가 간댔어?

현수　주하가 오랬어‥인태씨 스파게티 먹자구.

광모　??

현수　요리학원 다녔었대‥거의 프로 수준이야. 맛있었어.(맥주 싱크대에)간다.

광모 있어.(침실로/옷 가지러)

현수 ....(그쪽 보다가)헤어지라 그러시는데 어떡하냐.

광모 아 우리가 미성년이야?(옷 입으며 나오는)쓸데없는 소리.

현수 (광모 운동화 놓아주고 신 신는데)

광모 (신 신으며)그 찌질남이 주하 집에 와 요리까지 해줘?

현수 찌질남 감동남이더라.

광모 뭔소리야.

S# 찜질방

인태 (달걀 열심히 벗겨서 주하에게)

주하 (핸드폰 검색하고 있다가)나두 손 있는데.흐흐.

인태 내 손두 주하씨 손으로 쓰세요.

주하 아하하. 나 손이 네 개?(달걀 받으며)

인태 그리구 핸드폰 너무 오래 들여다 보지 말아요. 거북이 목 돼요.

주하 아.(핸드폰 내려놓으며)별 거두 없는데 자꾸 들여다 보게 돼요.

인태 더 친해지면 (두 엄지로 목 풀어주는 시늉)이거 해 줄수 있어요. 어
   머니 때문에 지압도 좀 해요.

주하 학원 다녔어요?

인태 하하 집에 오는 지압선생 어깨넘어 공부하고 책도 좀 봤죠··우
   리 어머니 나중엔 선생 안 불렀어요.

주하 어디 한번 해 보세요.

인태 ??

주하 해보세요오오

인태 아니 저기··저기

18

주하   괜찮아요오오.

인태   그 그럼…(수건에 양손 닦아내고 우물거리다가 어깨와 목 풀어주기 시작)

주하   …어 시원해..

인태   (멈추고)??

주하   왜요?

인태   벌써 그러는 건 좀..이제 시작인데…

주하   진짜 시원해요. 오바 아니에요

인태   (씨익 웃고 만지기 시작)

주하   으으으으 으으으으 진짜 시원하다아아..(달걀 먹으며)

인태   주하씨는 천사에요.

주하   (그 소리에 달걀 목에 걸려 캑캑)

인태   (재빨리 음료 집어 대어주고)

주하   (마시는)…

S# 준구네 식탁

[전 가족 트럼프하고 있는…회장님이 잘 압니다..딜러는 김회장..자유롭게 분위기 내주시다가..]

준모   피곤하면 올라가라.

은수   아니에요 재미있어요 어머니.

이모   지가 따니까 재미있지. 웬일인지 신통하게 노름을 잘해.애 돈 쌓인 거 봐요 애 노름쟁이에요 회장님

회장   하하하하(나누어주며)

준구   운이에요 계산이에요.(은수에게)

은수   운칠 기삼.

[적당히들 웃어주는]

S# 친정 안방

자부   (슬기/할아버지 손가락을 할머니한테 할아버지가 해주듯 만져주고 있는)어어 할아버지 정말 굉장히 속상했었어.

슬기   할머니는 이빨 묶은 철사가 불편해 죽겠대요. 이도 더 잘 닦아야하구.

자부   그래 한번씩 구시렁거려 흐흐. 그만하기가 얼마나 다행인데 사람이 곰방 잊어버리구 그러지 피가 얼마나 많이 났었는데에··

슬기   할아버지 무서웠겠다.

자부   무서웠어. 진짜 겁이 덜컥 났었어.

자모   (찹쌀떡 두 개 들고 들어오는)슬기 찹살떡 먹자아아.

슬기   나 배 안고픈데에··

자모   응 그래서 할머니랑 반개씩 먹자구 잘라 왔지롱? (반 개 자른 것 한 조각 주고 나머지 한 개는 남편에게)

슬기   (받으며)할머니 내일 우리 시장가요?

자모   가야지이이··우리 강아지 시장가는 거 좋아해서 할머니 살 거 있는데두 참었는데?

[집전화 울리는]

자모   아이구 망가뜨리면 아까우니까 손 못댔댔는데에에···네에 여보세요?

천   F 저 광모 엄맙니다.

자모   아 예 예에에.

천   F 아니 얘들 결혼 안하구 그냥 산다그러는데 현수 어머니두 알구 계시다면서 어떻게 아까는 그렇게 딴 말씀만 하셨나요?

20

자모 ???? (전화 막고)얘가 지 시어머니한테두 동거한다 그랬나봐 여보.

자부 했겠지.

천 F 여보세요?

자모 네네네··아으아으 그게··그게 글쎄 그게 무슨 말두 안되는/너무 기가 막혀서 그래서 광모어머니께서 어떻게든/해결을 봐주셨으면 해서

천 F (오버랩)현수어머니.

자모 예 예예.

천 F (오버랩)저 애들 헤어지랬어요.

자모 ??(남편 보는)

S# 이동 중 천여사 차 안

천 어느 부모가 그걸 허락합니까. 헤어지랬으니까 그렇게 아세요.

자모 F 아이구 차라리 그랬으면 좋겠네요.

천 ??

자모 F 그래서 저기 헤어진다구 하든가요?

천 현수엄마 차암 여유있으시네요. 지금 다섯집 건너

S# 친정 안방

천 F (연결)남의 집 일이 아니에요.

자모 아니 그래서가 아니라 (울상)그래서가 아니라

천 F 참 유별난 따님 두셨어요. 기분 몹시 안좋아요. 끊습니다.(끊기는)

자모 ···(뿌우 /끊으며)내 기분은 좋은가 머?····

자부 뭐라는 거야··

자모   자기/ 기분 안 좋다구 끊었어.

자부   헤어지란다구 헤어지겠어?

자모   (비쭉거리는)자기 아들이 들러붙어 난리구먼 알지두 못하구.

자부   ……

자모   헤어지라구 밤샘기도해야겠네‥얼마나 좋아아아.

S# 현수 원룸

현수   (커피 따라 머그잔 광모 앞에 놓아주며)고맙다.

광모   ??(뭐가)

현수   양보해줘서.

광모   너한테 내 남은 인생 바치기로 했어.(머그잔 들며)

현수   그런 말은 가볍게 하는 거 아니야.(제 잔에 따르며)

광모   양보 안하면 뭐. 여기서 너 포기할 수는 없어.

현수   (앉으며)아무 약속두 하지 마. 약속해 놓으면 뒤가 더 시끄럽구 치사해져. 안 깨지는 약속 별로 없으니까‥

광모   깨질 거 전제하구 하는 약속이 어딨냐.

현수   나 너한테 아무 약속 안 할 거야. 가다가 니가 싫증날 수도 있구 시시해져 내버릴 수두 다른 사람이 눈에 띌 수두 있어.그럼 빠이빠이 하자 그럴 거야.(마시는)

광모   ……(보며)

현수   (머그잔 놓고)그러니까 너두 그래‥우리 둘다 좋은 때까지만 함께 하는 거야. 둘 중에 하나 달라지면 솔직하게 달라졌다 말하고 정리하자. 약속은 그거 하나만 하자광모야.

광모   (비웃는)멋있다.

현수   그럼 상처 덜 주고 덜 받을 거야.

광모 응 멋있어. 그런데 그게 도대체 무슨 관계냐. 계약 동거야? 기간은 얼마동안. 일년? 이년? 삼년?

현수 ….(보며)

광모 너 나 못 믿어서 그러는 거 알아.

현수 사람 감정이라는 거만큼 믿을 수 없는 게 어딨냐. 너 안 믿는 거 맞고 나 자신도 못믿어.

광모 넌 아냐. 넌 십오년이나

현수 (오버랩)그건 내꺼가 안되니까 그런 걸 거야 너. 내꺼 아닌 게 분통터져서 자존심상해서 오기나서.

광모 ….(보며)

현수 어쩌면 나 그 상황을 즐기고 있었던 건지도 몰라. 너 그런 놈. 나 그런 놈한테서 못 벗어나는 멍청이… 형편없는 나쁜 자식인 거 뻔히 알면서 한번 시작한 마음 안 바꾸고/아니 못 바꾸고 있다가 죽는 너무 모자라 불쌍하기도 하고 한심하기도 한 여자.

광모 전설이 되고 싶었냐?

현수 ?? 흐흐..그랬나? 그런 건가?

광모 너 울 엄마 앞에서는 이거(닭 똥구멍)하지 마.

현수 나두 모르게 그렇게 되는 건데 뭐.(입 뿔룩)

광모 다른 사람 앞에서두 하지 마. 나랑 있을 때만 해.나는 그게 키스해주세요로 보여. 그렇게 보는 놈 또 있을까봐 찝찝해.

현수 날 받자 광모야.

광모 ?? 결혼식 안한다며.

현수 합방하는 날.

광모 ??? 그거두 날 받아야 하냐?

현수   ?? 너 그거두랬어?

광모   야 그건 그냥 전기 통하면 자동적으로

현수   (벌떡 일어나는)야이자식아 너는 별날 아니지만 나는 특별한 날 이야.

광모   ??(벌떡 일어나며 오버랩)미안해 잘못했어현수야.

현수   ....(노려보는)

광모   점집 가 택일할 거야? 같이 가자. 좋은 날 받자그래.그러엄 그래 야지.그렇구말구 그렇구말구.

현수   (오버랩)가아.

광모   (오버랩)현수야.

현수   (오버랩)쭈쭈뽀뽀 올라가자아아..불끄구 나가.(아이들 데리고 올라가는)

광모   .....(멍하니 서 있다가 돌아서며 중얼거리는)어렵다아아..(전기 스 위치로/스위치에 손 올리고)쭈쭈 뽀뽀 잘 자라아아..랑랑이두 잘자 아..쭈쭈뽀뽀랑랑이 엄마두우우..아빠간다아아...(잠깐 기다렸다가 불 끄고 현관으로 나가는)

S# 현수 침실

현수   (내리닫이 잠옷 내리고/전화 집어 들고)올라가올라가..(침대로 퍽 몸 던지면서)저 바보하구 어떻게 결혼을 하냐 맞지맞지?(애들 주무 르며)으흐흐흐흐.잠깐.(통화 시도)

     [전화벨 가는.]

S# 주하 오피스텔 복도

주하   (인태와 제 현관으로 오면서 전화 꺼내 받는)어 나야. 지금 막 집에 들어갈려는 참야..어 인태씨랑 찜질방 갔었어..(키 꺼내 인태 주고)

24

인태 (키로 현관 열어주는)

주하 (들어서면서)응 그래 내가 금방 걸게‥으웅.(끊고 인태가 내미는 전자카드 받으며)운전 조심해요.

인태 별 걱정을 다.

주하 하하 그러게요. 그럼 안녕히.

인태 (가볍게 목례)예 단잠 주무세요.

주하 엣써‥(손 내밀고)

인태 (웃으며 손잡는데)

주하 굿나잇뽀뽀 하세요.

인태 ???

주하 으ㅎㅎㅎㅎ 그럴 줄 알았어요(하며 가볍게 뺨에 찍어주고 들어가는)도착하면 전화해요오오.

인태 ‥‥(멍해서)‥‥

S# 주하 오피스텔 거실

주하 (현관부터 서둘러 가방 던지고 옷 후다다닥 벗는)

S# 태원 거실

　　　[적당한 안주 놓고 이강주 파티.]

　　　[다 같이 마시고 내리면서]

태원 술이 좋으네요 어머니.

태모 맛도 모르고 늬들 와인와인하는데 나는 어쩌다 한잔 우리 전통주가 좋아.

태희 독해애애‥

임실 (찡그리고 오버랩)독해애애.

채린 난 한잔을 마셔두 독주가 좋은데‥

태모 그건 나하구 쌤쌤이구나. 약한 건 배 불러 파이야. 한 두 모금 에 벌써 찌리리리 신호오는 게 내 성질에 맞어.

채린 어머 저두요 어머니.

태희 난 사약먹는 거 같아서 싫어. (일어나며)너 소맥 안 마실래?

태원 나 괜찮아요.

태희 그래 그럼.(주방으로)

임실 (오버랩/잔 비우고)카아아.

태모 임실댁.

임실 예에.

태모 딱 한잔 술을 그렇게 훌렁 먹어치우면 어떡해.

임실 (채린에게 잔 내밀며)딱 한잔은 섭하지요잉. 주정 안할테니께 딱 한잔만 더 합시다.

채린 (시모 보는)

태모 한잔만 더 줘라.

채린 (따라주고)

태모 (좋아라)

채린 주정을 어떻게 하는데요?

임실 아따 십년도 더 지난 얘기고만. 나 주정이 뭔지 모르는 사람이요.

채린 (태원에게)어떻게 했어요?

태원 (웃는)흠흠흠흠.

태모 (오버랩)목불인견이다 목불인견이 뭔줄은 아니?

채린 어머니 또 그러신다아아..

임실 오매? 어물쩡 반말허네?

채린 ? 아니 아니에요 어머니. 반말 한 거 아니에요.

26

태모　벌거 벗구 돌아다니잖니.

채린　네에에?

임실　아 고게에에

태모　벌거벗구 이방저방 두드리구 시비걸구.

채린　까르르르르. 한번 봤으면 좋겠네요오.

임실　힝..그럼 제일 죽어날 건 새며느님일텐데 그려도 보고 싶소?

채린　왜요?

임실　(훌쩍 털어넣는)

태모　됐어. 그만 들어가 자요.

임실　(안주 집으며)안주까지는 봐 주시오.(안주 씹으며 아웃)

태원　(잔 비우는데)

채린　태원씨?

태원　아 (받고)

채린　(제 잔 비우고 저도 한 잔 더 따르는)..

태모　술 좀 하니?

채린　그냥 적당히 마시는 편이에요.

태희　(소맥 컵 들고 나오며)요즘 애들 술 잘 마셔 엄마.

태모　드라마 보면 여자애들이 소주를 물 마시듯 마시더라. 찡그리지
　　두 않어..소주를 어떻게 그리 물처럼 마셔.

태희　낄낄 드라마 찍을 때 소주가 물이거든.

태원　잘 마시는 사람은 안찡그려요 어머니.

태모　어이구 그럴 정도면 얼마나 술꾼이야 남자두 아닌 여자가.

채린　남자보다 쎈 여자두 꽤 있나봐요.

태모　(오버랩/한숨 섞어)하기는 나두 젊은 날에는 술 좀 했지.할래서

했나.상대하는 사람들이 모조리 남정네들이었으니 어떡해. 정신
못차리게들 다그쳐대 배터지게 먹는 욕을 고기 질리게 풀어 술판
으로 대답하군 했지. 그덕에 한번 일해본 사람은 독하디 독하다는
소린 했어두 인심사납다구는 안했지. 그러구 취해 들어오면 니 아
버지가 수발 다아 들어줬지‥(태원 보며)너는 나를 닮았어. 아버지
는 쌍화탕 먹구 취하는 사람이었으니까 ㅎㅎㅎㅎ(잔 비우고)

채린   어머니 (술 따르려)

태모   (한숨 섞어)그만 됐다‥(무겁게 일어나며)후회없는 인생이 있으
      랴만은…끄으으응…

태희   엄마 사극찍어?…(태모 그냥 자기 방으로/태원 따라가는데)

태희   (채린에게)얘.

태원   (돌아보고)

태희   (채린에게)가봐아아‥

채린   아‥네 아.(홀짝 잔 비우고 태모 쪽으로)

태희   넌 이리 오구우우‥

태원   (와서 앉는)…

태희   엄마 확실히 늙었다. 세상 겁이 뭔지 모르던 노인네가 끄으응.
      아들 두 번 이혼은 못시키겠나봐. 후회어쩌구가 벌써 힘 빠졌단 소
      리구.(마시는)

태원   (마시는)

S# 태모의 방

태모   (침대로 올라가며)끄으으으응….

채린   괴로우세요?

태모   아니다아아‥

채린 혈압 좀 재 볼까요?

태모 아냐아아..

채린 (이불 덮어주는)

태모 (이불 내리며)놔둬.

채린 그럼 안녕히 주무세요.

태모 아직 잘 시간 아니야(눈 감고)

채린 …(나가려는데)

태모 E 친정에서 ….

채린 (돌아보는)

태모 (일어나 물컵 집으며)아무 것도 못 받아두 평생 웬만큼 사는 건 끗떡없으니 아아무 걱정할 거 없다.

채린 아으 그런 걱정을 왜해요. 우리아버지/ 어머니 신용이랑 경제상 태 먼저 조사하셨었는데요?

태모 ??

채린 그럼(웃어 보이고 나가고)

태모 ??? 뭘 어째?……(머엉하다가)아니 내가 사기칠까봐아아??

S# 현수 원룸

현수 (머리 브러시질하면서)어 흥분하지두 말구 서두르지두 말구.

주하 F 내가 그런 거 같니?

현수 글쎄..너무 진전이 빠른 거 아닌가..

주하 F 아닌 거 같아?

현수 그런 얘기 아냐..나도 느낌 좋아..진실한 사람 같아 보여. 그렇 지만 시간을 좀 더 가지라구. 사람 여러 면이 있잖아.

S# 주하 침실

주하 (기초화장 하면서)많이 밝아진 거 같지 않든?

현수 F 어 그래 보이더라.

주하 내가 자신감 북돋아주겠다구 했잖아. 난 한다면 하는 사람이야.

현수 F 타고난 오지랖이다.

주하 하하 그런 면이 없잖아 있지. 근데 현수야 나는 인태씨 엄마면 인태씨는 내 아빠같아. 얼마나 시시콜콜 챙기는지 있잖아 그런 대접 안 받아보다가 받으니까 그거두 괜찮아 얘..그리구 나는 그 집 있지 왜 인태씨네 단독주택..거기서 그 남자 혼자 지내는 게 왜 그렇게 안쓰럽니? 얼마나 쓸쓸할까 얼마나 외로울까 엉?

S# 현수 침실

주하 F 집이 그래서 와이프 생각 더 많이 하게 될 거 같다 슬쩍 튕겨봤더니 현수야. 이 남자 솔직해..생각난대..그런데 점점 빈도가 줄어드는 거 같대. 그게 쓸쓸하대.내가 뭐랬게? 빈도 줄어드는 게 당연하다

S# 주하 침실

주하 (연결)그게 쓸쓸한 거두 당연하다. 망각으로 가는 과정아니겠냐. 망각이 없으면 세상은 고통과 슬픔으로 꽉 차서 진짜 힘들거다 그랬지.눈물 글썽해서 고맙다 그러드라. 운 건 아냐 그냥 글썽/ 글썽했어. 아 현수야 천사 미안해. 너 아까 뻘쭘했지.

S# 현수 침실

현수 뻘쭘은 아니구 그거 웃겼는데 이상하게 웃어지진 않더라.

주하 F 절대 닷시는 하지 말라구 내가 못박아뒀어.

현수 (오버랩)그런데 너 천산지도 몰라.

주하 F 에??

30

현수   천살수도 있어.

S# 주하 침실

주하   ??? 야 나 아냐아아 그딴 소리하면 진짜 천사 돼야잖어. 천사가 어됐냐 천사가. 나 싫어 야!!

현수   F (오버랩)주하야 잠깐 엄마 전화왔어.

주하   어엉

S# 친정 안방

자모   (슬기 가운데서 자고/자부는 신문지 깔고 발톱 갈고 있는/ 소리 죽여)광모엄마가 헤어지랬다면서…그래 어떡할 거야…알았어 슬기 왔어 ..(끊고 제자리로)

자부   그만 신경 끊으라니까아..

자모   ....(물그릇 집어 마시고 내려놓는)

자부   지가 좋구 저 좋다는 녀석이 생긴 것만으로도 감사합니다 해..

자모   (보며)순 날라리바람둥이걸레.

자부   우리 새끼가 그놈이 좋다는데야 할말 있어?

자모   아버지어머니 못자릴 잘 못 썼나봐..

자부   흐흐흐..난 광모놈한테 고맙다구 절하구 싶은 맘두 있어/

자모   응?

자부   평생 남자 모르구 사는 것보다 좋은 일이야..면처녀는 해야잖어.

자모   ...(보며)

자부   그러다…정식 결혼해 살게 되면 더 바랄나위없구…우리가 할 일이 없는 거 같어.

자모   ....(보며)

자부 나는 헤어지란다구 헤어질까봐 겁나는구먼.

자모 무슨 생각을 하는 사람인지..(툴툴거리는)그저 태평이야태평..
아으 맘에 안들어.

자부 ㅎㅎㅎㅎ

S# 샤워하는 은수……

S# 다미 거실

다미 일주일에 하루두 안돼?

은수 ?? 누구한테 반말이야.

다미 어 내가 반말했어? 미안.

은수 근사한 여자라구 생각했어.. 멋있다구.

다미 반말하네?

은수 (핸드백 챙기며)당신이 먼저라는 말 뜻 알아. 그런데 먼저 나중
이 무슨 의미야. 그 사람은 날 선택하면서 당신 버렸는데. 당신 존재
알았으면 결혼 안했어. 몰라서 했어. 미리 /결혼 전에 알려주지 왜
안 그랬어.

S# 샤워 중 은수……

S# 다미 거실

다미 오빠가 돌아선 거면 당신 왜 여기 와 그딴 개소리해. 자신없어?
자신없으니까 온 거잖아. 형/ 바보는 아니네. 우아한 사모님 연기
더 해보시지 왜 안되겠어? 겨우 그거였어? 당신 여자 나 여자 어차
피 우리/ 바닥은 똑같아. 오빠가 돌아서? 천만에 이 악물고 참고 있
을 뿐이야. 난 알아. 내가 그거 모를 줄 알아?

S# 샤워 중 은수…

S# 준구 서재

준구   (이메일 쓰고 있는데)

　　　[문자 들어오는]

　　　[제이슨 리]

다미 E 나 오늘 술 한방울도 안 먹었어. 착하지?

준구 ….(망설이다가/찍는)

S# 다미 욕실

준구 E 착하다 (문자 들어오고)

다미 (보내놓고 들여다보며 기다리던/웃으며 찍는다)

다미 E 와이프 뭐해?

준구 E ….(들어오는)딴 방이야.

다미 E (찍는)약 없어도 잘 수 있을 거 같아.

준구 E …약 끊어야해..먹지 마.

다미 E (답신 친다)오빠한테 달렸어..오빠가 원하면 뭐든 할 수 있어
　　　..사랑하지 말라는 거 한가지만 빼고.

준구 E ….그만해. 전원 끈다.

다미 E (웃으며 문자 찍는)오빠 꿈꿀게.오빠두

S# 준구 서재

다미 E (문자 연결)내꿈꿔. 꿈에서 만나 사랑하자.

준구 …(잠시 보다가 전원 꺼버리고 메일 쓰기로)….

S# 침실

　　　[샤워실에서 머리 물기 닦으며 나오는 은수…..준구 없고…침실 나가는]

S# 서재‥

준구 (자판 두드리는)

은수 (들어오며)안 자?

준구   어 먼저 자..

은수   급한 거?

준구   아니 꼭 그런 건 아냐..십분이면 끝나.

은수   알았어..나 머리 말릴려면 그 정도 걸려.(나가려)

준구   머리부터 말리지 젖은 머리로 돌아다니다 감기들면 어쩔려구.

은수   침실에서 여기 금방인데 뭐.

준구   조심해 괜히. 당신만의 문제가 아니야..

은수   E 으응...

준구   (두드리는)······

S# 침실

은수   (머리 타월로 싸놓고 기초화장 중)

준구   (들어온다)

은수   ?? 벌써 끝냈어?

준구   머리 말려 줄려구.

은수   안 그래두 돼.

준구   나만 떠받들라는 남자 사고치면 여자가 잘 안봐준대. 평소에
      잘하는 남편이 사면도 빨리 받는다구 정신차리래.코치선생이.

은수   사면 벌어놓구 사고치래?

준구   하하 그런 거 아니구....언제 쯤이면 성별 알수 있어.

은수   뭘 원하는지 아는데 아들이든 딸이든 건강하게 태어나기만
      바래. 어머니두 가만 계시는데 성급하게.

준구   궁금해서 물어보는 거야.

은수   속 보여.

준구   정말 상관없어.

34

은수　아이 들어. 딸이면 당신한테 토라져.

준구　하하‥겁주는 방법도 여러 가지다.

은수　나한테서 전달되거든. 니 아빠라는 사람 니가 아들이기 바란다.

준구　아들이면 웃겠네‥

은수　(드라이어 꺼내놓고 타월 벗는데)

준구　(드라이어 꽂고 작동)…(말려주는)

은수　(잠깐 보고 손가락 머리에 집어넣어 협조하는)‥‥

준구　‥‥(말리며 웃는)‥‥안 싫지?

은수　이 남자가 왜 이러나 의심하는 중이야. 남자가 이상하게 친절하면 수상한 거라든데 꽃에 봉투에 충분히 수상해.

준구　그만둬. 안 해.(드라이어 꺼놓고 나간다)

은수　‥‥(돌아보고 있다가 드라이어 켜 말리기 시작)‥‥‥

S# 태원 침실

채린　(와인 잔 태원에게 짱 부딪치고)원샷원샷.

태원　마지막이에요.(잔 들어 보이며)

채린　마지막마지막(하고 단숨에 비워버리는)

태원　‥‥(좀 놀라서 보는)

채린　으으 맛있어.

태원　(글라스 빼내 제 쪽 나이트 테이블에 놓으며)양치하구 와서 자요 그만.(하는데)

채린　(픽 두 팔 올리고 누워버리며)아아 슬기 없으니까 너어무 편해애‥

태원　??(돌아보고)

채린　저 방에 슬기 있으면 뭔가 완전히 편할 수가 없는데‥애가 금방 문두드리구 지 아빠 불러낼 거 같구 자다가 베개 들고 들어오는 거

아닌가 그렇구

태원 (오버랩)슬기 그런지 꽤 됐어요. 이제 안 그러잖아요.

채린 (벌떡 일어나 마주하며)나 왜 이렇게 슬기가 의식되죠? 정말 이
상해. 이젠 슬기엄마보다 슬기가 더 의식돼. 내가 마치 슬기한테서
지 아빠 훔친 거 같구 슬기가 그래서 날 미워하는 거 같구

태원 (오버랩)채린씨 몇 살이에요.

채린 으으으으..여덟살.

태원 (웃어버리면서)양치합시다··(침대 내리려)

채린 (태원 팔 잡으며)오은수 어떤 여자에요?

태원 ??

채린 뭐가 매력있어요? 왜 사랑했어요? 나하구 뭐가 달라요? 얼마나
사랑했어요?

태원 우리 사이에 그 사람 애기는 금기에요 채린씨.나한테서 어떤
대답을 바래요. 나 헛소리 안하고 싶고 채린씨한테 잔인하기도 싫
어요.

채린 ....

태원 (달래듯)그 사람은 덮어둡시다. 그 사람은 과거고 우리는 현잽
니다.

채린 흐훗 (손가락질하며)현잽니다 니다/당신 화났다··

태원 ...(보며)

채린 난 취했구. 난 취했어그래 어쩔래.

태원 ???

채린 당신 하나 빼구 이 집은 다아 날 우습게 봐.어머니 표리부동 임실
댁 주제파악 제로 늙은이

태원   (오버랩)채린씨!!!

채린   정태희 새끼 마녀

태원   (오버랩)정신 차려요!!!

채린   ....(떵해서 보다가 고개 내리며)나는 내가 뭘 잘못하는 건지 모르 겠어.(중얼거리듯)이럴 줄 몰랐어..내가 뭐가 문젠지 모르겠어...

태원   ....(보며)

채린   양치해야지..이빨 버려..(침대 내려서다 푹 주저앉고)

태원   (내려서 일으켜주려)

채린   당신 식구들 이상해...정말 이상해..(일으켜지며)정상아냐..다 정 상이 아냐..

태원   ....(데리고 욕실로)

S# 아래 층 거실

임실   (고쟁이에 러닝만 입고 주방에서 휘적휘적 나오다 서서 냉수 컵 벌컥 벌컥 마시고 자기 방 쪽으로)아고 불나 아고 불나 죽겠네에에..

S# 태원 침실

태원   (채린 눕는 것 거들어주고 덮어주고 손 떼는데)

채린   (눈 감은 채 태원 손잡아 가슴에 붙이고)응응응응응..응응응응(작게 우는)

태원   (보며).....

S# 서재

태원   (마시다 남은 술병과 마시던 글라스 들고 와 테이블에 놓고 잔 하나에 와인 채워 들고 내려다보며)......

태원   E 또....비겁했다....내가...또 다시...제물을 만들게 생겨있다.. 도대체 나라는 놈은 어떻게 생겨먹은 놈이냐..(와인 벌컥벌컥 마시는)....

천천히　F.O

S# 준구네 마당(이른 아침)

S# 거실

은수　(차 쟁반 들고 주방에서 나와 서재로 가는데)

회장　E 억

은수　??

이모　(자기 방에서 나오다가)?? 이게 무슨소리냐.

회장　E 억 억 억‥

은수　???(운동실 쪽으로)

S# 운동실

회장　(개당 10kg짜리 덤벨 들다가 삐끗 허리가 나가 숨도 못 쉬고 있는 상황)

은수　(들어와 보고)아버님.

회장　(대답도 할 수 없는 상황‥입 모양으로만 준구준구)

은수　(차 쟁반 놓고 달려 나가는)

S# 거실 운동실 앞

이모　(운동실로 움직이다 나오는 은수에게)뭐냐/ 뭐야 엉?

은수　(오버랩)아버님 허리 다치셨나봐요. 준구씨 찾으시는 거 같아요.

이모　???

　　[은수 계단 뛰어오르고 이모는 주방으로 내닫는]

이모　얘 애 나와아

이모　E (은수는 계단에)나와봐아. 김회장 다쳤대 나와보라구우우.

준모　??(뛰어나오고)

이모　운동실운동실.

준모　(뛰고)

38

S# 준구의 침실

준구 (파자마로 침대 내려서는데)

은수 (벌컥 문 열고)얼른 내려가. 아버님 다치셨어.

준구 ??? 어디일(후다다닥)

S# 거실 계단

준구 (뛰어 내려오는데)

준모 E 아니 무슨 맘으루 이런일을 저질러요오오

이모 E 얘 조용해.

S# 운동실

이모 숨두 못 쉬는 사람한테 욕은 해서 뭐해애애.

준모 운동이라군 골프밖에 모르는 사람이 느닷없이 여긴 왜 들어와
사골치냐구요.

이모 (아) 공친 지가 까마득하니 대신 딴 운동이라두 하자싶어 그랬
겠지.

준구 (오버랩 뛰어들며)아버지 뭐하시다가요 예?

준모 (덤벨 가리키며)저거 들다 그랬나봐저거.

준구 (기막혀)아버지 저거 10킬로에요. 갑자기 어으 참.

이모 (등 때리면서)아으 얼른 모시기부터 해애애··

준구 (아버지 옮기려 달려들고)

회장 으으으 으으윽.

준구 (오버랩)얼음 찜질요 어머니.

이모 오냐오냐오냐··(서둘러 나가는)

S# 거실

이모 (나와서 주방 쪽으로)

은수 (운동실 앞에 서 있다가)제가 하께요 이모님.(주방으로)

이모 오냐오냐. 니가 빠르다오냐.

준구 (말할 수 없이 아파하는 아버지 침실로)

준모 (따라 나오다 먼저 침실로)….(침실 문 열어놓고)…(이불 젖히러 들어가는)

이모 침선생 불러어.. 물리치료두 데려오라 그래 엉?

S# 태원의 거실

태모 (안방에서 나와 큼큼거리며 움직여 중정 테라스 창문 열어 젖혀놓고 주방으로)

S# 주방

태모 (들어오며)일어났으면 환기부터 시켜놓지 쯔쯔.

임실 잘 주무셨어요.

태희 얘는 안 내려왔어?

임실 (태모 쪽으로 나서며)안직 이르지에. 뭐 디리까요.(주방에서 아침 준비하며)

태모 오늘부터 메밀차좀 마셔보지.

임실 예에..

S# 태원의 서재

채린 (들어서는…)

태원 (책장 정리 비슷한 일 하다가 돌아보고)아…(채린 앞으로)

채린 (보며)나 실수했죠.

태원 (좀 웃으며 손잡아 소파에 앉히며)잠깐 얘기 좀 해야겠어요.

채린 (오버랩)나 술 마시면 아무렇게나 떠들어요. 아버지 집 비우시면 어머니랑 같이 마시구 둘이 각자 하구싶은 말 다아 쏟아놨었는

40

데/나 실수했죠.

태원 내 잘못이에요.

채린 ??

태원 E 내가 우리 집이 쉽지 않을 거란 얘기를 좀 더 확실히 했어야 하고 또 채린씨에 대해서 좀 더 제대로 알고 결정했어야 하는데

태원 .....(시선 내리고 잠시 생각하다가 보며)안이하고 무책임했어요. 미안해요.

채린 나 뭐랬어요?

태원 ....(보며)

채린 뭐랬는데요?

태원 슬기가 힘든 거 이해해요.

채린 슬기 싫댔어요?

태원 아니 그게 아니라 신경쓰인댔어요.당연해요. 그런데 그건 슬기도 마찬가지로 이해해 줘야해요. 슬기도 나 비슷해서 누구랑 친해지는데 시간이 필요한 거 같아요.

채린 결혼 전엔 괜찮았는데

태원 (오버랩)참아줘요··곧 나아질 거에요.

채린 ...(보며)

태원 슬기 엄마에 대해서 궁금해하지 말아요. 그건 우리 두 사람 다 한테 /우리 관계에 좋을 게 없는 생각이에요.

채린 나 뭐랬어요··

태원 어머니 완고하고 거친 건··나두 알아요.그래두 옛날에 비해서 훨씬 좋아지셨어요. 참아줘요.

태원 E 누나는 윗사람 대접만 해줘요 그럼 별 문제 없을 거에요. 아

주머니는

태원   도우미라는 생각 버리고 친척어른으로 생각해주면 돼요.

채린   ...(보며)

태원   (어깨 손 올려주며)내가 잘 할께요. 미안해요..내 잘못이에요.

채린   (태원에게 안기듯)우리 아이 낳아요.

태원   ....(안아주면서)

채린   아이 낳구 싶어요.

태원   그..럽시다..그래요.

채린   (몸 떼며)약속..(손가락)

태원   (웃으며 손가락 걸어주고)

채린   으흐흐흐흐..(다시 껴안는)

태원   ....(눈 감으면서)....

S# 준구네 마당

[준구 앞서 나오고 덩치 좋은 경비원한테 업혀 현관 나서고 있는 김 회장.]

은수   (따라 나오고).......(대문으로 가는 사람들 따르는)

S# 주차되어 있는 곳/대문 활짝 열려 있고/ 사용인들 모두 나와 있고··

[나오는 김회장 일행.]

은수   (그곳까지 따라 나오고.)

[김회장 차에 태워지고 준구 타고 출발하는 김회장 차.]

은수   .....(보며)

S# 정원

은수   (빠른 걸음으로 들어오는)...

S# 현관 거실

은수 (들어오는데)

준모 E 아니 집안 편안한 게 심심해? 자알자구 일어나 왜 운동실엔
들어가냐구우.

이모 E 시끄럽다. 어차피 벌어진 일 시끄러우면 없던 일 돼? 살다보
면 일어날 수두 있는 일을 뭘얼/어지간히 해둬.

S# 거실

준모 (거실에 서서)이제 겨우 컨디션 제자리 돌아왔다드니 어우우우··

이모 그만 좀 사랑해애.(소파로)

준모 ?? 성가스러워 그래요. 성가스러워서.(들어와 서는 은수)아침 먼
저 먹자. 일어나요.

은수 아직 준비 다 안 됐어요 어머니.

준모 끄으응··(소파로)

이모 아미타불 관세음보살.

준모 (앉으면서)아 그만둬요. 지금 아미타불 찾을때에요?

이모 이런때 안 찾구 언제 찾어.

준모 너 좀 앉어라.

은수 ·····(앉는)

준모 (톤 좀 바꿔)나쁜 일은 혼자 안 오고 손잡고 온다 소리가 있다. 언
짢아 죽겠다. 너

이모 (오버랩)아 입 방정 떨지 말어.(도우미 차 쟁반 들고 나오고)

준모 정신 바싹 차리구 하나두 둘두 열두 몸 조심에 집중해.

은수 네에··

준모 지금 위험할 시기야 건성 대답하지 말구

이모 (오버랩)입방정 떨지 말라구.

준모 (오버랩)그저 기도하는 마음으로 알았니?

은수 네 어머니.

준모 (가슴에 손 얹으며)얼마나 놀랬는지 아직도 가슴이 뛴다..

이모 후우우우우(숨 내쉬라고)

준모 뭐 꿈꾼 거 없어요?

이모 없어.(찻잔 집으며)

준모 나이롱 보살.(찻잔 집는데 후들후들/얼른 두 손으로 찻잔)

이모 (보고 있다)우아한 여사님 스타일 구기게 겁은 많어서..

준모 (그냥 마시기 시작)

은수 ....(보며)

준모 (찻잔 내려놓으며)병원은 신경쓰지 마라. 니 남편하구 내가 할테 니까..

은수 ..네에..

이모 (오버랩)나무관세음 보사알.

S# 친정 마당(이른 아침)

자부 (마당 치우고 있는데)

　　　[현수 자전거 와서 멎고/ 자전거 끌고 들어오는]

현수 저 왔어요.

자부 (이미 보고 있는)어서 와.

현수 (자전거 세우는데)

자부 광모 엄마 화 많이 나신 거 같더라.

현수 그렇지 뭐.

자부 녀석은.

현수 뭐. 녀석은 녀석이야(하며 현관으로)

44

자모   엄마 기분 나빠야.

현수   어엉.

S# 마루 주방

　　[쫑쫑 썬 김치 냄비에 넣고 있는/ 뿌우우우]

현수   (들어오며)엄마아아..

자모   (그냥 손 멈추고 보는)

현수   슬기 아직 안 깼지?

자모   조용해.

현수   (옷 벗어 적당히 처리하며)은수 왔다갔어?

자모   (뚜우)안 왔어.(김치 마저 넣고 뚜껑 닫는)

현수   왜.

자모   눈치보이나봐.

현수   그렇대? 전화했어?

자모   (아냐) 슬기랑만 통화하더라.(김치 썬 도마와 칼 개수대 넣고 고등
　　어 냉동칸에서)

현수   (주방으로)총각김치 다 먹었어?

자모   나중 담은 거 있어. 새거.

현수   좀 줘..광모가 잘 먹어.

자모   ??

현수   (손 씻는/수전 틀어 손부터 씻는)

자모   (냉동 고등어 한 쪽 허드레 접시에)헤어지라 그랬다는데…

현수   .....

자모   안 헤어질 거야?

현수   (도마 흐르는 물에 대는)그럴 생각 없어.

자모 ....어떡할려구.

현수 뭐어..얘기했잖어어.

자모 광모 엄말 어떡할 거냐구.

현수 아 우리 애들 아냐아아.

자모 .....(보다가)나는 정말 모르겠어..부모가 하라 그러는데 왜 안한 대..하지 말래야 문제지 하라는데..

현수 (도마에 수세미질)....

자모 그 녀석 엄마 너 보통 아니겠던데 ..괜찮어?

현수 .....(그냥 씻는)

자모 와서 뚜드려 부시면 어쩔 거야.

현수 아 엄마가 왜애애..

자모 왜라니.

현수 요즘은 엄마 큰댁이 첩 집 두들겨부셔두 붙잡혀 가아. 내가 누구 첩이야? (도마 흐르는 물에)

자모 은수 에전 시어머니 같으면 그러구두 남어..

현수 광모엄만 인텔리야. 닥터잖아아.

자모 ....(주춤주춤 딸 옆으로/수전 멈추는)

현수 ??

자모 (자기 두 손 마주 쥐고)다시 생각해봐 현수야..

현수 뭐얼.

자모 니 아빠랑 나 늬 키울 때 우리 꿈이 뭐였는데..그저 늬 둘···공부 제대로 시켜 착한 남자랑 결혼해 아들 딸 이쁘게 키우면서 맘 고생 없이 잘 사는 거 그거 밖에는 소원이 없었어..

현수 엄마.

자모 내 말 들어‥가만 있어‥엄마가 말 좀 하께‥(코 아래 잠깐 훔쳐내
고)우리는 정말 부우잣집 안 바랬어. 그저 뜨듯한 시집에 착하구
진실한 남편 그거만 빌었어‥그런데 은수가 먼저 나서더니 결국 못
살구 갈라서… 지금 두 번째 아냐‥너라두 제대루 좋은 사람하구 평
생 순타안하게 살어줘야 하는 건데 응?

현수 (엄마 팔 잡으며)미안해 엄마.미안한데 엄마가 날 이렇게 낳아
논 거야?

자모 ?? 무슨 말이야.

현수 (웃는)이렇게 ‥뭐냐…괴상하게‥

자모 현수야(시작하려는데)

슬기 E 할머니이이‥

자모 어 어어엉‥슬기 몰라. 암말 마.

현수 슬기야아 (주방에서 나오며)

슬기 (안방에서 나선)이모(반갑게)언제 왔어?

현수 쪼꼼 아까. 슬기 볼려구 마악 달려왔지? 방가방가.

슬기 (팔 벌린 이모와 안고)방가방가.

현수 더 자지 왜‥너무 일찍 일어난 거 아냐?

슬기 응 쉬마려워서‥꿈에 쉬했어. 깜작 놀라 깼어 이모. 싼 줄 알았어.

현수 아아

슬기 (화장실로 통통)안 쌌어. 큰일 날뻔 했어.

현수 하하‥너 이제 다 컸다아아.다 큰 거야.

슬기 E 나두 그렇게 생각해(화장실 들어가는 소리)

현수 (웃으며 보는)

자모 얼마나 좋아‥(주방에서 움직이며)천금하구두 못 바꾸는 새끼

두 나아 기르구 그렇게 살어야 사는 거지 그걸 왜 싫대.

현수 ....(보며)

S# 태원 거실

[태모와 태희. 태희 커피 태모 떡 한쪽. 일요일 아침 방송 7시 반경.....]

태원 (내려와)편히 주무셨어요?

태모 (잠깐 돌아보며)그래..(태희에게)커피 줘.

태희 들어가 달래.

태원 그럴께요

태모 (오버랩)쯧쯧

태희 나두 늙었어. 조기서 조기 아냐. 일어나기 귀찮아. 커피 맛 떨어져/

태원 (오버랩)됐어요누나..저기 어머니 저 아침 먹구 저 사람 데리구 외출해요.

태모 ??

태원 친구도 별로 없는 사람 거의 집에만 있어 좀 그렇겠어요.

태희 (오버랩)쟨 진짜 친구가 없는 거 같더라?

태모 나가재?

태원 아니 제가요..어머니 집에 계세요?

태모 이따 스파나 다녀올까 해.

태원 오후에 슬기 데리구 들어올께요.

태희 스키장 정말 안돼 엄마?

태모 (오버랩)시끄러. 더 크면 데리구 다녀 더 크면. 어른두 한달씩 고생한다는데 어린 거 눈밭에 끌구가 내돌릴 게 뭐야.

태희 엄마가 태원이 그렇게 키워서 쟤가 춘 거에 약한 거라구우.

48

태원   (웃는)일리 있어요.

태모   내 새끼 지켜냈으면 됐어.

태희   까르르르. 스키장 가면 죽어?

태모   아 사고두 나잖아.

태희   나는 상관없구?

태모   너는 이 기집애야 내 말 들었어? 청개구리같은 년.

태희   응.안들었지.

태원   (웃고 주방으로)

S# 주방

임실   (채린이 무친 시금치 맛보고)잉.비슷하게는 됐소.

채린   몇점이에요?

임실   고걸 어찌 점수로 매긴다요(태원 들어오고)그려도 꼭 점수를 내
       라면 인심써서 팔십칠점은 주겠네.

채린   삼점 더 주지 아줌마.

임실   삼점 깎으까나?

채린   어으으으.

태원   (커피포트로)아침 먹고 나가요.

채린   ??

태원   어디 교외바람 좀 쐬구 들어옵시다.

채린   (좋아서 발 구르듯)태원씨이이

임실   나도 오늘 외출인디? 사장님 수발은 누가 든다요?

채린   ??

태희   (빈 머그잔 들고 들어오며)아줌마 초치지 마요. 엄마 내가 맡어 태
       원아.

태원   아 땡큐.

태희   (포트로)설거지는 하구 나가아? (채린에게)

채린   네. 네에 형니임.

S# 척추 사진 찍고 있는 김회장

S# 촬영실 밖

준구   (통화 중)엠알아이 촬영 중이에요 어머니. 정말 아프신가봐요.
네..들어오신 김에 전체 검진 한번 받으시겠다는데 우선 통증부터
잡고 봐야죠..홍 원장님 나와 주셨어요. 아니 제가 연락드린 게 아니
라 병원에서 연락했나봐요. 판독하고 문제 있으면 정형외과 스탭
도 모아주신댔어요.

S# 주방(식탁 앞에서)

준모   참..쉬는 날 여러 사람한테 폐끼친다. 늬 아버지한테 너무 엄살
피지 말라 그런다구 전해. ..늬 아버지 유명하시잖아..부끄러워 죽
겠어 정말..그래.. 얘 너 아침 먹어야지...그래..응...알었어.(끊으며)
촬영 중이래요. 홍원장두 나왔구요.

이모   (먹으며)별 거 아닌 일루 괜히 비상만 걸었다.

준모   누가 아니래요.

S# 준구의 침실

은수   (침대 정리하고 있는)....(중간에 잠깐 쉬고 각종 과일 썰려 담긴 접시
에서 한 조각 집어 먹는)....

[전화벨.]

은수   (받는)네에.

준구   F 어디야.

은수   ..위에.아침드셔 나 있으면 김치를 못드시잖아.

50

준구　F 당신은 뭐 먹었어?

은수　과일 먹구 있어.

S# 촬영실 앞

준구　그거만 먹구 되겠나 어디. 애 영양실조 걸리겠다‥당신 바람 쐬
　　　줄 참이었는데 종일 병원 근무해야겠네.당신 뭐 할 거야‥

S# 준구의 방

은수　라푼젤 해야지 뭐.

준구　F 그게 뭐야.

은수　마녀한테 18년 동안 탑에 갇혀있는 소녀 이야기.

준구　F 당신 그건 아니잖아.

은수　나가고 싶은 만큼 나갈 수 없으니까 한번 씩 그런 생각 들 때 있
　　　어. 더구나 어머니 외출 줄였으면 그러시더라.

S# 촬영실 앞

준구　그거 해피엔딩이지?

은수　F 응 왕자님 쌍둥이 낳구 살다 다시 만나서 해피엔딩이야.

준구　당신 쌍둥이면 환상이겠군.

S# 준구의 침실

준구　F (연결)끊어 또 전화할게.

은수　아침 먹었어?

준구　F 아버지 나오시면‥알아서 해.

은수　그래 끊어‥(전화 놓고 들고 있던 과일 입에 넣고 침대 정리로)

S# 친정 마루

자부　(밥상 받아들고 안방으로)슬기야 문 좀 열어줘.

슬기　E 네에‥(문 열어주고/ 자부 들어가고)

자모 (국 냄비 들고 방으로)

현수 (국 대접과 물 쟁반 들고 따르는)

S# 안방

[모녀 들어와 적당히 놓고]

자모 (남편 국만 서둘러 떠 놓아주며)당신 먼저 먹어.

자부 ?? 왜.

자모 너 나 좀 봐..나와..

현수 ??

S# 마루

자모 (먼저 나오고/현수 나오자 손 잡아끌고 슬기 방으로)

S# 슬기 방

자모 (딸 끌어들이고 방문 닫는)

현수 ..왜애..

자모 저기...저기..(딸 한 손 잡는다)너 기어이 말 안들을 거 같으면 내 부
탁 하나만 들어줘…

현수 뭔데..

자모 이이쁜 드레스 빌려 있구 뭐냐 머리에 화관/ 화관두 쓰구 사진
관 사진 몇장 찍어줘.

현수 엄마 그걸 왜 해애.

자모 이럴 줄 알았어. 내가 너 이렇게 나올줄 알았어어

현수 그걸 뭐하러 그런 짓을 왜하냐구.

자모 내가..내가 필요해..내가 보구 싶어..(울먹해지면서) 같이 산다
면서어 살면 결혼이나마찬가지니까 결혼사진

현수 같이 사는 거랑 결혼이랑 안 같어 엄마..

52

자모 같어같어..아으 안 같어두 찍어.찍어 글쎄.

현수 엄마(달래려)

자모 (오버랩)아직 이쁜 때 찍어두자구우. 면사포는 써봐얄 거 아냐.

현수 그렇지만 결혼두 안하는데 웨딩드레스 사진을 왜 찍어.

자모 모모모모델이라구 생각해. 드레스 모델..미장원 잡지에 모델 사진 많이 봤어. 모델이라구 생각하면 되잖어.

현수 ‥‥(보는)

자모 응?…응? 엄마 소원이야./

현수 아이구 참‥(짠하지만)‥‥광모두?

자모 근석두 같이 찍어야지 그럼.

현수 ‥‥(보는)

자모 싫으면 너 혼자라두 찍어. 괜찮아. 혼자 찍어/

현수 생각해 보께.(나가려)

자모 (잡으며)생각하지 말어 현수야.

현수 알었다구.

자모 그런데 혼자면 신랑이 없잖아.

현수 신랑 신부가 아니라니까?

자모 알았어알았어(두 손 모아 빌듯)암튼 찍어 찍어서 나 줘.

현수 엄마 그거 집에 걸어노면 사긴 거 알어?

자모 아냐아냐 따로 둘 거야. 나혼자만 볼 거야. 안 걸어안걸어.

현수 ‥‥(보며)

자모 응? 응?

S# 광모 오피스텔

광모 (아령으로 운동하고 섰는데)

[메시지 들어오는]

광모 (보고 통화 시도)…어 집이야. ?? 날 받았냐? 날 받었어?

S# 친정 골목으로 들어오는 광모의 자동차

현수 (나와 서 있다가 보고)

[현수 앞에 멈추고 현수 조수석으로 광모 문 열어주고]

S# 차 안

현수 (타고 벨트 매는)

광모 무슨 일인데‥

현수 토달지 말구 들어.

광모 ‥‥(보며)

현수 (돌아보며)토달지 마.

광모 뭐‥헤어지자구? 울엄마 전화했대?

현수 (오버랩)아니구 너한테 좀 웃기는 부탁을 할 거야.

광모 ‥‥뭔데.

현수 우리 엄마가 웨딩사진이 필요하대.

광모 ??

현수 소원이래.

광모 ?? 우리 결혼하는 거야??

현수 (오버랩)야아 사진만 찍는 거야 사진만/엄마 소원풀이용 사지인.

광모 ??‥‥그거 뭐가 좀 이상한 거 아니냐?

현수 뭐가 이상해. 그럴 수두 있지.

광모 동거기념사진이 되는 건가?

현수 아무케나. ‥안 가?

광모 (출발하며)그래 뭐 사진 먼저 찍어두구 애 먼저 낳고 혼인신고

54

하자. 찍자찍어.

S# 골목 나가는 광모 차…

S# 준구네 정원

은수 (찻잔 들고 나와 한 번씩 마셔주며 마당 거니는/ 햇볕 쏘여주기)……
……

이모 (머그잔 들고 나오는)

은수 (돌아보며)나오세요?

이모 그래 너 나왔다데서··

은수 어머님께서 햇볕쏘여주라셔서요.

이모 비타민 디.(의자 쪽으로)

은수 네에·· (의자 쪽으로)

이모 (올려다보며)어제 늬 어머니 뭐라는데 나까지 거들면 잔소리
가 될 거 같어 애껴뒀는데 /앉어.

은수 ?? 네에··(앉는)

이모 가만 보니까 너 계단 오르내리는 걸음이 너무 빨러. 홀몸일 때하
구 똑 같어.

은수 아직 괜찮아요 이모님.

이모 그래 아직 초기니 몸무거울 땐 아냐. 그래두 한 모아니라 두 몸
인 거 잊어버리면 안돼. 너 그러다가 잘못 엎어지면 어쩌. 잘못 헛디
뎌 구르기라도 하면 응?

은수 ··주의하겠습니다.

이모 유난스럽다 생각하지 마라··이 보다 열배 스무배 더 유난스러
워두 무리가 아닌 집안이야. 명심해서 무탈하게 출산해야지 아암··

은수 네 그런데요 이모님··

이모   으음(뭐)

은수   (픽 웃듯)어르신들께서 너무 그러니시니까…그이두 마찬가지 구요. 저는 아이 담긴 그릇만으로 존재하는 거 같아요.

이모   ???(했다가)ㅎㅎㅎㅎㅎㅎ

은수   (웃으며)아이 태어나고 나면 그때는 더구나 아이한테만

이모   (오버랩)아이한테만 열중하구 너는 찬밥 될 거 같아?

은수   그렇게까지는 아니겠지만··호호

이모   (오버랩)그렇기야 할까. 하나 낳으면 둘 낳을 거구 셋이면 누가 뭐래.손 귀한 집에 와 크은일 하는 며느리한테 누가 소홀해.

은수   (그저 보는/그래도 미소는 약간)

이모   E 별 걱정을 다 한다.

이모   니가 신경쓸 일은 그저 준구 놈 허튼 짓 못하게 단속하는 거 뿐 이야. 설마 그렇게 혼꾸년이 나구두 정신 못차렸겠냐만…사내라 는 게 대개는유혹에 약하지··(한숨 섞어)특별히 깔끔 단정한 남자 그리 흔칠 않어.

이모   E 남자랑 한 평생 사는 건 도 닦는 거라 그러드라··요즘 여자들 은 그런 도 필요없다 그러지들··

이모   하기는 인생살이 전부가 다 도 닦는 거 아닐까··(보며 웃는)고해 쓴물 키면서 허우적대면서 응? ㅎㅎㅎㅎ

은수   (웃어주고 차 마시는)…

S# 어느 웨딩 숍

광모   (이것저것 들춰보며 구경하고 있는)……

현수   (드레스 입고 입 내밀고 나오는)

도우미   신부님 나오십니다아아··

56

광모   (돌아보고)캬아아아 이쁘다.

현수   (거울로 돌아서 보는)‥‥

광모   입 좀 디밀어. 넌 요새 왜 밤낮 닭똥꼬냐.

현수   불만의 계절이라 그렇다.

광모   웃어웃어.

현수   (베일 씌우려는데)아니 이거 아니에요‥(탈의실로)

광모   괜찮은데 왜애‥여깄는 거 다 입어볼래?

현수   (아웃/도우미와 함께)‥‥

광모   결혼은 싫다면서 드레스는 왜 집착해(꿍얼거리는)

S# 다른 드레스 입은 채 거울 앞(시간 경과)

현수   ‥‥‥(보며)

광모   괜찮다. 그중 낫다.

현수   (돌아서며)아니야.

광모   또오?

S# 남자 예복집

광모   (예복 입고/쑥 나온 팔목)이것둔데요.

도우미   죄송합니다‥ 팔이 유난히 기시네요‥

현수   (오버랩)대충 입어어어

광모   (팔 들어 보이며)이런데에에?

현수   뒷집 짚구 찍으면 되잖아.

광모   그럴 수는 없다 응? 그럴 수는 없어. 딴 집 가보자.(탈의실로)

도우미   모레 이시간 까지 수선은 가능한데요 손님.

현수   (오버랩)그냥 입어어어 시간 없어.

광모   (획 돌아보며)너 진짜 이럴래? 나두 평생 한번 사진일 수 있어.

나 땡칠이빙구하라구?

현수 아 그래. 벗어벗어 딴 데 가보자.

S# 빌라 밖

임실 (외출 차림으로 나서면서)아고오오오 참말로 뭔일로 날씨가 요 오코롬 좋다냐.임실댁 나들이허는 날인줄 하는구먼잉…(부지런히 걷다가 멈추고 가방 뒤져 구형 핸드폰 꺼내서/일 번 이 번 삼 번. 응 삼 번 중얼거리고 단축 3번 누르는)

S# 스파 마사지실

태모 (누워 있고/ 벌써 시작)

태희 (누우려는 참인데)

   [전화벨]

태희 (마사지 침대 위 전화 들고)아줌마 왜요.

S# 빌라 길

임실 잉 내가 슬기 엄마한테 고맙다는 인사를 해야겄는데 전화 번호 가 없어요. 가만 내가 받아 쓸테니까 잠깐만 기다리시오잉?….(하다 가 멈추고)안돼요?

S# 마사지실 밖

태희 (소리 죽여)나두 내맘대루 전화 안하는데 아줌마는/걔 집이 어 떤 집인데 아무나 아무 때나 전화해요…아 연결되면 내가 대신 전 해줄테니까 여러말 말구 끊어요…(듣다가)아줌마. 우리 집 전화 사 양해주는 게 슬기 엄마 편하게 해주는 거에요. 무슨 뜻인지 몰라요? 에 끊어요..(끊으려다)아줌마 아직 안 나갔어요?..에에알았어요. (끊는)

S# 마사지실

태희 (들어오는)

태모 뭐야.

태희 아줌마 나간다구.

태모 그걸 뭐 나가서 받어.

태희 아줌마 길잖어어어.

태모 뭐가 길었어.

태희 (누우며)아 자기 할 일 다 해놓구 나간다구. 생색은 암튼.

태모 너머어 받자아 해 줬어..

태희 채린이 들어오구 기가 살어서 난리두 아냐..완전 먹잇감으루
보이나봐.

태모 <u>끄으으응</u>..한번 쥐어박어 줘야지 못쓰겠어.

태희 내가 벌써 한마디 했어. 무슨 낙으루 살겠어..놔둬어

태모 태원이가 지 처 편으루 작심을 했어.

태희 그랬다니까 내 말 어디루 듣구 엄만 내말은 일단 안 믿구 보
더라.

태모 좀 자자. 입 다물어.

태희 끝나구 나랑 잠깐 들릴 데 있어.

태모 어딜

태희 뭐 봐준 거 있어.

태모 (버럭)니돈 써. 나 돈 없어.

태희 (방긋)시작해요. 으흣.

S# 전등사 관광 중인 태원과 채린(손 잡고)

태원 (전등사 간략 역사 안내판의 글 조용조용 읽어주고 있는)

채린 (눈 감고 태원 어깨에 머리 붙이고 듣는)……

태원   (읽다가 멈추고)안 춰요?

채린   아뇨?

태원   옷이 너무 엷은 거 같은데‥

채린   (기대며)안 춰요. 계속해요.

태원   슬기 잠 재우는 거두 아닌데‥

채린   웅. 슬기가 얼마나 부러운데‥당신 목소리 너무 좋아요.

태원   하긴 여덟살이라 그러드군.

채린   ?(몸 떼고 보는)

태원   몇살이냐 물었더니 여덟살 그랬어요.

채린   으으 말두 안돼‥설마아아‥

태원   나는 없는 말 만들어내는 거 안해요.

채린   웅(끄덕이며)아마 그 순간 여덟살이구 싶었겠죠.

태원   (웃으며 머리칼 올려주는)

채린   내 안에 아이가 있어요. 알아요. 어머니가 날 그렇게 키웠어. 나 고등학교 졸업할 때까지 엄마가 목욕시켜줬어요.

태원   ????

채린   아버지는 일 밖에 모르시구 왕소금 자린고비.엄마는 아버지한 테 맞춰사느라 자기 의견은 없는 사람같이…그러니까 으으음 내가 살아있는 엄마 인형/‥그런 거 있죠 왜‥

태원   (보며)‥‥

채린   그래두 몇 년 전에 암 수술하구 아버지가 많이 달라지셨어요. 전에는 엄마가 두마디만 하면 화냈었는데…

태원   점심 뭐 먹을까요.여기 간장게장 맛있는 집 있는데‥

채린   아 좋아요좋아. 근데 태원씨 여기 누구랑 왔었어요?

태원 (걸음 옮기며)학생 때두 여러번 왔었구 템플 스테이두 했었구 작
년 봄에 직원들하구두 왔었구

채린 어어 여러번 온데구나‥

태원 바다두 볼 수 있구 절두 좋구.

채린 데이트 코스 좋겠어요.

태원 좋아요. 나 여기 참 좋아해요.

채린 좋아요. 절구경을 왜 다니나 했었는데 이제부터 나두 좋아할래.
당신이 좋아하니까.

태원 (어깨에 손 둘러주는)…

S# 어느 미용실

[화장받고 있는 현수. 드레스 입고 앉아. 뿌우우]

광모 (옆에서 머리 다듬다가 거울로 보고)현수야.

현수 어엉(얼굴 디밀고)

광모 이입.

현수 (얼른 입 고치는데)

[광모 전화벨.]

광모 (보고)어 엄마. 왜 또 왔어‥아 자꾸 오지 좀 말라니까. 어딘 건
알아서 뭐해‥밖이야‥‥지금 못 가‥아 중요한 일 보는 중이야 못가
‥말 안되는 말씀 하지를 마세요.그런 일은 안 벌어집니다‥ 맞어
현수랑 있어. 알면서 왜 물어. 입 아프게‥‥아 못 들어간다니까 글
쎄? 끊습니다아아‥전화 안 받습니다아아.사랑하는 마아아암.(끊
으며 현수 보면)

현수 (모르는 척 입은 또 나와 있다)

광모 야 이입!!

S# 어느 스튜디오

　[웨딩 촬영 하고 있는 광모와 현수…후딱 가지 말고 적당히 연출하면서

　여러 컷 찍으세요. 그 위에]

현수　E 사진 찍었어. 됐지?

자모　F 벌써어?

현수　E 애기 나라 소린 하지 마. 그 소원은 못들어줘 응?

　[사진 몇 컷 뒤에‥]

천　　E 얘들이 헤어질까요?

자모　E 그게…말 듣겠어요 어디?

천　　E 그럼 이일을 어떡하지요?

자모　E 글쎄 그걸 어떡해야하나요 광모 어머니.

천　　E 딸 하나 차암‥작품 낳아노셨어요.

자모　E 광모같은 작품도 뭐‥그렇죠오오

S# 마지막 컷 찰칵에서 엔딩

제29회

S# 펜션이 있는 바다 전경

S# 펜션 카페 객실

현수 (침대 이불 정리하고 있는)……

광모 (욕실에서 나오며)아아 개운해. 세상 모르구 잤다. 너무 열심히 잤다…(현수 대답 없이 움직이는/광모 머리 털면서)배고프지 밥 먹자. 도대체 몇시나 된 거야.(어쩐지 쑥스러 현수 안 보는 채)

　　　[대사 사이에 ‥이 없으면 사이 두지 말고 곧장들 붙여주세요.]

현수 열시.(안 보며)

광모 심했네심했어. 어(머리 털던 수건 목에 걸고 후다닥 침대 정리로 붙으며)뭐 먹을까.

현수 아무 거나.

광모 나가서 먹어 이 안에서 해결해.

현수 귀찮아.

광모 그래 그럼 여기서 해결하자.

둘 (잠시 말없이 침대 정리)‥

현수 (문득)옷 입어. 이 닦구 나올게. (욕실로)

광모 또 닦아? 너 이 상해애.

현수 (그냥 들어가고)

광모 (베개 머리 쪽에 놓고 다른 베개 집다가 문득)??(바닥에 얌전히 개켜 져 있는 커다란 타월 집어 들어 훅 펴다가)???(보이지는 말 것)….(허둥 지둥 도로 개켜서 먼저 자리에 그대로 놓고)….(쭈그리고 앉아 황당한)….. (진짜 얘 처음이었네)….

현수 (욕실에서 칫솔 들고 나오는)

광모 (아닌 척 일어나고)

현수 (타월로 가 집어 들고 짐 놓아둔 곳으로 가 가방 안에 구겨 넣는)

광모 뭐야..

현수 내꺼야. (다시 욕실로)

광모 …(보며)

S# 펜션 카페

   [놓여지는 아메리칸 브렉퍼스트.]

현수 (놓여지자마자 오렌지 주스 집어 반쯤 마시는/찡그리고/칫솔질 금 방 하고 나와서)

광모 흐흐 이 닦고 금방 그거 그렇지야.

현수 (주스 잔 비우는)

광모 어때. (안 보며 주스 잔 들며)

현수 뭐가. (빵 집어 들며)

광모 감상/소감.

현수 별루야.

광모 ?? 별루?

현수 먹기나 해애.

광모 실망했어?

현수 (처음으로 보며)아 닥치고 먹기나 해애. 뻘쭘해 죽겠는데 왜 자꾸 말시켜어.

광모 닥치고가 뭐냐 (보며)

현수 그럼 울기라도 해야해?

광모 울었잖어.

현수 내가 언제.

광모 야아아아 어떻게 쌩파리같이 잡아떼냐.

현수 꿈꿨냐?

광모 (기막혀 말을 못하는)

현수 커피 주세요오!!!(에서)

S# 동네 카페

자모 ??

천 ?? 모르세요?

자모 아니 저는..어제 아침에 사진 갖구 아니 어제 아침에 잠깐 다녀 가구는

천 (오버랩)대부도 가 있답니다. 무슨 뜻인지 아시죠?

자모 ....(입 벌리고 보다)예..예에.

천 (오버랩)끄으응. 부모 말 듣는 자식이 어디 있나요.결국은 지들 하구싶은대루 하는군요.

자모 예에..

천 (오버랩)뜬금없는 어떤 애두 아니니 모른 척하기두 그래서/뭐 나나 현수나 납덩어리 삼킨 건 마찬가질테구요.

자모　예에.

천　(오버랩)결혼하면 주자구 준비해논 아파트가 있습니다만 동거하는 애들한테 내 줄수는 없군요.

자모　그거야 아파트 임자 맘이지요.

천　예물도 일절 없구요.

자모　....(보는)

천　왜 그러세요?

자모　무슨 예물이구 아파트구..하시는 말씀이 좀..듣기가 그러네요..

천　듣기가 왜요?

자모　우리는 그저/ 시작은 그렇게 남부끄럽게 해두 그렇게 지내다가 탈없이 결혼식 하구 /해 줬으면/그거밖에는 바라는 게

천　(오버랩)누구는 아니겠어요 저도요 현수 어머니.

자모　예에 고맙습니다고맙습니다(굽신거리는)

천　광모 지금 오피스텔이 둘이 살기에는 뭐 과히 옹색하진 않을 거에요.

자모　예에.

천　(오버랩/찻잔 집으며)어이구 참 기가 막혀.

자모　기막힌 일이지요(찻잔 집으며)

천　하필 왜 현수에요.

자모　하필 왜 광몬지 우리두

천　(오버랩)죽쒀 개 존일두 유만부득이지(혼잣소리/찻잔 입으로)

자모　개는 광모가 갠데 누구더러 개라구 해요?

천　??

자모　아무리/ 아무리부모가 내자식한테는 바보라구 하지만/ 그 말

66

은 경우에 틀렸네요.

천   (오버랩)현수 어머니.

자모   나요/ 저요 우리 애가 아까워 몇날며칠 잠을 제대로 못 잤어요.

천   (오버랩) 여자나이 서른 여섯은 파장이에요 그걸 아셔야죠.

자모   ??? 그럼 지금 광모가 우리 애 파장떨이 해준다는 거에요?

천   ??

자모   나는 배운 것도 아는 것도 없는 사람이지만 그렇지만/ 말씀이 너
     무 심한 거 아니에요? 파장이라니요.(울 거 같다)

천   (능치는)아니이이 나이로 보면 여자로서

자모   (오버랩)댁에 아들이 들러붙어 안 떨어지는 거에요오오.

천   ??? 아니 십오년 짝사랑은 누가 했는데요.

자모   ·····(할 말이 없다)우리 애가··등신이지요··예··등신 맞아요오오.

천   ····현수어머니.

자모   예에.(안 보는 채)

천   우리 노력합시다 예?

자모   (보는)??

천   결혼을 시켜야지.그냥저렇게 내버려둘 수는 없잖아요.

자모   ??(반색)아으 그럼요 그럴수는 없죠오오.

S# 펜션 객실

광모   (화장실에서 나오다)?? 뭐해?

현수   (짐 싸며)가자.

광모   ?? 벌써?

현수   가서 할 일 있어.

광모   (오버랩)야 그렇지만

현수   (오버랩)니 짐 니가 싸.

광모   이거 우리 신혼여행이야야.

현수   (오버랩) 퇴근하구 보자.

광모   (오버랩)어제 밤에 왔잖어. 스물 네시간두 안됐어야.

현수   (오버랩)무슨 상관이야아아.

광모   (오버랩)현수야.

현수   (오버랩)아 너 보는 거 어색해 미치겠어. 몇시간 떨어져 있자. 암튼 이 상황에서 벗어나는 게 좋겠어.

광모   ….너 차암 괴상하다엉?

현수   (오버랩)빨리 짐 싸아아(휙 돌아보며 으르대듯)

S# 은수 산부인과 진찰실

닥터   (기록하며)이제 겨우 포도알만하지만 기본적인 신체구조 자리 잡았으니 지금부터 급속도로 무게가 늘어날 거에요.검사 다 깨끗해요. 엄마가 차분하게 관리 잘 하고 계시네요. 입덧은 어떠세요.

은수   뭐‥그렇게 심한 편은 아닌 거 같아요.

닥터   (오버랩의 기분)아직 자연유산은 경계할 시기에요.조심하세요. 피곤하지 않도록 하시구요.

은수   네.

S# 산부인과 복도(승강기 앞)

은수   (와서 서는데)

준구   (문 열리는 승강기에서 나서는)

은수   ??

준구   어 끝났어?

은수   응

준구 (오버랩)아버지 어머니 먼저 들어가셨어.(내려가는 버튼 누르며)
나 내려주고 가.

은수 택시 탈께..

준구 왜 그래 귀하신 몸이. 그게 그건데. 차 회사로 보내.

은수 택시 타면 간단한데.(남아 있는)

준구 (오버랩)아버지 때문에 미뤄둔 일이 한두껀이 아냐. 전화할 새
도 없을 거야.

은수 화장실 갈 새 없달 때도 잘만 하더라.(혼잣말처럼)

준구 알았어. 안 잊어버리도록 할게./

S# **병원 앞**

[나오는 둘.]

준구 주차장서 나오는데 한참이야 좀 걸릴 거야.

은수 …

준구 쌀쌀한데/들어가 있을래?

은수 아냐 괜찮아.

준구 (차 나오나 보면서)주말에 어디 하루 다녀올까?

은수 차 오래 타는 거 안된다실 거야.

준구 아 그렇겠다. 당신 너무 답답할 거 같아그래. 그럼 친정에라도
다녀오든지. 내가 말씀드려줘?

은수 그 정돈 내가 말씀드려도 돼..신경쓰지 마.

준구 뭐 작심한 사람처럼 집에만 있는 거 같아 그래.

[준구 차 와서 멎고 준구 은수 태우고/오르는데]

[메시지 들어오는]

S# **차 안**

준구   (타면서 전화 꺼내며 동시에)회사 들려 집에 갔다 회사로요.

기사   예 대표님‥

준구   갑시다.(자동차 출발)

은수   메시지 왔어요.

준구   놔둬.

은수   ‥‥확인해요.

준구   업무처리 보골 거야.

은수   ‥‥(잠시 보다가 기대며 눈 감는)

준구   (전화 꺼내 보면)

다미   E 여섯시 집.

준구   (그냥 끄고)봄이라 그런가 왜 이렇게 나른한지 모르겠어.(하며
　　　　은수 손잡고)

은수   (눈 감은 채)‥‥

준구   졸려?

은수   울렁거려.

준구   음식 냄새도 없는데 왜.

은수   (급히 핸드백에서 비닐봉지 꺼내 유사시 준비)‥‥

준구   잠깐 세워?

은수   아니괜찮아‥(기대며 눈 감는)

준구   ‥‥(보다가)잠 못잤어?

은수   좀 어지러워서. 말 시키지 말아요.

준구   언제까지 이래야 하는 거야.

은수   ‥‥

준구   (기대며)서둘 일 없어요. 천천히 가요.

기사   네 대표님.(하는데)

  [메시지 들어오는]

준구   (이 기집애/전화 꺼내 보고 답신)

준구   E 회의 중.

준구   (전원 꺼 주머니에 넣고 은수 안아 붙이는)

은수   ....(밀어내며 기사 의식하는)

준구   (아 깜박했군··제 이마 잠깐 치고)

은수   (기대려다 문득 준구 타이 바로잡아주는)

준구   ...(아내 보며)

S# **차량들 속 준구 차**

S# **자부 상가 건물 앞**

자모   (천여사 만난 것 보고 중)아까워죽어죽어. 나보다 더 아까워.

자부   왜 보자 그런 거야.

자모   결혼 아니라 아파트 못 주구 예물두 없다구.

자부   우리가 그거 바라는 줄 알어?

자모   글쎄 그러더라구.우리는 혼수 했나? 피장파장이지 뭐.

자부   대부도 가 있대?

자모   (응)아들이랑 통화했나봐.

자부   알아하겠지 신경쓰지 말구 잊어버려.

자모   (오버랩)짜장면 먹구싶어.

자부   그래? 그럼 가.(움직이며)

자모   (따르며)그래두 마무리는 잘 됐어.

자모   E (보는 아빠)내버려둘 수는 없으니까 결혼시키는

자모   노력하재. 그건 고맙더라구.

자부   갈라놓자는 거 아닌 게 고맙구먼.

자모   (천진하게)그러어엄 고맙다구 했어 여보. 나쁜 사람은 아닌 거 같어.

자부   (웃으며)꼭 짜장면이 먹구 싶어?

자모   ?? 당신 뭐 먹구싶은데. 당신 먹구싶은 거 먹어 그럼.

자부   아냐아 애모양 왜 짜장면인가 해서.

자모   어어 오는데 중국집 배달 아저씨 보구 먹구싶어졌어.

자부   어어 허허허허(에서)

S# **준구의 거실**

준모   (주방에서 나오다 보고)점심 먹이랬는데 안 먹었니?

은수   (들어오며)아뇨 어머니

준모   싫댔어?

은수   말 안 하던데요? 바쁘대요.

준모   바뻐두 점심은 먹어야잖어.

은수   아버님은 어떠세요.

준모   엄살이 장난 아니시다. 원래 그런 양반이야.

은수   이모님 안계세요?

준모   절에 가셨대.(안방으로 움직이며)스테이크 드신단다. 이십분 쯤 있다 내려오렴.

은수   네에.(계단으로)

S# **준구의 방**

은수   (들어오며 겉옷 벗어 아무렇게나 놓고 침대에 쓰러지듯)…(잠시 눈 감고 있다가 일어나 녹음기와 동화책 챙겨 침대 이불에 놓고 핸드백과 벗은 옷 챙겨드는)

S# 태원 빌라 주차장

　　[세워진 차 앞에서]

채린　(약 올라 있는)사람 말 떼어먹는 버릇 너 그거 굉장히 나쁜 버릇이야. 고쳐야 해. 아줌마가 나쁜 말 했어? 친구들한테 엄마라구 소개시킨 게 벌써 한참 됐는데 아직도 아줌마라는 거 기분 안 좋으니까 엄마라고 부르라는 게 나쁜 말이야? 나쁜 말이야?

슬기　(눈 내리깔고)…

채린　속 터지게 이러지 말구 대답을 해

슬기　(보는)

채린　그래. 니 생각이 궁금해. 말해 빨리.

슬기　아줌마 엄마같지가 않아요.

채린　그럼 새엄마라 그럼 되잖아.

슬기　(들어가려)

채린　(잡아 세우는데)

슬기　(때리는 줄 알고 움츠리며 피하는)

채린　?? 애좀 봐. 누가 때리니? 내가 때려?

슬기　…(보며)

채린　기막혀. 너 뒤끝 엄청나다 응? 저번 일은 우리 둘이 풀었는데 넌 아직 안 풀린 거야? 그래서 나한테 계속 불친절 한 거야?

슬기　(시선 내리고)

채린　나는 니가 나한테 왜 이러는지를 정말 모르겠어. 내가 노력하면 노력한 반응이 있어야하는 건데 넌 아무 소용이 없다? 무슨 애가 너 같은지 정말 당황스러워애 엇쩌면 그렇게 쌀쌀맞니? 넌 애야. 애는 순수하고 순진해야지 너같으면 못쓰는 거야 알았어?

슬기 …(눈물 뚝뚝)

채린 ?? 뭐랬다구 울어? 울 사람은 애 나야. 너 고모한테 하는 거 반만 해도 내가 황송해서 기절하겠다.아니 고모는 그만두고 아줌마한테 하는 거 반이래도 나 춤춰.

슬기 (손등으로 눈물 닦는)

채린 차 타자마자 너 게임만 하잖아. 그눔으 듣기 싫은 게임소리 진짜 짜증나 돌겠어.

슬기 소리 죽이래서 죽였잖아요.

채린 게임만하다가 바보 될래?··너 바보돼.바보될 거야.

슬기 (쿨쩍쿨쩍 우는)

채린 울지 마. 생사람 잡을 애야 진짜··

슬기 으응 응응 (두 손으로 얼굴 가리고 울음소리가 비집고 나오고)

채린 ??? 어머머 얘가. 슬기야··얘··

    [태희 자동차 들어와 찌익 서고 /태희 시각에서 눈 가리고 우는 슬기가 제대로 보여야.]

채린 ??(보고 슬기 감추듯)

태희 (튕겨져 나오며)왜 그래 슬기야··무슨 일이야 응?(슬기 왕 더 크게 터지며 태희에게 달라붙고)

태희 ???(채린에게)뭐야. 얘 왜 울어. 왜 우냐구우.

채린 (오버랩)저기 그게 아니라 그게 아니라 (황당해서)

S# 거실

태희 (슬기 손잡고 빠르게 들어오며)슬기 올라가.

슬기 고모오.(그게 아니라)

태희 (오버랩 버럭)올라가 빨리!!

74

임실 (바닥 닦다 일어난/오버랩)?? 무슨 일이다요 고모.

태희 (오버랩)아줌마 슬기 데리고 올라가요.

임실 올라가자 올라가자.(슬기 데리고 계단으로)왜애 뭔 일이다냐잉..

태희 …올케.(슬기 임실과 상관없이)

채린 (오버랩)흥분하지 마세요 형님.(작정했다)

태희 ???

채린 (오버랩)갑자기 애가 울어서 나두 당황한 참이에요.

태희 (오버랩)갑자기 왜울어. 울렸으니까 울었을 거 아냐!!

채린 (오버랩)우리 대화 중이었어요. 울릴 생각도 없었구 울 얘기도 아니었어요. 재 차만 타면 무조건 게임이에요. 얘기 좀 할라 그래두 세마디에 두 마디는 그냥 떼먹어요 대답 안해요.

태희 (오버랩)그건 올케 책임아냐? 재 올케 거부하는 거야. 왜 그러 겠어.

채린 그쯤은 나두 알아요 그래서 더 열이 뻐쳐요.

태희 열 뻐쳐서 꼬집어 뜯었니?

채린 ?? 무슨 그런 말이

태희 (오버랩)애 울구 있었잖아.

채린 (오버랩)저두 환장하겠어요. 학교 친구들한테 엄마로 소개하 고 하안참 지났으니까 이제 엄마로 불러달랬는데 못들은 척 대꾸 를 안해요. 집에 들어오기전에 얘기 좀 하자 그랬는데 애가 갑자기 우는 거에요. 나는 얼마나 황당한데요오.

태희 …..(보는/그랬나?)

채린 애가 너무 예민하게 굴어서 무슨 말을 못하겠어요.애가 애 답질 않아요.

태희 올케가 어른답질 못하니 슬기가 애같을 수가 없겠지. 슬기 얘기 들어보자 어디. 꼼짝 말구 여깄어.(돌아서는데)

채린 여기 안 있구 어디가겠어요.

태희 ??(잠깐 돌아봤다가 부르르르 계단으로)

S# 슬기의 방

임실 (옷 갈아입히는 중)……왜 울었는디잉? 할머니한테만 말혀. 아무 한테도 암말 안헐테닝께잉? 왜 울었어 우리 아가?

슬기 그냥 슬퍼서요.

임실 새엄마가 때렸어?

슬기 (고개 흔드는)

임실 욕했어?

슬기 (고개 흔들고)

임실 아무한테두 말 안한다니께에에

태희 (들어오며 오버랩)아줌마 나가봐요.

임실 때리지는 않었능가봅소.

태희 누굴 때려요 때리길. 슬기야.(시작하는데)

채린 (들어오는)

태희 거기 있으랬잖아 내려가‥

채린 (오버랩)형님.

태희 (오버랩)애가 제대로 말하겠어?

채린 애가 거짓말할 수도 있어요.

태희 ?? 뭐라구?

임실 (오버랩)내려 갑시다 내려가요(채린 건드리는)

채린 왜 이래요!(털어내며)

76

슬기 (오버랩)거짓말 안해요. 나는 아줌마가 무서워요.

태희 ??(슬기 보는)

채린 ?? 애 슬기야

슬기 (오버랩)아줌마 잉잉 나 싫어하잖아요 잉잉 학교 가는 거 학원 가는 거두 귀찮잖아요.아줌마는 나를 나쁜 애로 생각하고 아줌마 나한테 눈 흘기잖아요.잉잉.(임실 태희 ?? 채린 보는)

채린 어머머머 얘애 내가 언제에에!!

태희 눈 흘겨?

채린 (오버랩)아으 미치겠네. 제가 왜 눈을 흘겨요 형님.

태희 애가 없는 소리 해?

채린 그럼 내가 거짓말하는 거에요?

태희 (오버랩)슬기야

채린 (오버랩)내가 언제 눈 흘겼어. 너 말해. 언제 봤어.

슬기 세번 봤어요.

채린 언제에에.

슬기 게임하지 말라면서..대답 안한다구 화내면서..

채린 그건 싫은 얼굴 한 거지이. 싫은 얼굴이랑 눈 흘기는 게 어떻게 같아. 너두 싫을 땐 싫은 얼굴하잖아.

슬기 눈 흘겼어요.

채린 니가 잘못 본 거야. 너혼자 생각한 거야. 그런 적 없어

슬기 흘겼어요.(하며 등 돌리고 눕는)..

채린 ...(어째야 좋을지)

태희 (그냥 아이 등 보며)...

임실 없는 말 하는 애는 아닌디이이

채린 (오버랩)아줌마.

태희 (오버랩)나와..아줌마 좀 있어요.(나가고)··

채린 슬기야 너 진짜 어떻게

태희 E (오버랩)안 나와?

채린 ····(그만두고 나가고)

임실 (채린 나가자 침대로)어짜꺼나 우리 아가··(침대 걸터앉아 한 손 슬기 어깨에)어짜꺼나어짜꺼나이잉? (작게 중얼거리는/)

S# 태원 서재

태희 (들어와 팔짱 끼고 앉는···)

채린 (들어서 태희 앞으로)···(보며)

태희 ····

채린 슬기 말만 듣구 형님 오해하지

태희 (오버랩 보며)보통 심각한 일 아니다 올케.

채린 (오버랩)네 정말 기절할 거 같아요.

태희 (오버랩)결혼을 왜 했어. 자식있는 상대랑 결혼할 땐 그 사람 자식까지 함께 잘 지낼 자신이 있었어야하는 거 아냐?

채린 결혼 전에는 잘 따랐어요. 이럴 줄 알았으면 내가 왜 데려오자 그랬겠어요.자신 있었어요.

태희 그러다 달라진 건 채린이한테 문제있는 거 아냐?

채린 애가 달라졌지 난 달라진 게 없거든요. 정말 돌겠어요.

태희 (일어나며)슬기가 태원이 아킬레스 건이라는 건 알아?

채린 너무 알아요··

태희 절 좋아하는지 싫어하는지 아이/본능적으로 느껴.

채린 (오버랩)슬기가 날 싫어해요형님.

태희　이 사건 문제삼을까말까.

채린　형니임.(그러지 마세요)

S#　슬기 방

임실　(슬기 앉혀놓고)뭐시냐 너 저번저번에 혼자 외갓집 갔을 때 그
　　　때도 새엄마 때문에 그랬던 거지? 새엄마가 속상하게 해서 그랬지.

슬기　(시선 내리고 고개 흔든다)

임실　....(보며)할머니는 자꾸 왜 그런 생각이 들었을까잉..요거시 뭔
　　　가 있다아..틀림없다아아..우리 슬기가 이유없이 그럴 애가 아닌디
　　　이상허다아아

슬기　(오버랩)물 마시고 싶어요.

임실　잉? 물? 물 알었어.물 갖다 주께 갖다주께.(나가려다)그란디 슬
　　　기야 밥 먹어야 하는데..카레라이스 해 났는데에에..

슬기　(고개 흔들고)

임실　안 먹어? 배 안고퍼?

슬기　안 고퍼요.(눕는)

임실　...(보다가)그럼 나중에 먹어 아가야.(나가면서 바로 마주 태희 들
　　　어오는)밥을 안 먹는다네요.

태희　좀 있다 먹어요.

임실　그랍시다.(아웃)

태희　(슬기 옆으로 누우며 껴안듯)니가 오해한 거야..아줌마 너 안 싫
　　　어한다는데?

슬기　....

태희　오해는오해를 낳구 오해는 오해를 낳구 그런 거야. 아줌마 눈
　　　이 워낙 방울토마도만큼 크잖어. 그렇니까 똑바로 아니고 옆눈으

로 보면 흘기는 거처럼 그럴 수도 있어,저얼대로 절대 아니래.맹세
했어 아니래 응?

슬기 됐어요.

태희 ??(상체 일으키며)됐어요? 뭐가돼뭐가돼. 너 이거 아이 말이 아
니야응?(간지럽히며)아니란 말야아아아.

슬기 (돌아누우며 저만큼 피하는)

태희 …(보며)

S# 준구 주방

[어른들은 와인/은수는 물잔 네 개 /잔 들고/스테이크 고기만 안 나오
고 상차림 준비 끝.]

이모 퇴원 축하합니다.

회장 고오맙습니다 보살님.

이모 구구팔팔 만수무강 하세요.

회장 예에 파이팅입니다.

이모 다같이 파이팅(같이 잔 부딪치며 파이팅 소리/은수만 조용)누구
보다 파이팅할 사람이 너 아냐.

은수 아 네. 파이팅.

회장 그래 너 누구보다 파이팅해야 해.

은수 네 하고 있습니다 아버님.

회장 (와인)이게 정말 좋은 건데 너 안됐구나.

은수 네. 나중에 한 병 더 열어주세요 아버님.

회장 허허 그래.얼마든지. 여보 내 며느리 몫으로 한병 따로 챙겨두
세요.

준모 알았어요.

회장 병원에 들어가 있을 때마다 번번이 느끼는 건 그저 건강이 첫째
에요.

이모 병원 한번 들어갔다 나오실때 마다 번번이 하시는 말씀입니다
아아.

회장 허허허 그랬나요? (마시는)

도우미1 스테이크 냅니다 사모님.

준모 아 그래요.(도우미 둘 스테이크 내기 시작하고 /식탁 대화는 계속)

회장 사오월 쯤 당신 보살님 모시고 미국 한번 다녀와요.가셔서 아
이들 한번 보고 오세요.

이모 필요없어요. 눈꼽만큼두 안 보고 싶어요 아 그리구 새애기 지켜
보구 있어야지 가긴 어딜 가요.

회장 (아내에게)그때 쯤이면 위험한 시기는 지난다면서요.

준모 나 없으면 며늘애 힘들어 안돼요.

이모 (오버랩)어려운 시아버지 누가 보비우합니까.

준모 (오버랩)출산하고 겨울 되기 전에 한번 나갔다와요(이모에게)

이모 그땐 꼼지락거리는 손주 보는 재미에 너 나들이 할 생각 없을 거
야.누구 눈치가 코치냐?

준모 시작하세요.

회장 그럽시다.(포크 나이프/고기 자르며)많이 먹어라.

은수 네 아버님.

회장 나 욕심없다. 삼남이녀 다섯만 부탁한다.

은수 ??

이모 E (오버랩)어이구 욕심있었으면 열다섯 낳으라겠네.

회장 E 허허허허.

준모　E （웃는）

S# 태원의 주방

[놓여지는 카레라이스]

태희　（들어오다）슬기는.

임실　내 올려다 줄 것이오 신경쓰지 말고 자시쇼.

태희　안 내려온대요?

채린　（오버랩）내버려 두세요 아줌마.

태희　（채린 보고）

임실　E 굶기라고라

채린　（태희에게）배고픈데 안 내려오고 버티는 거 뻔한데 받아주면 안된다구 생각해요. 버릇은 아이때 바로 잡아야해요..어른 이겨먹을려고 드는 거 고쳐야해요.

태희　（오버랩）놔둬요 아줌마.

임실　옴마?

태희　（숟가락 드는）

채린　고마워요 형님.

태희　（먹기 시작）

채린　（앉으며）형님.

태희　（오버랩）간이 싱겁네 아줌마.

임실　내 간이 짜서 사장님이 고혈압이라 안하요.

채린　간은 싱거울수록 좋대요 그러니까

태희　（오버랩）나 해골 복잡하니까 그냥 먹자웅?

채린　…（보며）

태희　요 최근에 전실자식 굶겨 죽이구 때려죽인 계모 기사 났었지?

채린 ? 그게 무슨

태희 (오버랩)왜 눈 흘겼어‥

채린 ?? 형니임.

태희 지켜볼 거야엉? 명심해 내가 스물네시간 지켜본다구 알았어?

채린 네 그러세요. 그러시겠죠. 그러세요.

태희 …(잠시 쏘아보다가 먹는)

S# 슬기의 방

슬기 (녹음 듣고 있는)……(이어폰)……(은수 동화 녹음 소리 잠깐)

S# 준구 마케팅실

[청소기에 골프공과 탁구공이 플라스틱 관으로 흡입되어 올라오는.]

준구 좋은 아이디어네요. 디자인도 심플하구. 저건 골프공인가요?

마케 골프공과 탁구공이 섞여 있습니다.

준구 우리 로봇의 흡입력을 보여주는 데는 아주 효과만점이겠어요.

마케 테스트 삼아 오늘 하루 매장 한 곳에 설치해 봤는데(준구 메시지 들어오는 소리) 고객 분들이 굉장히 신기해하시고 반응좋았습니다. 구매로 이어지기도 했구요.

준구 (오버랩)이번 홈쇼핑 상품 품평회는 잘 끝나셨나요?

마케 네 열 두개 품목 중에 최상위로 선정이 됐습니다. 다음 달부터 메인시간대에 진행하기 로 되었습니다.

준구 (일어나며)오늘 좋은 소식이 많네요. 모두 수고하셨고 계속 수고해 주시기 바랍니다.

직원 둘과 마케팅 네.대표님.

S# 마케팅실에서 나오며

준구 (문자 체크)

[다미 문자 열일곱 개.]

준구   (어금니 물고 걸으며 한꺼번에 지워버리는)‥

S# 분장실

다미   (대기 시간/ 문자 치고 앉았는)…

분장사   (분장 고치려 다가드는데)

다미   나중에요.(문자 찍어 송신하고)하세요.

분장사   (화장 보충해주는데)

다미   잠깐만요‥(통화 시도)

       [가입자가 전화를 받지 않아‥녹음 나오고]

다미   …(전화 내리면서)‥‥

S# 준구 침실

은수   (침대에 앉아 녹음하다 우유 마시고 있는)‥‥‥

S# 태원 계단을 아주 빠르게 내려오는 채린(곧장 주방으로)

S# 주방

채린   (들어와 바로 싱크대 서랍 둘째 칸부터 뒤지기 시작/ 맨 아래 안쪽
       작은 상자 안에서 집 열쇠 꾸러미 꺼내 들고 총알같이 튀어 나가는)

S# 이 층 복도

채린   (와서 슬기 방 문 두드리며)슬기야…슬기야…(맞는 열쇠 찾기 시작
       하는)‥‥(세 개째 열쇠가 맞고)

S# 슬기의 방

채린   (들어와 슬기 쪽으로)??(자고 있는 슬기)자니?…자는 거야? (흔든
       다)슬기야 얘얘.

슬기   (돌아눕는데 이어폰 한 쪽이 슬기 귀에서 빠지고)

채린   이어폰을 끼구 자면 어떡해. 귀에 얼마나 안 좋은데 (슬기 얼굴

84

좀 건드려 나머지도 빼내며)나쁜 짓만 골라가면서 한다.

슬기   (눈 뜨고)

채린   이제 깨는 거야? 이걸로 귈 틀어막고 자니까 못 듣지·· 무슨 잠을 세시간이나 자? 기절했나 죽었나 별 생각이 다 들었어애. 도대체 뭘 듣구 있는 거야.(귀에 꽂으려)

슬기   (벌떡 일어나며 뺏으려)

채린   (피하며)왜애 뭔데에에··

슬기   (뺏으려 필사적)

채린   잠깐만 들어보께 가만 있어 (슬기 손 떼어내며 벌떡 일어나 한 쪽 이어폰 귀에)

은수   E (읽지 않았던 어떤 대목/신데렐라 계모 학대 장면)······

채린   ????

슬기   (보며)

채린   (부들부들)이거 어디서 났어. 니엄마 언제 만났어.

슬기   (입 다물고 보며)

채린   대답해. 아빠 이거 알아? 아빠두 알아?

슬기   (고개 젓는)

채린   이딴 거 때매 나한테 책 읽지 말랬던 거야? 이딴 거 때매 방문 잠그구 자는 척 했던 거냐구.

슬기   (이어폰 뺏으려)

채린   (벌컥 떼밀면서)니 엄마 정말 웃긴다.이게 무슨 어이없는 짓이야. 자기 자식 나한테 떠맡기구 간 사람이 이게 말이 돼?

슬기   (반발하는)내가 엄마한테 부탁했어요. 엄마가 잘못한 거 아니에요.(머리맡 녹음기 집어 들며)

채린 그런 부탁을 왜 해. 뭣때매!!(소리치며 녹음기 뺏어 바닥에 팽개치고 마구 밟는)

슬기 (마구 밟히는 녹음기 보며 서럽게)아아앙앙앙앙 앙앙앙앙··

채린 용서못해. 이런 거 절대 용서 못해. 용서 못해.못해.

슬기 (침대 내려 나가려 울며불며)

채린 (오버랩)어디 가 이리 못와?

슬기 (후다닥 뛰고)

채린 슬기야아아!(뛰어나가는)

S# 계단 거실

슬기 (소리 내어 앙앙거리며 뛰어내리고)

채린 (잡으려 뛰는)

슬기 (고모 방으로)고모오 고모오오.

S# 태희의 방

슬기 (울며 들어오는/ 고모는 없다/울며 돌아서 나가려는데)

채린 (등덜미 잡아채며)울지 마 울지 마. 뚝 뚜욱··

슬기 (보며 울음 참으려)

채린 내가 울어야지 왜 니가 울어. 머 잘했다구 울어어!!!(밀쳐버리고)

슬기 (엎어지고)어엉엉엉엉 어엉엉엉

채린 아앙앙앙앙앙 (아이처럼 울음 터지는)

S# 거실

　　[두 사람 울음소리]

태모 (현관 들어서며)??··(신발 벗고 들어오며)????

태모 뭐야. 무슨 일이야!! 어엉?

S# 태희 방

86

채린 (울음 뚝 그치며 슬기 입 틀어막으려는데)

슬기 (뛰어나가며)할머니이이이..

채린 ....???

S# 거실

슬기 (달려나와 ???한 태모 하반신에 얼굴 묻고 안으며)엉엉엉엉

태모 ???(나오고 있는 채린 보는)

채린 (쪼르르르 태모 앞으로)저 슬기때매 미치겠어요. 정말 돌아버리겠어요 어머니.

태모 (오버랩)들어와. 슬기가 뭘 어떡했길래 널 미치게 하나 들어가 얘기해. (슬기 손잡고)들어가자.

S# 태모의 방

태모 (들어오면서 핸드백 던지고 겉옷 벗어 침대에 던지면서)도대체 뭣때매 애 어른이 같이 대성통곡이야. 무슨 사연이야 엉?

태희 (안방 욕실에서 목욕 가운 차림으로 문 열고)왜 그래 엄마.

태모 (의자에)뭐야. 말해 봐 어디.

채린 (오버랩)슬기 엄마 정말 나쁜 사람이에요 어머니. 슬기한테 동화책 녹음해 줬어요.

채린 E (태희 위에)슬기가 요새

채린 E (??한 태모)그거 듣느라구

채린 낮이나 밤이나 방문 잠구고 틀어박혀 있었던 거에요.

태희 (태모 말하려는데 나오며 오버랩)그거 내가 부탁해다 준거야 엄마.

태모 ???

채린 ??(입 벌어지고)

태희 태원이 슬기한테 있는 거 싫어 올케가 대신 읽어준다 나섰다는

데 올케가 지지리두 못읽는다면서.

채린   ??

태모   E (채린 위에/오버랩)그래서.

태희   (오버랩)대타로 은수 동원했어‥ 엄만데 뭐 안돼?

태모   도대체 무슨 생각을 하구 사는 물건야. 집안 편한 게 배 아파 어떻게든 들쑤시구싶어?

태희   집안 언제 편했는데

태모   너 채린이 입장돼봐 이년아.

태희   (오버랩)아 왜 욕은해애.

채린   (오버랩)차암 할말이 없군요형님.

슬기   (오버랩)그거 아니에요‥

셋   (슬기 보는)

슬기   고모가 한 거 아니에요. 내가 엄마한테 부탁했어요.

태희   ‥슬기야

채린   그러니까 고모랑 애랑 공모한 거군요.

태모   (오버랩)누구보다 니가 문제야 니가.

태모   E (채린) 서방한테 새새거리는 거 반만 떼서 애한테 해봐.

태모   눈치 빠한 게 니가 얼마나 정머리없이 굴면 애가 지 엄마 소릴 듣자구 해.

채린   어머니.

태모   애비는 이 사실을 알어몰라.

태희   모르지이. 너 말 안했지.

슬기   (고개 흔드는)

태모   E 너(슬기)다시는 그런 짓 하지 마. 니 엄마는 그저 엄마가 저기 어디 있다아 그러구 살어.

태모 너 버리구 딴 사람하구 결혼한 엄마가 뭐어 그리 그리울 게 있
어. 그런 엄마는 엄마두 아니야.

태희 (오버랩)엄마(그건 아니지)

태모 (연결)채린이 아줌마가 엄마야. 쭈욱 평생 그렇게 알구 살어야
해 그게 니 팔짜야.(채린/노인네 바른말 한다)이거 니 아빠 알어봐
얼마나 속이 아프겠어. 아무리 어려두 그만한 건 알어야지.너 영리
하잖어.

슬기 ....

태모 철없을 나이니 뭐…모두들 덮어둬. ..다 꼴보기 싫다. 나가버려
들.(일어나며)

　　[다 나가려]

태모 넌 있어.

태희 나가라며

　　[둘 나가고.]

태모 미쳤어?!!! 무슨 심뽀야!! 깽판칠래? 작정했어?

S# 거실

채린 (계단 오르는 슬기)밥 먹어.

슬기 (그냥 오르고)

채린 밥 먹구 올라가라구.

슬기 (돌아보는)

채린 못 들었어? 안 들려?

슬기 (계단 내려와 주방으로)

채린 누구 잘못인가 생각해봐.(주방으로)니 잘못이야. 할머니두 그

러셨잖아..

S# 주방

슬기 (의자에)

채린 (들어와 밥솥에서 밥 조금 접시에)내가 니 엄마야. 잊어버리지 마. 너두 나두 팔짜니까 어쩔수 없어.

슬기 (시선 내리고 가만히)

채린 또 한 번만 싹수없는 짓하면 가만 안둘 거야. …(뚜껑 닫고 냄비에서 카레 한 국자 얹으며)발가벗겨 내 쫓을 거야.

슬기 ....

채린 (접시 갖다 놓아주는)..(거친 손길)

슬기 ....

채린 안 먹어?

슬기 (입 꾹 다물고 일어나 숟가락 들고 와 앉아 먹기 시작)

채린 ....(미워서 보며)

슬기 (비죽비죽 먹는)...

임실 (시장거리 들고 들어오며)아고오오오 어깨쭉지 빠지겠다..슬기 시방 먹구 저녁은 어쩔랑가, 고옴방 저녁 먹어얄텐데잉. (짐 보따리 식탁 한쪽에 끄응 올리며)싸겠네싸.(부지런히 나가는)

채린 (슬기 먹는 것 보고 있는)...

슬기 ...(먹는)...

채린 (픽 돌아선다)

S# 태원의 사무실

태원 ......(선 채)데이터 전부 삭제하고 다 밀어버려요..

편집 (오버랩)저기/서너컷 정도만 포토랑 스타일리스트, 모델들 설

득해서 넘겨줄 수 있도록 해 보면 어떨까요. 백지화 시키기엔 우리
쪽 리스크도 만만찮구요.

태원 (오버랩)안돼요. 저작권은 엄연히 지켜져야 하는 일인데 상식
안통하는 사람들 요구를 들어줘선 안됩니다‥ 우리가 손해보고 그
런 거 용납해선 안돼요.

편집 죄송합니다.

태원 저쪽에서 어떻게 나오든 타협은 안돼요

  [전화벨. 핸드폰 집어 들며]

태원 안되는 건 안되는 거에요‥

편집 알겠습니다‥(목례하고 돌아서는)

태원 (앉으며)여보세요‥아 얘기해요……??(들으며 굳는)나 몰랐어요.

S# 태원 침실

채린 (선 채)얼마나 배신감느꼈는지 말도 못해요. 나는 최선 다하구
있는데 슬기 엄마 도와는 못줄 망정 왜 이런 초를 뿌려요? 너무 억
울하구 분해서 슬기 막 야단치구 슬기랑 같이 엉엉 울었어요.그러
다 어머니한테 들켜서 또 말두 못하게 혼났구요. 너무너무 속상해
요 태원씨. 우리 감쪽같이 속았잖아요 애가 벌써부터 이렇게 눈속
임하면 어떡해요. 이래두 되는 거에요?…태원씨‥듣구 있어요?

S# 태원 사무실

태원 들어요‥‥아니 하지 말아요.

S# 태원 침실

채린 이건 가만 있으면 안되는 일이에요. 아이를 위해서도 이런 일
은 하지 말라구. 우리 사이에 끼어들지 말라구 확실하게 경고해야
한다구요. 태원씨 와이프로 나 그런 권리 있어요.

S# 태원 사무실

태원 (오버랩 성내는)하지 말라면 하지 말아요. 말 안듣고 멋대로 하면 나 정말 실망합니다 하지 말아요…진정해요 그리고 아이는 아이에요 지 엄마가 얼마나 아쉬웠으면 아이 마음을 헤아려줘요. 당신이 할 일은 그거에요.부탁해요 끊어요.(끊고 애달프고 한심하고 착잡한/의자 돌려 머리 위로 올려 픽 기대고)………

　디졸브

S# 서울 야경

S# 준구 드레스 룸

은수 (털썩 앉아 옷장 선반들 마른걸레질하며/전화 이어폰/다소 추슬러진 상태)응 언니 계속되는 행복도 평화도 그런 건 없더라. 그러니까 행복할 때 주춤거리지 말구 어색해하지 말구 맘껏 오바해서 행복해··그리구 그 순간들을 기억에 저장해 추억으로 만들어 둬. 나중에 늙어서 꺼내보면서 그래 그때는 행복했었지 그것두 나쁘지 않을 거 같아…언니 지금 물써?

S# 현수 원룸

현수 (상추 씻으며)상추 씻어. ··다 됐어(수전 잠그는)

은수 F 광모오빠 와?

현수 (손에 든 상추들 뿌려 물 빼며)··엉.(문소리에 돌아보면 광모 들어오는/샴페인과 꽃다발)광모 왔다··

은수 F 어 끊어끊어. 행복할 때 마구 행복하구 사랑할 때 마구마구 힘껏 사랑해 언니.

현수 알었어.

은수 F 안녕.

현수 안녕(하는데)

광모 (가벼운 키스 뺨에 해주고 꽃 내밀고)

현수 응 좋아.(받는데)

광모 (오버랩 샴페인 들어 보이며)역사적인 오늘 샴페인이 빠지면 되겠어?

현수 어떡해. 된장찌개 상추 쌈인데

광모 (샴페인 마개 껍질 벗기기 시작)좋아좋아 너하고라면 꿀꿀이 죽도 상관없어.

현수 (쑥스러워서)밥 다 됐어.

광모 그동안 수없이 니 밥 얻어먹었지만 오늘은 특별한 밥 샴페인 터뜨리는 저녁 밥이다.(철사 헐겁게 만들며)글라스글라스

현수 (깜짝 찬장으로)와인잔 밖에 없다.

광모 좋아좋아. 상관없어··(현수 글라스 두 개 놓고)자 간다아아.

현수 엉.

광모 (샴페인 병 흔드는)

현수 야흔들지마흔들지마(뻥 터지고 샴페인 뒤집어쓰는 현수)아으으으으으..

S# 은수의 드레스 룸

은수 (다른 선반 닦다가 문득 다리 펴고 선반에 기대어 앉는)

태원 E 사랑하는 사람 앞에서는 사랑 한다는 말을 안합니다.

S# 태원의 서재(과거/서재 가구 더러 바꿔주세요)

태원 (시집 읽고 있는)(배부른 은수 한 팔로 안고 은수는 기대어 눈 감고)아니하는 것이 아니라 못하는 것이 사랑의 진실입니다.(은수 보며)나나. 바로 내 마음이야.

은수 (눈 감은 채 웃어주는)…

S# 드레스 룸

은수 ….

태원 E 잊어버려야하겠다는 말은 잊을 수 없다는 말입니다. 정말 잊고 싶을 때는 말이 없습니다‥

S# 서재(과거)

태원 떠날 때 울면 잊지 못하는 증거요‥뛰다가

태원 E 가로등에 기대어 울면(은수 눈 뜨는)오로지 당신만을 사랑한다는 증거입니다‥

은수 (몸 일으켜 슬프게 웃으며 보며)그건 나. 가로등에 기대어 우는 거나야.

태원 (시집 놓고 안아주는)‥‥

S# 드레스 룸

은수 ….(가만히)‥‥

S# 다미의 승강기에서 내리는 준구

준구 (입 꾹 다물고)…(빠르게 걷는)

S# 다미 거실

다미 (샐러드 먹고 있는)…

　　　[현관 신호음.]

다미 ?(후다다닥 현관으로)

준구 (들어오는데)

다미 (총알같이 덤벼들어 목 껴안으며 입 맞추려)

준구 (얼굴 피하며 팔목 꽉 잡는)

다미 ???

준구 (팔 끌어 내려 한쪽 팔 잡아 안으로 옮겨 좀 밀듯 팔 놓으며)나 좀 살게 해줘 이 기집애야. 하루 한번 안부 전화면 됐잖아. 니가 머릴 휘저놔 일을 할 수가 없어야. 여섯시 집여섯시 집이 도대체 몇십번이야. 너 이거 정신병이야 알아?

다미 (오버랩)하루 한번 전화두 이틀 동안 안 받아줬어오빠.

준구 일수 찍는 거 아니잖아야. 일하다 보면 정신없구

다미 (오버랩)숨죽이구 가만 있으래서 숨죽이구 가만 있었어. 오지두 않구 전화두 떼먹구 약속이 틀리잖아.

준구 (오버랩)너 병원 가. 완전히 망가지기 전에 치료받어 다미야.

다미 (오버랩)치료같은 거 안 받어두 돼. (휙 돌아서 주방으로)미친 년 취급하지마. 나 아직 나 자신 얼마든지 컨트럴 할 수 있어. 미친 년이 그 많은 대사 외서 연기할 수 있어? 그것두 엔지 몇 번 안내고 완벽하게? (마시다 둔 와인 따르며)미친 년이 두세병 씩 마시던 술을 한두잔으로 줄여 마시니? 미친 년이 알람 맞춰 정확하게 일어나 정확하게 준비하고 정확하게 촬영장 나가 일해?

준구 (오버랩)고맙다 그건 고마운 일이야 그런데 너

다미 (오버랩)진심을 알구 싶어.

준구 …(보는)

다미 (벌컥벌컥 마시고 내리며)진심‥정말 진심.

준구 (오버랩)너한테 멀미난다.

다미 (보며)…

준구 이러다 결국 너때매 망하지 싶어 뒷골이 땡겨.여기까지 니 덕에 용케 살아남았지만 그거두 니덕에 안 겪었어두 될 일 겪은 거야. 아버지 엘로카드 기록 만들구 와이프는 아직두 얼굴로만 웃고

내 꼴 우습게 만든 건 결국 너야. 니가 깨끗이 떨어져 나가줬으면 나 아아무 일 없었어.

다미 그랬을 수도..(마시는)

준구 다시는 니 문제로 수명 줄이고 싶지 않다. 너도 피곤하고 와이프 도 피곤해. 일만 하고 싶으니까 나 좀 그만 놔주라.

다미 멀미 나?

준구 ....(보며)

다미 나한테?

준구 그래.

다미 와이프는 괜찮구?

준구 그 사람 피해자야.

다미 사랑해?

준구 그래.

다미 나는 멀미 나구?

준구 ...그래.

다미 (오버랩)알았어...응 알았어..(따르는)

준구 ......(보며)

다미 (술병 놓으며)알았다구......(술잔 내려다보며)

준구 ....

다미 ......(그대로)

준구 (다미 쪽으로 다가서는)...다미야.

다미 (오버랩)방콕에서 하루/맞아 당신 뒷풀이 정도였다는 거 알아. 당신이 놓고 간 돈 보고 일았었어. 그래서 나두 뒷풀이로 치부하고 끝냈었지...메이크업하러 가 당신 와이프 만나...그때도 별 생각 없었어. 그냥‥좀 장난이 치고 싶었을 뿐이었어.

다미   E 그런데‥당신 전화했드군. 전화에 대고 길길이 뛰었지 잡아먹을 거처럼. 나 어떤 마음으로 당신을 간직하고 있는데‥

다미   (한숨처럼)약 먹구 병원 들어갔다 나오구 그러면서 이런저런 일들이 벌어지고 나‥당신 찾고 싶어졌어‥찾을 거야‥ (마시는)

준구   ‥‥(보며)병원가‥ 말 들어‥

다미   ‥‥

준구   전화 안 받으면 받을 수 없는 상황이구나 생각해. 계속하지 마. 짜증나.

다미   흐흥. 짜증나구 멀미나구.

준구   (오버랩)너두 나두 이럼 안되는 거 너두 알잖아.

다미   (오버랩)안아줘.

준구   ‥‥(보며)

다미   멀미 안나게 해줄게‥‥‥(준구 앞으로/ 올려다보며 팔목에 거는)안아주구 가 오빠‥

준구   (팔 잡아 떼며)이러지 마.

다미   (오버랩)오빠.

준구   (확 밀쳐내는)‥‥

다미   ???

준구   (매정하게)안되겠다. 너 나 흔들지 마. 이제 실수 안해. 이러다 망해. 정신차리자. 나는 차렸어.그만 털고 마무리하자. 전화도 끊어. 하지 마.마무리 하는 거야.(현관으로 빠르게)

다미   ‥‥‥(허탈하게 보며)

S# 다미 아파트에서 빠르게 나오는 준구와 부딪힐 뻔하는 송선화‥

송   어 김준구씨.

준구   ??

송   안녕하세요?

준구   안녕하세요.(하며 휙 자동차로)

송   ……(잠시 보다가 들어가고)

S# 준구 차 안

준구   (차로 올라….빌어먹을)……

S# 부웅 출발해 나가는 준구 차

　　[벨 가는 소리]

은수   F 네에.

준구   뭐하구 있어. 녹음해?

은수   F 아니 오늘 치 다 했어. 왜.

S# 차 안

준구   금방 들어간다구.

은수   F 알았어. 저녁은.

준구   안 먹었어..뭐 먹여줄 건데.

S# 준구 침실

은수   (다림질한 속옷들 차곡차곡)잠들어서 못 내려가봤어. 메뉴는 전
　　골이야. 일 많다더니 이르네?

준구   F 열심히 처리했어. 머리가 다 띵해.

은수   들어와 쉬어. 고생했어.

준구   F 응 끊어.(끊는)

은수   (끊고 전화 다리미판에 두고 세탁물 들고 드레스 룸으로 가려는데)
　　[메시지 들어오는…]

은수　(잠깐 돌아보고 속옷 처리하고 나와 집어 보는)?? (열어보면)

　　　[룸살롱의 준구와 다미 사진들.]

은수　‥‥‥‥‥‥‥

S# 다미 침실

다미　(전화 한 손에 든 채 와인 벌컥벌컥)

　　　[노크.]

다미　누구세요오오.

송　　E 뭐하니.

다미　어 언니 들어와들어와.(죽게 반가운)

송　　김준구 나가더라? (들어오며)

다미　엉 깔갈깔깔.

송　　그렇게 좋으니? (안 보는 채 옷 벗으며)

다미　깔깔깔 나 미쳤어 언니 깔깔‥돌았어돌았어.

송　　(옷 옷장에 걸며 오버랩)그런데 김준구 밥맛이다 다미야. 나 첨 봐? 인사를 안 받아.

다미　올라와올라와 언니.(침대 두드리며)

송　　있어. 손 먼저 씻구

다미　(오버랩)나 오은수한테 사진 보냈다?

송　　??

다미　언니가 찍은 사진 그거.

송　　(입 조금 벌어지는)…

S# 준구의 침실

은수　(핸드폰 들고 침대에 걸터앉아)‥‥‥(다리미판 그대로)‥‥‥‥

S# 태원네 거실

태원　(들어오고)

채린　(맞으며)주세요.

태원　(그대로 안방으로)잠깐 들어와요. 누나두 오라 그래요.(차분하게)

채린　??(잡으며)왜요오….(태원 그대로)당신한테 암말 마라 그러셨어
　　요 나 전화한 거 모르시는데

태원　(오버랩)저 들어왔어요 어머니.

태모　E 그래.

태원　(돌아보며)누나 불러요.

태희　E 나 여깄어 태원아.

S# 안방

　　[태희 엄마 손톱 정리]

태원　E (들어오는 소리 나고)저 슬기 얘기 들었어요.

모녀　??(태원 보는/태희는 채린 보는)

태모　입 다물랬는데 너 시에미말이 개코방귀야?

채린　우린 부부에요. 아이 일이구요.

태희　지 변명해둘 필요가 있었나부지.

채린　(오버랩)그런 거 아니구

태원　(오버랩)누나 알구 있었다면서요. 어떻게 된 거에요.

태희　슬기가 지 엄마한테 부탁했대. 은수한테 받아 내가 전달했어.
　　들키지 말구 잘 간수하라 그랬는데

태원　(오버랩)그걸 왜 숨어서 해야 해요.

채린　??

태희　(오버랩)왜 그래야했겠니. 노인네랑 채린이 때문이잖아.

태원　(오버랩)그래서 말인데요 어머니. 슬기랑 제 엄마 사이/그냥 놔

뒤주세요. 그건 애가 숨어서 몰래 할 일이 아니에요. 아주 자연스런 일이라구요.

채린 (오버랩)여보

태원 (오버랩 채린에게)지 엄마 그리운 마음 막지 말아요. 그리워서 나름대로 방법을 찾은 거면 그대로 인정해줘요. 그게 야단치고 야단 맞고 아이 어른 같이 울 일이에요?

태모 (오버랩)태원아.

태원 (엄마에게)제발···부탁입니다··슬기한테 더 이상 상처주지 마세요. 우리 슬기 벌써 충분히/우리 어른들한테 상처받았어요. 그게 왜 필요했나····· 미루어 짐작해주실 가슴··없어요? 당신 그거 없어요?

채린 ···(보며)

태원 슬기 아아무 문제 없어요. 그게 정상입니다.

태모 나 아무 말 안했다. 재가 법석을 떨었지··아 나는 외갓집 가는 거두 안 말리잖어.

채린 다시는 그런 짓 하지 말라셨

태모 (오버랩)가만히 좀 못 있니!!? 그건 너 생각해 그런 거야. 돌대가리야?

채린 (입 딱 벌리고)

태희 가만 있으라니까 왜 고자질은 해.

태원 (오버랩)누나는 왜 그렇게 도와서 슬기를 나쁜 짓 하다 들킨 아일 만들어요.

태희 왠지 너 몰라서 그래?

태원 (오버랩)슬기 마음 놓구 편하게 듣게 할 거에요.(채린 보며)그렇게 알아요.(나가는)

채린 (따라 나가려)

태모 놔둬..

채린 (돌아보고)

태모 앞에서 알짱거리지 마.

태희 참 멍청하다 엉?

채린 부부가 그럼

태모 (오버랩)내 아들이 너 두드리는 신문고야? 신문고두 두드릴 때나 두드리는 거지 아무 때나 두드려?

태희 까르르르르

채린 ???

S# 슬기의 방

슬기 (침대에서 일어나 앉는)

태원 (들어와 앉으며 팔 벌리고)

슬기 (안기며)아빠 나 있잖아 사실은.

태원 (오버랩)아빠 다 알거든? 말 안해두 돼.

슬기 ??

태원 슬기 차암..생각이 모자랐다. 아빠한테 말했으면 아빠가 도와췄을 수 있는데..

슬기 아빠는 아줌마 신경쓰잖아..

태원 ....(아무 말 못하고)그래..됐어..이제부터는 마음 놓구 들어. 방문 안 잠거두 돼..

슬기 ??(몸 떼고/정마알??)

태원 그래두 돼. 아빠가 해결했어. 언제든 괜찮아. 실컨 마음 놓고 들어.

슬기 (울먹)그런데 녹음기 망가졌어 아빠‥아줌마가 막 밟았어.

태원 ???‥(슬기 보는)…

S# 준구 침실‥

은수 (걸터앉아서)…………

S# 주방

준구 (저녁 먹고 있는)…

준모 (들어오며)전골 괜찮지?

준구 네. 아버지 어떠세요.

준모 (차 준비하며)돌아누으실 때마다 아구구구구 하신다.

준구 (그냥 웃고)

준모 얘는.

준구 다리미질 했나봐요‥그런데 아까는 어지럽다 그러든데요?

준모 한번씩 그럴 때 있어. 괜찮아.

준구 네에‥(수저 놓고 물 마시는)

준모 좀 편안해진 거 같드라만‥

준구 예‥ 저 올라가요.

준모 그래.

준구 (출구로)이모님 일찍 들어가셨네요.

준모 공부가 밀렸다 그러서.

준구 (웃으며 나가는)

S# 거실

준구 (나와서 뛰듯이 계단 올라가는)

S# 준구 침실

준구 (들어오는)…‥(은수 없고)??‥(드레스 룸으로.)

[욕실에서 들리는 물소리]

준구　씻어?

[얼굴 씻는 소리‥]

준구　오래 걸려?

[물소리만.]

준구　(침실로)

S#　욕실

은수　(얼굴에 두 손으로 물 끼얹고 있는)………

S#　준구 서재

준구　(들어와 컴퓨터 켜고 의자에 앉아 의자 돌려서 굴려 가 책 찾아 뽑아 내는)‥‥

S#　다미 침실

[침대 위에 벌어진 술판.]

송　(술잔 들고)개애자식.

다미　개애자식 으흐흐흐흐흐

송　이용만하구 뒷통수갈겨?

다미　이용만하구 앞통수 갈겨?

송　짱하자 짱.

다미　(부딪치며)짱 까르르르르 (웃으며 마시는)

송　(같이 마시고 내리며)너죽고 나 죽자야아

다미　너죽고 나살자야아아. 착한 척 끄을.

송　이다미 순애보 쪼오오오오옹!!!

다미　쫑쫑쫑쫑 깔깔깔.

S#　태원의 침실

채린 (마주 서 싸움 중)태원씨가 그렇게 나오면 나누굴 믿고 살아

요.(꾸물거리지 말고 다 오버랩의 기분으로 잡아채십시오)

태원 감싸 안는게 힘들면 따듯한 어른 시선으로 봐주는 거 만이라

도 해달라고 몇번이나 부탁했어요.

채린 그렇게 하구 있어요.그런데 문잠그구 지엄마 목소리 듣는 걸

로 응답해요? 그걸 어떻게 모른 척 해요. 나도 감정이 있는 인간이

에요.

태원 그래서 애한테 감정풀이해요? 야단쳐 울리는 걸로 모자라 애

보는 앞에서 지 엄마 소리 들어있는 녹음길 밟아 부셔뜨려요?

채린 가는 게 있으면 오는 거도 있어야잖아요.

태원 잘했다는 거에요?

채린 잘못한 게 뭐에요. 내가 뭘 잘못했어요.

태원 ??

채린 E (연결)대체 이집에서 나 제대로 대접하는 사람이 누구에요.

어른들이 날 우습게 아니까 아이까지 깔보는데에!!

채린 깔보다 못해 깜찍하고 앙큼하게 날 속이기까지 하는데에!! 분

해 피가 거꾸루 도는데 그까짓 녹음기가 뭐라구우!!

태원 (보며)....(힘이 쭉 빠지는 느낌)

채린 상속 날아갔다니까 그 순간 얼굴바꾼 시어머니 바로 몇시간 전

자기가 한말 뒤집고 /여우같은 시누이 불난데 부채질/애까지 날

조롱하는데 어떻게 참아!!

태원 .....(보며)

채린 ...(정신이 든다)...(후다닥 나가버리고)

태원 .....

채린 (도로 후다닥 들어와 장에서 옷 꺼내들고 후다닥 나가는)

태원 ....(보며)...

S# 거실

채린 (계단 뛰어 내려와 곧장 현관으로)

임실 (화초에 물 주다 돌아보는)?????.......(물 두어 번 더 뿌리는데)

태모 (방에서 나와 소파로)애비 저녁 먹었어?

임실 안 먹었는데 싸웠는갑소.새며느리 핑하니 나가버렸소.

태모 ??

S# 빌라 밖

채린 (불 끄러 가는 거 모양 빠른 걸음으로 나와 빠르게 걸어 나오는).....

S# 태원의 침실

태원 (의자에 앉아).......

S# 빌라 근처 길

채린 (여전한 걸음 속도로 오다가 문득 멈춰 서며)후후후후후후....(숨 내쉬는)...(그대로 있다가 뒤돌아보면 아무도 따라오는 이 없고).....???

S# 태원 침실

태원 (옷 안 갈아입은 채 침대 시트 위에 한 손으로 눈 덮고 누워).....

　　　　[노크.]

태원 (상체 일으키는데)

태모 E 저녁 안 먹어?

태원 (일어나며)네...나중에요..

태모 (문 열고 보는)....

태원 ....

태모 싸웠어? 애 나가더라는데...

태원 (침대 내려 장으로/장문 여는)

태모 철이 없어두 그렇게까지 없는 줄 몰랐다‥

태원 (실내복 꺼내는)…

태모 슬기가 오히려 날 정도니 끌글끌끌‥나이는 어디루 먹구 공부는 해서 뭐에 썼는지이‥

태원 (오버랩 나직이)절 내버려두지 그러셨어요 왜.

태모 (보며)….

태원 저는 정말…하고싶지 않았어요.

태모 그게…너 위해서였지‥하루 빨리 재혼해 자식 낳구 사는 거 모양 살라 그랬지‥

태원 옷 갈아입어야 해요.

태모 뭐라 그러든….뭐라 그러구 뛰쳐나갔어.

태원 힘든가봐요‥힘들겠죠.

태모 힘은 나두 든다‥원 내 체신이 말이 아니야. 어디서 저런 모자란 게 굴러들어왔는지 모자라두 어떻게 저렇게 모자랄 수 있는 건지 / 그저 차암하다…순하다 착하다 그랬지 동서남북을 모르는 앤줄 누 가 알었어.

태원 내려 가세요‥

태모 오냐 옷 입구 내려가 저녁 먹어‥

태원 네에‥

태모 (나가며)끄으응‥

S# 태원 방 밖

태모 (태원 방에서 떨어지면서 중얼거리는)내눈 내가 쑤실 수두 없구 우우우…

S# 계단 거실

태모 (내려오는데)

임실 (옷 입고 자기 방 쪽에서 나오는)

태모 어디가.

임실 나가 데꼬 올라구요.

태모 놔둬. 데리구 오긴 지발루 나갔으니 지발루 들어오겠지. (태희 방으로)

임실 그려도 한 솥밥 먹구 사는디 인심이 그란건 아니지요.

태모 아 놔둬어.

임실 사장님

태모 어디 어른 모시구 살면서 젊은 게 속 좀 상하다구 핑하니 나가나 가길.

임실 아 이웃에서 알고 지들끼리 수군거리면 졸 거 없소. 저 집 메느리 또 쫓아낼라나부다 안 허겠소.

태모 이눔으 여펜네가?

임실 (쭈르르르 현관으로)

태모 (숨 몰아쉬고 문 열려는데)

태희 (문 여는)왜 또오.

태모 (들어가는)

S# 태희 방

태모 (들어오며)이것들 쌈박질하구 채린이 뛰쳐나갔어.

태희 ?? 태원이 쌈 안하는 애잖아.

태모 성질 없는 눔이 어딨어. 아까두 속으루 화가 잔뜩 찼던데··눈치 코치없이 미련한 게 건드렸겠지.

108

태희 어디루 뛰쳐나가?

태모 갈데가 어딨어.

태희 친정으로 가면 문제 커지는데 엄마.

태모 아 상관없어. 차제에 데려가면 춤추겠어. 꼴두 보기 싫어.

태희 아 엄마 심하다아아아

S# 준구의 침실

은수 (잠옷으로 앉아 머엉하니)……(핸드폰 집어 사진 다시 보기 시작하는)……

　　　[사진/사진/사진.]

은수 ……(사진 닫고 통화 시도)엄마 나··아빠 들어오셨지?··엄마 지금 뭐해.

S# 친정 안방

자모 아빠 손발톱 깎어. 김서방 아직 안들어왔어? 으으웅(남편에게) 서재 있대··그래?(잠깐 뿌우)현수랑 통화했대. 아 몰라 얘.아빠가 신경끄래서 끄기루 했어. 어차피 우린 먼저 죽을 건데 뭐…그렇겠지 뭐··아 좋아 니 언니가 좋으면 나두 좋아…너 밥은 잘 먹어? 좀 나아졌어?

S# 준구 침실

은수 더했다 덜 했다 그래··응…왔다갔다 그러네··별 걱정을 다해··이것저것 오히려 더 먹는 거 같아. 살찔까 걱정이야…응··응 엄마··응 괜찮아··응 그냥 안부전화··이제 잘라구··자꾸 졸려 엄마…응··응 끊어요.(끊고)……

S# 안방

자모 (그동안 자기 발톱 깎고 있는 자부에게)이리내··(다시 깎기 시작)광모녀석이랑 같이 있대.

자부 늙으니까 발톱두 안 자란다. 깎은지 하안참 되는 거 같은데··

자모 흐흐 맞어··

S# 현수 원룸

[두 사람 스푼처럼 한 방향 보고 안고 누워서····]

현수 ······(눈 뜨고)

광모 (현수 머리에 코 묻고)·····

현수 자니?

광모 아니 니 머리 냄새 맡구 있어.

현수 ····여기서 잘 거야?

광모 물론이지 그럼.

현수 (빙그르 몸 굴려 아래로)니 집 가 자.(서서)

광모 ?? 왜애.

현수 둘이 못자. 낼 와서 매트 꺼내 놓구 오늘은 니집 가 자.

광모 그래서 내가 여기 침대 바꾸자 그랬잖아.

현수 방 꽉차 쭈쭈뽀뽀 공간 없어. 안 그래두 좁아터진 방.

광모 야 동건데 따로따로 잠이 어딨어.

현수 각방쓰는 결혼두 많대.

광모 그건 김샌 부부들이지 우린 핫한 동거야. 따로따로가 뭐야. 포개서라두 같이 자야지.

현수 (오버랩)가아아.

광모 어디이일

현수 (오버랩)그럼 너 자. 나 내려가 잘게.(베개 집어들고)쭈쭈뽀뽀 내려가자아아아··

광모   야아아아

현수   (그냥 움직이는데)

    [전화벨]

광모   (전화 보고)주하다주하.

현수   (얼른 전화 집어 받으며 내려가는)어 나야 주하야.

S# 춘천 닭갈비집 앞

주하   (나오며)우리 닭갈비 먹으러 춘천왔어 현수야..이제 다 먹구 나
오는 길이야. 어 맛있었어..언제 한번 날 잡아 같이 오자. 서울 들어
가면 너무 늦을 거 같아서. (계산하고 나오는 인태에게 오라는 손짓)
잠깐. 인태씨 나온다…현수요.(전화 대주면)

인태   안녕하세요 현수씨. 저 김인탭니다…네에 하하 뭘요..내가 주
하씨 덕이 크죠오오..네..네에 고맙습니다..네.안녕히 계세요..차
갖구 올께요.

주하   (손 흔들어 보이고 속삭이는)어때 목소리 커졌지..어..내가 요새 계
속 애쓰고 있다…응? 아하하하 그래 키워서 날름 잡아 먹을려구.이
히히히히

S# 현수 원룸 거실

광모   (물 한 컵 갖다 현수 주고)

현수   (받으며)지루해 죽는다면서 잘 어울려 다닌다.(하며 광모 보는)

광모   (현수 이름 부르려는데)

현수   (손가락으로 입 막고)

광모   (손가락으로 제 입 막으며 현수 옆에 붙어 앉으며 티브이 켠다)

현수   (리모컨 뺏어 끄며)어 여름옷 만들구 있지..어 그래 옆에서 너무
산만하게 굴지 마. 정신 흐트려뜨려 사고 치게 만들지 말구.

S# 닭갈비집 앞

주하 (와 대어지는 차에 오르며)알았어..걱정마..응 출발한다아아 잘
　　자...엉.

S# 빌라 동네 어느 카페

채린 (커피 마시고 있는)........

S# 준구의 침실

준구 ....(들어와 침대로)

은수 (제 편 등 끄고 등 돌리고 누워 있는...눈 감고)....

준구 (베개 고여놓고 들고 들어온 책 펴들며)자?

은수 .....

준구 (책 읽기 시작하는).......

S# 태원의 거실

태모 (티브이 보고 있는/오락 프로 재방송)....

임실 E 으그 쳐라 어그 쳐..(태모 돌아보고)친정으로 내빼부렸나보
　　요. 하안참 나가봐도 기미가 없소.(태모 고개 티브이로)

S# 슬기의 방

태원 (슬기 침대에 누워서)......

S# 거실

태모 .....(티브이 보는 것 같으나 눈만 주고 있는)......

태희 (나오며)얘 안 들어왔어?

태모 (일어나며)전화 좀 해봐. 지금 안 들어오면 여엉원히 들어올 생
　　각 마라 그래..(안방으로)....

태희 (통화 시도)올케 어딨어....알았어.빨리 들어와.(끊으며)까페서
　　차 마신대.

112

태모　까페는 얼어죽을··(자기 방으로)풍악을 울린다.

태희　모르는 척 해애애.

태모　이년아 니가 더 나빠아(들어가며)

태희　저울에 올라가봅시다. 누가 더 나쁜지····(사이 잠깐 두었다가)

S# 　준구네 마당··(밤)

S# 　준구의 침실(어두운)

준구　(뒤척이며 은수 자리 더듬는/ 자리는 비어 있고) (눈 뜨고 보면 화장
　　　실 불빛)·····(잠시 있다가 팔 뻗어 핸드폰 시계 보고)···

　　　[새벽 5시가 넘어가고 있는·····]

준구　(도로 누웠다가 좀 이상해서 다시 일어나 화장실로)······(화장실 문
　　　열면)

S# 　화장실 안

은수　(저만큼 바닥에 시선 주고 앉아 있는)······

준구　····많이 불편해?

은수　······

준구　(들어오며)여보.

은수　(고개 들어 보는 심상치 않은 눈빛)

준구　???····뭐 잘못됐어?

은수　잘못된 건···· 너야.

준구　????

제30회

S# 준구 욕실/29회 마지막 씬

은수 (고개 들어보는 심상치 않은 눈빛)

준구 ???....뭐 잘못됐어?

은수 잘못된 건.... 너야.

준구 ????

S# 같은 욕실/연결/

은수 (보며)…

준구 왜 이러는 거야..다미 기집애 전화했어? 언제.

은수 (무겁게/힘들게 일어나려)

준구 (달려들어 잡아주려)

은수 (한 손 조금 올려 제지하는)

준구 …(보며)

은수 (천천히 욕실 문으로)

준구 ……(어떻게 대처해야 하는 건지 무엇을 아는 건지)

은수 (나가고)

S# 드레스 룸과 침실

은수 (나오며 두통으로 한 손이 머리로)……(침대 쪽으로)

준구 (나오면서)나 때문에 돌아서 그런 거니까 무슨 소릴 지껄였든 무시해.(은수 그냥 침대로 오르는/엎드린 자세로)날마다 온종일 문자 질을 해대서 참을 수가 없었어. 더 놔둬선 안되겠어 퇴근하면서 잠깐 들려 정신차리라구 심하게 하구 왔더니

은수 (오버랩 나직하게)당신…(만지던 베개 무릎에)애쓰지 마. 거짓말 범벅 변명따위에 그래두 혹시나…이제는 안해.

준구 (오버랩)거짓말 안해. 정말이야.

은수 후우우우(숨 내쉬면서 눈 감는)

준구 (좀 올라서)사람 말 들어보지두 않구 왜 천지가 무너진 거처럼 그래당신. 잠 안자구 저기서 뭐했어. 그깐 기집애한테 뭣 때문에 휘둘려(은수가 집어 던진 은수 전화 침대 발치에 떨어지고)

준구 ???(전화 보고 은수 보는)

은수 그걸로 충분해. 이렇든 저렇든 아아무 상관없어. 충분해. 더 이 상 알고 싶은 거두 알아야할 거두 없어. 나 자야 해. 나가.

준구 (오버랩 획 전화 집으며)도대체 뭘 갖구 이러는 거야.이기집애 뭐 라 보냈는데/

　　[확인되는 메시지 사진/]

준구 ??

　　[확대되며 둘 셋 넷 컷.]

준구 ????(은수 보면)

은수 (등 보이며 누웠고)

준구 ……(어쩌야 좋을지 몰라 잠시)…(있다가 은수 옆으로/꽁지 내리고)

이거 내가 설명할게 어떻게 된 거냐면 말야

은수 (오버랩 벌떡 일어나며)어떻게 된거 필요 없어 알고 싶지 않댔
어. 그게 다 말하구 있는데 뭐/ 조작이라 그럴려구? 김준구가 아니
라 김준구 닮은 사람이라구 싶어? 그런 일 없다구? 억울하다구?

준구 내 말을 들어봐. 일단 내가 얘기하는 걸 듣구

은수 (오버랩)애쓰지 말라니까. 애쓰지 마. 그냥 입 다물고 가만 있어.
나 말 하게 하지 마. 간단하잖아. 나 두 번은 아니라구 했구 당신 두
번은 없댔어.

준구 여보(침대로 앉으며)

은수 (전화 채뜰어 내며)이게 다라 그럴래? 더 이상은 아니라구?거짓
말 하지 마. 거짓말로 나 바보 만들려 들지 말란 말야!!

준구 취했었어 여보.

은수 허/

준구 (오버랩)콧방귀 꾸지마. 당신이 날 안 받아줬었잖아.

은수 (보는)

준구 산처녀 하산한지 얼마 안됐어? 아이까지 낳구 살았으면서 남
자 그렇게 몰라? 털끝 하나 못 건드리게 하면서 당신 어떡했어. 그
걸로 내 자존심 엿만들었어. 그걸로 경멸하고 벌 줬잖아.

은수 (한심하고 납득할 수 없는 웃음)

준구 (서늘해져서)비웃지 마.

은수 (그냥 얼굴 돌려버리고)

준구 (다시 설득으로)해결 안되는 여기자가 있어서/어 나한테 문자
보냈던 여기자 송선화 기억하지. 그 여자랑 다미가 친해. 정수가 그
기자가 뭐냐 핵폭탄이라구 술 한잔 하면서 달래놓재서

준구   E 자리 만들었었어. 거기 다미기집앨 불렀더라구 송기자가.

　　　맹세하는데 난 몰랐어 정말 몰랐어. (은수 준구에게 고개 돌리는)

준구   어떡해. 자리 박차구 나올수가 있어?

은수   …(보며)

준구   마시다 보니 취했어. 다미가 얼마나 집요한지 알잖아. 춤추자구

　　　억지로 끌고 나가

은수   (오버랩)세시까지 춤췄어?

준구   ….(보며)

은수   …..(보며)

준구   남자는…버티는 게 쉬운 일이 아냐.

은수   (오버랩)나가..나 지금은 자야 해.자고 싶어.

준구   (팔 잡으려)

은수   (털어내며)자고 일어나 정리합시다 우리.

준구   (오버랩)여보

은수   당신 나를 ..너무 우습게 봐.

준구   아냐 절대로 아냐.

은수   (오버랩)괜찮아. 내가 우습게 보게 했겠지.

준구   그런 거 아니라니까

은수   (오버랩)나도 내가 우스운데..나처럼 경솔한/어리석은 여자 또

　　　있을까 싶은데.나를 좋은 그림으로 만들고 싶은 욕심에/ 봐야할 건

　　　안 보구 보고싶은 것만 봤어. 내 발등 내가 찢었어. (눕는다)

준구   …..(보며)

S# 침실 나서 응접실 서재 거쳐 복도로 나서는 준구

S# 준구 침실

은수　(일어나 앉으며 두통 때문에 두 엄지로 관자놀이 꾸욱 눌러주는)…

　　　…(그러다 침대 내려 잠깐 비틀하고 흔들흔들 드레스 룸으로)

S#　욕실

은수　(들어와 세면대 찬물 틀어놓고 얼굴에 끼얹기 시작하는)·····

S#　준구네 게스트 룸

준구　…(우두커니 서 있다가 부아가 치밀어 후다닥 나간다)

S#　침실

준구　(빠르게 들어와 전화 챙겨들고 나간다)

S#　게스트 룸

준구　(들어오며 다미 통화 시도)

　　　[전원이 꺼져 있어]

준구　(전화 냅다 문짝으로 던지고)·····

S#　준구 집 전경(밤)

S#　준구 침실(어둠)

은수　(일어나 앉아 있는/ 두 손으로 바닥 짚고 헉헉거리며 울고 있는)·····

S#　현수 원룸 침실

　　　[현수 광모 자고 있는····]

　　　[현수 전화 울리는·····세 번쯤.]

현수　(광모는 모르는 채 자고/팔 뻗어 받는다)에에···(번쩍 정신이 들며)

　　　은수야.

S#　준구 침실

은수　와서 나 좀 데려가 언니, 미칠 거 같아. 죽을 거 같아. 나 좀 데려가.

　　　빨리 와 지금 와줘 언니이이··

S#　현수 원룸

118

현수 알았어알았어 알았어.(광모 타 넘으며 갈기는)일어나 일어나 빨리.

광모 ??(눈 겨우 뜨는)

현수 (버럭)은수한테 무슨 일 생겼어. 일어나 빨리이이.

광모 무슨 일.

현수 (오버랩)몰라. 빨리 정신 안차려?(이미 서둘면서)

광모 (후다닥 침대 내리는)

S# 원룸 앞

[둘 뛰어나와 차로 오르고/부웅 떠 달려 나가는 차.]

S# 새벽길을 달리는 광모의 차

S# 광모 차 안

광모 (잠깐 현수 눈치 보고)

현수 ……

광모 …쥐어패나?…팼나?

현수 (눈 감아버리고)……

S# 한남동 준구네 집 근처 길 달리는 차

현수 E 언니야. 금방 도착해. 내가 들어가 니가 나올래.

S# 대문 앞과 안

[들어와 멎는 자동차.]

현수 (뛰어내려 대문 앞으로/광모도 내리고)……(현수 대문 안 지켜보는)

경비 (경비실에서 기웃이 내다보고 나오는)실례합니다. 누구시죠?(광모 에게)

광모 아 저

현수 (오버랩)이거 좀 여세요 아저씨.

경비   아니 무슨 일로 이시간에/ 어디서 오신 누구십니까.

현수   이집 며느리 친정에서/ 데려가 달라는 연락 받구 왔어요.

경비   누구를

현수   이집 며느리 데리러 왔다구요.

광모   (오버랩)은수 나온다 현수야.

현수   (경비와 동시에 돌아보면)

은수   (골프 가방 사이즈 가방 들고 나오고 있는)····

현수   문 여세요.

경비   아니 저.(이쪽 저쪽 보며)

현수   열라구요 데리구 나오게에··

은수   E 열어주세요··

경비   (은수 돌아보고)

은수   (걸어 나오고 있는)····

경비   (문 열어주고)

현수   (튀어 들어가 은수 가방 뺏으며 한 팔로 안는)맞았어? 때려?

은수   (오버랩)아냐. 조용히 나가언니. 조용히.

현수   어 알았어.알았어알았어(작게)

　　　[대문을 나오는 자매···]

경비   (어정쩡)저 작은 사모님.

은수   (오버랩)네에··일어나시면 보고하세요···(광모가 열고 있는 차 문)

　　　[은수 태우고 현수 타고 동시에 광모 운전대로]

　　　[부웅 뜨는 자동차.]

경비   (뻐엉 서 있고)

S# 달리는 차 안

은수　(옆으로 기대면서 창 반쯤 열고 바람 맞는)·····

현수　·····(보며)

은수　어디···호텔로 가자 언니··

현수　····(보며)

S#　태원의 거실

　　　[잠시 빈 거실이다가/ 불 조금만 켜놓아 주세요.]

임실　(화장실에서 씻고 나오면서 하품 늘어지게/손바닥으로 하품하는 입
　　　두드려 소리 좀 내며 주방으로)···

　　　[주방 불이 켜진다]

S#　태원의 침실(어둠)

채린　(혼자 자다가 뒤척이며 태원 자리 더듬고)·····(손 멈추고 잠시 있다가
　　　일어나 앉는)·····(잠시 또 있다가 침대에서 내려 가운 집어 든다)····

S#　슬기의 방(어둠)

태원　(자고 있는 슬기 안고 눈 뜨고)········

　　　[노크.]

태원　···

　　　[다시 노크]

태원　(일어나 침대 내려서는데)

채린　F 아직 자요?····태원씨··

태원　(나가는)

채린　(보고)

S#　방 밖 복도

채린　(따르며)내가 깨웠어요?

태원　깨 있었어요.

S# 태원 침실

채린 (들어오며)어쩌면 계속 거기서 자요.

태원 (어제 잠옷 갈아입고 걸쳐둔 옷 집는데)

채린 사람이 집을 나갔는데 찾지도 않구…

태원 씻구 나와 얘기합시다.

채린 (오버랩)지금요 태원씨.(태원 멈추고)··내가 어제 좀 심했죠··
나 신경질 폭발하면 내가 무슨 소릴 하는지도 몰라요. 정신 들고 나
면 내가 생각해도 완전히 브레이크 터진 자동차처럼 기가 막혀요.

태원 (의자로)앉읍시다··(앉는)

채린 ···(앉으며)잘못했어요. 사과할께요.

태원 (가만히 보며)

채린 어머니 고모 슬기한테 한 말 다 취소할께요.

태원 말만으로 백번 취소해도 우리 집 식구에 대한 채린 씨 부정적인
생각은 안 바뀔 거에요. 채린씨 술 마시고 했던 말 어제 다시 했어요.
어제는 맨정신이었구요.

채린 저기

태원 신경질은 정도 차이는 나겠지만 누구나 있어요. 신경질 났대
서 속에 없는 독설 쏟아내는 거/글쎄 나는 모르겠어요. 이해안돼요.

채린 태원씨

태원 (오버랩)녹음기 망가뜨린 게 대수냐 그러든데 아연했어요, 당
신은 슬기에 대해서 손톱만한 연민도 없는 사람이에요.

채린 내가 얼마나 비참해져 있으면 그랬겠어요. 내가 얼마나 코너
로 몰리면요

태원 (오버랩)우리는 피차··서로한테 기대했던 것들이 쓸데없고 헛

된 망상이었던 것 같아요. 나는 어머니 마음에 흡족한 당신이 차분하고 조용하게 잘 해 줄거라 기대하고 믿었어요.

채린　전부 다 내 잘못이라는 뜻이에요?

태원　당신 입장에서는 우리 집이 설마 당신을 이렇게 대접할 줄 몰랐을 거에요.

채린　맞아요.

태원　내가 실망한 만큼 채린씨 실망도 크겠죠. 우리 엄청난 실수였습니다. 나는 당신이 슬기를 포용할 수 있는 사람인가하는 가장 큰 문제를 간과했었고 /당신은 우리 식구들이 어떤 사람들인지를 제대로 파악 못하고 들어왔어요.

채린　제대로 속았어요.

태원　……(피차일반)우리 집은 달라지지 않아요. 채린씨도 달라질 수 없을 거에요.

채린　(보며)…．

태원　우리 집을 겪어내기에는 채린씨는 인내심이 너무 없고 배려도 없고 나는 채린씨를 잡아두고 보호할 자신이 없어요.

채린　무슨 뜻이에요

태원　더 계속하면 할수록 다같이 ‥다 함께 누더기만 될 뿐이에요.

채린　설마…무슨 뜻이에요

태원　우리 결혼은 의미가 없습니다. (일어나는)헤어지는 게 좋겠어요.

채린　????(따라 일어나는)

태원　(화장실 쪽으로)

채린　미쳤나봐. 미쳤어요?

태원　(돌아보고)

채린 어떻게 그렇게 간단해요? 나한테 또 이혼하라구? 고칠 점 있으면 고쳐달라구 고쳐서 잘해보자 그래야지/자기 식구만 감싸면서 어떻게 눈 하나 깜짝 안하구 어떻게 이럴 수가 있어요.

태원 소리가 너무 커요.

채린 완벽한 사람 어딨어요. 태원씬 완벽해요? 부족하면 보충하고 틀렸으면 수정하면 됐지 그렇게 맞춰 사는 게 부부지/ 태원씨가 어디가 양반이구 뭐가 너그러운 남자라는 거에요. 부부쌈 한번 했다구 대짜고짜 그만 살자는 사람 /아으 기막혀

태원 ....(보며)

채린 도대체 왜 이래요. 이러는 이유가 뭐에요.

태원 결단 내려야할 때 못내리구 질질 끌려다녔던 게 많았던 한심함때문이에요. 당신한테 많이/ 대단히 미안해요. (들어가 버리는)

채린 ....(기가 막히는)....(침대로 가 퍽 앉는)....(시선은 욕실 쪽으로)... 말도 안돼.누구 맘대로.

S# 태원 거실

임실 (차 내며)새며느님은 들어왔능가요?

태모 (손 로션 문질러주며)몰라.

임실 안 들어왔소?

태모 아 말시키지 말구 들어가. 머릿살 아퍼.

임실 (입 뿔룩이며 주방으로)...(주방 다 가서)잠들어뻗져 몰라서 묻는 건디 고 대답허기가 뭐이 힘들다고.

태모 들어왔어. 됐어?

임실 (잠깐 돌아보고 그냥 들어가는)

태모 동네 통반장 다할려구 들어 왜.

S# 주방

임실 (꿍얼꿍얼)만만한게 뭐라구 뭔 소리했다구 식전부터 쥐어박아
박길.

채린 E 어머니 안녕히 주무셨어요?

임실 ??

S# 거실

태모 ??(채린 보는)

채린 어제는 죄송했어요 어머니. 집안 시끄럽게 만든 게 너무 속상해
서 바람 좀 쐬구 들어왔어요. 이해해 주세요.

태모 애비가 뭐랬는데.

채린 욕 먹었죠 뭐. 제가 나쁘대요. 앞으로 잘하라구요.

태모 끄으응··(찻잔 드는)

채린 드세요 어머니··(주방으로)

S# 주방

임실 (입구 보고 섰는데)

채린 (들어오며)안녕히 주무셨어요?

임실 어구 (좀 웃듯)신랑이 싸악 다 풀어줬나보요.

채린 (커피로)네에··

임실 그려서 부부쌈은 칼로 물베기라 안혔소.

채린 (원두 집어넣는)

임실 고거 고모가 뭐라그러드구먼.

채린 ??

임실 폭폭 줄어쌌는다고.

채린 걱정 마세요 잔뜩 사다 쟁여놀테니까.

임실   잉 그럼 되겠지라. 고렇게 말해야겠구면.(저쪽으로)

채린   (커피 갈면서 입 꼭 다무는)

S# 준구네 거실

준모   (침실에서 나와 주방으로)

S# 주방

준모   (들어오며)아주머니이.

도우미2   네에…(나서고)

준모   (찻주전자 들고 더운물로)인절미 한 쪽만 데워주세요.

도우미2   네에..

준모   (찻물 옮겨 따르는데)……

도우미1   (거실 쪽에서 들어와서 잠깐 망설이다가)저기 사모님..

준모   ??

도우미1   김과장이 잠시 드릴 말씀이 있다구..합니다..

준모   ?? 무슨 말?

도우미1   현관에….

준모   (주전자 놓으며)알았어요.

S# 거실 현관

준모   (거실 통해서 현관으로)

경비   …(서 있다가 목례하는)

준모   네에..

경비   저어…

준모   왜요 무슨 일인데요.

경비   작은 사모님께서 약 사십분 전에 나가셨습니다.

준모   ?? 무슨 소리에요?

126

경비 친정 언니가··언닌 것같습니다. 언니가 와서 같이···

준모 ???

S# 이 층 거실

준모 (빠르게 올라와 서재 거쳐 침실로)

S# 침실

준모 (침실 문 열고 불 켜고 보면 비어 있는 침대)???···(나가고)

S# 게스트 룸··(어둠)

준구 (옆으로 누워 자고 있는)····

준모 (문 열고 불 켜고 보는)??

준구 (잠결에 이불 뒤집어쓰고)

준모 (아들 옆으로)일어나··

준구 ···

준모 (등판 갈기며)일어나 빨리.

준구 ??···(이불 걷고 보고)아.어머니.

준모 (오버랩)얘 새벽에 나갔다는데 어디 간 거야.

준구 ??

준모 넌 왜 여기서 자구 갠 어디 간 거야.

준구 ···(일어나 앉으며)

준모 무슨 일이야 말 안해?

준구 다퉜어요.

준모 왜.

준구 아 별일 아니에요.

준모 무슨 뭣때매 다퉜어.

준구 별일 아니라구요.

준모   별일아닌데 지 언니가 와 데리구 가?

준구   ?? 언니가 왔대요?

준모   (오버랩)너 걔 또 봤어? 또 어울렸어?

준구   아니 그게 엄마.

준모   …..

준구   그게 어머니 엄마

준모   (오버랩/두들겨 패는)너 어떻게 생겨먹은 놈이야 으응? 얼마나 됐다구 또 사골쳐 홀몸두 아닌 애 뛰쳐나가게 만들어. 대체 걔가 뭐 길래 왜 미련못버리구 자꾸 봐. 어떡할라구 어떡할 작정으루우.

준구   나두 미치겠어요엄마. 빠져 나올려구 몸부림을 쳤는데/ 몸부림 치는데 자꾸 함정에 빠져요. 정신 차려보면 빠져 있어요.돌겠어요.

준모   (오버랩)돌겠는 녀석이 애 나간 것도 모르구 딴 방에서 태평하게 자아?

준구   나간다 소리 안했어요. 나갈 거라 생각 안했어요.

준모   (오버랩)아버지 일어나기 전에 빨리 나가 너도 나가. 애는 위에 있는 걸로 하고 니눔은 일찍 나갔다 그럴테니까 빨리 나가 나가아아.

준구   알았어요 알았어요 어머니(후다닥 나가는)

준모   …..(숨 크게 내쉬면서)…..

S# 거실

준모   (맥 빠져 내려오는데)

준구   (빠르게 앞질러 현관으로)

준모   (그런 아들 보면서 이모 방 쪽으로)

S# 이모의 방

이모　(청소기 돌아다니고 있는/문갑 훔치고 있는/ 불경 읽을 준비하는 중)

준모　(들어오는)

이모　(잠깐 돌아보고)김회장 잘 잤어?

준모　(털석 앉는)

이모　??

준모　전화 좀 줘요.

이모　내 전화?….(전화 챙겨주며)이 시간에 어디 걸려구.

준모　준구녀석 개하구 계속 만나다 들통났어요.

이모　??

준모　(청소기 스톱하고)새 애기 어떻게 등록했어요.(에서)

S#　호텔 객실

현수　(은수 누워 있고)…(은수 핸드폰 들고 앉아)최악이다…

은수　….(멍하니)…

현수　우선 잠을 자구..잘 수 있을지 모르지만 암튼 자도록 노력하구
　　　그리구 내일..아니 이따 몇시간 뒤에 얘기하자.

은수　응.(하는데)

　　　[은수 전화벨.]

현수　(보고)이모님이라는데.

은수　받지 마.

현수　(옆 버튼 누르는)있어 줘?

은수　(바로 누우며)광모오빠 기다리는데 내려가 봐.

현수　상관없어. 있으라면 있을게.

은수　혼자 있을래..

현수　그게 날 거야..(일어나며)전화 꺼놓을까?

은수　(눈 감으며)그래‥그래줘. 연락할게.

현수　집에는‥

은수　(울먹해지며)생각 좀 더 하구…

현수　…(보며)

S# 이모의 방

준모　……(다시 통화 시도)

　　[전원이 꺼져 있어]

준모　(전화 포기)

이모　(간단한 얘기는 들었다)나무관세음보살.(작게)

준모　(혼잣말)어떻게 말 한마디없이 이래.

이모　뱃속에 새끼 품구‥‥무슨 짓은 못해.

준모　지 아버지 어떡하라구.

이모　서방이 개자식인데 개자식 애비 알게 뭐야.

준모　심정 모르는 건 아니지만 이건 아니죠오오.

이모　니 자식은 기야? 시어머니 티내지 마라. 내 자식늠 한 짓이 뭔데 며늘애 타박이야.

준모　나가기부터 하면 어떡해요.

이모　더런 자식 한방에서 못보겠으니 그랬겠지.

준모　불난데 부채질 말어요.

이모　인물 값 못하는 늠‥그거 왜 그리 푸석돌이야.

준모　어떻게 달래야해요.

이모　니 주식 나눠주렴‥케네디대통령 아버지 /아들 바람질 문제될 때마다 며느리 돈으루 주저앉혔다더라.

준모　친정 갔겠죠?

이모　새대가리야? 당장은 친정 안갔을 거야 언니가 데려갔다니 지 언니한테 갔겠지.따루 산다 그러잖든.

준모　……(숨 내쉬는)

S# 호텔 로비 커피숍

현수　(들어와 기다리고 있는 광모 앞으로)

광모　(핸드폰 기사 검색하다 주머니에 넣으며 보는)··

현수　(푹 앉으며)아침 여기서 먹자.

광모　은수는.

현수　불꺼주구 나왔어.

광모　뭐야.

현수　여자 정리 안됐대.

광모　(띠잉 보는)···

현수　여배우야. 첨 알았어.

광모　누구.(하는데)

　　　[현수 전화 울리는··]

현수　(보고)····(잠깐 있다가 받는)왜요····같이 있어요··지금 전화 받을 상태가 아닙니다···당신이 은수같으면 지금 전화 받구 싶겠어요? 바꾸십쇼라니 어디다 명령이야 꼴 같잖게. 나 첨부터 당신 맘에 안들었어. 뭐야 뚜껑열어보니 썩은 통조림아냐

S# 회사 로비

준구　(걸음 멈추며)말이 지나칩니다.이 사람 지금 어디 있습니까. 수유리 아닙니까? 그럼 어디에요 알려주십쇼 처형.

S# 호텔 커피숍

현수　?? 처형 소리 하지 말아요. (전화끊으며 광모에게)내 팔자 왜 이러

냐. 은수 골병 들인 인간들한테 왜 차례로 처형소린 들어야 해.

광모   그럼 뭘루 부르겠냐.

    [현수 커피 와 놓여지는 잠깐 사이.]

현수   (각설탕 두 개 넣어 젓는데)

광모   (혼잣소리처럼)임신해 있는데 그런 충격을 주면 어떡하냐. 지능
범은 아닌 거 같다.

현수   ??

광모   아니 이 내말은 그거 심각하게 형편없는 인간이라구. 아내 임신
시켜놓구 그런 짓을 하면 어떡해.

현수   언제는 해두 되는데

광모   (오버랩)어 저기 침대는 내가 고를게 인터넷으로 내가 주문하께.

현수   좁아서 안된다니까.

광모   그럼 니가 오피스텔루 이살 와. 쭈쭈뽀뽀 랑랑이 데리구 아예
옮겨.

현수   쓸데없는 소리 말랬잖어.

광모   침대 바꾸는 거두 싫다 이사오는 거두 싫다 난 정말 널 이해를 못
하겠다.

현수   이해 필요없어. 괜찮아.

광모   …날 사랑하기는 하니?

현수   ??

광모   그냥 가는 세월 안타까워 잠깐 한번 써 먹어볼까 아냐?

현수   광모야.

광모   엉.

현수   나 지금 너랑 헛소리 핑퐁게임 할 기분이 아냐.

132

광모　어..어 알었어..알었어 그래..리필 좀 해주세요.

웨이터　네 손님.

S#　태원네 주방

채린　(혼자만 아무 일 없었다)슬기 오늘은 학교 끝나구 아줌마랑 백
　　화점 가자.

슬기　??

채린　아줌마가 고모 커피 너무 많이 먹어서 미안해서 커피 사러.

태희　(먹다 멈추고 보다가 먹으며)안 그래두 돼.

채린　원래 사다 놀 작정이었어요. 가자 응?

슬기　학교 고모가 온다 그랬어요.

태희　나랑 춤추러 가기로 했는데 슬기 인기 짱이다. 니가 골라.

슬기　고모 춤추는 거 구경하기 재밌어요.

채린　그럼 다같이 가죠 머. 고모 댄스교실 갔다 커피 사갖구 들어
　　와요.

슬기　(고모 보는)

태희　그럴까?

슬기　네.

태희　그래 그럼 그러자..

채린　(태모에게)뭐 드시구 싶은 거 없어요? 백화점 가는 길에 사갖구
　　올께요.

태모　글쎄에에..갑자기 물으니 생각나는 게 없구나..

임실　(저쪽에서)절편이나 하나 사오쇼. 절편 좋아하시니께

태희　엄마 체해요. 저번에 먹구 혼났잖어.

태모　아아무것도 땡기는 게 없다아아..먹고 싶은 게 없다는 게 이게

죽을 날 머잖었다는 신혼지이이이.

임실 (돌아보지 말고 구시렁/ 저쪽에서)따따따 일년에 대여섯차례는
　　　허는 소리··죽을라면 바알써 열 번두 더 죽었소.

태모 뭐라는 거야.

임실 암말 안혔소.

S# 거실

　　　[학교 가는 슬기와 출근 태원 손잡고 내려오는. 채린 따라 내려오고]

태원 다녀와요 어머니.

태모 수고허시게.(화분 이파리들 검사)

슬기 (꾸뻑)다녀오겠습니다.

태모 오냐 내새끼··으흐흐흐

태희 (주방에서 컵 들고 나오며)이따 보자아.

슬기 네에에··(먼저 신 신고)

태원 (가방 달라고 손 내밀고)

채린 (가방 내밀며 태원 빰에 도둑 키스 잠깐)

태원 ??(보는)

채린 (손 흔들어 보이고)

태원 (그냥 슬기 챙겨 나간다)

채린 (가볍게 주방으로 아웃)

태모 (돌아보고 있다가 소파로 움직이며)속이 없는 물건야 날 바뀌면
　　　딴 인간이 되는 거야.

태희 (잡지 들척이다 보는)? /

태모 태원이는 뚜웅한데 왜 저혼자 날아가.

태희 신경쓰지 마.

태모   앞으로 잘하라구 태원이한테 욕먹었다던데 욕을 어떻게 했길래 욕한 눔은 부어터지구 먹은 애는 날아가냐 말야.

태희   킬킬 말이 욕먹었다 그러는 거지 태원이가 욕은 무슨 욕을 했겠어..살살 쓰다듬어 달래줬겠지.

태모   모를 일이다아아(일어나며)모를 일이야.왜 이렇게 개운하질 않은지.

태희   엄마 안나가?

태모   니 엄마 근력딸려 날마다 출퇴근 버거워. 오누월 하루 볕이 어떻드니(한숨 섞어)한해가 다른 게 아니라 하루가 달러어어..

태희   지압이나 받구 푸욱 쉬어.

태모   재개발 지구 물건이나 더듬어 봐야겠어.

태희   (펼쳐 든 페이지 모델이 입은 옷 사진 조금 뒤로 띄워놓고 보는)….

S# 학교 앞에 와 멎는 자동차

태원   (내려 슬기 내리는 것 도와주고 가방 메어주며)오늘도 명랑하고 씩씩하게.

슬기   응 아빠 녹음기.

태원   걱정마. 아빠 절대 안 잊어버려.

슬기   오늘두 같이 자?

태원   으응..오늘부턴 안될 거 같은데.

슬기   알았어. 슬기 욕심쟁이.(제가 저 가리키며)

태원   하하.알면 됐어.(아이 만지며)아줌마가 말시키면 대답해주기.

슬기   (끄덕이는)

태원   아줌마가 너 싫어한다는 거 니 생각이 틀렸을 수 있다는 거.

슬기   …(그냥 보는)

태원   뽀뽀.

슬기   (쪽쪽 해주고 뛰어 들어가는)

태원   ....(보며)

S# 운전하는 태원...(차 안)

태원   (착잡한)....

S# 8회에서

은수   새 사람 들어오면 당신 슬기랑 그 여자 사이에 끼는 거 될텐데/
물론 현명하게 할테지만 슬기 소외감 안 느끼게 잘 해.

태원   알았어.(에스프레소 놓여지고 설탕 두 스푼)

S# 운전하는 태원(현재)

태원   ....

태원   E 너무 많이 아파하진 마.슬기 걱정 안 해두 되게 내가 잘 할게.

은수   E 믿어. 부탁해.

태원   .....(음악 스위치 넣는)

  [음악 시작되며 다음 씬으로 연결.]

S# 호텔 객실

은수   (가운 차림/서서 룸서비스 식탁의 오렌지 주스 천천히 따라 마시기 시
작하는)...

S# 준구네 대문 앞(1회에서)

  [부모 만나고 나와 승강이하던 준구와 은수..]

은수   허락받았다구 했잖아요.(소리 높일 필요 없이 오히려 차분하게 야
무진)

준구   (난감해서)아니 그게 별 말씀 없으시길래 나는 허락하신 걸로

은수   ???(무슨 이런 무책임한)

136

준구 (은수 한 팔에 손대려)은수씨

은수 (피하며/좀 오르는)나 그거 안해요. 그럴만큼 준구씨한테 미치지 않았어요.

S# 호텔 객실(현재)

은수 (선 채 빵 손으로 찍어 입에 넣고 씹는)

은수 E 결혼에 신물난 사람이라 그랬죠. 그런 악몽 다시는 안꾸고 싶다구요.(조금씩 더 오르며)그래서 사랑두 남자두 나 자신보다는 안 중요하다는 교훈 하나 건져 갖구 이혼녀됐다구요.(씹는 거 멈추고) 다시는 결혼이라는 웃기는 짓 안할 거라구/ 여자로 남자 필요할 땐 애 아빠한테 자달라 그러면서 살 거라구/

S# 대문 앞/과거

은수 다시는 아니다 그랬으면서도 스팩 좋은 남자 와이프로 좋은 옷 입고 좋은 차 타고 뻐쳐입구 파티 불려다니면서 폼나게 살겠다는 소녀꿈을 완전히 포기한 건 아니었더라구요 어리석게도.

S# 호텔 객실 현재

은수 (주스 잔 채우는)

은수 E 그래서 별로 좋아하지도 않으면서 원하는 건 뭐든지 해줄 수 있을 거 같은 준구씨한테 다시 한번 걸어보자 그랬던 거에요. 아아 주 정직하게 말하자면.

은수 (주스 잔 들면서 쓰디쓴 웃음)....(마시는)...

S# 준구 다미 현관 벌컥 열고 들어와 곧장 침실로

S# 침실

준구 (들어와 방에 없자 욕실로)

S# 욕실

준구　(문 열어젖히는데 비어 있는 채 욕조에 물만 채워져/ 타월 서너 장
　　　바닥에 아무렇게나)

S#　드레스 룸에서 침실로

준구　(나오면서 드레스 룸의 물건들 마구잡이로 잡아채고 던지고 깨고 마
　　　지막으로 화장대 거울 박살내는데)

S#　광고 찍고 있는 중인 다미

S#　준구 사무실 복도

　　　[승강기에서 빠르게 내려 지나치는 직원 인사 건성으로 받으며 사무실
　　　쪽으로.]

S#　사무실

준구　(들어오며 상의 벗어 거는데)

　　　E 노크

준구　들어와요.

대리　(문 열고 들어오며)부르셨습니까.

준구　(오버랩)신제품 발표회 준비가 어떻게 돼가고 있어요. (딱딱한)

대리　장소는 타임광장으로 결정되었구요 브이아이피 고객분들과
　　　기자단들 중심으로 참석하기로 되어있습니다.

준구　(오버랩)씨에프껀은요.

대리　지금 2차 촬영중입니다. 시사회는 다음주 금요일 임원진들로만
　　　최종 내부 시사회 준비하고 있습니다.

준구　(오버랩)차질없도록 하세요.

대리　네. 그리고 온라인 마케팅관련 브리핑이 오늘 5시 예정입니다.

준구　알았어요. 나가보세요(모니터 켜는데)

정수　(목례하고 나가는 대리와 교대하듯 들어온다)

준구 (힐끗 보고 바지 주머니에 두 손 찌르는)...(너 때문이잖아 새끼야)

정수 송기자 겨우 통화했다. 걔 아니래.다미가 한 짓이란다.

준구 (오버랩)뭐?

정수 (오버랩)다미가 보냈대.

준구 ......다미 아냐. 그 기집애 오리발이야.

정수 준구야(오버랩)

준구 (오버랩)다민 아무리 돌아두 그짓까지 할 앤 아냐 내가 알아.

정수 (오버랩)그래.송기자가 찍은 거 다미한테 보냈더니 당장 지워없
애라구 난리쳐 지웠는데 그래놓고 그걸 설마 지가 보낼 줄은 몰랐다
더라.

준구 ??

정수 (연결)다미 자극하지 말랬지.

준구 (오버랩)이새꺄니 말 들었다가 망했어. 뭐? 달래두자구? 기자 술
친구 만들어 내편으로 끌어들이라구? 결과가 뭐야임마. 사진은 왜
찍은 거야. 그건 왜 보낸 거야.그거부터가 틀려먹은 거잖아. 애초에
다미 불러낸 것도 아파트로 나 끌어들인 것도 송선화야. 처음부터
계획했던 거라구. 뚜쟁이같은 년.

정수 미안하다. 이렇게 꼬일 줄은 몰랐다.

준구 (오버랩)그따위 말이 무슨 소용이야.

정수 다미한테 멀미난다 그랬다며.

준구 어제 하루 문자가 수십번이었어. 업무 때문에 전화 죽여놀수
도 없어. 돌겠더라. 내가 물렁하게 굴었나 계속 여지를 줬나. 끝을
내야지 이대로는 안되겠다는 생각이 하루 종일 머리를 조여댔어.

정수 ....(보며)

준구　(테이블 물컵 뚜껑 열고 컵 들어 벌컥벌컥 마시고 내리며) 망했다..

와이프 나가버렸어

정수　....(보며)

준구　.....(컵 놓고 푹 앉는)........

정수　(그냥 보고 섰는)...

S#　**아웃도어 용품 매장 안**

직원　아 대표님 (들어서는 태원에게 내달으며)

태원　오픈 축하드립니다. (손 내밀며)

직원　(손잡으며) 감사합니다.

태원　(둘러보며) 다른 매장과는 다르게 아주 심플하게 꾸미셨네요.

직원　네 전체적으로 미래지향적인 아웃도어 매장을 구현하고 싶었습니다. 이쪽이 트래블라인 존, 저 아래쪽은 익스트림 존, 그리고 윗층은 트레킹존으로 구분했습니다..

태원　(일렬로 서 있는 마네킹) 런웨이에서 쇼를 보는 듯한 디스플레이 설정이네요.

직원　하하 역시 대단하신 캐치능력이십니다. (계단 내려가려) 이쪽이 익스트림 존입니다.

　　　[태원 전화벨.]

태원　잠깐..(전화 꺼내 보고) 네 저에요.

S#　**태모의 방**

태모　너 어떻게 혼을 내놨 재가 저렇게 백팔십도 달라졌니..아니 이 아줌마 데리구 끝도 없이 수다를 떨어..(탁자에 장부들 쌓아놓고)

S#　**거실 현관께**

　　　[채린은 유리 닦는 약병 들고 서서]

140

채린 까르르르르르

임실 (닦으면서)그랑께 인생이란 게 잠시잠깐 앗차하는 순간에 쭈
우우욱 고속도로냐 네발루 기어올라야 허는 험한 산길이야가 갈
라져뻐리는 거랑께.뿜으셔.

채린 (칙칙)

임실 내가 울 아버지 말만 들었으면 시방 우리 고향 젤루다 큰 수퍼 안
주인이요.

채린 정말요??

임실 아 내가 시방 소설쓰남? 한번 뻣끗해서 요러고 산다니께?

채린 아으 안타까워라아.

태모 (나오는)

임실 (돌아보는)

채린 (동시에)뭐 드려요 어머니.

태모 (태희 방 쪽으로)아무 것도 됐다……

S# 태희 방

태희 (팩 붙이고 누워 스트레칭하고 있는)

태모 (들어오는)

태희 아 노크 좀 해애애.

태모 서방두 없는 게 노크가 왜 필요해.

태희 기본 매너야 매너.

태모 (침대로)참 세상천지 팔자하나는 기가 막히게 타구난 물건.
(침대 걸터앉으며)밥 먹구 하는 일이라구는 나가 돈 쓸 궁리 아니면
빈둥빈둥 낮잠자구 팩 부치구 체조하구 끄응

태희 서방 없는 대신 그 복이라두 있어야지

태모   태원이는 별 소리 안했대.

태희   (보는/뭔 소리)

태모   아 애가 왜 백팔십도 딴 사람이냐

태희   (오버랩)기어이 체크했어?

태모   (오버랩)잘해볼 생각이겠지요.전 별 소리 안했어요가 다야.

태희   했으면 했다 그러겠어?

태모   ….(뿌우우 딸 보며)

태희   ?? 왜.

태모   으째 으스스시해.

태희   ??

태모   슬기 에미는 그러지는 않았는데 저거 아무래두 이중성격이야.

태희   까르르르르..

태모   왜 웃어.

태희   웃기지 마 엄마. 고양이가 고양이더러 빗쭉거리면서 저거 아무래두 고양이야 그러는 거 같아.

태모   ???

태희   깔깔깔깔.

태모   자식이라는게. 배라먹을 년. 이년아 내가 어디가!!!

S# 현수 회사 자재실

　　　[원단, 솜 이 층으로 쌓여 있는]

현수   (들어오며)이에프블랙 넣을 거거든요. 다른 애는 기본 안감 넣구요.

실장   (의외라는)첫 번째 디자인을 이에프 블랙으로 넣는다고요?

현수   ?(자재 쪽 쳐다보며)크림색이 없는 것 같더라구요.

실장 (오버랩)아,내가 찾아줄게요.

현수 ?그래요? 그럼 그걸로 갈게요.

실장 (원단 두루마리 찾는데)

[현수 전화벨]

현수 네 아빠.

자부 F 은수 어딨어.

현수 ?? 아빠.(어떻게 알았어)

S# 아빠 상가 근처 길

자부 말해. 지금 어딨냐구..(준모/세워져 있는 준모 차 옆 도로/자부 보며 서 있는)한남동에서 오셨어… 어린애두 아니구 늬들 이게 무슨 철없는 짓이야. 여러 소리 필요없구 말해 빨리. 어디야….(버럭)말 안해?!!

S# 자재실 밖

현수 (나오다 아빠 고함에 멈춰 서는)…아빠.

S# 거리

자부 (오버랩)언니라는 게 그걸 알아듣도록 달랬어야지 너 잘한 거야? 무슨 죄 졌다구 새벽에 도망치듯 빠져나와 어른들 걱정하시게 만들어. 나오는 게 뭐 그리 급해서 나오기부터 하냔 말야.

S# 현수

현수 죽을 거 같다는데 어떡해요. 미칠 거 같다는데에에…네..네..(별수 없다)호텔 들어가 있어요.

자부 잠깐 있어..(수첩 꺼내 적는)응……끊어.(끊고 수첩 찢어 준모에게)..

준모 …(받으며)정말이지…면목없습니다..

자부 ….(그냥 목례)

준모   그럼‥(목례)

자부   (다시 반쯤 인사받고)

준모   (자동차로 오르고)

S# 차 안

준모   (벨트 매면서)모르고 있었네요.

이모   (앞 보며)소실장 연락왔어.

준모   가요.

기사   예 사모님(출발하는)

S# 차 밖

자부   (출발해 나가는 차 보면서)………

S# 현수 사무실

현수   E (메시지 찍고 있는)제발 잠깐이라도 전화 좀 켜라.

하나   (일어나며)선생님 회의 들어가야 해요.

현수   알았어요 오분만요.(계속 찍고 보내고 일어나는데)

　　　[들어오는 전화]

현수   (보고 회의실로 움직이며)나 회의 들어가.

S# 광모 병원

광모   은수 어떡하고 있어….안 가봐도 돼?‥아니 신경이 쓰여서. 내가
　　　라도 가 볼까?

S# 은수의 객실

은수   (태아처럼 쪼그리고 잠들어 있다)……

S# 준구 사무실

준구   (통화 시도)

　　　[전원이 꺼져 있어…]

준구   ·····(전화 끊는)·····

S# 친정 마루

자부   (들어온다)

자모   ??(일하다)왜 이렇게 일찍 들어와? 아직 (시계 보는)안됐는데?

자부   일찍 들어왔어.

자모   어디 아퍼? 아주 들어온 거야?

자부   아냐아아 보일러 기술자가 점심시간 밖에 시간이 없대··밥 먹
       구 나갈 거야··(안방으로)

자모   알았어 빨리 차려주께··국만 데우면 돼··할 거 없어··

S# 안방

자부   (들어와 우두커니 서서)·····

S# 은수 객실

       [차임벨 소리··]

은수   ······

       [다시 한번]

은수   (돌아눕다가 문득)····(잠이 깨고)····(상반신 일으키는데)

       [차임벨]

은수   (일어나 가운 집어 들고 문으로)···언니야?

준모   E 문 열어 아가야··

은수   ····(멈칫)······

준모   E ····어서··

은수   ·····(문 열고)

준모   (들어서고)·····

은수   ····(시선 내리고 목례)

준모   (잠시 보다가 응접 소파로)‥‥‥

은수   (가운 입으며 그쪽으로 움직이고)‥‥

준모   앉자‥‥‥(앉고)

은수   ‥‥(잠시 시선 내리고 있다가 침대 머리맡으로 가 전화 집어 전원 켜
      들고 소파로)

준모   (시선으로 은수 따르는)‥‥

은수   (앉으며 전화 내려다보며/전화 조작하며)조금만 기다려 주세요.
      보여드릴께요

준모   뭔지 모르지만 보구 싶지 않구나.

은수   ‥‥‥‥‥‥(기다렸다 사진 찾아 탁자에 밀어 놓아주는)보셔요. 보셔야
      해요.

준모   (시선 내려 보는)‥‥‥(아연실색을 하겠지만 크게 표는 안 내고 그냥 눈
      감아버리는)

은수   (보며)저는 더‥드릴 말씀이 없어요 어머니.

준모   (눈 떠 시선 탁자로)니 심정 알아.

은수   (오버랩)어머님이 아신다는 건 아마 짐작이실 거에요.

준모   ‥‥(보는)

은수   제가 이 지경에 무슨 말씀을 드릴 게 있겠어요. 저 정말 더 이상
      드릴 말씀두 듣고싶은 말씀도 없어요.

준모   알아. 이해해.

은수   그러시면 정리하게 도와주세요.

준모   ‥‥‥(보며)

은수   그 사람하구 약속한 게 있어요 어머니.

준모   (오버랩)들어가자‥들어가 의논하자꾸나.

146

은수 　아뇨 다시는 안 들어가요 어머니. 그건 아닙니다.

준모 　느들 문제만 아니라 집안 문제야. 너하나 뛰쳐나온 걸로 상관
　　　할 거 없다 그러는 건 너 일년 넘게 내집 며느리로 산 애로 너무 감
　　　정적 극단적이구나.

은수 　그렇게 생각하셔도 괜찮습니다. 그저 저는 모든 과정 생략하고
　　　빠르게 처리하고 싶을 뿐이에요.

준모 　니가 말하는 처리는 어불성설이야.

은수 　....(보는)

준모 　아이가 자라고 있는데 그런 무책임이 어딨어..

은수 　아이 볼모로 잡으려 하지 마세요. 그 사람 아빠 자격없어요. 제
　　　아이에요.

준모 　자격없는 아빠도 권리는 있단다. 할아버지 할머니한테도 물론
　　　이고.

은수 　보여는 드리겠어요. 아이 때문에 들어가는 건 안해요.

준모 　......(보며)

S# 어느 카페

　　　[소실장 한 걸음 앞서고 다미 다음··차실장 다미 반걸음 뒤.]

　　　[세 사람 들어오고]

지배인 　(소실장 보자 뛰어나와 깍듯한 인사하고 별실로 안내하는)....

　　　[별실 앞에서]

지배인 　실장님 오셨습니다 사모님.

S# 별실

이모 　(차 마시며)네에··

　　　[세 사람 들어오는]

이모   ....(차실장 보고)누구십니까.

차   아 네 저 (명함 꺼내려)

이모   명함 안 줘도 돼요. 소실장(누구야)

소   (50대/김회장 소속)예 사모님. 기획사 이다미씨 담당 실장입니다.

이모   (오버랩)나 한사람만 보면 돼요.

소   예 나가있겠습니다. (차실장에게 눈짓)

차   죄송합니다 어르신. 모든 게 제 불찰입니다. 아직 어린앱니다 모
     쪼록 너그럽게 봐주시기 바랍니다.

소   (차 팔 잡고)

차   (다미에게 이 갈려죽겠는/인상 그으며 나가고)

이모   앉어라.

다미   ??

이모   왜.. 손녀 뻘에 남에 화초밭에 휘발류 끼얹어 불지른 애한테 이
     러세요 저러세요 해야겠냐?

다미   (앉으며)네에..하고 싶으신대로 하세요.

이모   나는 준구 녀석 이모다.

다미   네에.

이모   내가 니 팬이었다. 너 나온 드라마 더러 봤어.

다미   ....(보는)

이모   연기를 뭐 그리 써억 잘하는 거 같지는 않더라만 매앤 그 얼굴
     이 그 얼굴인 가운데 좀 다른 얼굴이라 눈여겨 봤었어.

다미   (보며)...

이모   도둑 중에서 가자앙 비열한 게 남의 남편 도둑질인 건 알아몰라.

다미   (그냥 픽 웃는)

이모 어디서 웃어!!!

다미 ??

S# 호텔 객실

은수 죄송합니다.어머니. 더 이상 모욕당하지 않을래요 더 이상 기만당하지 않을래요.

준모 (오버랩)다시 다른 애랑 벌인 일이 아니라 같은 애 정리하는 뒤끝이라 생각하면 안되겠니? 준구 그 아이 떼어낼려고 몸부림을 쳤대. 몸부림을 치는데도 여자 쪽이 워낙 집요하니까 그게 마음대로 잘

은수 (오버랩)어머니이..

준모 (보는)...

은수 저 이 다미한테 불려가 일주일에 한번 나눠달라는 소리까지 들었어요.

준모 ??

은수 E 이다미가 폭탄 터뜨리면 안된다는 핑계로 전화 받아주고 걸어주구 도저히 못참겠어서 그 사람 끌고 뛰어가 이다미 뺨 한번 갈겼더니

은수 그 사람 저 붙잡고 무식하다 소리 소리 질렀어요. 세시 넘어 들어온 날...비즈니스 접대라더니 이다미였어요. 그게 몸부림친 거에요 어머니?

준모 정신나간 녀석.

은수 이다미가 얼마나 당당한지 어머니모르세요. 그게 왜겠어요 그 사람 믿는 구석 있어 그런 거에요. 휘둘려주니까요. 자꾸 찾아가 주니까요.

준모 (오버랩)그래 정말 나쁜 놈이구나. 알았다 그래. 그런데 그 기
집애는 내가 처리할테니까 우리 믿고 한번만 더 눈 질끈 감아.

은수 ……(보며)

준모 한번만 더 …눈 감아주렴.

은수 저…제가 처리하면 돼요.. 어머님 지원까지 받아 그 자리 유지하
고 싶을만큼 그 사람 사랑하지 않아요.

준모 ……(보며)사랑만으로 사는 부부가 얼마나 될까.

은수 사랑없이 사는 결혼은 …의미없어요.

준모 의무로 살기도 연민으로 살기도.. 계산으로 살 수도 있단다.

은수 저는 그런 거 모릅니다.

준모 (오버랩)한고집하는 건 안다만 어쨌든 뛰쳐나오기부터 한 건
잘한 짓이 아냐. 분함이 머리끝까지 차 있을 때 올바른 사고두 판단
두 할 수 없는 법이야.

은수 이미..분하지도 않아요 어머니..지난 몇 달이 몇 년같아요. 저는
끝냈습니다.

준모 결혼도 계약이야. 일방 파기가 어딨어.

은수 파기는 준구씨가 했어요.

준모 우리한테도 널 설득할 시간이 필요해.

은수 어머니 저 설득 못하세요.

준모 그럼 포기할 시간이래도 내놔.

은수 ……

준모 아무리 너 이렇게 고약스럴 수가 있니? 태중에 자식을 넣어놓
고 어떻게 이렇게 간단해..우리 집안을 뭘로 보는 거야. 준구 처가
뭐냐. 우리 집안 며느리야.

S# 카페 별실

이모 사랑이 남자 신세 망치는 거야? 남자 파멸시키는 게 사랑이야? 어디 평범한 아이두 아니구 너두 이름 걸구 얼굴 내놓구 스타아라구 행세하며 살면서 응? 부모한테 좋은 유전자 받아 늘씬하구 어여쁜 용모로 태어나 박수받으며 찬사받으며 만 여성 부러움 대상인데 왜 지가 받은 축복에 감사를 못하구 남의 남편까지 욕심을 내.

이모 E 사랑은 상대를 이롭게 하는 게 사랑이지 해롭게 하는 건 사랑이 아니라 사랑 탈을 쓴 악귀 분탕질에 지나지 않아.(다미 눈물 뚝뚝 흘리는)대꾸할 말 있으면 해봐 어디.

다미 오 은수씨가 할머니께 부탁드렸어요?

이모 목적이 뭐야.

다미 그 여자가 부러워요··저는 제 편 들어줄 사람 하나두 없는데···

이모 (보며)····

다미 목적···없어요···내가 무슨 짓을 해두 그 여자두 이혼같은 거 안 할 테니까. 오빠두 오빠 집안두요.

이모 (숨 내쉬며 좀 기대앉는)···

다미 그냥 오빠 없이는···· 살고싶질 않아요. 오빠를····놔버리고는 살 수가 없어요··

이모 ·····다미양·····

다미 흐윽흑흑흑

이모 모오든 게····하늘에 뜬구름이구····한바탕 꿈에 지나지 않는 거야···뜬구름 흩어져 자취없어지면 그만이구 한바탕 꿈 깨고나면 아무 것도 아니야··뜬구름 손에 잡을 수 있나 꿈을 움켜쥐면 쥐어지는 건가.응?

다미 ·····(우는)

이모 본디가····나도 내것이 아닌데 남을 어떻게 내것으로 집착해.그
저··· 사람으로 태어났으니 사람으로 순하게 착하게 남 피해 안주
고 온전하게 살다 가면 그뿐···나 죽어 무로 돌아가면 나 죽는 순간
온세상도 같이 죽어 없어지는 거 욕심 부릴 건 뭐고 애달플 건 뭐
야 응?

다미 (우는 소리 좀 더 커지는)···

이모 ·····(보며)······

  [두 사람·····]

S# 댄스 교습실

  [춤추는 태희 따라 하고 있는 슬기.]

태희 (춤추면서)하지 마····하지 마 슬기야·····고모 방해된단 말야····
말 안들을래?···

슬기 (말 안 듣고)

태희 잠깐 만요. (춤 멈추고 슬기에게)요아가씨가 그냐아앙····(손 울러
메고)

슬기 까르르르르

태희 춤추고 싶어?

슬기 네··

태희 선생님 애 좀 잠깐 맡아주세요. 나 손씻구 와요.

댄서 오케이·· 와와··(슬기 쪼르르)

  [남자 댄서 기본 스텝 가르쳐주기 시작하는···]

슬기 (좋아죽고)···

S# 백화점에서 지하 매장 출구에서 원두 봉투 들고 나오며

채린 (통화 중)고모 춤추는 동안 혼자 커피 사러 왔어요. 슬기 데려올
라 그랬는데 안 따라오겠대서요. 언제 들어와요? 슬기가 샤브샤브
먹재서 고기 샀어요. 안 늦었으면 좋겠다.

S# 태원 사무실

태원 (편집장 세워놓고 얘기하던 중/ 웃음기는 없이)다섯시에 미팅 한
건 있어 저녁시간에 데긴 어려워요··지금 얘기 중이에요. 끊어요.

S# 백화점 주차장 쪽으로 움직이던

채린 (끊어진 전화 내리며)쫌생이. 이혼 좋아한다.

S# 준구네 거실

이모 (현관에서 도우미와 들어와·····핸드백 도우미 주고 안방으로)·······

S# 안방

준모 (누워 있고)·········(착잡한)······

　　　[노크.]

준모 네에··

이모 E 나 들어왔다··

준모 (일어나는)

S# 거실

준모 (나오며 보고)····

이모 (보며)혼자 들어왔다며.

준모 (이모 방 쪽으로)황소고집이에요··(둘 다 낮은 소리로)

이모 (따르며)·····

S# 이모의 방

　　　[자매 들어와]

준모 (앉으며)어떻게 됐어요.

이모 (벗으며)소실장한테 넘겨주구 들어왔어.원 실장이 대센지 기획사 실장이라는 사람두 따라 나왔드구나.

준모 어때요.

이모 (앉으며)백날 절에가 부처님 찾으면 뭐해‥햇볕정책으루 달래야지 하구선 애 들어서는 거 보자니 형부라는 인간 스무살 어린 제자 봤던 게 무뜩 떠올라/‥ 욱하구 치밀어서 북풍한설 때려버렸어.

준모 ‥‥(보며)

이모 목적없대‥이혼안할 거 안대. 준구없이는 못살겠단다‥

준모 ‥‥‥(보다가)겨우 그거에요?

이모 아 뭣때매 불려왔는지 알 거 아냐.

준모 딱 끊으라 다짐 안 했어요?

이모 대답을 안해. 그저 울기만 해.

준모 ‥‥(보며)

이모 준구녀석 다리 몽댕일 부질러 앉혀야지 준구놈이 더 문제야.

준모 누가 그 소리 듣재요?

이모 무슨 수를 써서라도 데리구 들어왔어야지 넌 뭐한 거야.

준모 ‥‥(보는)

     디졸브

S# 은수 호텔 야경(밤)

S# 호텔 로비

준구 (빠르게 들어오면서 통화 시도)‥‥

     [전원이 꺼져 있어‥]

준구 (끊고 승강기로)

S# 은수 객실

은수   (룸서비스/스테이크 억지로 먹고 있는)……

      [차임벨.]

은수   ??……(문으로)누구세요.

준구   E 문 열어.

은수   안 보고 싶어요. 돌아가요.

S# 객실 문 밖

준구   ……열어요.. 할 말이 있어··

은수   ……

준구   꼭 해야할 말이야.. …열어 줘.…헤어질 때 헤어지더라두 이러지
      는 말자구……열어…열라니까··

은수   E (오버랩)지금 당신 얼굴 안 보고 싶어요

준구   안 보면 될 거 아냐. 보지 마··보지 말구 내 말만 들어.

은수   E (오버랩)목소리도 듣기 싫어.

S# 객실 안

은수   (연결)냄새도 맡기 싫어.

준구   E ……

은수   (음식 쪽으로 돌아서는데)

S# 방 밖

준구   십분만 줘……십분이 길면 오분도 좋아.

은수   E 일초도 싫어.

준구   나 남편이야.

은수   E 이름만·· 내용은 이다미 정부.

준구   (오버랩/좀 오르며)그 정도 바람은 남자 누구나 다 펴. 내가 상습

범두 아니구

은수   (문 여는)

준구   (들어서려 하는)

S# 객실 안과 밖

은수   (손바닥으로 가슴 밀며)누구나 다?

준구   누구나 다. 열에 아홉반은 저지르는 일야.

은수   아홉 반에 들어가야 남자인 거야?

준구   난 바람핀 게 아니잖아.

은수   아니면 소꿉놀이했어?

준구   (은수 손 쳐 내리며 들어가려는데)

은수   (갈겨버리고)

준구   ??

은수   우습게 보지 말랬지.우습게 만들지 말랬지. 니 집 돈 많아서 넘
       어갔었던 건 줄 알아? 우리 엄마 아빠 가여워 물러섰던 거야. 아이
       때문에 이래야할 거 같아? 니 아이 아냐. 안 이래두 돼.

준구   (달래려)여보.

은수   (오버랩/순간 탁 물러나주며)들어와 그래.보자면 못 볼 것도 없지.
       들어와.

S# 객실 안

준구   (들어오고)

은수   (몇 걸음 더 안으로)

준구   진정해.⋯⋯(소파 쪽으로 움직이며)진정하고⋯ 내가 당신을 얼
       마나 좋아했는지 한번 되돌려 생각해 봐. (돌아서며 바지 주머니에
       손 넣는)내가 쫓아다녔어. 여자한테 그렇게 몸달았던 적 맹세코 없

156

었어.

은수 신기했겠지. 오기났겠지.

준구 신기가 아니라 신선했어 오기 아니라 확신이었어.

은수 미화시키지 마. 그저 사냥이었을 뿐이야.

준구 어떻게 말을 그렇게 싸가지 없이 해.

은수 이게 나야. 이게 나였어. 당신 집에 들어가 보여줬던 건 내가 아
니었어.

준구 사냥을 왜 당했어 그럼.

은수 사냥인 줄 몰라서. 괜찮은 남잔 줄 알아서. 괜찮은 남잔 척 하는
데 속아 넘어가서.

준구 이다미 문제 말고 속인 거 없어.

은수 거짓말 능한 거 약속 가볍게 취급하는 거 휘감기는 여자 거절
못하는 거 맺고 끊는 거 안되는 흐리멍텅 딴 여자 껴안고 꽃 들고 들
어와 사기치는 얄팍한 재주/ 더해?

준구 (오버랩)아주 바닥을 찍는군.

은수 ....(보며)

준구 그렇게 취급하면 속이 시원해? 내가 바닥이면 당신도 같이 바
닥인 거야. 목숨 위협당해 결혼한 거 아니잖아.

은수 .....(보며)맞아..등 떠밀려 결혼 안했어..내가 선택한 거야..내가
당신 내민 손 잡았어..그래...맞는 말이야..(식사 테이블로 가 물 집어 들
며)며칠 지나서 만나..연락할게.. 감정 빼고 말하기 힘들어.

준구 .....(보다가)여보.

은수 (오버랩)아아무 말도 할 게 없는 거 같았는데...안할 작정이었는
데.. 잘 안된다....안 되는구나 아직은...(마시는)....

준구   ....(보다가)정말....미안해.나한테 문제 있어. 인정해.

은수   (마신 물컵 들고 있던 것 내리며)그만 가요..나...생각할 게 많아...
생각할 게 많아...

준구   당신 안놔줘..안 놔줄 거야..

은수   (그대로).....

준구   ...이삼일 쉬면서 다스려.. .....(은수 등 뒤로)한번만 더 살려줘..딱
한번만

은수   (그대로).....

준구   ....(나가고)

은수   ....(잠시 그대로이다가 우유 집어 들며 울음이 터진다).....

S# 태원의 주방

태모   피아노는 왜 샀어. 한 두푼이야? 피아노 사 내래서 애비가 비싼
돈 들여 사 줬는데 몇 번 똥땅 거리지두 않구 발레는 무슨 발레야.
(샤브샤브 파티/태모는 야채만 건져 먹는)

태희   피아노를 때려엎는다는 게 아니라 이틀을 하루 발레로 돌리자
는 거지이.

태모   춤은 배워 뭐해. 춤쟁이 될 거야?

태희   아 피아노쟁이 될 거두 아니라니까 하루 줄여 발레하라 그래애
애. 누가 알어? 세에계적인 발레리나 될지.

태모   세에계적인 뭐가 그리 쉬운 거야? 세에계적은 그야말로 세계에
한둘이나 서넛인 게야.

채린   (오버랩)하구싶은 건 해보게 하는 게 좋아요 어머니. 슬기 피아
노는 제가 봐도 별 재능 없어요. 고모 말대로 나중에 소품이나 칠
정도면 되구/어머 어쩌면 그것도 안되겠다 중학생되면 피아노 칠

시간 어딨어. 요즘 선행학습이니 뭐니 난리라는데

태희 (오버랩)발레 열심히 해서 두각을 나타내면? 예고가 예고.

슬기 아빠한테 물어보께요.

태모 물어보긴 뭘 물어봐. 하던 거나 제대로 해.

채린 (오버랩)슬기 의욕꺾지 마세요.어머니. 그건 옛날 방식이에요.

채린 E (??한 태모)더구나 어머니 할머니세요. 슬기 교육은 저한테 맡
겨주세요.

태모 춤은 배워 뭐에 써.

채린 쓰자고 배우나요어디. 발레를 자동차정비기술 처럼 생각하면
안되는 거죠.

태희 (오버랩)지 아빠랑 의논한다잖어. 뭘 말이 길어.

채린 아줌마가 도와주께 슬기야 응?

슬기 (채린이 아이도 낯설어서 고모 보는)??

태희 (김 또르르 만 밥)주까?

슬기 네‥(김밥 넘어가고)

태모 그래서 넌 공부 말고 따로 뭘 할줄 아냐/

채린 다아 해봤는데 제대로 하는 거 하나두 없어요 호호

태모 ??

태희 ?(위에)

채린 싫증을 잘 내서 찔끔찔끔 그랬지 계속한 게 없어요. 집에서 인형
놀이하는 게 제일 좋았어요. 친정집 방에 어렸을 때부터 갖고 논 인
형이 장 하나로 가득해요.

태모 꿈자리 어지럽게 인형은‥

채린 슬기 고기 더 먹어. 많이 먹어야 빨리 자라.

슬기 배 불러요.

채린 형님.

태희 (오버랩)조용히 먹으면 안돼? 왜 그렇게 계속 지껄여? 뭐 흥분제 먹었어?

채린 ?? 흥분제가 뭐에요? 형님 그런 거 먹어봤어요? 언제요? 왜요?

태희 ???

채린 아줌마 어머니 야채 좀 더 갖구 와요.

태모 다 먹었어. 필요없어.

채린 하기는/야채기는 하지만 고기 국물에 담궈먹는 거 순수 야채랄 수 없죠.

태모 ?

태희 (오버랩 채린에 연결)괜찮아. 고기 너무 안 먹어도 안된대. 상관 없어.

태모 (일어나며)끄으으응..날 잡아 늬 아버지 산소에 좀 가봐야겠다.

태희 왜애?

태모 (나가며)아무래도 두더지가 굴파구 있는 거 같어.

채린 어머니 꿈꾸셨어요? (에서)

S# 준모의 침실

회장 (옷 벗겨지다가 돌아보는)….

준모 아무리 쉬어라쉬어라해도 친정만 하겠어요. 입덧 할 때는 자꾸 으슬거리구 메슥거리구 늘어져 힘들어요. 며칠 가 쉬랬어요.

회장 어지럽다구 병원데려갔다더니 그건 괜찮은 거래요?

준모 별 문제 없다네요. …저녁 상 보라 그럴께요.

회장 애가 몸이 너무 약한 거 아니에요? 너무 가늘가늘 해요.

160

준모 요즘 애들 다 그렇죠 뭐.. 손 씻으세요.(문으로)

회장 여자들한텐 친정이라는 게 그런 건가 흠. 그렇게 떠 받들어 모 셔주는데두 친정이 더 편하다니 참.

준모 시짜가 붙으면 그런 거에요..(나가는)

S# 거실

이모 (기다리고 섰다가)뭐래.

준모 넘어갔어요..(주방으로)

이모 소실장은 아직 소식 없다.

준모 ……

S# 자매 집 전경(밤)

현수 (자전거 타고 와 대문 안으로)

S# 마루

[싱크대에서 프라이팬들 닦고 있는……]

현수 (들어온다)엄마아아…

자모 엉 왔어?

현수 뭐해?(주방으로)…

자모 그때그때 닦는다구 닦는데두 어느 날 보면 드러워져 있어··

현수 ….(그냥 보며)

자모 눈이 침침해서 건성건성 보나봐…광모는 뭐 딴 일 있대?

현수 아니?…(좋아라 하지도 않으며)왜 찾어?

자모 아니 찾는 게 아니라 그냥….혼자 왔나 싶어서.

현수 엄마

자모 (오버랩)아빠한테 무슨일이 있는 거 같어.

현수 ….(보며)

자모 암만해두 기색이 수상해‥

현수 엄마

자모 (오버랩)그만두라 소리를 들었나아아.

현수 (오버랩)그게 아니라 은수가 아무래두 못살 거 같아.

자모 ???

S# 호텔 복도를 오고 있는 광모와 아빠‥광모 앞서서‥잠깐씩 뒤돌아보며
　　　[은수 방 문 앞에서…]

광모 여기에요‥

자부 움‥

광모 (벨 누르는)‥‥‥‥(기다렸다가 다시 누르려는데)

은수 E 누구세요‥

광모 저기‥아버님 오셨어 은수야‥

S# 객실 안

은수 ‥‥‥‥(문 앞에서 잠시 있다가 문 열어주고)

자부 (보고)‥‥‥

은수 (들어오라는 듯 비켜주고)

광모 저 로비에 있겠습니다 아버님.

자부 우움‥‥‥(들어와 닫히는 방문 닫으려는데)

은수 (뒤에서 껴안으며)아빠아아아‥‥(울기 시작하고)

자부 ‥‥‥(가만히)‥‥‥

제31회

S# **호텔 전경(밤)**

S# **객실 안**

자부 …(의자에 앉아서)…..(두 손 마주 잡아 팔꿈치 양 무릎에 얹고 구부
리고 앉아)….(마시다 둔 물잔 두 개)

S# **자매 친정 마당(밤)**

S# **친정 주방 마루**

자모 (주방 바닥에 퍼질러 앉아 눈물만 지이이이 흐르고)……

현수 (주방에서 물 한 잔 갖고 와 엄마에게)

자모 (고개 비키며 눈 질끈 감는/ 겨우 /아주 작은 소리)은수 어떡해..니
동생 어떡해애….

현수 ….(물잔 든 채 보며)……

자모 나쁜 눔…정말 나쁜 누으음…응응(두 손 얼굴 싸고 울기 시작)드
으으런 누으음….(작은소리)

현수 ….(물잔 옆에 내려놓으며)울 거 없어 엄마.

자모 응응응

현수　울지 마아‥은수 안 죽었어어어어‥안죽어

S# 객실

은수　(객실에서 얼굴 닦으며 나오는)‥‥

자부　(앞 신의 자세인 채로 있다가 은수 나오자 자세 풀고 돌아보는)‥‥

은수　‥‥(마주 와 앉는/ 목뒤 물기 닦으며 아빠 보는)‥‥

자부　‥‥(시선 탁자로)

은수　(안 보는 채 수건 접으며 혼잣소리처럼)아빠 배고프겠다‥

자부　(오버랩)(안 보는 채)집에 가자.(조용히)

은수　‥‥(멈추고 보는)

자부　집이 있는데 왜 여기 있어. 집으로 가자구.

은수　아빠.

자부　아뭇소리두 안할게‥니 엄마두 입다물구 가만 있으랄테니까.
　　　안 춥게 보일러 돌려줄테니까 응?

은수　(보며 좀 웃는듯)

자부　어쨌든 아직은 남의 집안 며느린데‥호텔에 이러구 있는 거 좀
　　　그렇구 그리구 아빠 너 여기 두구는 못가겠어‥니 엄마두 그럴 거
　　　구‥‥‥가자‥

은수　‥‥(보며)

S# 호텔 승강기 근처

광모　‥‥‥(오가는 사람 구경하듯 서 있다가 승강기 신호 듣고 돌아보는)
　　　[은수와 아빠 내리는]

광모　차 빼 와요 아버님. (벌써 움직이며)밖에 나오지 마시구 현관 안
　　　에 잠깐 계세요.(후닥탁 뛰어나가는)

S# 호텔 현관 밖

164

광모　(튀어나오며 벌써 통화 시도../주차장 쪽으로)어 현수야 아버지

나오셨어은수도.

S# 친정 마루

현수　알았어 끊어.(끊고 일어나며)아버지 은수 데리구 나오셨대. 우

리 밥 먹어야 해.(주방으로)은수두 먹여얄 거구..

S# 주방

현수　(쌀 꺼내 씻기 시작하는)

자모　....(머엉하니 앉아 있다가 일어나며/거의 혼잣말처럼)김칫국 내놓

구 북어국 끓여.은수 김치 냄새 싫대.

현수　은수만 따로 끓여주면 되지 뭐..

자모　(그냥 안방으로 허청허청).....(들어가는)

현수　(엄마 보다가 쌀 씻기 시작하는)....

S# 호텔 현관 앞

[광모 차 와서 대어지고/광모 운전대에서 내리는데]

[현관 직원 뒷문 열어주고]

자부　고맙습니다..(하며 은수 태우고 자신도 오르고)

광모　(보고 도로 운전대로/ 차 문 닫히고)

S# 출발하는 광모 차......

S# 차 안..

광모　(긴장해서 운전하는)...

[부녀...가만히 있다가...]

은수　(아빠 팔 끼며 눈 감고 기대고)

자부　(딸 잠깐 돌아보며).......

S# 준구의 거실

[식후 디저트 먹는 중인 어른들..티브이는 저 혼자 떠들고..준모 조용히 차 마시고 이모는 괜히 불경 들고 입으로 중얼거리고]

회장 (마시던 찻잔 놓으며)아무도 안보는 티비 끄지 그래요.(일어나는)

준모 (티브이 끄며)들어가시게요?

회장 통화 둬군데 해야겠어요.

준모 (일어나며)들어가세요그럼.

회장 (아내에게)구회장이 제주도 삼박사일 라운딩하자 그러는데

준모 (오버랩)다녀 오세요. 날씨 푹해요. 더구나 제주돈 운동하기 좋을 거에요.

회장 갈래요?부부동반이에요.

준모 ?? 아으 난 아니에요. 재미두 없구 다들 잘 치는데 혼자 굴리구 다니는 거 민망하구요.

회장 나두 써억 내키는 건 아니에요.매너 엉망인 사람하군 운동하기 싫어요. 오회장이 오나봐요.

준모 (보며)다른 팀으로 한다 그러세요.

회장 표나게 그럴 수 있나요.당신 빠지면 오회장부부하구 셋이 해야할텐데..구회장네는 사둔부부하구 할 거에요..

이모 고민거리가 없으니 원 별고민을 다하시네..매너 나쁜 사람 그러려니하구 그냥 상관말면 되지 무슨 시합나가는 거두 아니구 다녀 오세요.

회장 이 사람 빠지면 저두 그만둘렵니다아아.(돌아서 움직이며)허리 다친지두 얼마 안되구

이모 (오버랩)아 허리 다 나았어요. 멀쩡한데 무슨. 그냥 다녀오세요. 나가서 풀어주는 게 좋을 거에요.(두 여인은 집을 비워줬으면)

회장　(안방으로)아니에요 이번에는 쉰다 그래야겠어요.

준모　....(보다가 남편 들어가면서 앉으며 찻잔 드는)

이모　너는 있어야한다.

준모　그럼요.

이모　가지 왜 안간대··(중얼거리는/찻잔 들려는데)

　　　[이모 전화 울리는/이모 허벅지 아래서]

이모　(전화 꺼내 보고)소실장이다.

준모　??

이모　(일어나며)잠깐 기다려요.(불경 챙겨들고 부지런히 자기 방으로)

준모　(일어나 따르는)

S# 이모 방

이모　(들어오며)됐어요 얘기해요··(준모 들어오고)··엉·····응·····네····(준모 보고 있고)··(앉으며)그 애 태도는요·· (준모 같이 앉고)아니이 중요한 건 그 아이 결심이지 소실장··기획사가 아무리 단속을 해두 그 아이가 단념을 해줘야 끝이 나는 거지/···알았어요. 알았어··소실장이 어련히 잘 처리했을까만은 내가 걱정이돼서···응···응··그래 수고했어요.그래요··(끊는)

준모　··뭐래요.

이모　그애는 삼십분 쯤 있다가 사람 붙여 집으루 보내구 그 기획사 실장인가 뭐하구 여태 있다 방금 헤어졌단다.

준모　그 애 태도는요.

이모　가타부터 울기만 하더래. 그래서 들여 보냈대.

준모　...(보며)

S# 다미 아파트 현관 안

차   (현관 열어주는 송 밀치듯 하고 들어오며)이다미!!!(악쓰는)

송   다미 술먹구 뻗었어요.

차   ??(획 돌아보는)

송   (안으로 움직이며)나 왔을 때 벌써 혀도 안 돌아가게 취해있었어요. 지금 얘기 안돼요.

차   (아아아아 이 기집애 정말).....(미치겠다)

송   (주방에서 와인 따르며)건드리지 말구 달래요. 잘못 건드렸다가는 애 죽어요. 그럼 기획사 어떡할 거에요.

차   (오버랩)당신 그따위 사진 왜 찍었어요!! 대체 무슨 저의로 그걸 애한테 보냈냐구요!!

송   (오버랩)소리지르지 말아요. 일이 커지긴 했지만 다미 불쌍해서 위로하려구 보내준 거지 저의같은 거 없었어요.

차   위로?

송   (오버랩)김준구도 너한테 빠져있다 너혼자 가슴 찢어질 필요 없다

차   (오버랩)김준구네/ 엠지제작사 사들여 문정왕후 바꿔쳐버린다는데 무슨 개떡같은 소리.엠지 제작그거 재작년부터 팔려구 내논 회사구 현재 우리 기획사랑 거의 성사단계란 말요. 송기자 감상적인 위론지 나발인지가 우리회사 닭좇던 개 만드는 거 뿐만 아니라 이다미까지 보내버리게 생겼단 말요엉?!!

송   (오버랩)다미는 기획사가 어떻게 되든 배역이 어떻게 되든 그런 건 눈꼽만큼도/심지어는 지가 죽는 것도 겁 안 난대요.

차   ???

송   한가지… 다미가 모른척 할 수 없는 건 엄마랑 형제들이래요.

168

차   (오버랩)그럴려면 김준구 새낄 짤라 내야 한단 말입니다!!

송   (오버랩)김준구네가 마음만 먹으면 못할 일 없다구 나두 얘기했어요. 내일 촬영 지장없이 나가야한다구 잠들기 전에 말했어요. 덮어놓구 윽박지르지 말구 차실장두 이제 스타일을 바꿔요. 쟤 톱 배우 간판 내려노면 사람이구 여자예요.상품으로만 취급하지 말란 뜻이에요.

차   그런 말 하지 말아요당신. 나 이 차동일 누구보다 인간적인 놈이요. 쟤랑 십년 동고동락하면서 저 기집애 한심한 거 누구보다 잘 알구 정도 들대로 들었고/ 한푼이라도 더 챙겨줄려구 목에 핏대올리면서 나 정말 헌신적으로 쟤위해 뛴 사람이란 말요.

송   (오버랩)다미도 차실장 나쁘게 말 안해요. 한잔 안할래요?

차   (보다가)....(송기자 쪽으로)

S# 다미의 방

다미   (화장실에서 엉금엉금 기어나와 침대로 기어올라 엎어지면서).......(두 손가락 머리 속으로 넣고 무릎 꿇은 자세로 엎어지는).......(한동안 그대로이다가 한쪽으로 넘어가며 시트 끌어올리는).....(눈 감고)....

이모   E 사랑은 상대를 이롭게 하는 게 사랑이지 해롭게 하는 건 사랑이 아니라 사랑 탈을 쓴 악귀 분탕질에 지나지 않아.대꾸할 말 있으면 해봐 어디.

다미   할말 없어요. (눈 감은 채 중얼거리는)할머니.

이모   E 모오든 게....하늘에 뜬구름이구....한바탕 꿈에 지나지 않는 거야...뜬구름 흩어져 자취없어지면 그만이구 한바탕 꿈 깨고나면 아무 것도 아니야..

다미   (멍한 눈 뜨며).......

S# 자매의 친정

　　[들어와 멎는 광모 자동차]

광모 　(먼저 내려 은수 쪽 문 열어주려 하는데)

　　[은수와 아빠 다른 문으로 각각 내리고 차 문 닫고]

광모 　저기 아버님 그럼 저는 (꾸뻑)가 보겠습니다.

자부 　(앞선 은수)들어와 밥 먹어.

광모 　아닙니다 저는 그냥

자부 　(움직이며)들어와 …(돌아보며)들어오라구.

광모 　예..예 그럼..(자동차 문 닫고 대문으로)

S# 마당

광모 　(따라 들어오다 얼른 앞서서 현관문 벨 누르며)현수야. 아버님 오
　　셨어어..

S# 마루

현수 　(혼자 앉아 있다가 벌떡 일어나 현관으로 가는데)

　　[비밀번호 눌리고 열리는 문.]

은수 　(먼저 들어오고 아빠 광모 순으로)

광모 　(들어오며)그냥 갈라구 했는데 아버님이

현수 　(오버랩)밥 먹구 가..올라와..(은수 들어오면서 슬기 방으로/아빠
　　는 안방으로)

광모 　(올라오고)….

현수 　상 차릴게 엄마아..

S# 안방

자부 　(옷 벗으며)그래애애..어이 차려어..(벗은 옷 걸며)일어나..

자모 　(누운 채)애 어떡하구 있어..(꽉 잠겨서)

170

자부 데리구 왔어..

자모 ?? (일어나며 보는)현수는 안올 거라든데..따러 와?

자부 왔어..(앉는)

자모 .....뭐래..

자부 .....(아내 보며)생각보다 괜찮어..

자모 안 산다지?

자부 그만산대.

자모 새끼는 어떡하구.뱃 속에 새끼는..

자부 더는 안 참겠대.

자모 그건 그렇지이...참기 힘들지이이..그렇지만 새끼는 어떡해애애..

자부 그 생각 안하겠어?..그래두 못 산다는데 뭐..

자모 나쁜 놈...천하에 드러운 눔...

S# 마루

　　　[바닥에 상 펴놓고 광모/현수가 집어주는 반찬 받아 상 마지막으로.]

광모 (현수에게 수저 받으며)왜 이거 밖에 ..다섯사람이잖아..

현수 은수 따로 차려줄 기야..

광모 어어.(하는데 은수 나오는)

은수 나 지금 안 먹어 언니.(아무렇지도 않은 듯)

현수 북어국 따로 끓였어.

은수 나중에 배고프면..이것저것 먹었드니 배 안 고파..(물 가지러 움
　　　직이는)

현수 그럼 그래..갖다 놓고 와서 국냄비 들고 들어가 광모야..나 밥
　　　푸께.

광모 어 그래..(상 번쩍 들고 안방 쪽으로)

현수　(밥 푸려고 주걱 물에 적시며)김준구는··

은수　(따른 물 마시는)····

현수　지 어머니가 가르쳐 줬을 거 아냐.

은수　왔더라 잠깐 봤어.

현수　(밥솥 뚜껑 열며)뭐래.

은수　지껄이기 싫어··

현수　그만둬 그럼.(은수 들어가고)·····(밥 뜨기 시작하는)····

S# 슬기의 방

은수　(물컵 들고 들어와 놓고 슬기 인형 집어 들고 내려다보는)····(핸드백
에서 전화 꺼내 죽여뒀던 것 꺼내 살리면)····

　　　[부재중 전화·· 이모님 3번. 어머님 3번 언니 4번··남편 8번 이다미 3번
···(잠시 두었다가)]

은수　······(슬기 찾아내 문자 찍는)

은수　E 안녕? 엄마 통화할 수 있어··(보내고 기다리는)······(기다리다
옆으로 피시시 눕는 전화 쥔 채)····

S# 안방

　　　[묵묵히 밥 먹는 중 현수 광모 아빠··엄마는··정말 밥이 안 넘어가고···사
이 좀 두었다가···]

자부　나중에 먹던지이··(아내 잠깐 보다 뻐언히 광모 보고 있는 아내 보
고)??(광모 잠깐 보고 아내에게 왜 그렇게 보냐는 얼굴)

자모　(혼잣소리)아냐아아아 (일어나고)

광모 현수　(일어나는 엄마 보고)

자부　광모 밥이 모자라겠다.

광모　아니 아닙니다 아버님. 충분해요 충분합니다.

172

현수　(오버랩)내 밥 더 줬는데요 머.

자부　사양 말구 모자라면 이거 더 먹어.(엄마 밥그릇 집으려)

광모　(오버랩)아니 정말 (하고 현수 보는)

현수　?? 더 먹구싶어?

광모　꼭 그런 건 아닌데 총각김치가

현수　그만 먹어.

자부　줘어어..

현수　아냐 아빠..됐어.

자부　우리 밥그릇이 장정한텐 작어어.

현수　더 먹어?(광모 보는)

광모　(베어 물다 남은 총각무 집어 보이며)한 숟갈만.

현수　누른 밥 주께 기다려.

광모　어 누른 밥 있어?

S# 마루

현수　(나와 주방으로)

자모　(냉장고에 기대 두 다리 뻗고 앉아 있는)‥‥

현수　…(보며)

S# 슬기의 방

은수　(방바닥에 앉아 슬기 곰인형 안고)‥‥‥

S# 태모의 거실

　　　[디브이디/ 발레 공연‥‥]

　　　[심취해 보고 있는 슬기‥]

태희　(딸기 들고 열심히 보다가)난 무대예술 중에 제에일 아름다운 건
　　　역시 발레같아.

슬기   응 고모 나두에요.

태모   다리 쩍쩍벌리면서/뭐 보여줄게 없어 저거 보여주구 먹구 살어.

태희   (오버랩)아으 엄마 어디가 그런 소리하지 마.

채린   호호 설마 안하시겠죠오.

태희   (오버랩)인간의 몸이 얼마나 아름다울 수 있나는 춤 이상이 없
        어. 춤이 제일이야 춤.

채린   형님은 그러면서 왜 어렸을 때부터 안했어요?

태희   어렸을 땐 별 생각 없었어. 나이 먹으면서 오래 살려면 운동은
        해야겠는데 헬스 운동은 너무 지겹구 차라리 춤을 배워보자 시작
        했다 늦바람 난 거지.

태모   도온/쓰다쓰다 번쩍번쩍 만고에 쓸모없는 번쩍이 드레스에
        까지 써대느라 그러지.

태희   아 얼마 안해애애.

태모   얼마 안하는 게 얼만데.

채린   슬기는 정말 발레 배우고 싶은 거니?

슬기   네..

채린   근데 발레할려면 우선 팔다리가 길쭉길쭉하고 키도 어느 정
        도 커야하는데 아까아까부터 아줌마 계속 너 보고 있는데 니가 발
        레 체격은 좀 아닌 거 같아 걱정이다.

슬기   ??

태희   ??

채린   지금 봐서는 팔다리 그냥 보통이구 키두 그리 클거같지는 않
        아서 말야..뿐만아니라 몸에 유연성도 좋았야 하는데

태희   (오버랩)올케 발레 학교 선생이야?

174

채린   ??

태희   뭐얼 올케가 판단질이야. 슬기가 프로 발레리나 되겠다는 거 아니잖아.

채린   아니 나는 일반적인 얘기

태희   (오버랩)시작도 전에 왜 애 김빼기야. 정말 이상하다엉?

채린   그게 아니라 형님.

태희   (오버랩)그냥 관심있어하니까 한번 배워보라는 거야.. 지가 재미있구 신나면 계속해보구 아니면 그만두고 암튼 맛은 봐두는 게 나쁠 거 없으니까 엉? 슬기가 어떤 재능을 갖고 있는지 우리 모르잖아. 피아노는 아니다 그거 피아노 배우게 해봤으니까 아는 거처럼 발레두

태모   (오버랩 일어나며)끄으응 공부 열심히 해서 박사나 됐으면 좋겠구먼.

태희   엄마는 박사에 무슨 한 맺혔어? 나한테두 박사돼라 노래를 하더니

태모   그래서 박사 됐어?

태희   밥 못먹는 박사가 수두룩해.

태모   그래서 너 박사 안해서 지금 밥 벌이 해?

태희   나느은 태어날 때 엄마 돈 같이 쓰는 팔자로 태어났다는데 남의 밥벌이까지 뺏어오면 벌 받지이이.

태모   어으어으...어으으으으(들어가며)아줌마아아……(대꾸 없다/ 멈추고)아 뭐해요오오!!

임실   (나오며)예에에에..(급할 거 없다)

태모   고구마 말린 거 좀 몇가닥 갖구와.

임실　예에..(주방으로)

태모　(들어가려다 돌아보며)슬기야..(슬기 못 듣고)

채린　할머니 부르시잖어 슬기야(슬기에게 상체 내밀듯)

슬기　??(일어나며)네에에.

태모　할미 자러 들어가는데 인사해야지.

슬기　할머니 안녕히 주무세요.

태모　뽀뽀는 안해주구?

슬기　(할머니에게 통통/ 뽀뽀해주며)안녕히 주무세요.

태모　오냐..애비 늦는 모양이니까 다리 쩍쩍 벌리는 거 너무 오래 보지 말구 올라가 구구단이라두 외워.

태희　(오버랩)구구단 뗀지가 언젠데 구구단 외래.

태모　아 촉새모양 나서지좀 말구 가만 있어.

태희　다리 쩍쩍 다 봐가. 클라이막스란 말야..슬기야 와.

슬기　(통통 뛰어오고)

태모　어이그으으으....(안방으로 움직이며)고독한 인생아아아아...

채린　(따르듯)어머니 제가 말벗해드려요?

태모　(고구마 들고 나오는 임실)임실댁 들어와..

임실　에에에.

채린　...(보고)

S#　안방

태모　(의자로)앉어.

임실　(좀 눈치 보면서 주춤주춤)...

태모　앉으라니까 뭐해.

임실　에에..(앉는).....(앉아서 눈치 보는)

태모 무슨소리 들은 거 없어?

임실 ??

태모 아 쟤 말야..며늘애.

임실 아무 소리두 못들었는데요.

태모 아 앞으루 잘해보자라든지 뭐 그런 말두 없었냐 말야.

임실 없었는데요.

태모 …(보는)

임실 자구 일어나 내려오면서 안녕히 잘 잤냐는 인사부터 하더만. 웃는 얼굴에 침 뱉을 수 있능가요. 오늘은 잘 지냈소.

태모 애비하구는 어떤 거 같어.

임실 ??

태모 부부생활은 웬만큼 하고 있는 거 같지?

임실 고거야 잘 안허겄소잉. 아 뭘 걱정하시오. 오늘 같기만 허면 사장님 걱정할 거 한나도 없당게. 이 집 메느리가 어디 쉬운 일이요오. 살다 보면 이라믄 되고 저라믄 안되고 차차 알게 될 것이고 하루하루 나아질 것이요.

태모 (일어나며)팔 다리 좀 주물러.

임실 에에(일어나는)

S# 슬기의 방

슬기 (들어와 잠옷 집어 들고 침대로 오르다가 전화 깜박이는 것/전화 집어 들어 보고 통화 시도하는데)

채린 (들어오는)

슬기 (전화 좀 감추듯 하며 보는)

채린 ?? 니 엄마? 문자 왔어?

슬기 …네.

채린 해..(책 집어 들며) 기다려주게.

슬기 ….(보며)

채린 하라니까?

슬기 (전화 머리맡에)나중에 할래요.

채린 ….(보는)

슬기 (옷 갈아입는)..

채린 …(보며)

S# 태모의 방

태모 ……(임실 팔 주무르고 있는데)내가아…마않이 늙었지?

임실 안 늙구 버티는 장사가 있나요. 사장님도 늙고오 나도 늙고오..

태모 죽을 때 후회하는 일 없이 죽어야할텐데에에…

임실 후회할 거 없이 죽는 사람이 어딨겠소잉. 한치 앞을 모르구 사는 게 인생인디/앞일 모르구 어떻게 요맨치도 잘못한 거 없이 살 수 있겠소.

태모 후우우우우

임실 나도 생각하면 후회할 일이 천지요천지. 내가 제엘 후회하는 건 우리 영감헌테 잘못하구 산 거요 사장님.어째 그 심정을 몰라줬을까..어떻게 해서든지 한번 성공해보자구 그으렇게 발버둥치는 그 마음을 모르구 왜 미운 소리만 퍼뷌능가. 비닐 하우스 망해자빠지구 술로 세월을 보내는 남자를

태모 (오버랩)지금 누가 자네 사설 듣재?(임실이 만지던 팔 털고 돌아눕는)

임실 ……다리로 내려가까요.

태모 됐어..귀찮어..

임실 (입 불룩불룩)....(일어나며)

태원 E 저 들어왔어요 어머니.

태모 ....

임실 (태모 대답 안 하자 자기가 방 나가며)이잉..슬기 아빠 들어왔구
　　머언..

S# 거실

임실 (나오며)주무신다고 누우셨응께 올라가소.

태원 네 쉬세요 아주머니.(새 녹음기 봉투)

임실 오매..영화 다 끝났능가보네..쪼꼼 전까지 영화본다구 다 있었
　　는데잉.

태원 네에(웃어 보이고 계단으로)

S# 슬기의 방

슬기 (눈 감고 뿌우)

채린 (책 읽고 있는).......

슬기 (돌아눕는)....

채린 (보며 잠깐 멈췄다가)사람이 악수하자고 손 내밀었는데 거절당
　　하면 얼마나 무안한지 알어?

슬기 .....

채린 전화하라는데 왜 안해..아줌마 괜찮다니까? 나 몰래 하는 거보
　　다 나 있는데서 하는 게 훨씬 나아. 그러니까 앞으로는 신경쓰지
　　말구(하는데)

　　[노크.]

채린 네에..

슬기 (일어나는)아빠야?

태원 (들어오며)어 아빠야..

채린 (일어나)많이 안 늦었네요.

태원 에..

채린 (태원 들고 들어온 옷과 가방 빼내 들고) 슬기야 나 없으니까 이제 통화해.(나가는)

태원 ??(딸 보는)

슬기 (입 내밀고)아줌마 이상해. 엄마한테 문자왔걸랑. (녹음기 꺼내며)그런데 안나가구 있으면서 아줌마 있는데서 전화하라구.아줌마 있는데서 어떻게 전화해.

태원 (오버랩)아빠 녹음기 사왔어.(서랍에서 망가진 녹음기 꺼내며)

슬기 앙.

태원 (메모리 칩 꺼내 새 녹음기 칩과 바꾸는)전화해.

슬기 응 할 거야.(전화 집는)

S# 친정 슬기 방

　　[전화벨.]

은수 (보고 벌떡 일어나며/잠옷/모녀 대화 가볍게)어 슬기야 엄마. 엄마 하안참 기다렸어뭐했어?

S# 슬기의 방

슬기 전화 위에 놓구 아래층에서 포카혼타스 영화 봤걸랑.그래서 몰랐어.

은수 F 아아 그랬구나. 엄마는 왜 전활 안할까 문자도 안치네 전화 안보구 그냥 잠들었나 정말 궁금했었어.

슬기 아직 안잤어. 아빠 지금 들어왔어.같이 있어.

S# 친정 슬기 방

은수 ?? 그럼 빨리 끊어야겠구나‥ 너 잘 있는 거지?

슬기 F 아빠 있다구 빨리 끊는대(아빠에게 말하는)

태원 F 괜찮아‥얘기해‥

슬기 F 아빠 괜찮대 엄마.

은수 엄마두 괜찮다 그래. 아빠한테 고맙다구 전해.

슬기 F 아빠한테 고맙대.

태원 F 천만에라구 해.

슬기 F 천만에래.

은수 (웃는)엄마 동화 다음 거 아직 많이 못했어.

S# 슬기의 방

슬기 응 괜찮어‥아직 들을 거 있어. 그리구 듣구 또 들어두 상관없어.

태원 (보고 있는)

은수 F 슬기야.

슬기 응 엄마.

은수 F 엄마 슬기 사랑해‥알지?

슬기 응 알아. 나두 사랑해 엄마두 알지?

은수 F 그러엄 알아‥고맙게 생각해‥뽀뽀.쪽

태원 (딸 보는)

슬기 E 쪽쪽쪽쪽‥갤갤갤갤.

S# 태원 침실

태원 (들어와 잠옷 들고 나가려)

채린 왜요오

태원 (그냥 나가려)

채린　태원씨.

태원　헤어져 달라고 했죠.

채린　?

태원　당신 내 말 묵살하고 넘어갈 생각인가본데 그러지 말아요.

채린　부부 싸움 한번 했다고 헤어져요?

태원　나 그런 말 쉽게 할 수 있는 사람 아니에요.

채린　(오버랩)난 그럴 생각 눈꼽만큼도 없어요.

태원　그럼 평생 이방에서 혼자 지낼래요?

채린　??

태원　(나가고)

채린　????

S# 현수 원룸(침실)

　　[침대 위에서 소주 마시고 있는 광모와 현수.]

광모　(따라주면서)아이만 안 생겼어도 간단한 건데··

현수　(병 빼내 광모에게 따르며)생긴 아이 놓고 이러니저러니 해봤자
　　구 뭐.

광모　엄청 꼬인다. 저렇게까지 꼬일 건 없는데 은수 어떡하냐.

현수　(홀쩍 마시는)

광모　헤어지는 건 못하겠지?

현수　왜 못해.

광모　야 아이가 태어나는데

현수　(오버랩)슬기 두고도 갔었잖아. 한번 했는데 두 번은 못해?

광모　속상한 건 아는데 니 동생 일이야. 그렇게 아무렇게나 말하지 마.

현수　후라이 먹을래?

광모　생각없어.

현수　(오버랩)아무래도 침대 바꿔야겠다. 넬 주문해.

광모　벌써 했어.

현수　어 잘했어.

광모　(술잔 들며)난 지금까지 바람핀 적은 없어. 언제나 일대일이었

　　　지 일대 이는 만든 적없어 하늘에 맹세해.

현수　용타‥자앙하다 안광모.

광모　(훌쩍 마시고 쟁반 챙기며)그만 자자 우리.

현수　니집에 가 자.

광모　??

현수　너랑 같이 잘 기분 아냐. 넬 아침 먹으러 와.

광모　하룻만에 별거야?

현수　김준구 대신 너 두드려팰 거 같아 그래. 도대체 니들 남자들은

　　　왜 그렇게 대책이없니,

광모　(오버랩)알았어. 가께‥가께가께‥‥(쟁반 들고 계단으로)

현수　오면서 두부한 모 사와.

광모　E 알았어어‥

현수　푸우우우우(내쉬며 옆으로 쓰러지는데)

S#　**친정 슬기의 방**

은수　(현수에 연결하듯 일어나 문으로)‥‥

S#　**마루**

은수　(나와서 소리 안 나게 현관으로 나가는)

　　　[마루 불 꺼져 있고]

S#　**마당**

은수　　….(나와서 찬 공기 빨아들이듯 숨 쉬다 문득 보면)

자부　　(한 옆으로 치워져 있는 작은 평상 비슷한 것에 걸터앉아 고개 꺾고)

　　　크으으윽큭 …(울고 있는)

은수　　……(보며)….

자부　　큭큭큭…크으으으으윽…

은수　　(보며)…..

자부　　(아주 작게)…아으…아으으으..큭큭큭큭….

　　　[부녀…….]

은수　　(아빠 옆으로)

자부　　(울음 멈추고)…….

은수　　나 괜찮아 아빠..정말 괜찮아아

자부　　(두 손끝으로 얼굴 닦으며)응 ..어….어 그래..응..응…

S#　이모의 방

준구　　(들어와 무릎 꿇고 앉는)죄송합니다…

이모　　쯔쯔쯔쯔쯔

준모　　(오버랩)소실장 만났다며.

준구　　예..

준모　　소실장한테 다 맡겼어.

준구　　예.

준모　　너 정신 못 차리면 아버지께 있는대로 보고 올리고 정리하랬
　　　어.얘기하든?

준구　　예.

준모　　사흘 넘기지 말구 니 처 데리구 들어와.

준구　　..예..

준모　나 더 이상 할 일이 없어.

준구　..예..

준모　호텔에 있지 말구 우선 내일 친정으로 옮기라 그래.

준구　체크아웃 했어요..수유리로 들어갔대요.

이모　그럼 수유리로 갔어야지 왜 들어와.

준구　지금 얘기해봤자 자극만 할 거 같아서요.

이모　<u>끄으으으응</u>..

준모　(일어나는)

준구　(따라 일어나고)....

S#　거실

준모　(안방으로)

준구　(엄마 들어가는 것 보고 무겁게 계단으로)....

S#　서재

준구　(들어와 테이블 의자로 푸우욱).......(있다가 전화 꺼내 통화 시도)

　　　[전원이 꺼져 있어.....]

준구　(전화 내리며).......

S#　친정 마루

　　　[들어오는 부녀..]

은수　주무세요..

자부　응....(은수 방 문 여는데)은수야..

은수　네(돌아보는)

자부　....(무릎 꿇고 앉는)

은수　?? 아빠 (놀라 쭈그리고 앉으며)

자부　(안 보는 채)아빠 이거밖에 안돼 정말 미안해.

은수   아빠(오버랩/팔 잡으며)

자부   (오버랩 연결)못나서 미안해.

은수   이러지 마 아빠아아.

자부   (오버랩)니 엄마랑 나 늬들한테 아아무것두 해준 게 없어. 정말
미안해.

은수   (조금 흔들 듯)아빠..아빠아아..

자부   (오버랩)그래두 나..내가 하나만 부탁해 은수야..여자로 아내
로 살기 힘들어 포기한다는 거 알아들어. 알아듣는데 그렇지만 너/
어미기두 해.. 그걸 잊어버리면 안돼.다 포기해두 어민 걸 포기하지
는 마..태어날 아이 생각해서 한번 더 참아..참아 줘.

은수   ‥‥‥

자부   부탁해..이렇게 부탁한다 은수야..

은수   (옆으로 아빠 껴안으며)일어나 아빠. 왜 이래요..일어나아아아……

F.O

S# 친정 마당(아침 이른 시간)

준구   (현관 앞에서 기다리는)‥‥‥

S# 마루 주방

자모   (슬기 방 문 앞에서 보며 있고)

자부   (좀 떨어진 위치에서 보고 있는/바지 주머니에 손 넣고)‥‥‥

은수   (옷 입고 나오는/코트 갈아입지 마세요. 가방도)

자모   (나오는 딸 잡으며)뭐라 그러나 우선 들어봐 은수야..저두 할말이
있겠지..그냥 한번 들어보구 니 할말 해. 니말부터 먼저 하지 말구.

은수   (웃는)응엄마..갔다올게..아빠..

자부   (좀 끄덕여주는)

은수   (현관으로)

S# 현관 밖

은수   (나와서 대문으로)

준구   ..(잠깐 보고 서둘러 대문으로)

S# 대문 앞

준구   (은수보다 앞서 차 문 열고 조수석 열고)

은수   (타고)

준구   (운전석으로)

S# 차 안

준구   (문 닫고 벨트 빼면서)어디가 좋을까.

은수   (벨트 매면서)아무데나.(다 털어버린)

준구   곤지암 갈까?

은수   ?? 곤지암?

준구   싫어?

은수   (웃는)참 재미있는 사람이네. 나가.

준구   ....(출발하는)....

S# 마루

자모   (싱크대 쟁반에 반찬들 옮기며)나쁜놈나쁜 놈...드러운 놈 뻔뻔
한 눔..

자부   ....(미싱에 먼지 닦아주며)...

자모   홀몸두 아닌 애한테/ 밤낮으루 쫓아다니며 개애개 빈 게 얼마나
됐다구..

　　[아빠 전화벨]

자부   (받는)어어...지 남편 와서 방금 같이 나갔어.....그래 왔어..들여

제31회 187

놓기 싫어서 안들여놨어··현관밖에 있다 갔어·····현관문 열지두 않

었어···

S# 현수의 주방

현수 (커피 따르며)은수 뭐라 그러면서 나갔어··

자부 F 암말 안했어··

현수 엄마 뭐래 또 그러저럭 살라 그러는 거야?

자부 F 자기 혼자 나쁜 놈소리만 수백번 했어.

현수 (현관 삐삐 소리에 돌아보며)알았어아빠··끊어요.

광모 (들어오는/두부 한 모와 달걀 한 판)은수 어떡하구 있대.

현수 김준구 와서 같이 나갔대.

광모 (얼굴 내밀고)

현수 (자연스럽게 모닝 키스해주고)두부찌개 해주께.

광모 낮에 잠깐 침대 고르러 나가자.

현수 인터넷 주문 한다며

광모 니가 봐야지 나혼자 못하겠어.

현수 점심시간에 보자. 침대값 반반이다.

광모 ??

현수 식생활비 반반. 내가 오피스텔 가 있을 시간 별로 없을 테니까
그건 난 상관없구 이집 전기료 수도료 관리비 기타 등등 너 반 내.

광모 내가 다 내께.

현수 그건 불공평해··뭐든 다 반반이야.

광모 그럼 나중에 우리 끝나면 나 침대 톱으루 반 잘라가야하냐?

현수 그동안 내 것들 사용료로 기부하구 가. 식탁 소파. 의자 그릇들··

광모 응 그럼 되겠군. 흐흐. 외식비두 반반?

현수   어 둘이 의기투합한 외식은 반반/아니면 외식에 더 적극적인
　　　사람이 내기.

광모   결혼보다 동거가 훨씬 남는 장사겠다.

현수   올라가 청소기 좀 밀어. 아랜 내가 밀었어.

광모   알었어 말만 해‥(계단으로 뛰는)

현수   (잠깐 보고 웃고 달걀 냉장고 넣는데)

광모   (올라가다)두부로 뭐해 줄 건데!!

현수   식탁에서 귀먹을려구.

광모   어어 맛있지하하.

S# 어느 고급 카페 별실

은수   (앞서 들어와 가방 옆 의자에)

준구   (따라 들어와 의자 빼주는)

은수   고마워. (앉고)

준구   (앉히고 제자리로 가 앉으며)당신 내 얘기 들을려고도 안하는데
　　　내가 당신이래도 그럴 거야. 변명도 해명도 안할게. 무조건 내 잘
　　　못이야 내가 미친 놈이야. 그런데

은수   (오버랩)헛고생하지 마.

준구   …(보는)

은수   지금부터 당신 정말 완전히 딴 사람이래도 상관없어‥나는 끝
　　　났어.

준구   여보.

은수   (오버랩)당신한테 미련이 없어.

준구   실망줘 미안한데

은수   (오버랩/담백하고 편안하게)실망이라는 말은 너무 가벼워. 그렇

다구 절망이랄 거 까지는 없어. 당신 때문에 죽을 정도는 아니니까‥더 이상 한심하지도 더 이상 굴욕스럽지도 않아. 왜냐면 그건 당신 자신의 무책임 불성실 문제지 내 문제 아니니까‥아 내 문제도 있긴 있어. 사람 잘못 본 거. 나 자신을 너무 과대평가한 거. 공부했어, 깨달았어.

준구 당신이 오해하는 게 있어. 나 막 놀던 놈 막노는 놈 아니야.

은수 상관없어.

준구 여보.

은수 (오버랩)더 이상 당신과 일생을 도모할 의미를 못찾겠어. 당신 집안 며느리 나한테는 너무 무거운 모자야. 나 그렇게 강한 사람 아니야. 당신 와이프 자리 그렇게 영광으로 생각한 적 없어.

은수 E 더구나 지금은 치욕만 남았어. 당신네 재산 나랑 무슨 상관이야. 옷좀 잘 얻어입고 우리 엄마 용돈 조금 더 건네줄 수 있었던 거 뿐인데.

은수 그 정도는 나혼자 벌어 내가 덜 쓰면 할수 있어. 어머니 계좌에서 빠져나가는 내 카드 나 한번도 월정액 초과해 쓴 적 없어. 돈 너무 쓰는 며느리라 그러실까봐. 크고 넓은 집 결혼해서 한달 쯤 즐거웠어. 교양있는 어머니 일주일 쯤 감탄스러웠어.

은수 E 입 크게 벌려 큰소리로 웃어서도 안되고 언제나 정돈된 어법으로 차분하게 말하고 자동인형처럼

은수 네 어머니.네 알겠습니다 어머니 그것도 지겨웠어. 나는 반쯤 죽었었고 반쯤 나 아닌 나였어. 당신 네를 탓하는 거 아냐. 내가 당신에 집에 들어가 살수 있는 재목이 아니었단 얘기야. 내가 주제 넘었어.

[노크]

준구　네에‥(차 주문받으러 들어오는)아 좀 있다가요

은수　(오버랩)레몬티 주세요‥(하고 준구 보고)

준구　커피요.

웨이터　알겠습니다.

S#　같은 카페 별실‥

[놓여져 있는 찻잔 두 개.]

은수　(찻잔 손잡이에 손가락 넣으며)우리는 서로 어울리지 않는 사람을 선택했던 거야.(보며 웃는다)그러므로해서 당신이 성실한 사람이었 대도 나는 아마 이삼년 뒤쯤은 우울증 환자로 시들어 가기 시작하거 나 아니면 숨막혀 못살겠다고 뛰쳐나가거나 그럴 거야‥(찻잔 들어 올리며)그러니까 조용히 처리해줘. (마시는)

준구　……(보다가 은수 마시고 찻잔 내리는데)리조트에 갔을 때만해도 당신 행복하냐 물었을 때 곧 행복하단 대답 하게될거랬어. 불과 얼 마 안됐어‥

은수　(오버랩)여름 끝나갈 때였어.그 땐 그게 진심이었구.

준구　달라진 건 내가 멍청하게 굴었던 게 발각된 거 뿐이야. 우리 집 은 달라진 거 없는데 그 트집까지 뭉뚱거리진 마‥

은수　당신이 문제 없었으면 조용히 나혼자 지쳐 갔을 거야.

준구　정나미 떨어져 못 살겠다는 거 당신 성격에 충분히 할 수 있는 말 이야.

은수　(찻잔 내려놓으며)그냥 말이 아니라 요구야. 당신 나 설득 못해. 설 득 안 당하기로 했으니까.

준구　당신 배 안에 내 자식은 어떡하구.까먹구 있는 거야?

은수   …(보며)

준구   10월이면 세상에 나와. 내가 사대독자야.

은수   당연히 당신한테 올려야겠지. 그런데 고등학교 졸업할 때까진 내가 키워.

준구   ? ?

은수   어머니께두 말씀드렸어. 보여는 줄게. 하루 이틀 데려갔다 데려오는 거 괜찮아.

준구   어떻게 키울 건데

은수   엄마랑 같이 키우면 돼. 설마 양육빈 주겠지.

준구   ….(보며)

은수   안 줄 거야?

준구   아버질 어떡하라구 이래 당신. 어머니 문제 안돼. 아버지 당신두 알잖아웅? (애원)

은수   …..(보며)

준구   아버지가 당신을 얼마나 인정하고 좋아하시는데 아버지한테 당신 이럴 수 있어?

은수   (좀 소리 내어 웃는)흐훗 나 아버님과 결혼했어?

준구   (오버랩)못 알아 듣는 척 하지 마./세상에 절대 없는 짓 한 거 아니잖아. 당신 하늘에서 내려온 하나님 딸이야? 세상 수없이 많은 여자들이 한 두 번은 겪는 일이야. 바람기는 더하냐 덜하냐 차일 뿐 여자들도 있어. 여자보다 남자가 더 많은 에너지와 기회와 무모함이 있을 뿐이야.

은수   (싸늘해져 핸드백 챙겨들고 벌떡 일어나는)

준구   여보

192

은수 (오버랩)누구한테 무슨 강읠 하는 거야.

준구 (마주 일어서는)당신이 싫어서도 사랑 안해서도 아니구 자살
협박까지 하면서 달라붙는 여자한테 말려들어 한두 번 실수했다
고 이렇게까지 해야겠어?

은수 ....(보며)

준구 다시는 안한다는데 두 번 다시 같은 일 없다는데 뱃속에 아이
까지 들어있는데 또라이 기집애 때문에 기어이 파탄을 내고야 말
겠다는 거야?

은수 이다미가 또라이면 또라인줄 알면서 옷 벗고 딩군 당신은 뭐야.

준구 그런 상황에 남자 백이면 백 다 넘어가.

은수 이다미 당신 사랑해. 난 개만큼 개처럼 남자한테 나 못 바쳐.
그렇게 처절하게 갈망하는 거 못해. 뒤틀린 사랑이지만 사랑이 아
니랄 순 없어.

준구 이다미 변호인이야?

은수 나 당신한테서 건질 게 없어. 더 이상 안해.

준구 (보며)

은수 죽어도..(빠르게 나가버리고)

준구 .....(어금니 지그시/눈 감는)....

은수 (다시 문 열고)나랑 결혼하고 당신 내가 집나왔을 때 말고 우리
친정에 왔던 거 두 번도 안돼.결혼은 그런 게 아니야. 당신 아버님
식사초대/ 우리 엄마 펄쩍펄쩍 뛰면서 싫다는데 나/ 내 부모한테
무슨 짓을 한 건가 기가 막혔었어. 우리 결혼은 피차한테 굉장한
무리였어. 물려줘. (다시 나가는)

준구 ....

S# 카페 앞 거리

은수 (카페에서 나와 손 들어 빈 택시 잡아타는/걸음 몸짓이 느려지지 않
도록)

S# 한남동 준구네 집 앞

[택시가 와서 멎고]

은수 (내려서 경비원들 인사받으며)연락하지 마세요 그냥 들어갈게
요.(빠르게 들어가는)

S# 정원

은수 (빠르게 들어가는)··(피아노 소리가 들린다)

S# 현관 거실

도우미1 (연락받고 빠르게 나와 피아노 치고 있는 준모 옆으로)작은 사모
님 들어왔답니다

준모 ??(피아노 멈추고 일어나는데)

은수 (들어와 목례)

준모 그래 올라가 쉬어라

은수 (오버랩)짐 가지러 왔어요 어머니.

준모 ??

은수 심려끼쳐 죄송합니다.(계단으로 움직이려)

준모 (오버랩)짐이 무슨 짐이야.

은수 (돌아보는)

준모 너 여기가 어딘줄 알구 건방이야. 약점잡힌 죄로 큰소리 안내
고 있으니까 이 집이 만만해? 널 어떻게 받아들였는데 이래. 우리
가 눈감아준게 있으면 너도 접어주는 게 있어야지. 내 자식 잘했다
는 거 아냐. 그렇지만 남편 외도 한번에 이혼할만큼 너 그렇게 대

194

단한 아이야?

은수 그런 말씀하시면 어머니께 실망입니다. 그동안 잘 대해주셔 감사해요 어머니. 그런데 눈감아주신 너그러움에 보답하려 죽을 힘 다하면서 몸에 안 맞는 옷 입고 뛰느라 저도 힘들었어요.

준모 (오버랩)올라와.(계단으로)·····

은수 ····(보다가 계단으로)

S# 서재

준모 (들어오는 은수에게)딴짓한 남편 두 번 다시 안 보고 싶은 거 알아. 그래도 고비 넘기면 가슴 밑바닥으로 내려놔지고 살다보면 용서는 못해도 모르는 척 없었던 일인척은 되는 게 그 일이야. 이혼이 능사가 아닌 거 왜 몰라. 너 벌써 한번 이혼했던 아이아냐. 이혼이 무슨 훈장이냐?

은수 (오버랩)이혼을 훈장으로 생각하는 여자 없어요 어머니.

준모 그런데 겁도 없이 이래? 다 차치하고 니 아버지 어쩔 거며 아이는.(어쩔 거야)

은수 (오버랩)아버님은 저 안뵙겠어요. 어머님께서 편하신대로 말씀 드리세요. 제가 바람났다 그러셔두 상관없어요.

준모 ??

은수 아이는 낳아야죠 낳겠어요. 고등학교까지 제가 데리고 있다 보내드릴게요.

준모 (오버랩)말 안되는 소리 왜 해··

은수 ····(보다가)짐 챙기겠어요 어머니.

준모 (오버랩)내가 어떡하면 너 주저앉히겠니. 우리가 무슨 수를 쓰면응? 니가 원하는 게 뭐야. 원하는 걸 말해.

은수   헤어지는 거요.

준모   ⋯⋯(보다가)너 아이 낳으면 니 부모 아파트 한 채 선물한다 그러셔.

은수   어머니즈이 친정/집 있어요⋯ 집 없어도 아파트와 절 바꿀 마음 조금도 없습니다.

준모   ⋯⋯⋯

은수   (목례하고 침실로)

준모   ⋯⋯

이모   (절에 갔다 들어온/들어서는)????

S# 준구 침실

은수   (가방들 꺼내놓고 있는)⋯⋯⋯

이모   (들어오는)⋯⋯

은수   (기척에 얼른 돌아보며 목례하는)

이모   ⋯⋯⋯(보며)⋯

은수   죄송합니다 이모님⋯

이모   짐 빼내는 게 급할 거 있냐?

은수   ⋯(보는)

이모   당장 필요한 것들만 챙겨가렴⋯성급하게 단칼에 그럴 거 없어⋯도저히 못살겠으면 못사는 거지 어떡해. 문서 쥐고있는 노예가 아닌 담에야 우리가 널 막을 방법은 없지. 그래 니 뜻 알았다⋯알았어⋯나머지 짐들은⋯나중에 내가 정리해 보내줄테니 그렇게 알아⋯여기서 남남되더라도 너무 독하게 굴어 니 어머니 뒷맛 쓰게 할 건 없다. 내 말 들어 아가야웅?

은수   (돌아서며 눈물 훔치는)⋯⋯

이모   ⋯⋯(보다가 돌아서는)

196

S# 다미 거실

다미 ·····

송 다미야···

다미 알았어·····

차 (기다리다)뭘 알았다는 건지 확실히 해너.

다미 (오버랩)병원 다닐께요. 치료받을게 언니. 치료같은 거 필요없
지만 내가 병이라 그러니까 병인지 아닌지 나도 궁금하니까 한번
다녀 볼게.

차 그래 고맙다 다미야.

다미 김준구 전화 바꿨더라 언니. 정수오빠두 모른대. 회사에서도
내 전화 따··

차 야 너 전환 왜 또 해.

다미 (오버랩)와이프도 안 받아.

차 야아!!

다미 (오버랩)화초밭에 불질러 미안하다 그럴려구. (일어나며)이제
그만한다 그럴려구. 일하러 가자.

스타일 (서서 기다리다 잽싸게 화장 케이스와 의상 챙겨들고)

차 (일어나며)송기자 고마워요.

송 (일어나며)감시 소홀하면 안됩니다.

차 걱정 마세요. 송기자도 부탁해요.

송 난 기사 한꼭지 보내고 나갑니다.

차 어··(손 들어 보이며)그러세요.

S# 아파트 현관

다미 (나오면서 밴 대어지고)

[지키고 있던 경호원 두 사람 따르고 한 사람이 문 두 개 열어주고 다미 타고 스타일 앞자리로/ 따라 나온 차실장 다미 반대편으로 타고]

차   가자.(출발하는 차)

S# 차 안

다미   (현관으로 가고 있는 두 경호원 내다보며)저 사람들 뭐에요.

차   김준구 출입 막는 애들이다.

다미   호.까르르르 깔깔..

차   회사가 망하게 생겼는데 못할 짓이 어딨냐. (혼잣말처럼)

다미   까르르르르르 깔깔.

S# 준구 마당

[경비원 둘 은수 가방 큰 것 둘 각각 하나씩 굴리며 나오고 있고 /]

S# 이모의 방 밖‥

은수   (다가와 서서)저 가요 어머님 이모님.

이모   ……(잠시 후 나오는/준모는 그냥 앉아 있고)‥‥몸조심해라, 부탁
한다.

은수   네‥그동안‥정말 감사했습니다 이모님.

이모   (손짓하며 어이 가라는)

은수   (목례하고 나와 있는 도우미 둘에게)고맙습니다‥(인사하는)

도우미들   (마주 목례만)

S# 현관 밖

은수   (나오고)

도우미들   (따라 나오는데)

은수   나오지 마세요 들어가세요. (웃으며)들어가세요.(하고 돌아서 미
련 없이 빠른 걸음으로 대문으로)‥‥

S# 대문 앞

[대기하고 있는 택시.(짐은 실었고)]

은수 (나와 인사하는 경비들에게)고맙습니다. 안녕히 계세요..(택시로

오르고)

[출발하는 택시.]

S# 택시 안

[한쪽 자리에는 작은 가방 두 개 실려 있고.]

은수 수유리로 부탁합니다.

기사 E 예에 손님.

은수 (기대면서….아아 이제 됐다)…..

S# 태원 회사 근처 레스토랑

태희 ??(포크 나이프 들려던 참)미친 거 아냐? 아니 무슨 그딴 기집애

가 있어응? 애껄 어떻게 밟아서 부서뜨려?(포크 나이프 놓으며)도

대체 어떤 기집애야 개.

태원 괴물 같아요. 꼴도 보기 싫어요.

태희 슬기 갈비 부러뜨릴 기집애 아냐 그거?

태원 ….(보며)

태희 (냅킨 무릎에서 집어 구겨 놓으며)그건 문제있다. 한일을 보면 열

일을 안댔어 그건 문제있어. 아니어떻게 그얼굴로 그런 섬칫한 짓을

해? 싸이코다 태원아. 싸이코야. 그래놓고 완전 반전/개과천선한 거

모양 날아다녀? 나 들어간다. 나 집에 들어가.

태원 (오버랩)헤어지자 그랬어요.

태희 ??

태원 웬만한 일은 참아요. 슬기한테 잔인한 사람은 절대 안돼요.

태희   이혼한다구?

태원   그 사람한테 속지 말아요. 나는 끝났어요.

태희   얘

태원   저녁에 어머니께 말씀드릴 거에요. 나한테 얘기 들었다 그러구 누나 나 도와줘요.

태희   이혼 사유가 되겠어?

태원   슬기 매맞을 때까지 기다려요?

태희   설마…설마 태원아.

태원   물리적인 폭력만 폭력 아니에요. 나 무서워서 슬기한테 그 사람 저 안좋아한다는 거 오해니까 말 걸면 대답해주라 그랬어요. 슬기가 왜 그 사람한테 다가들질 않는 거 같아요. 슬기 망가지면 안돼요. 나 슬기가 전부에요. 평생 혼자 살아도 상관없어요. 여자 안 그리워요. 여기서 멈춰야해요. 슬기 옆에서 그 사람 치워줘야해요.

S# 슬기의 방

채린   화 안낼테니까 (슬기 앉혀놓고) 말해 응?

슬기   정말 그 얘긴 안했어요. 아무한테도 안 했어요.

채린   너 고자질쟁이야. 내가 녹음기 밟은 거두 고자질했잖아.

슬기   그건··그건··

채린   때린 거두 일렀지. 한 대 때렸는데 열대 때렸다 그랬지.

슬기   그건 말 안했다니까요 진짜에요 말 안했어요.

채린   왜 안했어 왜 안했어?

슬기   아줌마가 실수한 거라 그랬잖아요. 화해했잖아요 화해했으니까 안했어요

채린   녹음기는 화해 안해서 했구?

슬기   (울며불며)아빠가 들어두 된다구 들으래서 앙앙앙.

채린   (날쌔게 입 틀어막으며)울지 마. 뚜욱. 뚝 그쳐.

슬기   (소리 그치며 공포로 보는)

채린   (손 떼며)울면 장땡이야? 집에 아무도 없어. 알아? 너 아빠한테 나
       랑 이혼하라 그랬지. 맞지.

슬기   아니에요.

채린   그랬잖아. 나 싫으니까 살지 말랬잖아.

슬기   (오버랩)안 그랬어요!! 안 그랬다니까 왜 아줌마는 하지두 않은
       말을 자꾸 했다 그래요!!

채린   했잖아아!!

슬기   (오버랩)아줌마 나쁜 사람이에요. 이제부턴 뭐든지 다 이를 거에
       요. 전부다 이를래요.

채린   (머리통 후려갈기고)

슬기   (얻어맞고 침대 아래로 엎어지고)

채린   (등 움켜잡아 일으키며)너 정말 한번 혼나볼래? 진짜 혼나 볼테야?
       (하며 퍽 밀치고)

슬기   (나둥그라지는)아아앙 앙앙앙

채린   (다시 잡아 일으키며)일어나 일어나아!!

임실   (벌컥 들어오며)야아아아아!!!(한 손에 크런치 바 하나 들고)

채린   ?????(손 놓아지고)

임실   (아이스바 집어 던지고 벌써 슬기 껴안고 오버랩)어매 어매어매 너
       미쳤냐아아?!!! (벌떡 일어나며)이게 어디서 이런 게 들어왔다냐
       잉? 어디서 하늘 무서운 줄 모르구 날뛰 너어!! 오냐 너랑 나랑 한
       번 붙어보자 이년아 이 집안 망쳐먹을년.

채린 아줌마.(그게 아니라)

임실 (오버랩)너 같은 거 때매 착한 계모들이 억울한겨 이 썩을 것아. 사장님 들어오면 내 전부다 폭로할 것이닝께 험한 꼴 안 당할라며 당장 보따리 싸갖구 나가는게 좋을것이구먼잉?

채린 아줌마(다가들며)

임실 (오버랩)나 못참제잉. 못 참제에에..이걸 보구두 가만 있으면 나도 죽일년이제. 슬기야 가자 나가나가 할미하구 있어 할미가 지켜. (슬기 데리고 나가며)아이고오오오 노인네 돈 좋아하다 손녀 죽일 뻔 했네.. 아이구아이구

채린 (두 주먹 움켜 머리로 올리며)……(어떡하지?)……(어떡하지)……(후다닥 나가는)

S# 슬기 방에서 침실로 가는 채린

S# 침실

채린 (들어와 장에서 따로 둔 핸드백 꺼내는)

S# 거실

[손잡고 계단 내려온 임실과 슬기.]

임실 세수하자. 할머니 목욕탕 가 씻자 우리.(슬기 데리고 안방 쪽으로)

채린 (계단 빠르게 뛰어 내려오며)아줌마 나 좀 잠깐 봐요.

임실 (오버랩)필요없어. 너는 끝나버렸어.

채린 (손에 오만 원권 두툼하게 들고)……

S# 안방 화장실

임실 (슬기 데리고 들어오며)얼굴 깨깟이 씻고 할머니 방에 문 잠그구 있어잉? 내가 밥도 갖다 줄 것이고 아이스크림도 갖다 줄 것이니께 잉?(물 틀어 받으며)아고 무서워라아아 아고 무서워라. 오늘이 첨

202

아니지. 너 저번에두 매맞구 수유리 간 거 맞지.

슬기 그때는 한 대…

임실 (펄쩍)맞지이이??

S# **친정 마루**

[광 같은 곳에 두었던 옷걸이 세 개 놓고 비닐 벗기는 은수와 엄마‥]

은수 (문득)나같은 딸도 흔치 않겠지 엄마.

자모 못 들어봤어.

은수 집구하는대로 나갈게

자모 나가긴 어딜 나가.

은수 엄마 나 안보는 게 낫잖어.

자모 쓸데없는 소리 왜해.

은수 얼굴 좀 펴. 엄마 딸 절대 괜찮아.

자모 내가 뭐, 까짓 평양감사두 나 싫으면 그만이랬는데 못 살겠으면 엎어버리는 거지 뭐. 잘했어. 니 맘대루 너하구싶은대루 해.안 말려.괜찮어. 저언혀 괜찮어. 그깐 드으런 놈하구 치사하게 붙어 살 거 없어. 자알했어. 후려언해. 시워언해.

은수 엄마 진짜야?

자모 보따리 들어왔는데 그럼 어떡해. 니아빠가 징징거리지말구 말 인심 팍팍 쓰래‥

은수 <u>으흐흐흐</u>

S# **태원 주방**

채린 이거 말고 따로 내일 만나 이천만원 더 줄테니까 지금 나가요 아줌마.(돈 들고)

임실 (보며)‥‥

채린   일년치 월급이 넘어요 큰 돈이에요.

임실   집어너쇼.

채린   아줌마.

임실   나 그렇게는 안 살았소. 사람 시시하게 보지 마시오.

채린   (오버랩)애가 자꾸 거짓말해서 버릇 가르치다 그렇게 된 거에
요. 쎄게 때리지두 않았어요. 그냥 살짝 건드렸는데

임실   (오버랩)이보시오

S# 현관 거실

태희   (들어오며 또 붙었네 움직이는데)

채린   E (오버랩)알았어요. 내가 실수한 거에요. 실수했어요 그러니까
아줌마

임실   E (오버랩)실수로 앨 개패듯 패애?

태희   ??

S# 주방

채린   아줌마 내가 언제요.

임실   ?? 미치겠네 내눈으로 똑똑히 봤는데 이라는 거요? 방바닥에
엎어트려놓고 개패듯 패는 걸 내눈으로 똑똑히 봤는데

채린   (오버랩)왜 거짓말해요 나 한대 때렸어요 한 대애(하는데)

[태희 핸드백이 날아와 채린 후려갈긴다.]

태희   한대는 왜 때려 한대는 왜 때려 너어!!!

채린   그게 아니라 형님 슬기가

태희   너 싸이코 맞지 싸이코 맞지.

슬기   나 새엄마에요. 애 버릇 고칠려면 체벌두 필요해요!!

태희   너 그 자리 가만 있어. 꼼짝말구 있어. (전화 꺼내는)

204

채린 (달려들며)형님.

태희 (밀쳐내며 나가면서 통화 시도)엄마 빨리 들어와. 엄마 며느리가
슬기 개패듯 팼대애애‥

채린 세상에 세에상에에…(뛰어나가며)

채린 E 그거 아니에요 형님 아줌마가 거짓말 한 거에요오!!

S# 어느 시내 상가에서 허둥지둥 뛰어나오는 태모

[대려고 오고 있는 차에 대고]

태모 빨리 와 빨리 와아!!!!

S# 회사 주차장으로 뛰어 들어와 차로 오르는 태원⋯

S# 빌라 앞

[태모의 차 와서 멎고 기다리던]

태희 (내리려는 엄마 막으며)내리지 마 엄마 내리지 마.(타며)주차장으
로 가요.

S# 차 안

태모 (내린다)슬기 옷 벗겨 검사했어?

태희 (기다리고 있다가)멀쩡해멀쩡해.(주차장으로 움직이는)

태모 E (오버랩)그년 뭐하구 있어.

태희 E 그년 위에서 꼼짝 안해. 엄마 진정해. 흥분하지 마. 조용히 조
용히 해결봐.

S# 주차장으로 들어오는 자동차

태희 E 태원이 들어올 거야. 태원이도 불렀어.

태모 E 태원이는 왜 불러어어.

태희 E 가만있어 얘기할테니까 잠깐만 있어.

[자동차 주차되는데]

태희　E 오기사 퇴근해요.

기사　E 예..(기사 내려서 문 닫고 주차장 나가는)

S# 차 안

[문 닫히면서]

태희　태원이 벌써 이혼하자 그랬대.

태모　??

태희　꼴도 보기 싫대..못살겠대.

태모　(무슨 말인가 하려는데)

태희　슬기 때린 게 처음아니래. 두 번째래.

태모　뭐야?

태희　E 슬기한테 확인했어

태모　대체 얼마나 때린 거야 그년이.

태희　한대.

태모　개패듯팼다면서

태희　한대 맞고 바닥으로 떨어졌대. 아줌마 안 들어갔으면 더 맞았
　　　을 거래.

태모　(오버랩)저런 나쁜 년이 있나 도대체 왜애.

태희　태원이가 이혼하자 그랬대. 슬기가 이혼하라 그런 거 아니냐구
　　　바른대로 말하라면서 때렸대.

태모　(입 벌리고)··

태희　그러니까 태원이 말리지 마. 저거 제정신 아냐. 엄마 일생일대 실
　　　수한 거야 응?

태모　아으 어지러 아으 어지러····후우우우후우우우우····

태희　아줌마한테 돈주면서 나가라 그러드래.

206

태모   ??

[들어오는 태원 자동차.]

태희   애 들어왔어..잠깐 숨 고르구 있어. (차 문 열고 나가고)

태모   (뒤로 퍽 기대며 눈 감는)…

S# 차 밖(주차장)

태희   (주차하고 움직이는 태원 앞으로)얘.

태원   (오버랩)대체 왜 때렸대요. 이유가 뭐래요!!!

태모   (맥없이 내린다)

태원   어머니이이!!!

태희   (오버랩)태원아.

태원   ….(두 주먹 쥐고 부들부들)….(엄마 보며)

태희   (팔 잡으며)엄마 충격 받았어 태원아..엄마한테 뭐라지 마.엄마
가 어떻게 알았겠어 너두 몰랐잖아..

태원   …..

태모   (승강기 쪽으로 허탈하게 움직이며)너는 원망할 에미라도 있지
이이이…세상에 이런 큰 사기가 어딨단 말이냐..끄으으으응…

S# 거실…

태모   (들어오고)

임실   (현관께 쭈그리고 앉아 닦고 있다가 일어나며) 고모 못 보셨능가요

태모   들어와..(안방으로)

임실   (먼저 내달아 노크)슬기야 할머니 오셨응께 문 열어 내가 집어넣
고 문잠그랬소.

[슬기 문 열고]

슬기   (할머니 올려다보며 비죽비죽)

S# 태모의 방

태모 됐다. 할미 들어왔어 울지 마. 올 거 없다··(슬기 할머니 아래 껴
안으며 붙고)할미가 잘못했어··내 잘못이야··모오든 게 다아···내 잘
못때문이야 오냐아아아····

S# 친정 마당

은수 (침대 이불 속 엄마와 널고 있는)볕이 좋아서 맘껏 부풀겠다.

자모 그래 폭시인하게 덮고 조오은 꿈 꿔.

은수 팔다리 이렇게 아무렇게나 벌리고.

자모 숭하게 그게 뭐야.

은수 한남동에서는 엄마 잠도 요러어구 잤거든.

자모 요러어구 어떻게 자아

은수 어 정말이라니까? 하하. 엄마 진짜야아아아.

S# 준구 사무실

준구 ····예···예·········예 알았어요 엄마····예····지방 대리점 돌아보러
갔다 그러세요··예···예··예 그렇게 할께요···죄송해요어머니·····(전
화 끊으며 의자에 앉아 통화 시도)

S# 슬기의 방

　[혼자 울리고 있는 전화·····]

S# 준구 사무실

준구 ······(전화 던지듯 놓고 컴퓨터 작업으로)····

S# 태원의 거실

　[태원 앉아 있는]

태희 (커피 들고 마시면서 나오는/ 안방 보는)

S# 안방

채린 그럴 수 없어요 어머니.

태모 …없다니‥(차분하게)

채린 덮어놓고 악질 계모로 몰려 나갈수 없다구요.

태모 임실댁이 헛거 봤어? 슬기가 거짓말해? 우리 태희가 없는 말 지어냈어?

채린 아줌마 뻥쟁이에요. 슬기 거짓말 잘해요. 형님 오바하는 거에요. 말대답만 안했어도 안 그랬어요 애가 얼마나 약을 올리는지 어머니 모르세요. 욱하면 나도 내가 통제가 안되는데 슬기가 거짓말하고 말대답하고

태모 (오버랩)욱하잖아 뭘해두 손찌검이 웬말이야. 나는 드러운 성질머리루 소문 파다하게 났던 나두 평생 내 자식들/ 악은 썼어두 손찌검은 안했어.

채린 다시는 안 그럴께요 어머니.

태모 니 부모님은 언제 오냐.

채린 (보는)

태모 가 있어라. 니 부모 오면 만나서 끝을 내자.

채린 ‥‥(보며)

태모 너 우리 태원이가 그렇게나 좋아서 어쩔 줄을 몰라했으면서 이게 무슨 어이없는 일이야‥도저히 이해를 할 수가 없다.

채린 슬기만 없으면 태원씨랑 저 아무 문제 없어요.

태모 ?? 슬기 없는 줄 알구 왔냐?

채린 저렇게 얄미운 앤 줄 몰랐어요. 착한 줄 알았어요. 순진한 줄 알았어.

태모 니가 이런 줄 나도 몰랐다. 하늘에 있어야할 선녀가 잘못돼 내

려와있는 줄 알았어.

채린 어머니

태모 슬기만 없으면이라니 있는 슬기를 어떡하라구 너 그래서 슬기 왔다갔다하는 게 미워서/어디로 치우구 싶어 애 두들겨 팬 거야?

채린 슬기가 지 아빠한테 있는 말 없는 말 자꾸 지껄여서 태원씨도 날 나쁘게 생각한단 말이에요.

태모 (오버랩)애 때려잡지 마. 너 벌써 본전 다 나온 물건이야. 태원이 너 소름끼친대. 남자가 그만살자구 내가 니꼴 못보겠다는데 그럼 할 말 다한 거지 구질구질 뭐 말이 많아‥

채린 소송하세요.

태모 ??? 뭐?

채린 저 안져요. 한번 해 보세요. 애 한번 건드렸다구 이혼이라니 웃겨요. 이혼당할 만큼 잘못한 거 없어요.(일어나며)해볼테면 해 보세요 한 번.

태모 ????

S# 거실

채린 (나와서 태희 쪽으로)어디 갔어요?

태희 슬기 데리고 나갔다 왜.

채린 속보이는 짓 그만들 해요. 상속 없다구 쫓아낼라 그러는 거 모를 줄 알아요?

태희 (아연)‥‥

채린 (비웃듯)나 거진 줄 알죠? 거지 아니에요.

태희 한 채린.

채린 (계단 뛰어 올라가는)

210

태희   ·····(기막혀서)····

S# 근처 공원

[태원 부녀 손잡고 걸으며]

태원   아빠가 너무 쉽게 생각했어··너랑 잘 지낼 줄 알았어··

슬기   나두 그렇게 생각했었어.

태원   미안해··아줌마가···아마 어른이 다 안된/ 아이가 많이 남아있
는 어른인가봐.

슬기   질투심 많은.

태원   흠흠그래. 딱 맞었어. 우리 슬기 그런 걸 어떻게 알지?

슬기   그냥 그런 거 같아··

태원   다 잊어버려··아줌마한테 욕먹은 거··욕먹으면서 무서웠던 거
····잊어버리는 게 좋아··

슬기   응···

태원   엄마한테는 저얼대 말하면 안돼··그럼 엄마 마음 아파 죽어··

슬기   알았어.

태원   ·····(딸 내려다보며)··

S# 슬기의 방

은수   (혼자 밥 먹으며 책 보는데····단정함 팽개치고 아주 편안하게 풀어
진/ 한쪽 다리는 뻗은 채)·····(김치 종류 빼주세요)

[에프엠 라디오 음악··클래식 해설 멘트 같은 것 나오는 중··]

S# 태모 방

태희   (혈압기 풀면서)쫴에끔. 걱정할 정도 아냐.

태모   내 발등 내가 찧는다 내발등 내가 찧어.

태희   벌어진 일을 어떡해. 그럴 거두 없어.

태모   뭐 피하니까 뭐 만난다드니 양의 탈을 쓴 늑대가 저런 걸 두구 하는 말이야…

태희   …(혈압기 치우는)

태모   뭘 잘못했냐야. 잘못한 거 없어. 자식을 어떻게 키운거야대체.

태희   신경쓰지 마시구 한숨 주무시지?

태모   사기를 당해두 이렇게 옴팡지게 당할 수가 있어?

태희   욕심이 눈을 가려서(중얼거리는)

태모   (째리고)

태희   아냐 암말두 안했어.(나가고)

태모   (푸욱 주저앉아진 어깨)……

S# 거실

태희   (나와서 이 층 보며 제 방으로)

S# 태원의 방

채린   (걸어두었던 결혼사진 마구 밟아대고 있는)……

　　　디졸브

S# 현수 회사 앞

현수   (나오고)

광모   (차 댄다)

S# 차 안

현수   (차에 오르며)그냥 들어가라니까.

광모   집에 가는 길인데 뭐. 남자가 있으면 남자 있는 표가 나얄 거 아 냐..나 니 남자잖아.

현수   (벨트 매며)은수 짐싸들구 왔단다.

광모   ???

현수 주하랑 저녁 먹구 집에 들려야 해. 너 저녁 혼자 해결해.

광모 기어이 끝낸다는 거야?

현수 그런 거지. 전화두 안했어..말시키기두 싫구 개두 귀찮을 거 같구.

광모 애기는 어떡하냐.

현수 뱃속에서 무럭무럭 자라겠지.

광모 야아아 골 아프다..시댁에선 하라 그랬대? 남편은.

현수 대답할 수 없어. 애기안했다니까.

   [현수 전화벨.]

현수 (받는)어 출발했어.

S# 학교 교무실

주하 (책상 정리하며)애 어떡하니 저녁 약속 미루자...아니이..내가 오늘 김인태 선생하구 저녁먹구 영화본다 그래 놓구 나 깜박했어 현수야. 인태씨는 그냥 너한테 가라 그러는데 (인태 손 씻고 들어오는) 내가 꼭 봐야한다 그래서 가기루 했던 거거든.

인태 그냥 가요.

주하 (아니라고 손짓하며)상영관 한군데 밖에 없는 거구 곧 내릴 영화야..응 미안해..이해하지? 어어엉..안녕(끊고)

인태 나 괜찮다니까요.

주하 (오버랩)영화는 내리면 영영 날아가는 거구 현수는 안 날아가고 그 자리에 그냥 있는 애거든요. 가요.

S# 친정 마루

자모 (들어서는 남편에게 내달으며)자자..조용히 들어와

자부 (슬기 방 잠깐 보고 안방으로)

S# 안방

자부 (옷 벗으며 따라 들어오는 아내에게)어때.

자모 아뭉지두 않어. 교도소서 석방된 거 같대. 좋대.(옷 받으며)

자부 그럼 잘했네.

자모 실컨 퍼잔대. 깨우지 말래. 아는 척도 말래‥

자부 그래 알었어. 그릇소리 내지 말구 당신이나 조심해.

자모 보일러 파악 올렸어. 나는 더워죽겠어.(옷 걸며)

자부 어쩐지 훈훈하더라. 잘했어. 이순심 말 잘들어 이뻐.

자모 손 씻어 밥 주께.

자부 어엉‥(앉아서 양말 벗으며)

S# 준구의 거실

회장 (찻잔 들며)당신 할말있다면 긴장돼요. 어디 큰돈 쓸데 생겼어요?

준모 ‥‥

이모 ‥‥

회장 저 …시주 더 해야합니까?(이모에게)

준모 (오버랩)새아이가 안살겠다고 친정으로 갔어요.

회장 ????

제32회

S# 준구네 정원(밤)

S# 거실

[세 사람·····회장은 납득이 안 돼 아무도 안 보며/두 여인··시선 내리고 가
만히·····]

회장 (나직이)이거야···이거야 원··(아무도 안 보며)한번 정리하고 마
무리 한 문제는 그것으로 끝난 거지 그걸 다시 되살려내 못살겠다
는 게 도무지 무슨 소린지 알 수가 없군.

이모 (안 보는 채)우리끼리만 끝낸 거지 그 아이한테는 끝난 게 아니
었던 거죠.

회장 끝낸 게 아니었으면서 왜 없었던 일 처럼 여전하게

이모 (오버랩)노력했던 거지요 회장님.어떻게든 유지하고 살어보
자 무진 애를 썼던 거에요.

회장 보살님은 개가 그러구 있는 거 아셨어요?

이모 (준모 잠깐 보고)예에 어느 정도는 알고 있었어요··조마조마했
었어요.

회장 당신은요.

준모 알았으면 어쩌구 몰랐으면 어쩌게요.

회장 (하긴 그렇다)….

이모 그게요 회장님 그 문제가 그렇게 없었던 일이 될 수가 없는 거에요.

회장 (오버랩)아니 두 양반이 아이 하나를 어떻게 못하구 이게 뭡니까.

준모 할만큼 했어요.

회장 할만큼 한 게 이결과에요?

이모 예에 회장님 모르게 우리 할만큼 했으나 이결과가 됐네요. 유감입니다.

회장 알아듣게 다독여 설득을 했어야죠.

준모 (오버랩)고집이 쎄요.

이모 (오버랩)고집도 고집이지만 시작부터 준구녀석한테 실망이 큰채였죠오.

이모 E (보는 회장)겉으로 표는 그리 안냈지만 이집은 어쨌든 우리가 이렇게 너그럽고 인격적인 사람들이다아 그런 폼으로 허락했던 혼사였는데 (준모 이모 보는)

이모 딸 아이 데리고 들어와도 된다 그랬던 준구녀석이 약속을 못지키게 됐지요.

준모 그건 무리한 일이었어요.

이모 (오버랩)어쨌든 낙망이 컸을 거 아냐. 너두 어민데 그 마음 모르겠어?

준모 …

이모 아이 차암 이집 며느리 노릇 나무랄데/ 거스리는데 없이 열심

216

히 자알하구 살었습니다.그러다가 준구녀석 뽀록이 나구/그건 그 고통은 회장님은 여엉원히 모르는 일입니다.

회장 (입이 쓰고)

이모 딸아이도 버리고 왔는데 남편이라는 작자 여배우하구 외도까지 해….덮고 살기로 하고 주저 앉었는데 날이 가면 갈수록 분하고 괘씸한 게 점점 심해져서 결국은 이건 의미가 없다 그렇게 된 거에요.

회장 임신 중 아닙니까 임신중. 아이보다 그깐 의미가 더 중요합니까?

준모 중요해요.

회장 (벌떡 일어나며)준구 놈 들어오라구 해요.

준모 부산 출장 갔어요.

회장 ???

준모 들어와봤자 시끄럽기나 할 거구 들어오지 말구 딴 일 볼 거 있으면 보라구요.

회장 ….무능한 자식. 그걸 하나 제대로 무마 못하구 무슨 이런 황당한…에에이..(움직이다 돌아보며)당장 데려다 결박이라도 지어 노라 그래요.무슨 말도 안되는 소리야 이게(들어가는)

준모와 이모 ……

이모 들어가봐라.

준모 (찻잔 들며)놔둬요..(마시려다)다시 만들어 오께요.

이모 (일어나며)놔둬..(자기 방으로)

준모 (찻잔 챙기는)….

S# 이모의 방

이모 (들어와 청소기 작동시키고 자리 잡고 앉아 중얼중얼 염불 외기 시

작하는)····

S# 친정 안방

자부 (방바닥 걸레질하는데)

[아빠 핸드폰 울리는]

자모 (물 들고 들어오며)빨리 받어빨리.

자부 어 현수냐?····응 자·· 안 오는게 좋겠어.

자부 오지 말라그래 오지말라 그래.

자부 응 그래 그냥 재우자.

S# 어느 닭집

[포장 기다리는 광모/]

현수 닭 사갖구 갈 참이었는데 알았어요 아빠··응 같이 있어···네··네 끊어요.

광모 우리 안가?

현수 은수 재워야한대·· 잔대.

광모 자야겠지··정신적인 충격은 잠으로 치료하는 게 제일이야. 잠 이 약이야.(포장 끝난 상자 내어지는 것 집으며)

현수 감사합니다··(종업원 인사 받는/자연스레 팔 끼며)디비디 빌려가자.

광모 어 그래··자알 골라 한편 때리구 자자··

S# 태원의 거실··

태모 (과일 한 쪽 찍어들고 멍하니)·····

태희 (티브이는 만화영화/마지막 한 개 딸기 찍어 슬기 주며)이건 슬기 꺼어

슬기 (고개 흔든다)

태희 왜애··

218

슬기　먹기 싫어요.

태희　그럼 고모 먹는다?

슬기　(끄덕이고)

태희　(먹으려다 문득 엄마 보고)엄마 뭐해.

태모　……

태희　엄마.(좀 소리 높여)

태모　??

태희　무슨 생각을 하구 있는 거야.

태모　….끄으응 (일어나 안방 쪽으로)

임실　(계단 내려오는)

태모　들어와 어깨 좀 주물러

임실　예에 그런디 아무리 불러도 대답을 안허네요.

태모　(그냥 방으로)

임실　밥은 먹어야할껀데에에..차려갖구 올라가까요.

태모　(그냥 들어가고)

임실　(꿍얼꿍얼)배 안고픈가..어머니 초상 치르면서두 때되면 배는 고프던디이..

태희　엄마한테나 들어가봐요.

임실　(선 채)들어가제..들어는 가는디이 그려도 여엉 신경이 쓰이는 구먼..사형수두 밥은 먹이는디이..

태희　엄마 소리질러요(빨리 들어가)

임실　참말로 심난시러 주욱겠네에에(안방으로)

태희　슬기 보구 있어.

슬기　(보는)

태희 　금방 내려오께 응?

슬기 　(끄덕이고)

태희 　(계단으로)

슬기 　(고모 움직이는 것 보다가 디브이디와 티브이 끄고 고모 방으로)

S# 태희의 방

슬기 　(들어와 방문 잠그는)

S# 태원의 사무실

　　　[전화벨]

　　　[어지러운 책상/일하는 중인]

태원 　어 슬기야.

슬기 　F 아빠 언제 들어와.

태원 　어 아직 좀 남았는데.

슬기 　F 내일하면 안돼?

태원 　왜 고모가 안 놀아줘? 고모 없어?

S# 태희 방

슬기 　아니이 고모..아줌마한테 올라갔어.

태원 　F 또 무슨 일 있었어?

슬기 　그런 거 아닌데 아빠..나 수유리 가면 안돼?

S# 태원 사무실

태원 　..학교 다녀야하는데 어떡해애애.

슬기 　F 전학하면 되잖아.

태원 　....

슬기 　F 아빠 나 여기 무서워..

태원 　(눈 감는)…

S# 태원 침실 앞

태희 죽었어?……죽었니?……

S# 태원의 방

채린 (침대 속에 무릎 껴안고 앉아서)….(문 보며)

태희 E 안 자는 거 알아. 자구 있었어두 깼어야하구엉?….문 깨부셔? 그럴까?

채린 (오버랩으로 침대 내려 잠근 거 풀고 문 열고 보는)…..

태희 사람좋은 아줌마 밥 안 먹었다구 안달해‥

채린 쇼하지 말아요. 사람 죽여놓고 쓰다듬어요?

태희 ….(보며)

채린 (침대 쪽으로)온 집안이 똘똘뭉쳐 나하나 죽이자구 작정했으면서 흥.

태희 (들어오며/방문 열어놓은 채)올케가 무슨 짓을 했나는 전혀 아아 무 상관없어?

채린 (팩 돌아서며)한대에요 한 대.

태희 열대 스무대 못때려 분하니?

채린 (오버랩)과장하지 말아요

태희 (오버랩)야 폭력에는 브레이크가 없는 거야. 한 대가 두 대되구 두 대가 셋넷다섯 안된다는 보장 어딨어. 너 욱해서 그랬다면서. 욱해서 시작한 매질 언제 그만두는 건데. 너 아줌마가 뛰어들었으니 망정이지 아니었으면 지금 어떤 상황됐을지 몰라. 너 지금 깜방 들어가 있을 수도 있다구/

채린 ?? 정말 왜 이러세요.

태희 전실자식 때리는 계모/상상하기두 끔찍하지만 최악의 상황

안 떠올릴 수 없어.

채린 본격적으로 때리자 그랬던 거 아니란 말이에요 나두 모르게 그냥

태희 (오버랩)나두 모르게든 알든/너 내가 난 자식두 옛날처럼 안 때리며 키우는 거 몰라? 학교 체벌금지 몰라?

채린 그래서 애들 다 엉망됐어요. 선생 알기를 우습게 알구 부모알기 우습게 알구

태희 (오버랩)얘 소가 웃다 옆구리 터져. 너 그게 반론이라구 하는 거야?

채린 ....

태희 아직 뭐가 잘못된 건지 못 깨달은 모양이니까 더 얘기해봤자 소용 없겠다. 암튼 밥은 먹어. 먹어야 힘내 버티지..(돌아서며)보따리 들고 퇴각할 생각 현재론 없는 거 같으니까.

채린 어떻게 날 이해하는 사람이 이렇게 하나두 없을 수가 있어.(태희에게 하는 말이 아니라 저 자신한테)

태희 (돌아보는)

채린 E 화목하게 편안하게 행복하게 살자는 꿈에 부풀어 결혼했는데 이게 뭐야. 남편은 아직도 전처 그림자에 반은 가려져 있구

채린 아이는 메롱메롱 뒤에서 딴짓하고 시어머니 시누이는 강 건너 불구경/나 뭐야 나는 도대체 뭐야.

태희 태원이 슬기엄마한테 미련있는 거 나 부정 안했어. 그때 병원에서 뭐랬어. 암튼 결혼하면 슬기 엄마 이기는 거랬지.

채린 …(보는)

태희 참 재미있는 애구나 했지만 태원이가 정말 좋은가보다 그러구

말었어.

채린 그래요 좋아서 했어요. 너무너무 좋아서. 전처는 전처 결혼하면 포기되겠지 별수 있을라구. 그건 어느만큼 돼가구 있었어요, 우리 두 사람 많이 좋아지던 참이었어요··

태희 (안타까움도 있다)그런데 왜 일을 저질러 응?

채린 (울음 터지며)슬기가 도오저히 어떻게 안돼요오. 아무리 잘해줄라 그래두 미운 짓만 골라하는데/지 아빠랑 나 중간에 껴 훼방만 놓는데 나 어떡해요.

태희 ·····(보며)

채린 (두 손 얼굴 가리고 무너지듯 쭈그리고 앉는)

태희 계모 역할이 어디 쉽겠니? 무난한 계모가 되기에는 채린이가 처음부터 그릇이 아니었던 거 같다. 그리구 제 그릇 사이즈 모르구 너무 쉽게 생각했구··

채린 ·····

태희 태원이 마음 절대 못 돌려.내가 장을 지져. 엄마두 나두 아니야. 더 봐줄 여지가 없는 일 저지른 거야.그러니까 서로 길게 피곤하지 말구 잘 생각해서 결심해.

채린 ·····

태희 (나가서 문 닫아주고 아웃)

채린 ···(울며 침대로 기어오르는)

S# 거실

태희 (내려와 거실 쪽 잠깐 보고 안방으로/노크)

임실 E 에에에

S# 안방

태희 (들어오며)쟤 억울하다네

태모 (입 꾸욱 다물고).....

임실 (어깨 주무르며)밥은 안 먹는다요?

태모 한끼 굶어 안죽어. 웬 밥타령이야.

임실 밥하는 사람이니께 밥 안 먹는 사람은 신경이씌이는구면유.

태모 그럼 밥들구 올라가 떠먹여

임실 .....(그런 말은 아니고오오)

태희 (좀 움직이며)한번 재 볼까?

태모 놔둬..내가 알어.(기운이 쭈욱 빠진)

태희 알었어...(나가고)

임실 (주먹으로 어깨 두들기는)

태모 골 올려 하지 마.

임실 (멈추고)

태모 (누우며)아래루 가 아래루..

임실 예에에..

S# 태희의 방

슬기 (방문 열어주고 돌아서는)

태희 영화 재미없어?

슬기 (돌아선 채 눈물 훔치며 침대로 올라가는)

태희 ?? 울어? 울구 있었어? (침대로 가 아이 얼굴 들어 보는)

슬기 (눈물 가득해서 보는)

태희 왜애애..

슬기 내가...나쁜 아이 흑흑 재수없는 아인가봐요 고모오

태희 ?/이게 무슨 얼투당투않는 소리야 너어.

224

슬기   나 때문에 엄마아빠두 이혼하구

태희   (오버랩)슬기야

슬기   (오버랩)나때매 아빠랑 아줌마두 헤어지게 되는 거

태희   (오버랩)슬기야슬기야 아냐 그런 거 아냐.(껴안고)절대 그런 거
        아냐. 전부다 어른들 잘못이지 너는 아아무 잘못 없어. 엄마랑 아
        빠 헤어진 건 할머니 고모 니 엄마아빠 다같이 모두 잘못한 거구 지
        금두 마찬가지 우리 어른들 책임이지 너는 아냐. 너 혼자 쏙 빠져
        너 혼자 깻끗해.

슬기   (목 껴안고 달라붙으며)엉엉엉엉엉.

태희   ……(꼬옥 안아주며)

S# 친정 안방

은수   (벌겋게 비벼 크게 뜬 밥숟가락 보며 소리 내어 깔깔 웃는)진짜 입
        찢어지겠다.(숟가락 도로 스테인리스 볼에/나누어 뜨려는/ 양푼은 이
        미 다 먹어 빈 상태이다)한번에 될줄 알았는데

자모   굶다왔나 누가 뺏어먹는 거두 아닌데 천천히 먹지 왜 그리 급
        해애.

은수   맛있어 정말 맛있어엄마.

자모   들어간 거 암거두 없는데

은수   (오버랩)아냐. 싱싱한 오이향기랑 도라지 호박나물이 끝내줘.

자모   (오버랩 들여다보듯)조금 더 비벼주까?

은수   어어 아냐. 아빠 이거 아빠가 끝내줘 나 넘칠 거 같아.(내려놓은
        양푼 밥)

자부   (잡지 뒤적이다)나 양치했어 당신이 먹어.

자모   그래 줘‥

자부 입맛 나는 거 보니 잘자구 일어났나부다

은수 (휴지 뽑아 입 닦으며)진짜 자는 거처럼. 내가 누군지 뭐하구 있는 건지두 모르구.

자부 인석아 자면서 내가 누군지 아는 사람이 어딨어.

은수 난 한참동안 그랬거든.

자부 그렇게 자면 피곤해 못써어.

은수 (물컵 집으며)아아 별로 좋아하지도 않는 맥주 한모금이 먹구 싶다아.

자모 (그릇 비웠다)한 모금두 안돼?

은수 아냐 엄마.. 커피 먹을래.

자모 슬기 때는 커피 안 먹었잖어.

은수 한두잔 쯤 아무 상관없대. 슬기 땐 완벽한 엄마 되자구 내가 괜히 오바했었어(일어나려)

자모 (상 들며)있어있어. 갖다주께 있어.

은수 커피 깎아서 한 스푼만 엄마아?

자모 (나가며)깎아서 한 스푼 알었어..

은수 (들여다보며)뭐봐?

자부 (접으며)니 언니가 갖다놓구 간 거 언제쩍 건지 몰라. 엄마가 봤는지 있길래 들구 들어왔어..볼테야?

은수 아니 옛날 거라면서 뭐.

자부 (책 치우며)여긴 볼 책두 없잖아.

은수 나가 사면 되지 뭐..자안뜩 하얀 보따리 사다놓고 딩굴거리며 처부술 거야.

자부 그동안 책두 제대로 못 봤지?

은수 책은 아빠 몇페이지보다 덮어두고 그러면서는 보는 건지 안 보는 건지 맥빠져. 그렇게 몇 번 하다보면 흥미없어져 다른 책 집 어들게 되구. 나 한번 보기 시작하면 하루 세권네권 봐 치웠었잖 아. 그동안 책읽는 사치 전혀 못했어.

자부 됐어 이제부터 실컨 해.

은수 웅그럴거야. 근데 언니 왜 소식이 없어?

자부 어 온다는 거 너 자니까 오지 말랬어.

은수 어어. 난 또 벼슬하구 왔는데 아는 체두 안한다 김샐라 그랬는데

자부 허허 그럴 리가 있나‥

은수 아빠 어떡해‥딸 둘이 다 이래서.

자부 글쎄 말이야‥너머 잘난 자식두 예삿일이 아냐 흐흐.

은수 ‥‥(보는)

자부 그렇지만 엄마랑 나 괜찮어. 니들 선택에 그냥 따라가 주고 속 아퍼하지두 말자 그랬어. 니들 바보 아니잖어‥니들한테 최선인 거 면 그걸로 됐어.

은수 (오버랩)아빠 나 정말 굉장히 미안한데‥미안해서 기죽어 처량 하게 굴어야하나?

자부 아냐. 그럼 우리두 처량해져 못써‥ 나 처량하기 싫어.

자모 (커피 들고 들어오며)흘러간 강물은 끝이다‥처량할 게 뭐 있어. 커피 먹어.

은수 웅.(커피 간 보고)엄마 더 깎았지.

자모 아이고오 귀신이네‥뭐라 그래도 커피가 이로울까싶어 몇 알 갱이 덜어냈더니.으흐흐 커피 갖구 와?

은수 아니 그냥 마실래‥(마시는)

자모 (보고 있다가)방 안 춥지?

은수 어 응 안 춰. 춘지 모르구 잤어.

자모 니 덕에 호강해..나 니 아버지 내의 벗어던졌어.

은수 엄마 기름값 어떡할려구우우

자모 아 괜찮어 쓸땐 팍팍 쓰는 거야. 내 새끼 마음 추운데 (울컥거리는 것을 참으며)집까지 추면 안되지이..

은수 기름값 내께엄마.

자모 아냐(손 저으며)돈 있어. 나 돈 있어. 많어..니가 생각하는 거보다 우리 훨씬 많어. 집 짓구두 남어 또 있어.

자부 (오버랩)한 백억대 되지이?

자모 에에에에??

자부 허허허허

자모 에으에으. 으흐흐흐흐

은수 (웃는)....

S# 어느 와인 바

　[찍히고 있는 문자]

준구 E 이모님 통화했는데 아버지께 말씀드렸대.아버지 사흘 안에 당신 집에 데려다 노라 그러신대.

준구 E (문자 찍는 준구)엄마가 들어오지 말라셔서 집에 못 들어가고 호텔에서 자야해. 그 애는 아버지 비서실장하고 기획사가 같이 해결중인 모양이야. 병원 다니기로 했다는 얘기도 들었어. 진작에 적극적인 해결을 했어야하는데

화면 글자 (멈춰졌다가 주르륵 지워지는/진작에까지/ 다시 찍히는)

준구 E 당신이 보고싶다.(글자)

228

준구   (얼굴)욕을 먹더라도 욕하는 당신 얼굴이라도 보고 싶어. 어떻
게 그렇게 냉정할 수가 있어‥놀라울 따름이야‥‥‥(멈췄다가)

준구   (전송 버튼 누르는)

S# 슬기의 방

[침대 위 전화‥메시지 들어오는 신호음.]

S# 태원의 방

태원   (겉옷 벗어 장에 걸고 있는)

채린   (일어나 앉으며)들어왔어요?

태원   (묵살)‥‥

채린   잠깐 졸았나봐요‥

태원   ‥‥

채린   여기 사람있어요.

태원   ‥‥

채린   나 내 손을 잘라버리구 싶단 말이에요 그러지 마요.

태원   (잠옷 챙기다 화장대와 벽 사이 끼어 있는 결혼사진)‥‥‥(꺼내서 보는)

채린   (침대에서 급히 내리며)다시 만들면 돼요‥ 괜찮아요.(태원 쪽으로)

태원   (오버랩/채린 쪽 돌아서며)잘 했어요. 이게 우리 모습이에요. 다
시 만들 일 없어요(화장실로)

채린   ‥‥(보며)

태원   (개켜진 잠옷 들고 문으로)

채린   (막아서며)얘기 좀 해요.

태원   나는 더 할 얘기가 없습니다.(손으로 막아선 채린 밀쳐내고 나가고)

채린   ????

S# 슬기의 방‥

태원   (들어오며)잠옷 입었어?

슬기   응··

태원   (칫솔과 잠옷 들어 보이며)오늘부터 아빠 너랑 잘 거야.

슬기   (뿌우)아줌마는.

태원   괜찮아··신경쓰지 마.

슬기   아빠 이러면 아줌마 나한테 화낸단 말야.

태원   화 못내··안 낼 거야. 왜냐면 아줌마도 자기가 잘못한 거 알거든.

슬기   (뿌우 보는)

태원   보통 잘못한 게 아니라 크게 잘못했거든. 다시는 안 그럴테니까
        아무 걱정 마. 아빠만 믿어웅?

슬기   (끄덕이는)····

       [노크]

태원   네에··

임실   (문 열고 바닥에 깔 요와 이불 들고 들어오는)

태원   아이구 (맞으며 받고)아주머니 죄송해요. 무거울텐데.

임실   별로 안 무겁소.

태원   (침구 한옆에)

임실   그런데에 사장님이 여엉 기운이 쭈욱 빠져버렸소.

태원   ??

임실   저녁밥도 건디리다 말고 무신 생각이 그리 많은지 입 다물고
        말도 안하고··저라다 한밤중에 또 파아악 치받치는 거 아닝가 걱정
        시럽구면.

태원   혈압 괜찮다 누나 그러든데요.

임실   잉 시방은 괜찮소 괜찮다 그라네··에이 괜찮겠제 올르라면 난

리칠 때 아까 올랐제 그렇지 잉..늙으면 느는게 걱정빼께 없응께..
슬기..잘 자라이?

슬기　네에.(임실 나가고)

태원　아빠 씻구 오게.

슬기　(침대 내리는)

태원　왜애.

술기　문 잠글라구.

태원　....(보며)

S# 태모의 방

태모　??(상체 일으키는)뭐래..

태희　(침대에 같이/기대앉아 손톱 테두리 살 정리하며)글쎄 느낌이 좀
뭐랄까..꽃방석은 아닌 거 같더라구.

태모　체..꽃방석이 어딨어꽃방석이. 재벌집 며느리 얘 너만두 못해.

태희　원래 재벌 며느리 별볼일이라 그래. 나두 알어.딸은 괜찮대.

태모　(도로 누우며)뭐래는데..

태희　뭐 그때그때 선택에 따라 사는 게 인생 아니냐. 태원이랑 결혼
안했으면 어떻게 살았을까 이혼 안했으면 어땠을까 그 비슷한 소
리였어.

태모　이혼하라구 안했어.

태희　하라구 안하구 하게 했지.

태모　안했으면...자식 하나 더 낳구...둘 두 낳았겠지. 저두 포기하구
나두 포기하구 뭐..미워하다 정들구 싫어하다 불쌍하구 그러면서
...그랬겠지.

태희　이혼한 걸 후회한단 뜻은 아니었어.

태모 꽃방석소린 왜 한 거야.

태희 그건 내 말이야..임신해서 그런지

태모 ??

태희 꺼어칠해졌더라구. 슬기 녹음 전하며 서글퍼 그런 건지 뭔지 모르게 안편해보였어.

태모 애뱄어?

태희 애뱄어가 뭐야아.

태모 얼마나 됐대.

태희 몰라. 안 물어봤어.

태모 할일 했구먼..삼댄지 사댄지 독자라든데…(도로 누우려)태원이 한텐 암말 마.

태희 걔가 먼저 알았어..

태모 ??

태희 (오버랩 연결)밥먹으러 갔다 언니 만나서 들었대..

태모 ……뭐래..

태희 다른 엄마한테 태어나 다시 만나 살자 그랬는데 나쁜 여자라면서 웃더라.

태모 ….(보는)

태희 나는 아니래 엄마만 바꾸라 그랬대.

태모 그래놓구 다른 눔 앨 왜 배.

태희 ??

태모 그게 그렇게 깜직한 물건야..

태희 무슨 억지소리야

태모 뛰쳐나가는 주제에 뭣 때매 그런 되잖은 소린 지껄여 애 산란하게 만들어놔. 그래서 전석이 미련곰탱이모양 혹시나아 박시나 그쪽만 쳐다보구 있었던 거야.

태희 그러게 채린이는 왜 밀어너어.

태모 누가 이럴 줄 알았어?

S# 거실

채린 (빠르게 내려와 주방으로)

S# 주방

채린 (들어와 냉장고 과일 박스에서 커다란 사과 세 개 꺼내 물에 씻으며/‥ 입 꼭 붙이고)……

S# 현수 원룸

현수 (원피스 잠옷 내리면서 계단 내려오는)

광모 E 아아 예고두 없이 처들어오는 법이 어뎄어.

천 불시 점검 예고하구 와?

광모 여기가 군대야? 우리두 사생활이라는 게 있어. 지금 몇시야. 열 시가 넘었는데 엄만 여태 안 들어가구 뭐하다가

천 (쇼핑백 식탁에 던져놓고)얘

현수 예에…(계단 아래)

천 인사 좀 하자.

현수 오셨어요‥(꾸뻑)

천 저녁 모임 끝내구 나오다 햄소세지 맛있는 거 좀 샀어.

광모 어어 그 호텔 갔었구나.

천 묵혀 버리지 말구 빨리빨리 먹어치워. 늬들 소주두 한잔식 할 거 아냐.

광모 그러엄.

천   (계단 쪽으로)멀쩡한 지집두구 왜 이 좁아터진데서 아으 정말.

광모   아 난 여기가 좋아.(오버랩)

현수   잠깐요 어머니.(오버랩)

천   ??(돌아보는/계단에 한 발 올려놓다가)

현수   거긴 안 올라가셨으면 하는데요.

천   한번 보구싶어 그래. 볼려면 올라가야하지 않겠니?

현수   보지 마세요.

천   ??

광모   (오버랩 현수와 함께)어 엄마 보지마보지마. 우리 잘라다가 내
      려온 거야. 보지 마

천   그래(오버랩) 감안하구 볼게

현수   (오버랩)이건 에티켓이 아니에요 어머니.

천   ??

현수   아무리 어머니래두 아들하구 아들 여자 침실은 이러시는 거 아
      닌데요.

천   침대는 어떤 걸 쓰나 침구는 어떤가 한번보구 바꿔줘야겠으면
      바꿔줄라구

현수   (오버랩)즈이가 알아서 해요 어머니.

광모   (오버랩)어 엄마 침대 큰거 샀어. 들어와 낼 들어와.

천   ?? 침대가 작어?

광모   혼자 자던 거니까 당연히 작지. 그래두 괜찮어 엄마 내일이면
      해결돼.

천   (한심해서)오피스텔 두구 왜 여기서 뽁작거려.

광모   쭈쭈뽀뽀때매 안돼. 환경 바뀌면 애들 불안해서 안돼.

234

천   …(한심해서 보며)

광모   쮸쮸뽀뽀 랑랑이가 현수 딸들이거든 엄마. 현수 딸이면 내 딸
        이기두 한거지.

천   반포로 가라. 비우구 도배 새루 해줄테니까 그리

현수   (오버랩)그냥 여기 있겠어요 어머니.

천   ??

현수   침대 들어오면 광모 잠자리 해결되구 지금 당장은 더 넓은 공간
        필요없어요.

천   현수야(달래듯)

현수   (오버랩)그리구 오시는 건 상관없는데 미리 연락하고 와 주세
        요. 너무 자주는 말구요.

천   얘 나 그냥 침실 가구 한번 보구 곧장 갈 생각이었다구.

광모   (오버랩)침실 볼 필요없으니까 그럼 곧장 가면 되겠네.

천   너 나 싫어서 결혼 안한다는 거였니?

현수   허 허 어머니

천   (오버랩) 어떻게 앉으세요 한마디가 없니

현수   금방 가실 거 처럼 어머니 백두 그냥 들구 계시니까

천   (오버랩)가라는 말보다 더 무섭다.

현수   그럼..앉으세요…

천   그저 친구로 볼때는 괜찮았는데 내 아들 여자로는 적응하기 참
        힘들구나.

현수   죄송합니다.(꾸뻑)

S# 원룸 앞(밤)

        [모자 나오면서]

광모　이게 시어머니 행세지 뭐야. 쟤가 결혼 안하는 이유 중에 이런 거두 포함된 거야. 한 밤중에 예고없이 무식하게 이게 뭐야. 엄마는 현재 시어머니가 아니야.

천　(시동 걸려 있는 자동차 쪽으로 가며)밥은 잘해 줘?(차 문 쪽으로)

광모　잘해줘. 잘 해 먹구 살어. 걱정 마. 아아무 걱정 마.

천　뭐 할줄 아는 게 있겠어.

광모　잘해 엄마. 얼마나 잘한다구.(차 문 열어주며)

천　어이그으 내 팔자야.(차에 오르려는데)

광모　(가볍게 껴안으며)사랑합니다..

천　....

광모　미안합니다아아

천　니가 좋으면 됐어..(몸 떼며)나 포기했어..

광모　(풀어주며)포기말구 인정,인정해줘 엄마.

천　들어가(타고)

광모　(문 닫아주고)

　　　[차 출발하는 것 보고 돌아서 뛰어 들어가는]

S# 원룸

현수　(햄과 소세지들 벌써 치웠고/소파에 앉아 물 마시고 있는)

광모　(들어오는)

현수　(보는)…

광모　(옆에 와 푹 앉으며)울엄마 무안하시게 좀 너무한 거 아냐?

현수　웅.(순하게)

광모　엄마는 좋은 뜻으루 오신 건데..거기 소세지가 맛있거든..

현수　시간이 아니잖아. 내일 니 병원으로 보내두 되는 거구

236

광모　(오버랩)아 우리가 어떡하구 있나두 궁금하셨겠지. 당연한 거 아냐?

현수　당연해.그런데 우리 엄마는 안 그러잖아.

광모　?? 우리 엄마 느니 엄마 편 갈라 그럴래?

현수　편가르는 게 아니라

광모　(오버랩)나 기분 좀 상했어현수야. 너는 그냥 가만 있구 내가 내일 엄마한테 다시는 그러지 말라구 얘기했으면 좋았어.

현수　(보는)....

광모　엄마를 /내 엄마한테 여우처럼 어머니어머니까지는 아니더 라두 적어두

현수　(오버랩) 갑자기 쳐들어오시니까 당황하기두 했구 싫기두 했어. 나 연극 못하는 거 알잖아.

광모　알어.

현수　미안해. 김샜으면 니 집가 자라.

광모　?? 야 넌 어떻게 픽하면 니집가라 그러냐.

현수　너 김샜으니까

광모　오피스텔 가 잘 정돈 아냐. (어깨 안으며)뽀뽀나 하자.

현수　(얼굴 돌려주고)

[쪽쪽쪽 소리 나게 뽀뽀하는 두 사람.]

S# 친정 안방

은수　된장은 괜찮어. 무국두 맑게 끓인 건 괜찮구.

[쟁반에 두드린 통북어 찢고 있는 모녀]

은수　(연결)계란 찜..계란 말이..

자모　생선은.

은수 생선비린내는 역해.

자모 생선 먹어줘야 하는데…좀 지나면 괜찮어. 없어 못먹어.

은수 그럴 거야 흐흐..슬기 때 나 집에 한번 오면 미친 아이처럼 먹었었어그치.

자모 내가슴이 갈갈이 찢어졌지..얼마나 눈치꾸러기면 먹는거두 제대루 못 먹구

은수 (오버랩)먹히질 않았어먹을 수가 없었어.흐흣 그래두 그 사람이 퇴근하면서 몰래몰래 많이 사날랐었어.

자부 (주택 잡지 뒤적거리고 있다 저도 모르게 하품)

은수 어 아빠 졸리네..

자부 아냐아냐 괜찮어.

자모 (오버랩)졸리면 먼저 (하품 물고)자라니까아.

은수 (오버랩)까르르르 내가 고문하구 있었어 흐흐(쟁반 들고 발딱 일어나며)이거 내가 마저 하께 엄마 자자..아빠 안녕히 주무세요.

자부 어어..

자모 애 그냥 부엌에 놔둬어..

은수 다했는데 뭐.

S# 마루 거쳐 슬기 방으로

S# 슬기의 방

은수 (들어와 침대에 쟁반 놓고 앉으며 메시지 불 깜박거리는 전화 집는다)

   [잠시 망설이다가 열면]

   [앞에서 준구가 보내놓은 문자····준구가 한번 읽어주는 게 나을까··]

은수 …(보며 있다가 찍기 시작하는)

은수 E 행복하고 싶었는데 슬기 떼어놔야 했을 때부터

S# 어느 호텔 객실 바

준구 (양주잔에 채우다가 열어보고 있는)

은수 E 기대했던 행복에 금이 갔어. 그런 채로 다른 걸로 메우려 했
   는데 그건 메워지는 게 아니었어··그것이 나한테 주어진 삶이려니
   최선을 다했는데 당신이 약속했던 행복을 믿은 게 내 어리석은 욕
   심이었고

S# 슬기의 방

은수 E (문자 찍는)그걸 깨닫고는 더 이상 머물 이유가 없어졌어. 냉
   랭한 게 아니라 당신을 놓아버리고 담담해진 거야.

S# 준구 호텔 객실

은수 E 한동안 좋아했던 사람, 얼마동안은 부부였던 사람, 나쁜 감
   정으로 남겨두고 싶지 않아. 당신도 그렇게 정리해주길 바래·······

준구 ····(보다가 전화 놓고 술 들이켜는)······

S# 슬기의 방

은수 (북어 마지막 찢다가 가시에 손 찔리고)····(손가락 얼른 입에 물었다
   빼고 휴지 뽑아 손가락 피 빼는)····

S# 친정 마당(밤)

                                                          F.O

S# 친정 대문 앞

자부 (대문 앞 쓸고 있는데)

   [들어오고 있는 은수의 자동차··무심한 자부 옆에 차가 멎고··]

자부 (그제야 돌아보면)

기사 (시동 끄고 내려 아빠 앞으로/꾸뻑)안녕하십니까 어르신. 한남동
   에서 왔습니다.

자부   아 예(같이 목례하는데)

기사   (자동차 키 내밀며)사모님께서…보내셨습니다. ··

자부   …(기사 손 보면서)…

기사   작은 사모님 찹니다 어르신.

자부   어··그건 알아요··(시선 자동차로)예 알아요··

S# 주방

자모   (국 냄비에 기름 두르고 찢은 북어 넣고 볶기 시작)·····

자부   (들어오는)····

자모   춰?

자부   하나두 안춰.

자모   보일러 좀 낮춰두 돼?

자부   내가 하께··(자동차 키 싱크대에)한남동에서 은수 차가 왔어.

자모   ??

자부   사부인이 보내셨대.

자모   차가 문제가 아니지 차가.

자부   안 나왔지?

자모   자나봐··기척 없어.

자부   (나가려)

자모   어디 가.

자부   마저 쓸어야지

자모   보일러.

자부   어 참··(안방으로/ 보일러 컨트롤러 어디 있는지 찾는)

　　　[은수 방에서 전화 소리/은수 방으로 바뀝니다]

자부   (돌아보고/ 엄마는 미처 모르고)

S# 은수의 방

　　[울리는 벨]

은수　(더듬어 전화받는)네에에…(번쩍 몸 일으키는)네 어머니.

S# 이모의 방

준모　자던 중이었니?··그래 친정이 그래서 좋지·· 정신 차리구 그만 일어나 준비하고 바로 좀 오렴

S# 은수의 방

은수　??? 어머니 저….저 더 드릴 말씀도 없고 그리구 거기··안가고 싶습니다.

S# 이모의 방

준모　니 말 듣자는 게 아니라 아버지 하신 말이 있어서야. 그리고 여길 안 오구 싶다니 여기 무슨 마귀들이 사는 집이야? 너 참 언짢구나··

이모　(제지하는/그럴 수 있어)

준모　(좀 바꿔)그럼 내가 니집으로 가련?……그래 기다리마.(끊는)

이모　안 오구 싶을 수두 있지 뭐얼.

준모　??

이모　나는 이해하네. 이집이 뭐 그리 보구 싶구 오구 싶겠어. 드런 놈 집인데. 나무아미타불 관셈보살(청소기 스위치 넣고)

준모　(일어나는)

S# 은수 방

은수　……(앉아 있는)

자부　E 은수야

은수　어 네에.

S# 방 밖 마루

은수   (문 열고)아빠 들었어요?

자부   그러지 말구 가 봬.

은수   정말 가기 싫단 말야. 나 할말두 없구 아빠.

자부   니 차 보내셨더라.

은수   ??

자부   키 저기 났어.

은수   (뿌우 화장실로)

자모   (남편과 좀 떨어진 데 있다가)뭐라 그러시나 가봐..가 들어 봐아..
          (은수 화장실로 아웃되는 문소리)

자부   (현관으로)....

자모   (중얼거리며 주방으로)손주때매 그러는 거지 뭐..

S# 태원의 거실

태모   (안방에서 나와 어기적 걸음으로 주방으로)

S# 주방

임실   아이고 일어나셨능가요. 잘 주무셨능가요.

태모   버섯차 좀 끓이구 이 기집애 아직 안 일어났어?

임실   안직 안 나왔어요.

태모   (돌아서는)...

S# 이 층 화장실

   [부녀 같이 양치하고 있는 중…]

S# 태희 방

태모   (들어와 엎어져 자고 있는 딸 쪽으로)이러구 자면서 쯔쯔 밤낮
          팩은 부쳐 뭐해. 일어나..태희야….(건드리며)야 이년아 그만 일어

나아!!

태희   아으으으 왜 깨워어..

태모   에미 죽어두 모르겠다엉?

태희   ??(깨어 일어나는)왜…나뻐?

태모   (침대 앉으며 오버랩)혈압은 괜찮어괜찮어.

태희   그럼 왜애.

태모   깊은 잠을 못 자겠어. 눈만 감구 있어.

태희   신경쓰지 말구 될대루 돼라 그러라니까

태모   (오버랩)어떡하다 일이 이 지경이 됐을까.

태희   (터지는 하품)……

태모   내가 무슨 벌받을 짓을 그렇게 엄청 했다구 저게··나 자빠트릴 라구 저런 게 기어들어온 거지 백방으루 생각을 해두 답이 안 나와.. (딸 안 보면서)

태희   ……(보며)

태모   기운 펄펄 나는 주사 좀 갖구 와 놔 달라구 해. 내가 정신을 차 려야지 이래서는 안되겠어.

태희   ……

태모   못 알어 들었어?

태희   기운 펄펄나는 주사가 어딨어.

태모   (오버랩)그래 공진단이라두 먹어야겠다. 그거라두 먹어야겠 어.(일어나는)

태희   병원 아직 문 안 열었어 엄마아..

태모   (그냥 나가고)

태희   수백억 날아가두 멀쩡하더니 왜 저러는 거야.(침대 내려서며)

S# 현수 침실

현수 (침대에 기대어 앉아 강아지들 만지며)밥 먹었어? 아빠가 밥 제대로 줬어? 맛있었어? 응? 응?

광모 (머그잔 두 개 갖고 올라오며)랑랑이는 식욕이 좀 떨어진 거 같다.

현수 괜찮았는데 왜 그러지?

광모 이상은 없어보여‥(머그잔 하나 주며)은수한테 간다며

현수 이따‥너 출근하구 나서.

광모 뭐할래.

현수 데리구 찜질방이나 갈까 해.

광모 점심 먹으러 나올래? 은수 데리구 나와 내가 그은사한데서 먹여줄게.

현수 뭐 그러구 싶은 기분이겠냐. 물어보구 전화할게. (침대에서 내리며)빵 먹자.

광모 어 아무 거나.(하며 허리 안아 붙이고)

현수 왜 또오

광모 모닝키스

현수 (밀어내는)아까 했잖아아.

광모 십 오년 밀진 거 찾아 먹자구우‥

현수 아으 성가셔.(쪽 해주고 빠지는)

광모 좋으면서 하하

S# 준구 마당

도우미2 (현관 앞에서 인사)

은수 (빠르게 들어오며)아 이제 이럴 필요없어요 아주머니‥

S# 서재

회장 (책 덮으며)천지개벽을 해도 이혼은 안된다 못을 박아요.

준모 ....(보며)

회장 더 원하는 게 뭔지 알아봐요.. 원하는 게 있으면 다 들어줄테니까 원하는 걸 내놔 보라구..

준모 ....(보며)

S# 현관 거실··

은수 (들어오는데)

이모 E 어서 오너라.

은수 아 이모님··(목례하고)

이모 오냐 들어가자··(자기 방으로 앞서고)

은수 (따르는)··

S# 이모의 방

　　[둘 들어오며]

이모 니 아버지한테는 준구 놈 저 먼저번 사건을 니가 도오저히 극복할 수가 없단다구 해뒀다··(방석 내주며)내가 그러자구 했어··어찌되든 준구놈 살려는 둬야지 지 아버지한테 더는 신용타락 시킬 수가 없잖니.

은수 네 잘하셨어요 이모님.

이모 앉어.

은수 (앉는)

이모 (앉으며)그래서 니 아버지는 한번 넘어간 일로 그러는 너를 도저히 이해 못한다 그러구 준구놈보다 니가 더 나빠졌다. 그리 알어.

은수 네.저 괜찮아요 이모님.

이모 부모님 걱정이 많으시지?

은수   네. 그래두 절 이해하세요.

준모   (들어오고)

은수   (일어난다)

이모   (방석 내주고)

준모   앉자.(두 여인 앉고)차를 두고 갔더구나.

은수   네.

준모   그럴 거까지 없다. 우리 야박한 사람들 만들지 말구 홀몸두 아닌데 편하게 쓰렴..

은수   고맙습니다 어머니.

준모   분가해서 니 딸 데려다 살라 그러신다.

은수   ??(보는)

준모   니 친정 부모님.. 집도 한 채 마련해 준다 그러구

은수   (오버랩)어머님

준모   (오버랩)더 원하는 게 있으면

은수   (오버랩)아무 것도 없습니다.

준모   (보는)

은수   딸아이 이미 지 아빠한테 가 잘 있고 즈이부모님 집 있습니다.

이모   (오버랩)아가야.

준모   (오버랩)참고 넘기면 앞으로 니가 얻을 수 있는 누릴 수있는 것들이 어떤 건지 생각안하니?

은수   (오버랩)어머니 저는/….저한테 불성실한 그 사람이 문제지 제가 누릴 수 있는 것들에 대한 관심은 없어요. 어머니 만약 아버님께서 불성실하시다면 경제적인 여유가그 배신감을 상쇄시킬수 있다고 생각하세요?

준모 ....(보며)

은수 저 준구 씨가 단지 부잣집 아들이라 결혼했던 거 아니에요. 괜찮
은 남잔데 부자기까지 하구나 나는 참 운이 좋다 그렇게는 생각했었
어요.

은수 E 저요 어머니/존중받지 못하는 아내로 존중할 수 없는 남편
과 사는 걸 참아낼 자신이 없습니다.

준모 모두 참아. 참을 수 없는 걸 참아내며 사는 아내들 부지기수야.

은수 죄송합니다.

준모 아이만 없어두 이렇게까지 사정 안해. 그건 우리 집사정이니 알
바 아니다야?

은수 고등학교 졸업까지 제가 데리고 있는다고 말씀드렸죠

준모 우리가 그걸 허락할 성 싶니?

은수 ....(보는)

준모 어떻게 그리 야멸차. 이렇게까지 달래고 사정하는데

은수 죄송합니다.

준모 하늘이 무너져도 이혼 못해. 준구하구 더 얘기하구 더 심사숙
고해서 빠른 시일 안에 마음 정해. 분가는 내일이라도 시켜줄 수
있어.

은수 저는 어머니

이모 (오버랩/은수 손 하나 덮으며)우리 뜻은 그렇다는 거야. 당장 대
답 할 거 없어.

은수 (이모 보는데)

준모 (화나서 나가고)

은수 이모님 저는 더 생각할 게

이모 (오버랩)몸조심 게을리하면 안된다. 무슨 일이 있어두 아이는 보전해 낳아야해.

은수 ....(보며)

이모 지금 절대 아니다 그렇더래두 그저 그렇게 해두고 시간 좀 더 갖구 생각을 더 하자..누가 아니? 니 마음이 변할지도. 마음은 이리 두 저리두 변할 수가 있는 거 아니냐웅?

은수 ...(시선 내리는)

이모 준구녀석은 옴짝달싹 못하게 지 엄마가 묶어놨어. 다미라는 애두 병원치료 받는다 그랬다는 소식이구...자알 수습이 될 거야.. 좀 더 지켜보자..

은수 저는 아니에요 이모님..

이모 그래그래 알았어..알았다구 아가야..(은수 일어나고)

S# 서재

회장 (노발대발)지까짓게 도대체 뭐야. 세상천지에 여자가 저 하나야?

준모 언성 낮추세요.

회장 (오버랩)도대체 다 끝난 일로 극복이니 콧구멍이니 새삼스레 이게 뭐하는 짓이야.

준모 여보..

S# 현관으로 나오고 있는 은수..

S# 대문 앞

은수 (인사받고 차에 올라 출발하는)......

S# 차 안

은수 .....(운전하며)......

S# 슬기 학교 앞

태원   (슬기 내리는 것 도와주며)아빠 일찍 들어올게.

슬기   (끄덕끄덕)

태원   기운내. 기운내자 우리응?

슬기   응.(돌아서는데)

태원   (잡아 세우고)사랑해.

슬기   나두(뿌한 채 들어가는)

태원   ·····(보며 서서)·······(있다가 차에/ 출발하는)······

S# 운전하는 태원·····

S# 운전하는 은수·······

   [전화벨··]

은수   (보고 이어폰 귀에)네 정수씨.

S# 준구 묵고 있는 호텔 현관으로 들어오며

정수   저 좀 잠깐 만나주십쇼 은수씨·····아 뭐 똑같은 놈들이라 그러실 거 압니다만··준구녀석 꼴이 말이 아니에요··· 다미가 얼마나 준구를 괴롭혔는지 내가 다 알아요. 같은 남자로 나는 준구녀석을 십분 이해하는 측면이 (하다가 이름 불리고)예.

S# 은수 차 안

은수   정수씨 이해 도움받을 일이 없어요 미안해요·····아뇨··그리고 싶지 않네요·····네···운전중이에요. 끊겠어요··(끊는)

S# 준구 객실

준구   (일어나 앉아 고개 꺾고)·········(한동안 그대로 있다가 침대 내려 가운 걸치고 욕실로 움직이는데)

   [객실 차임벨.]

준구   (문으로 가 열고)

정수 (들어오며)냉정하다..두마디도 못하게 하고 끊어.

준구 필요없을 거라고 했잖아.

정수 아침이나 먹자.

준구 룸서비스 시켜.

정수 그러지 뭐.(전화로 움직이는데)운전중이라던데 이렇게 이른 시간에 어딜 나온 거니

준구 집에 왔었대..어머니가 부르셨대

정수 ??

준구 자기 집에 가는 중이겠지. 송곳도 안 들어가더래. 아버진 노발대발이시구 만만찮은 여자 진가를 이렇게 발휘한다.

정수 내가 죽일 놈이야.. 송기자 나혼자 볼 걸 잘못했어. 후회막급이야. 나를 원망해.(메뉴 집으며)

준구 누구 원망할 오기두 없어. 내가 돼먹잖은 놈이야. (욕실로)

정수 시간을 벌어…시간 벌면서 열심히 성의를 다하면 돼..열번 찍어 안 넘어가는 나무 없다잖냐..

준구 (돌아보며)나한테 여자는 쥐약인가부다. 첫날 밤 소박 당한 거부터 시작해서 여자로 개꼬락서니 되는 팔짠가봐.

정수 낄낄 …내 맘대로 시킨다.

준구 웃지마라. 죽을 맛이야.(욕실로)

S# 친정 마루 주방

현수 (커피 두 잔 타면서)그거 은수 어려운 일일 거야. 일년 사귀다 결혼해서 일년 좀 넘었어. 슬기 아빠처럼 죽구 못살았던 거두 아니구 시집살이 적응하느라 딴 집 몇배 힘드는 판에 바람질 터졌잖아. (엄마 커피 놓아주며)오년이나 십년 쯤 살았어 애도 한 둘 쯤 있어. 그럼

250

아이 때문에, 그동안 정같은 거 때문에 한번은 넘어갈 수 있어. 그리구 한번은 그런 거 없이두 넘어가 줬어‥ 그런데 또 했잖아. 또 어떻게 넘어가.

자모　아이 가졌잖어.

현수　그럼 평생 그 꼴 보면서 살어? 쭈우욱?(제 커피 타면서)

자모　설마 다시 또야 그럴까.

현수　한번은 한번으로 끝날 수도 있어. 두 번은 달라.

자모　그래두 한번만 더

현수　(오버랩)거지같은 남편 눈 감고 그 집안 배경 움켜쥐고 살자 그럼 살어. 그럴 수도 있어. 그런 여자들두 있을 거야.

자모　남자들은 타고 나기를 여자들하고

현수　(오버랩)그거 우리도 알어. 알지만 남자는 바람질해도 된다 그러구 결혼해?

자모　그건 아니지만

현수　(오버랩)나두 못살어 엄마. 그건 여자 자존심의 전부구 마지막 자존심이야.

자모　그건‥맞어‥

현수　(오버랩)사람 결국 각자 저 생긴대로 살다 죽는 거 아냐?

자모　…(보는)

현수　은수 밥 잘 먹구 신나게 자구 좋아라 한다면서.

자모　걔가 아니다 그럼 뒤도 안 돌아보잖어.

현수　응 나보다 잘났어.

자모　…‥(보는)

현수　(머그잔 들며)으흐흐흐흐

[현수 문자 들어오는/보면]

주하　E 현수야 나 인태씨 어머니뵈러 학교 앞에 나와 있어. (현수 ??)다니러 오신 김에 보고싶어 하신다는 말을 아주 심한 변비 환자 일 보는 거처럼 하길래 답답해 속터진 참에 오케이 해버렸어 하하. 저녁 시간 어때.

현수　E (문자 치는)괜찮아.

S# 학교 근처 카페

현수　E (연결)만나서 얘기하자.

주하　E 오케이(문자 전송하며 출입구 쪽 보고 벌떡 일어나는)

[인태와 어머니.. 푸근한 60대 초반.]

인태　(노인은 벌써 주하에게 시선)미안합니다 주하씨..어머니가

인모　(오버랩/다짜고짜 주하 두 손 움켜잡으며)아니 이렇게 이쁜 아가씨 였어?

주하　흐흐 저 그렇게 안 이뻐요 어머니.

인모　(잡은 두 손 좀 올리면서)얼마나 고마운지 내가 얼마나 고마운지 몰라요 박선생

인태　(당황)아 저 어머니 아직/아직 그냥 친구,친구라 그랬잖아요.

인모　(오버랩)알어어..걱정마. 우리 못난이 아들 친구해줘서 정말 고마워요.

주하　(오버랩)아으 어머니 아니에요..하하..박주하입니다. 안녕하세요.(손잡힌 채)

인모　김인태 엄마랍니다. 안녕하세요.

주하　하하 앉으세요 어머니..앉으세요..

인모　예예..그럽시다. 박선생도 앉으세요.

252

두 여자 (앉고)

주하 (이마 진땀 닦는 인태 올려다보며) 김인태 선생님? (안 앉아요?)

인태 예..예..(앉으면서) 미안해요 미안합니다.

주하 (인모에게) 청주 가시는 길이라면서요 어머니.

인모 예 우리 큰 오빠가 많이 아파서 오늘 오후에 수술 들어가는데 수술하다 잘못될 수두 있으니 수술 들어가기 전에 날 꼬옥 보고 보겠다 그런대서요.

주하 (오버랩) 아 말씀 낮추세요 어머니.

인태 (오버랩) 나중에 올라와서 천천히 하시라 그래두 기어이

인모 (오버랩) 내려가면 얼마나 걸릴지 모르구 내 형제 오남매가 다 청주에 살아요..오빠 수술하면 경과도 봐야하고 부모님 산소 인사두 가야하구 조카딸 결혼식두 있구

인태 (오버랩) 엄마엄마..그런 말씀까지 하실 건 없어요.

인모 아이구 그렇지 인태야.

인태 (오버랩) 저기 그러다보면 언제 서울올지 모른다구 굳이 한번 보구 가신다구

주하 (오버랩) 아 괜찮다니까요. 지금부터 두 시간은 저 괜찮아요 편하게 말씀하세요.

인모 (가방에서 손수건 꺼내 눈 가리는/눈물)

인태 ??? 엄마...왜 이러세요 어머니.

인모 (눈 가린 채 한 손 젓는)

인태 (주하 보며 아아아아 난감)

주하 .....(인모 보며)...(왠지 저도 눈물이 날 것 같다)

S# 어느 대형 서점

[20권 정도 되는 책들 계산대에‥점원…계산 중.]

은수   ‥‥(기다리고 있는)‥‥

S# 자동차 대리점‥

은수   (판매 사원 안내받아 어느 소형 자동차로/ 차 문 열어주면 타보는)‥‥

S# 어느 카페‥

은수   (레몬 티 놓고 자동차 브로슈어 넘기며 보고 있는)‥‥‥

S# 태모 거실

임실   (청소기 전원 꽂고 스위치 넣었다가 문득 이 층 보며 끄고 청소기 놓
        고 계단으로)…굶어죽을 작정을 한 건가아아…(중얼거리며)

S# 태모의 방

태희   (엄마 링거 바늘 빼고 주사 자리에 동그란 반창고 붙여주며)기운 펄
        펄나?

태모   마약 맞었어?

태희   네에 잘못했습니다아아(링거 떼어내는)

태모   저거 왜 안나가구 버티는 거야.

태희   오기창창하다니까아‥

태모   어으/어으어으 어디서 저런 얼투당투 안한 게 어으.

태희   은수랑 격이 다르지?

태모   ‥‥‥

태희   후회가 막심하지?

태모   염장질러 죽일래?

태희   아들 며느리 정 좋은 게 그렇게 싫었어?

태모   첫눈에 나서 그래 첫눈에. 그게 날 무시했어.(일어나며)안된
        다 그랬으면 물라나는 시늉은 했어야잖아. 내 아들 꿰차구 도망

254

을 쳐?

태희　헤어지자는 은수 끌구 간 건 태원이라잖어.

태모　기절시켜 배태웠어? 말로만 헤어지자 그런 거지 헛소리야. 그
런게 살림차려놓구 시시닥거리구 살어? 눈이 후까닥 뒤집어지
더라.

태희　에구우우 그만둡시다아아..(문으로)

태모　이년아 너는 안 했어?(하는데)

임실　(들어오며)이 사람 언제 나갔는지 나가구 없네요.

태모　짐 챙겨 나갔어??

임실　고건 아니구 집에 옷 뱀허물 벗어논 거 모양 방바닥에 이리저
리(에서)

S#　어느 화려한 점집

점여인　쯔쯔쯔쯔...흐으음..

채린　왜요..솔직하게 말해 주세요..어떻게 나와요?

점여인　신랑이 재물 좋구 인물좋구 인품두 좋구 다 좋은데

채린　(오버랩)맞아요. 그이는 정말 그래요. 그이는 문제 될 거 없어요
그런데 시어머니랑 시누가

점여인　(오버랩)볶아먹고 삶아먹을라 그러지?

채린　네..

점여인　대주한테 자식이 있었어야 하는데..

채린　(놀랍다)네 딸이 하나 있어요..그런데 걔가

점여인　지 새엄말 싫다 그러지?

채린　??? 어떻게 아세요?

점여인　나는 어떡해서든지 잘해 볼려구 기를 쓰는데 애가 여엉 내 맘

같질 않아. 애가 자꾸 불란을 만들어.

채린   네에에에에에..(울 것 같은)

점여인   참어. 인내해..인내하다보면 좋은 날 와.

채린   그게 언젤까요..언제가 되면

점여인   오년..오년만 견뎌.

채린   오...년..요..

S#   다른 점집

남자   E (멀쩡한40대)자아 남들이 볼 때는 가질 거 다 가진 부러울 거 없는 팔자라 그러겠는데 사주 상 도화살이 오년 전부터 왕해서 결혼을 몇 번이고 했을 수 있는데

채린   두번 째에요..

남자   그것도 또 깨지게 돼있어요. 손님 도화살 벗겨졌고 남편도 마음에 다른 여잘 품고 있는 사람이고 손님 타고난 성격에도 문제가 있어요.

채린   무슨 문제요?

남자   대충 지내는 사이에서는 매너 좋고 다 좋은데 그 이상의 관계가 되면 다른 사람하고 정으로 통하질 못해요.

남자   E 맹하달까 냉정하달까 상대는 환장하겠는데 본인은 자기가 뭐가 잘못됐는지 몰라요

남자   나는 최선을 다하는데 /나는 틀린 게 없는데 왜 내가 잘못이냐가 손님의 기본이에요. 이래서는 누구와도 못 살아요.

남자   E 이런 사주는 결혼하면 안돼요. 잠깐씩 연애만 하면서 사세요.

채린   .....(입 꼭 다물고 보는)

S#   다른 점집

256

여자   (쌀 뿌린 것 나눠가면서)못 살아요. 천하없어도 못살아.

채린   왜 못 살아요.

여자   당신이 죽어 나와요.

채린   ??? 그집에서 날 죽여요?

여자   그게 아니라 당신이 괜히 심장마비. 밥 먹다가 갑자기 심장마비.

채린   ??? 내가요? 시어머니 혈압 아니구 나요?

여자   가만..시어머닌가? (쌀 건드리는)

채린   ....(이거 엉터리 아냐/보며)....

S# 태원 사무실

    [노크.]

태원   (일하며)네에

여직원   (문 열고)사모님 오셨어요 대표님.

태원   ??

채린   (들어오며)나 밥 좀 먹여줘요··

태원   (일어나며)····

채린   꼭 해야할 얘기가 있어요.

태원   집에서 해요.

채린   엄마하고 전화했어요. 아프리카 여행 끝내고 유럽으로 가셨다
       가 미국으로 가실 거 같대요. 귀국하실때까지 꼼짝 말고 참고 있으
       래요.

태원   ····(앉으며 일로)채린씨 집에 가 있으면 되잖아요.

채린   그러기 싫다면요?

태원   ····

채린   싫어요.

태원 (안 보는 채)마음대로 해요.

채린 만만하게 보지 말아요‥ 절대 안해요. 늙어 죽을 때까지 짱 박고 있을 거에요. 어디 한번 해봐요.

태원 ‥‥‥(못 들은 척)

채린 이렇게는 못 물러나요. 나는 할만큼 했어요.

태원 ‥‥‥

채린 (문 쾅 닫고 나가버리고)

태원 ‥‥‥(흔들림 없이 책상 위 정리하는)

S# 어느 레스토랑 앞길

현수 (눈썹 휘날리면서 뛰어와 레스토랑으로)

S# 레스토랑 안

현수 (뛰어 들어와 찾아서 천여사 전화하고 있는 쪽으로)

천 응‥엉‥‥응‥그래 고맙다 그런데 우리 애 지금 사귀는 애 있어. 응 결혼한댄다‥애 나중에 통화하자‥(현수에게 손 흔들어 보이며)응 그래애애.(끊으며)앉어라.

현수 (꾸뻑)조금 늦었어요. 어젯밤에는 죄송했습니다. 깊이 반성했어요 어머니.

천 그래 나두 반성했어. 앉으라구.

현수 (앉으며)광모한테 욕먹었어요.

천 나두 욕먹었다

현수 앞으로는 그렇게 직빵으로 안하도록 주의하겠어요 그런데 어머니두

천 (오버랩)오냐 주의하마. 시부모라면 무조건 모든 걸 접수하는 시대도 아니구 니 말에 일리 없는 거 아닌데 난 벌써 다 털었으니까

신경쓰지 마.

현수　네 참 쿠울하세요./

천　　칭찬으로 들어두 되지?

현수　흐흐 네에.

천　　늬들 커플링두 안꼈드구나.

현수　?? 아 네..

천　　시험기간을 얼마로 잡구 있니.(종업원에게서 메뉴 받으며)

현수　??(메뉴 받으며)

천　　응?

현수　(웃으며)십오년이요.

천　　얘!!!

현수　(소리 내어 웃는)…

천　　전복 스테이크 먹자.

현수　비싼데요 어머니

천　　주세요.(메뉴 걷어가고)늬들….피임하니?

현수　아..예….아뇨.

천　　아이 생기면 식 올릴래?

현수　……

천　　현수야.

현수　…..(보며)

천　　그럴 생각이야?

현수　생각해볼게요.

천　　얘(달래려)

현수　(연결)압박하지 마세요 어머니. 그냥 편하게 지내다가/ 되는대로 되어지는대로 할게요.

천　　…..(보는)

현수　네??

천　　그래 알았다. 그런데 날 구경꾼으로 너무 오래 두지는 말아라.

현수　전 어머니 구경꾼인 게 좋은데요. 무대로 뛰어드시는 거 반갑지 않아요.

천　　직빵 안 한다드니 너 오분두 안 지났어.

현수　하하 네에에..

광모　(들어온다)주문했어요?

천　　전복 먹자 그랬다.

광모　저기 여기요..한 사람 더 같은 걸로요.

종업　예 알겠습니다 손님.

광모　(앉으며)무슨 얘기 중이었어? (현수에게)들어오면서 보니까 분위기 괜찮은데?

현수　응.. 좋아 좋은 거죠 어머니.

천　　밥 먹구 커플링 맞추러 가자.

현수　??

광모　어어 커플링. 우리 그것두 안했구나 진짜 현수야.

현수　(광모에게 중얼거리는)그거 꼭 해야 해?

광모　싫어?

현수　유치해.

천　　니가 더 유치해 애엉? 뭔척 하는 니가 더 유치하다구.

광모　아 엄마아아.

천　　유별난 너한테 맞추느라 내가 정신이 다 혼미하다.

광모　엄마가 그럴 게 뭐 있어.

천　장가를 간 거두 안 간 거두‥갔다 그럼 안간 거구 안 갔다 그럼 간 거구 반은 가구 반은 안간 거라 그래야는 건가 그래두 챙겨야하나 챙길게 뭐있나 혼미하지 안해? 볼일 보구 안 닦은 거 모양 찝찝 꿉꿉 어이구우우(물잔 들어 마시려는데)

현수　(꾸벅)죄송합니다.

천　(보는)

현수　그런데요 어머니‥루즈가 좀 번졌어요.

천　어머나 그러니?(서둘러 콤팩트 꺼내는)…얘 넌 진작 얘기하지 왜 이제야 그래애.(닦으며)이거 못쓰겠다. 이 루즈 못쓰겠어응?

현수　제꺼 한번 써 보실래요?(핸드백에서 립스틱 주머니 꺼내 한꺼번에 손바닥에 서너 개)

천　?? 넌 웬 걸 그렇게 갖구 다니니?

현수　저 루즈 좋아해요. 이거 한번 써 보세요.

천　그래(받아드는데)

현수　그런데 화장실 가서서요.

천　?? 얘 나두 알어.(일어나 화장실로)

광모　(웃으며 현수 볼 꼬집어주고)

현수　어머니 곧 무대 위로 뛰어 오르시겠다.

광모　흐흐 참견하구 싶어 돌아가실 지경일 거야. 커플링 안한다 그럼 안돼 너.

현수　알았어 집에서만 낄게‥

광모　??

현수　아 나 남자 있다아아 우리 회사 뒤집어질꺼야. 귀찮아.

광모   그럼 집에서만 너는 내꺼 나는 니껀 거야?

현수   집에서도 너는 너 나는 나. 꺼가 어딨어꺼가.

광모   아 나 잡아둘려는 작전인줄 알아. 그만해.

현수   (혼자 웃는)

광모   데리러 간다.

현수   주하 만나. 어제 못 봤잖어.

광모   어 그럼 병원 식구들 회식해야겠다.

　　　[샐러드와 빵 나오고]

광모   엄마한테 니 루즈가 맞겠냐? (화장실 쪽 돌아보며)

S# 설렁탕집

채린   (설렁탕 먹고 있는/ 깍두기 집어넣어서)……

S# 은수의 방

은수   (책들 침대에 쏟아놓은 것/실내복 갈아입고 벗은 옷 마지막 행거에 걸고 책들 머리맡에 쌓기 시작하는데)

자모   E 문 열어두돼?

은수   어 그러엄 엄마.

자모   (문 열고 들어오는)…많이두 사왔네‥보구 또 사지‥

은수   나간 김에.

자모   ……(보다가)뭐래?

은수   뭐얼‥뻔한 얘기.

자모   안된다구?

은수   응‥

자모   …김서방은.

은수   일하겠지‥

자모   조용해?

은수   엄마아

자모   (오버랩)알았어알았어..밥 먹자. 아빠는 약속있대. 그음밥 차려 주께. 오이랑 호박 (봉지 들어 보이며)사왔어. 비벼먹어. (나가려다)저 녁엔 뭐 먹니.

은수   (오버랩)엄마 나 그거 먹구 싶어. 양념간장 맛있게 해서 김밥 말 어 이렇게 통째로 들구 먹는 거..

자모   아으 그게 무슨 영양이 돼애.

은수   아냐 그거 먹을래.

자모   어린 애루 돌아가나..(나가며)

자모   E 일하느라 바뻐 제대루 못 먹이구 두루루루 말어먹였던 게 왜 생각이 나아..

은수   ...(혼자 웃으며 책 정리로)...

　　[전화벨..]

은수   (집어 보면)

　　[송선화]

은수   ......(잠시 망설이다 받는)네에..

송   F 송선화에요.

은수   네..

송   F 저 좀 잠깐...만나주실래요?

은수   그럴 일이 뭐 있나요.

송   F 다미하구 김준구 씨 문제에 대해서 해명하고 사과하고 싶어 서 그래요.

은수   (오버랩)나는 듣고 싶은 게 없어요.

송　F 책임을 느껴요. 내 얘기 좀 들어주시면 김준구씨와 다미를 이해하는 부분도 생길 거고

은수　(오버랩)송선화씨.

송　(오버랩) 네..

은수　책임 느낄일 있으면 느끼세요. 절 만나는 걸로 가벼워질려 하지 마세요.그리고 그 사람들 이해하고 싶은 생각 없어요.

송　F 그 심정 충분히 알아요.

은수　(오버랩)동의할 수 없는 말씀 하지 마시지요. 송기자님이 내가 아닌데 어떻게 그런 말을 하시나요. 끊겠어요. 안녕히 계세요.(끊고 하던 일로)....

S#　태원의 거실

　　[슬기 데리고 들어오는]

태희　애 안 들어왔어요?

임실　(소파 마른걸레질하다 일어나며)곰방 들어와 올라갔소. 어디 갔다 왔나는 대답 안허고 밥은 먹고 들어왔다 하드만요.

태희　(오버랩)할머니한테 인사하고 올라가 필요한 거 챙겨 내려와.

슬기　네에.

　　[슬기는 이 층 쪽으로 태희는 제 방 쪽으로 돌아서는데]

　　[갑자기 피아노 소리 /베토벤〈운명〉.]

모두　???

임실　이게 뭔소리요? 위에서 나는 소리 아닌감요?

태희　(빠르게 계단으로)

S#　슬기의 방

채린　(피아노 미친 듯 두드리고 있는)......

264

태희   ????(들어와 보는)

채린   ……(심취해 두드리며)

태희   ????(다가들어)….이거 봐..

채린   …..

태희   ….이거 보라구..(어깨 건드리는)

채린   (깜짝 놀라 보는)??..

태희   할 줄 아는 거 아무 것도 없다 그랬잖아.

채린   그래서 불만이에요?

태희   ???

채린   (일어나 마주 몸 틀며)상속 재산에 황홀해서 내가 뭘 전공했는지
　　　는 관심두 없었죠?

태희   거짓말은 왜 했어?

채린   재능없어 주저앉은 제대로 피아니스트 실패한 케이스라서요.
　　　자존심에 치명적이었거든요. 슬기 레슨하라 그럴까봐요. 슬기 재능
　　　없어요.레슨비만 날리지 마세요.

태희   ….(보며)….

채린   (방 나가고)

태희   ………(나가는 채린 보며)…..

S# 거실

태희   (계단 뛰어내리는)….

임실   (청소기 밀며 돌아보는)새며느님 라디오 틀었능가?

태희   (그냥 안방으로)

S# 안방

태희   (들어오며)엄마 피아노 소리 못들었어?

태모　?? (신문의 부동산 관련 기사 보고 있다가) ? ?

태희　피아노 소리 못 들었냐구.

태모　아래층 딸 창 열어놓구 치나부더라.

태희　아래층 딸 아니라 채린이야 엄마.

태모　?? 뭐어?

태희　재 피아노 전공했단 소리 중매쟁이 안했어?

태모　‥‥피아노쳤대?

태희　안했어?

태모　??? ‥‥(곰곰 생각하는) 했나? ‥‥기억에 없는데…?? …들은 거 같
　　기두 한데‥‥아니 안 한 거 같은데‥

태희　엄마아‥

태모　그래서 그게 피아노 쳤어?

태희　보통 솜씨가 아냐. 프로야프로.

태모　아무 것도 안하구 인형만 갖구 놀았댔잖어.

태희　그게 엄마(하는데)

채린　E 어머니이

태희 모녀　? ?

태희　(문 열면)

채린　아이스크림 사왔는데 드려요?

태모　‥‥(외면)

채린　형님은요.

태희　아니.

채린　(문 닫고)

태모　그래 뭐래.

S# 거실

채린   (안방에서 주방으로)

임실   (청소기 멈추고 보고)····

S# 주방

채린   (들어와 아이스크림 통 중간 사이즈 꺼내 들고 퍼먹기 시작하는/·····

　　　　열심히···먹고 또 먹고)······

제33회

S# **준구네 마당(저녁 때)**

S# **준구 주방**

　[무거운 분위기로 저녁 식사 중·····]

이모　(혼잣소리처럼)뭐····더 대단한 집들 자식들두 신문에 오르내리면서 소송까지 하는 세상에···썩은 콩 씹은 얼굴루 원/ 밥인지 모랜지 모르겠네.

준모　·····

회장　·····

S# **태원의 주방**

태모　(묵묵히 먹는)····

채린　(아무 상관없이 먹다)아줌마 공기 하나 주세요.

임실　뭐에 쓸라 그라요.

채린　(그냥) 주세요.

임실　(밥공기 갖다 주고)

채린　(밥 반쯤 덜어내며)잡채 맛있다 슬기야. 잡채 먹어··

슬기 (잠깐 보고)

채린 (밥 던 공기에 잡채 그릇 집어 잡채로 밥을 덮듯이 덜며)아줌마는 잡채밥으로 먹을 거야. 너두 이렇게 해 봐.

슬기 ‥네‥(잡채 젓가락으로 집으려)

태모 (아무도 안 보는 채)너 먹구 싶은 거 먹어.

슬기 (젓가락 후퇴하는데)

태희 (들어오며)밥 먹구 잠깐 나갔다 옵시다. 창걸이가 이쪽으로 온대.(태모는 반응 없고/앉으며)슬기 아줌마랑 고모 방에 있어.고모 (젓가락 들며)할머니랑 두 시간 쯤 나갔다 와야 해.

슬기 (멈추고 보는)

태희 (자기 보는 슬기 의식하고)어 할머니 건물 설계 맡기기로 한 고모 친구가 설계 들어가기 전에 할머니 생각을 좀 알아야겠대서.원래 새 건물 지을려면 그렇게 하는 거야.

슬기 (끄덕이는)

채린 피아노 연습 안했지. 연습하자.

슬기 (채린 보고)

태희 하루 쯤 빼먹어두 괜찮아슬기야.

채린 모든 기악은 연습이에요.

태희 고모 들어와서 하든지 하기 싫으면 쉬든지그러자 슬기야.

슬기 (끄덕이고)

채린 너무하세요 안 잡아 먹어요.

태희 그만해‥나 밥 먹어야 해.

태모 약속이 몇시야.(수저 놓으며)

태희 옷입구 있어. 나 여기다 하나 걸치기만 하면 돼.(태모 나가고)슬기 부탁해요아줌마.

임실 걱정 마시오..

채린 (태희 보며 혼자)기막혀.

태희 (모르는 척 먹는)

채린 (숟가락 딱 놓고 휭 나가는)

태희 (인상 쓰며 보는)….

S# 친정 마루

자부 (손발 씻고 나온/밥상 보고)밥상이 왜 이인분이야.

은수 (오버랩)어 배고파 먼저 먹었어아빠.(찻잔 들고 나서며)통김밥.

자부 통김밥?

자모 (오버랩)아 날김에 밥이랑 양념간장 뿌려 두르르 말어 통째루
       들구 먹는 거(된장찌개 들고 나오며)

자부 어어(오버랩)

자모 (오버랩)두 개나 먹었어.

은수 (된장 자리 만들며)배불러 죽겠어.

자모 (된장 놓으며/그래애)배부르면 잘 먹은 거야.성공했어.

자부 (앉는 오버랩)흐흐 그래 배부르면 잘 먹은 거야.

은수 응 모처럼 배불렀어.콩나물국두 시원했구.

자부 (수저 들며)니 엄마 콩나물국이 일품이지 왜.

은수 엉.

자모 (오버랩)이으 콩나물국이 콩나물국이지 무슨 흐흐

자부 책 많이 봤어?

은수 (찡긋)책본 시간 보다 잔 시간이 더 많았어..

자모 (오버랩)애 가지면 그렇다니까. 자두자두 더 자구싶구 졸음이

270

그냥 쏟아져 내려.

자부 (오버랩)실컨 자.원없이 자.

은수 응아빠 너무 좋아.

자모 (오버랩)한시간에 한번씩 전화해두 돼? 전화해두 돼? 아주 쌤통이야.

자부 (은수 보는)그러구 있어?

은수 응.

자모 (오버랩 은수와 같이)지금 지가 무슨 할말이 있어. 지금 지눔하구 무슨 말이 하구 싶어. 뻔뻔한 눔이야 그냥.

자부 저는 할 말이 있나부지. 그래서

은수 좀 전에 나중에 내가 한다구 답 해줬어.

자모 그거두 해주지 말라니까.

　　[은수 전화 메시지.]

자모 또 왔다.

은수 (보고)아냐 슬기야 (일어나 방으로 움직이며 통화 시도)‥엉 엄마 암것도 안해 얘기해두 돼. 저녁 먹었어?‥왜 그렇게 기운이 없어? (방문열며)어디 아파? 감기걸렸어?

S# 태희 방

슬기 (침대 옆에 쭈그리고 앉아서)그게 아니구 엄마‥내일 토요일이니까 나 지금 수유리가두 되걸랑? ‥밤인 거 알어‥‥아빠 안 들어왔어‥‥바쁘대‥할머니 고모랑 나가시구‥집에 채린이 아줌마랑 임실 할머니랑 있는데에.

S# 은수 방

슬기 F (은수 침대에 걸터앉은 채)나 지금 수유리 가구싶어.(은수 ??)

슬기   F   (연결)엄마가 고모한테 전화해서 나 수유리가게 해달라구 부탁하면 안돼?

은수   (오버랩 웃으며 달래는)그건 곤란하지 슬기야. 오늘 밤만 자면 되는데 그걸 못참구 이러는 건 할머니두 언짢아하실 거구 엄마 생각에는 좀 그렇다…슬기야…너 이럼 안돼. 할머니 수유리 보내주시는 것만두 얼마나 고마운 일인데 화나셔서 이제부터 수유리 안돼 그러시면 너 어떡할 거야. 그럼 안되는 거잖아웅?

슬기   F   ……

은수   슬기야….슬기야?…..이 시간에 엄마가 고모한테 어떻게 그런 부탁을 해.그리구 사람이 참어야할 때는 참을 줄도 알아야지.지금 다섯 살 떼쟁이야? 그건 아빠나 할 수 있는 일이야. 엄마는 못해.

S#   태희의 방

슬기   …

은수   F   내일 좀 일찍 데려다 달라구 엄마가 아빠한테 문자는 넣을 수 있어. 그건 해줄게아 참 너 새엄마가 데려온다면서? 얘기들었어.

슬기   ….

은수   F   고집났어? 왜 가만있어?

슬기   (비죽비죽)엄마는 아무 것도 몰라.

은수   F   엄마가 뭘 몰라?

슬기   아줌마가 나 때렸어.

S#   은수 방

은수   ???(벌떡 일어나는)뭐라구?

S#   태희의 방

슬기   두번이나 때렸어 앙앙. 고모 방에 문 잠그구 나 혼자 있는데에

272

할머니 설거지하구 목욕하신대‥나 무서워 엄마아아아‥앙앙

S# 은수 방

슬기 F 앙앙앙앙‥

은수 ……

슬기 F 앙앙앙앙앙.앙앙앙앙.

은수 (전화 끊고 후다닥 겉옷 잡아채 자동차 키 집어 들고 뛰쳐나가는)

S# 마루

은수 (튀어나와 현관으로)

자모 슬기가 왜애‥무슨 일이야아아.

은수 (신 꺼내며 오버랩)슬기 매맞는대 엄마.

부모 ??

은수 E 미치겠어.

은수 미칠 거 같아.(하며 아웃)

부모 ??? 뭐라구우우우??(뛰쳐나가려 일어나는데)

자부 (오버랩)있어.(잡아놓고 서둘러 나가는)

S# 마당

자부 (나오며)은수야아.

은수 (대문 이미 뛰어나가고 있는)

자부 잠깐 있어. 있어 봐.

은수 (입 꽉 다물고 멈추는)…

자부 (빠르게 와서)침착해‥가라앉혀.(엄마 현관으로 나와 현관께에)

은수 아빠.(오버랩)

자부 (연결)먼저 정서방한테 알아봐. 자초지종 알아보구

은수 (오버랩)자초지종이 무슨 필요가 있어아빠때렸다는데에에!!

자부 (오버랩)글쎄 그래서 너 지금 당장 뭐할려구우.

은수 (오버랩)데려올 거야.

자부 (오버랩)애비한테 알아보구 의논해. 그게 순서야

은수 (오버랩)데려다 놓고 의논할래.말리지 마 아빠. 때린다는데/애
를 때린다는데 어떻게 일초를 거기 둬 아빠. 슬기가 난 아무 것도
모른다면서 대성통곡을 하는데에에. 무섭다는데에에!!!(에서)

S# 태희 방

임실 (우는 슬기 눈물 닦아주며)알었어 알었어 아가야. 할머니 설거지
나중에 고모 들어오면 하께. 목욕두 안하께잉? 아이구우우 즈쯔쯔
즈..아무리 그래도 할머니두 안기신디 할머니 말을 들어봐야 하는
거지 내맘대로 그건 못하는 일이랑께. 아 내가 있는데 뭐시 무섭다
냐. 내가 있는데에에..(포옥 안으며)울지 마 울지 마.울일 없어..일났
네났어..니 엄마 어짜꺼나..환장하겄다환장하겄어. 아 참는 김에
더 참지 고 얘기는 뭐하러 했어어.

S# 서초동 어느 카페

태희 (엄마와 들어오며)얘 아직 안 왔네. 어디 앉을까. 저기가 좋겠다··
    [전화벨]

태희 뭐야아 늦지 말랬는데.(하며 전화 보고)?? 엄마 앉어. 잠깐 받구
들어오께.

태모 (앉으며/오버랩)십분 이상 안기다린다구 해.

태희 (전화에/부지런히 출구로)잠깐만··

S# 카페 밖

태희 (나오며)어 웬일이야.

은수 F (오버랩)그 여자가 슬기 때렸다면서요.

274

태희   ?? 어떻게 알았어?

은수   F 슬기 때려요? 때리면서 데리구 있어요? 그랬어요? 그런 거
        에요?

태희   (오버랩)얘 가만 내말 들어봐.

S# 은수 차 안

은수   (운전 중/오버랩)그 집 식구들 뭐하는 사람들이에요. 애 아빠 멍
        청하게 뭐하구 있는 거에요.

태희   F 슬기가 입 꼭 다물구 있어서 우리 전혀 몰랐어 은수야.그래
        서 지금 집이 난리야 태원이 이혼한다구 펄펄 뛰구 엄마 뒷목잡구
        비틀거리구

은수   (오버랩)나 지금 슬기 데려와요. 그 집에 더 못 둬요. 이 사람은 도
        대체 왜 전활 안 받는 거에요!!

S# 카페 밖

태희   (오버랩)애 아줌마한테 부탁 단단히 하구 나왔어. 괜찮아. 여러
        번 여러대 맞은 거 아냐 심하게 맞은 거두 아니구 은수야.

은수   F (오버랩)형님어떻게그런말을해요. 신문두안보구사세요!!??

S# 카페 밖

태희   (대답 못 하고 멈칫했다가)아 얘 그래서 우리두/슬기엄마…(끊
        겼다/전화 보고 빠르게 카페로)

S# 카페 안

태희   (엄마에게)

태모   (티 받고 있는 중)얼마나 늦는대.

태희   (오버랩/선 채)은수가 슬기 맞은 거 알았어 엄마.

태모   ??

태희 E 슬기가 전화했나봐. 우리 집에 더 못둔다구 슬기 빼내러 지금
  오구 있어. 애 돌았어.

태모 ....

태희 엄마.

태모 ....

태희 어떡해.

태모 ....

태희 응?

태모 (오버랩)돌지 그럼. 눈 뒤집어질 일이지 에민데..(핸드백 챙겨들고
  일어나는)

태희 ??

태모 (문으로)

태희 (따르며 통화 시도)

  [핸드폰 전원 꺼져 있다는 안내 음성 나오는]

태희 (끄며)차 갖구 올게..(주차장 쪽으로)

태모 ....(서서 저만큼 땅 보며)...

S# 태희 거실

임실 (물 들고 나와 태희 방으로/궁시렁거리며)어짜꺼나어짜꺼나 그
  놈으 설거지가 뭐라고 쯔즈 내가 생각이 모지래두 하안참 모지랬
  어. 어린 맘을 내가 몰렀어몰렸어.

S# 태희 방

임실 물 먹자 슬기야 일어나 물 먹어.

슬기 ....

임실 일어나야 물을 먹지. 고러구는 못 먹지 아가야.(하는데)

276

[전화벨]

슬기 (누운 채 받는)으응.

은수 F 엄마 지금 서초동 가구 있어.(슬기 ?? 일어나는)고모한테 말
했어 걱정마. 월요일 학교갈 책가방 싸갖구 내려와 있다 엄마 전화
하면 바로 나와.

슬기 (오버랩)알았어 엄마.

S# 운전 중 은수

은수 좀 막힐 거야. 그래두 한 시간까지는 안 걸릴 테니까 필요한 거
챙길 거 꼼꼼하게 챙겨. 임실 할머니랑 같이 올라가. 혼자 올라가지
마 알았어?

슬기 F 알았어.

은수 좀 있다 보자웅? 끊어.(전화 끊고 태원에게 통화 시도)

[전원이 꺼져 있어‥]

은수 (끊고 눈물 닦아내는)……

S# 태원의 사무실

태원 (화면 보며)대체적으로 잘 구현된 것 같은데요? 그런데 기사 부
분은 좀 정리하는 게 낫지 않았을까? 화면으로 보니 조금 복잡해 보
이는데?

[에디터(여자/30대 초반) 아이패드 또는 탭으로 고 아웃 보고 있는.]

에디터 네 저도 좀 고민 했는데 시간이나 노동력을 고려해서

태원 (오버랩)칼럼마다 기사 덜어내고 재편집 하는 게 수고스러운
거 알아요. 그래도 독자 입장에서 생각해야죠

에디 네다음부터는 기사가 주가 되는 페이지만이라도 요약해보겠
습니다.

태원 (화면 보며)화보 파트는 역시 디지털로 보는 게 멋지네요. 캠핑
이나 여행 칼럼은 동영상도 적절하게 삽입해보면 어떨까요.

S# 태원의 빌라 앞

　　　[은수 차가 와서 멎고 기다리던 태희 자동차 쪽으로 한두 걸음.]

은수 (내리면서)슬기는요.

태희 (오버랩)엄마가 잠깐 들어오란다.

은수 ….(보는)

태희 약속 취소하구 들어와 너 기다리구 있어. (돌아서다)들어와….
싫어?

은수 …(작정하고 태희 쪽으로)

S# 태원 거실

태모 (슬기 앞에 앉히고 머리 쓸어주면서)…….

채린 (보고 서 있다가)…말도 안돼..이건 정말 말도 안돼..

태모 ??(보는)

채린 대체 내가 뭘 어떡했다구요네? 애 키우다보면 얼마든지 있을
수 있는 일인데 한두번 살짝 건드렸다구 이 난리에요?

태모 올라가 있어.

채린 아뇨 못 올라가요. 슬기 일이에요 저 슬기 새엄마에요.

태모 슬기 데리구 들어가 있어요.

임실 예.예에..이리 와 와..(슬기 데리고 태희 방 쪽으로)

채린 (오버랩)그리구 데리러 왔으면 애만 내보내면되지 왜 들어오라
그러세요? 여기 그 여자가 왜 들어와요? 무슨 자격으로요네? 어머
니 도대체 무슨 생각을 하시는 거에요?

태모 (오버랩)내집이구 내맘이다. 너야말루 무슨 상관이야.(태희와

은수 들어오는)

채린 ‥‥(보며)‥‥

태희 (채린에게)올라가 있는게 좋지 않겠어?

채린 아뇨. 여기 있을래요.

태희 앉어‥

은수 ‥(태모에게 목례)

태모 앉어라‥

은수 (앉는)‥‥

태모 ‥‥(보다가)앨 데려간다는 게 무슨 뜻이냐.

은수 여기 둘 수 없어요 어머니.

태모 여엉 데려간다는 게야?

은수 네.

태모 니 친정에‥

은수 네‥‥

태모 그건 말이 안되는 소리구 그냥 놔둬‥

은수 어머니(오버랩)

태모 (오버랩)이집에 허수아비만 있는 거 아냐. 애 말 듣구 눈에 뵈는 거 없어 부르르 쫓아온 거 어느 에민들 안 그럴까 그건 이해해. 그렇지만 그건 당장 니 감정이구 그럴 일은 아니야.

은수 어머니

태모 (오버랩)우리 집 일은 우리가 알아 해결하구 처리할테니까 그 렇게 알구/다시는 그런 일 없을테니까 안심하고 너는 너대로 그 집 며느리 노릇이나 잘하구 살어.

은수 (무슨 말인가 하려는데)

태모   (연결)아이 가졌다면서. 얼마나 됐니.

은수   (오버랩)저는 여기 슬기 있을 데 아니라고 생각합니다 어머니.

태희   은수야.

은수   (오버랩)이런 일은 상상도/ 상상할 수 없는 일이에요.

태모   (오버랩)니가 왜 팔짤 고쳤어그러게.

태희   (오버랩)엄마.

태모   새끼 떼놓구 팔자고친 게 무슨 말이 많어.

태희   엄마.

태모   (오버랩)너 애 놓고 니 볼일 본 거 아냐. 니가 데리구 있었으면 이런 일이 왜 생겨.

태희   (오버랩)필요없는 소릴 뭐하러 해애.

태모   새끼 중한 줄 알았으면 이혼을 하질 말었어야지. 내 자식 가슴 갈갈이 찢어놓구 기어이 뛰쳐나간 거 너야. 이런 걸 인과응보라 그러는 거야. 이게 다 니가 만든 일이야.

은수   ....(보며)

태모   나두 다 잘했다구는 할 수 없지만 너두 잘한 거 없어 알었어?

은수   (오버랩)애아빠하고 의논하겠어요.

태모   의논할 거 없어. 왔으니 지금 데리구 가.. 오늘 낼 모레 거기서 재워 늬 아버지한테 월요일 등교시키라 그래.. (일어나며)

채린   어머니 슬기아빠 들어오면(해요)

태모   (들어가다 돌아보며 오버랩)너 애비 괴롭히지 마라..걔두 지금 죽을 맛이야.

은수   ....(보며)

태희   (제 방으로)슬기야아아아..

280

채린   (내내 은수와 태모 쪽 보고 서 있다가)여길 어디라구 들어와요?

은수   (핸드백 집다)??(보는)

채린   애말만 듣구 너무 경솔한 거 아니에요?

은수   슬기 거짓말했어요?

채린   계모두 엄마에요. 엄마가

은수   (오버랩)슬기가 이뻐요? 이뻐해요?

채린   애가 이쁘게 굴어야 이뻐하죠.

은수   그래서 때려요?

채린   당신 내 자식 아닌 자식 키워본 적 없잖아요. 그게 얼마나 힘든
       일인줄 알아요?

은수   ?? 쉬울 거라 생각했으면 어리석었던 거죠, 슬기가 아줌마 착
       한 사람이라 잘 지낼수 있을 거 같다 그랬어요. 다행이다 고맙다 /별
       문제없이 잘지낼 줄 알았어요.

채린   지 엄마랑 몰래몰래 문자질 전화질 하는 앨 어떻게 이뻐해요.
       나한테는 불친절하면서 방문 잠거놓고 지 엄마 녹음동화 듣구 있는
       거 내 기분 어떨 거 같아요.

은수   지 아빠 책 읽어주기로 재우는 거까지 눈치보게 만든 사람 누구
       에요.

임실   (슬기 가방과 따로 작은 가방 양손에/현관으로 오버랩)뭐얼 말을
       섞어. 관두구 어이 가요가. 이리 와 슬기엄마.

은수   (태희와 슬기 나오고/슬기 쪽으로)……

슬기   (엄마 눈치 보고)……

은수   (손 내밀며)괜찮아. 눈치 보지 마.

슬기   (손잡고)

은수　(옆에 당겨 붙이고 현관으로)

태희　이리 줘요

임실　놔두쇼. 내가 할랑게.

S# 빌라 앞

　[현관에서 나오는 네 사람.]

은수　(차 문 열고)

태희　(뒷문 열어 임실댁 들고 있던 가방 같이 집어넣어 주고)

은수　아줌마랑 할머니께 인사.

슬기　(꾸뻑)

임실　그래그래 어이 가 할머니 잘못했어‥미안해.(손짓하며)

슬기　고모.

태희　(잠깐 안아주며)괜찮아. 고모 이해해. 다아 이해해. 얼른 타‥타 타(은수가 열고 있는 문으로 태우고)

은수　벨트‥(문 닫고)가요.

태희　여러가지로 미안하다.

은수　고마워요 아주머니.

임실　(한 걸음 나서며)잉 고게 어떻게 된 일인가하며언

태희　(임실 잡는)가아아‥

임실　??(보고)

은수　(자동차로 타고)

S# 차 안

은수　(타며 벨트 뽑으며 슬기 보는)

슬기　‥‥

은수　무슨 생각해.

슬기 아무 생각두…

은수 출발한다아.

슬기 (끄덕이고)

S# 현관 앞

[출발해 나가는 은수의 차]

임실 (태희와 보고 있다가 따라 돌아서며)아니이 나는 애가 그렇게까지 겁먹고 있는 줄은 미처 모르고오

태희 됐어요. 아줌마 장마당 벌일 거 없어요.

임실 (뿌우우)

S# 거실

[들어오는 두 여자.]

[이 층 피아노 소리 꽝꽝.]

임실 어매 이 시간에 저라면 안되는데..항의 들어오는데. (부지런히 계단으로)아예 방문 열어놓고 저라는가부네에..

태희 (안방으로)

S# 안방

태희 (들어오는)

태모 (약 넘기고 있는)….

태희 ..갔어..

태모 …..(물컵 놓는)

태희 재 슬기엄마 붙잡고 시비걸구 있더라구. 웃겨 정말. 뭐가 잘못된 건지 전혀 모르는 거 같아. 정말 몰라서 저러는 걸까 모르는 척 하는 걸까.

태모 ….(누울 채비)

태희　피아노 치셔. 항의 들어온다구 아줌마 올라갔어.

S#　슬기의 방

임실　아 고만 좀 하라니까아아

채린　(미친 듯 두드리는)

임실　어매? ‥어매?‥‥(한 팔 확 잡는)

채린　???

임실　항의 들어온다구 항의. 어째 고것도 모른다냐. 집 비어있는 낮 시간이면 모르까 이 시간에는 안된다니께에?

채린　아줌마가 꼬드겼죠.

임실　에?

채린　(오버랩)지 엄마한테 고자질하라구 아줌마가 애 꼬였지이??

임실　아니/아니아니 생사람 잡는 게 천재구먼천재.그라구 너 어따 반말찌꺼리야. 꼬였지이?

채린　(오버랩)잡아떼면 내가 속아요? 속을 줄 알아요?

임실　‥‥‥차암 안됐네이‥‥안됐어안됐어. 어째 머리가 고렇게 돌아가요. 늙은이 뭐 할 일 없어 어린 거더러 니 엄마한테 일러라일러라 그라요. 안 그래도 집안이 개판 오분전인데 내가 노망났어? 치매여?

채린　그럼 고모겠죠.(피아노 의자에서 빠지며)

임실　어매매‥(채린 나가고)‥‥‥저거 성한 거 아녀‥저거 아퍼아퍼.

S#　수유리로 가는 대로의 차량들

은수　E 아빠한테두?

슬기　E 응.

은수　E 그런 일 있었으면 바로 말했어야지‥왜 안해.

284

슬기   E 잘못했다구 미안하다구 했었어. 비밀 지켜달라구..

S# 차 안

은수   (무너지지만 별일 아닌 듯)그래서 비밀 지켜주느라 그랬구나.

슬기   응.

은수   그래. 비밀 지켜주는 일은..약속했으면 지켜야지. 그런데 그 일
은 바로 아빠한테 말했어야 하는 거야....안 그러구 가만 있다가 또
그랬으면/ 또 그랬잖아..딴 식구 아무도 몰랐으면 또 비밀 지킬라
그랬어?

슬기   또 그럴 줄은 몰랐어..다시는 안 그런다구 했었거든.

은수   첨엔 왜 그런 거야.

슬기   (돌아보는)…

은수   무슨 얘기하다 그랬어

슬기   아줌마는 자꾸 내가 거짓말한다 그래 나를 안 믿어.. 아빠가 아
줌마한테 뭐라 그럼 그게 다 내가 아빠한테 일러서 그렇다구 생
각해.

은수   ….(앞 보며)

슬기   나때매 아빠 화 많이 났어..할머니두 고모두.(하는데)

    [전화벨. 슬기.]

슬기   (꺼내 보고)아빠야.

은수   받어.

슬기   뭐라 그래.

은수   받어서 엄마 대줘.

슬기   응 아빠..

태원   F 아빠 지금 들어가슬기야.(하는데)

슬기   (오버랩)잠깐만‥(은수에게 대주고)

은수   나야.

태원   F 어 당신

은수   (오버랩)나 서초동서 슬기데리구 수유리로 가는 중이야 그리 와.

S# 이동 중 태원 차

태원   ?? 그게 무슨/슬기 내일 가는

은수   F (오버랩)당신 그렇게 멍청해? 애 때리는 여자 데려다 놓고 그
        것두 모르구 여태 뭐했어. (태원/눈 잠깐 감았다 뜨고)눈 감았어?
        애 맘 다치는 거 눈치 못 챘어? 무슨 아빠가 그래. 이해할 수가 없어.

태원   (오버랩)알았어. 내 잘못이야 미안해.

은수   F (오버랩)와서 얘기해.(끊기고)

태원   ‥‥‥

S# 은수 차 안‥

슬기   (전화 내려다보며)‥‥(있다가 엄마 보며)아빠한테 화내지마 엄마.
        아빠 잘못한 거 없어‥

은수   괜찮아‥화내두 돼. 엄마 아빠한테 정말 화났어‥

슬기   ‥‥

은수   너한테두 화났어‥ 왜 말을 안해. 왜 행복하다 그랬어.

슬기   그럼 어떡해.

은수   행복 안했잖아. 거짓말한 거 잖아.

슬기   내가 (비죽비죽) 행복하다 그래야 엄마두 행복하잖어‥

은수   ‥‥(무너지는)‥‥알았어 그래‥엄마 생각해줘 고마워‥

슬기   ‥‥

은수   그런데 엄마두 거짓말했어‥엄마두‥‥ 행복 안했어.

슬기 (엄마 보는)??....

은수 미안해..엄마가 잘못했어...

슬기 울지 마 엄마..

은수 엄마가 바보였어 미안해.

슬기 잉잉 울지 마 엄마아아아..

S# 친정 골목

　　　[웅크리고 서서 기다리다 들어오는 차 보고]

자모 우리 애들 차 아냐 여보? 은수 차 아냐?

자부 .....어 그런 거 같어..

　　　[차가 멎고]

자모 (멎자마자 차 문 열어주고)

슬기 할머니.

자모 (오버랩)오냐오냐오냐내강아지.내강아지내강아지이이이.(품
　　　어 안으며)할미가미련했어어.. 할미가 잘못했어어어.

자부 (오버랩)들어가아..

자모 (오버랩)들어가자들어가. 들어가 들어가.

자부 (은수가 꺼낸 짐으로 손 내밀고/짐 넘어가고..대문 안으로)

은수 ...(들어가는 아빠 보며).....

S# 주하 오피스텔

주하 (먹던 왕만두 반쯤 남아 밀쳐져 있고 소주 타령)얼마나 조심스러
　　　운 사람인지 손두 내가 먼저 잡아야해. 그만큼 만났으면 자연스럽
　　　게 손두 잡구 어깨두 안구 그럴 텐데 절대 먼저 안해. 그럴 정도로
　　　날 대접해. 함부로 안해.

주하 E 내가 먼저 팔끼고 손잡구 그래. 눈이 찌푸러지면서 그럼 그

으렇게 좋아할 수가 없어. 디게 귀여워너.

현수   귀찮아 죽는다더니(따르는)

주하   응 귀찮다가 정들었어. 짜릿짜릿은 없지만 편안해. 헛소리할
줄도 모르구 자기를 꾸밀 줄도 모르고 잘난 척 나대지도 않고 한결
같아 언제나 예의바르구 점잖아. 배려는 또 얼마나 많은지

주하   E (잔 비우고 따르는)모든 걸 다 나한테 맞춰줘. 또 얼마나 성심
성의를 다하는데. 냉면 먹고 싶다 그럼 일단 조사 다아 해서 중에
서도 제일 평판 좋은 집에 데리구 가구?

주하   가습기 있어야겠다 그럼 품질 조사해서 하나 딱 집어주구 난
그냥 말만하면 돼‥비서두 그렇게 완벽한 비서가 없어. 게다가 정
리정돈에 이거랜다‥ 장정리 서랍정리 자기가 다하구 살았대.

현수   결혼하면 다방면으로 쓸모있겠다.

주하   하하 나 그냥 이러구 퍼져 앉아서 디리 먹구 이백킬로 아줌마 돼?

S# 은수 마루

은수   (막 들어선 태원 가슴 때리면서)어떻게 이래 어떻게 이럴수 있어.
걱정 말랬잖아. 당신 뭐했어 뭐하구 있었어어어.

자부   (안방 문 앞에서 오버랩)은수야.

은수   이 사람 바보야 아빠. 자기 딸이 무슨 꼴 당하는지두 모르구 멍
청하게 그냥 오락가락만 한 사람이야.

자부   (오버랩)에미야

은수   (오버랩)나한테두 그랬어. 내가 웃으면 좋아서 웃는 줄 알구 내
가 괜찮다면 괜찮은 줄 알던 사람이라구우.

자부   (오버랩)슬기 안자. 조용해.

은수   (다시 때리며)뭐했어 뭐했어. 등신같이 뭐했냐구우우우우‥

288

태원 ……(그냥 맞아주는)….

S# 주하 오피스텔

현수 결혼까지 갈거 같아?

주하 아들애가 문제야 울엄마 거품 물구 드러눌 거야.

현수 너는 괜찮구?

주하 제 나이 결혼해서 일찌감치 낳아논 아들이다 생각함 되지뭐. 울
엄마가 문제지 걘 걱정 안돼.

현수 응년 잘할 거야.

주하 (오버랩)임신부터 해 놓고 들이미는 거 밖엔 길이 없다 그런데
이 남자가 임신은 커녕 손두 먼저 안 잡으니 아무래두 내가 먼저 쓰
러트려얄 거 같아 하하.

현수 …(보는)

주하 야한 잠옷에 조명 흐릿하게 해 놓구 응? ㅎㅎㅎㅎ

현수 (소주잔 들며)우리 은수/ 이혼한다.

주하 ???

현수 (훌쩍 비우고)상대가 누군지 아니? 이다미야.

주하 ??? 탈랜트 이다미? 그게 은수 남편이었어?

현수 뭐 들은 소리 있었니?

주하 아니이 언젠가 인터넷 이다미 기사에 모 기업 외아들/어쩌구
확인되지 않은 소문 어쩌구 잠깐 보고 여배우랑 재벌 아들/ 실과 바
늘이냐 젠장 그랬었는데 그게 은수 남편이었어? 야아아 야아아아.
안 끝냈대?

현수 은수 집에 왔어

주하 …(보다가 마시고 내려놓는)

현수 엄마아빠 불쌍해 죽겠다(제 잔에 따르며) 딸 둘이 왜 다 이 모양 이냐.

주하 임신했다며.

현수 지가 키운대.

주하 ....(보며)

현수 (잔 집는데)

주하 뭐라 할말이 없다.

현수 할말없어(마시는데)

　　[문자 들어오는]

광모 E 나 아까 두 시간 전에 들어와 애들 밥주구 씻구 피자 데워 먹구 재미두 없는 티비 틀어놓고 있다 너 데리러 지금 지하에 와 있어.

현수 ??(통화 시도)너 무슨 짓이야?

S# 지하 주차장

광모 (아이패드 영화 보던 중. 영화는 계속되는)뭐어.. 영화 보구 있으 니까 신경쓰지 말구 놀구싶은 만큼 놀다 내려와....아니이 혼자 입 다물구 있다보니까 재미두 없구 자꾸 졸릴라 그래서 그냥 와서 대 기하자 그런 거야...신경쓰지 말라니까?

S# 주하 오피스텔

현수 턱 바치구 거기 있는데 내 신경이 돌뎅이냐? 왜 시키잖은 짓은 해. ...누가 너한테 이런 충성해달랬어?

주하 (오버랩)야 가가.

현수 괜찮아.

주하 (일어나면서)가아..신경쓰여. 내가 신경쓰여 일어나 빨리.

290

현수　나 열두시에 일어날 거야. 집에가 있어.

주하　(오버랩)야 가아아..

현수　??(보는)

주하　하나 죽치구 있는데 너 앉혀놓고 내가 편하겠냐?

현수　(오버랩)알았어. (일어나는)

주하　(현수 벗어놓은 옷 핸드백/챙겨다 안기며)한번만 더 이러면 내가
　　　장도리 들구 쫓아가 머리 구멍내준다 그래. 꼴떤다구 엉?

현수　아냐 구멍 내가 내께

주하　흐흐 아냐아냐..좋지 뭐. 좋아좋아(현관으로)

현수　(오버랩)얘 나 장본 거

주하　(오버랩)아/아아아 (냉장고에서 헝겊 시장 주머니 꺼내 오고)

현수　(오버랩 받으며)잘 자.

주하　어엉..

S# 복도

현수　(나오며)도착하면 문자 하께.

주하　어엉

현수　미안해.

주하　천만에(손 흔들고)안녕.

현수　(손 흔들어주고 움직이는)

주하　(내다보며 서서)은수한테 힘내라 그래.

현수　어어엉..

S# 승강기 앞 복도

현수　(승강기로 오는데)

인태　(내리다가)아.(꾸뻑)

현수 (동시 꾸뻑)아. 청주가셨다면서요.

인태 예 지금··올라오는 중

현수 (오버랩)수술은 어떻게 잘 되셨어요?

인태 예 별로 / 심각하시대요.

현수 아아··

인태 (오버랩/작은 스티로폼 상자)저기이거 돼지 족발인데 좀 나눠가
세요.

현수 (오버랩)아저 족발 별로에요.흐흐 주하는 좋아해요 들어가세요.

인태 예 그럼.

현수 네에··

인태 (돌아서다 한 번 더 목례하고)

현수 네에(목례하고) ···(승강기 버튼 누르는)

S# 주하 오피스텔

주하 (부지런히 식탁 닦고 있는데)

　　[현관 벨.]

주하 ?? 뭐 빼논 거 있니?(현관으로)

인태 E 나에요 주하씨.

주하 어?··(서둘러 문 열고)낼 새벽에 온다구 안했어요?

인태 잠자리두 마땅찮구

주하 (오버랩)아 들어오세요.들어와요.

인태 (들어오며 족발 들어 보이는)족발 좋아한다면서요?

주하 ?? 족발 사왔어요?

인태 (들어서며)아니 청주꺼에요. 막내 외숙모가 나 먹인다구 삶았
는데 큰외삼촌 돌아가신다는데 (상자 열면서)조카 먹일 족발 삶을

292

때냐구 이모들한테 된통 혼나 외숙모 우시구 사연시끄러운 족발이에요. 접시 좀요.

주하 아.(접시)

인태 맛있을 거에요. 외숙모 족발 알아주는 솜씨거든요.

주하 에에‥(접시 놓고 열린 뚜껑/족발 꺼내려)

인태 (오버랩)아 만지지 말아요. 내가 맛있는 부분 발라줄테니까 주하씨는 먹기만 해요.(상자째 들고 싱크대로)

주하 ‥‥(접시 들고 싱크대로 따르며 인태 보며)‥

S# 지하 주차장

광모 (차 문 열고 기다리다)그냥 놀라니까 왜 나와.

현수 남편도 이러면 쥐어박겠다.(타며)

광모 난 진짜 아무 상관없는데 괜히 저혼자 나와놓구는(운전대로)
[출발하는 자동차‥‥]

S# 차 안

광모 (운전하며 흘끔거리는)‥‥난 진짜 딴 의도 없었어.

현수 ‥‥‥광모야‥

광모 응?

현수 (앞 보며)니 머리 통속에 비지 들어있어?

광모 뭐어어

현수 (돌아보며)주하랑 있는데 너 그래야겠어?

광모 뭐라 그래? 기분 나빠 해?

현수 꼴 떨지 말래. 나까지 이게 뭐야.

광모 문자로 할 걸 그랬나부다.

현수 ???

S# 친정 대문 앞

[은수 차 뒤에 태원의 차……]

S# 마루

S# 안방

자부 ….(뿌우 앉아 있고)

자모 (자는 슬기 옆에서)…..(슬기 갈아입은 옷 개켜 무릎에 놓고 괜히 쓰다
듬듯 하면서)…(눈물이 목구멍까지 차 있는)…..

S# 은수의 방

[앉아 있는 태원과 은수….]

은수 (꺼내 놓았던 슬기 베개 껍질 당겨 갈아 끼우며 안 보는 채)학교 근
처에 월세 아파트 찾을게. 당신두 같이 찾아주면 고맙구.

태원 ??

은수 (안 보면서)집 찾을 때까지 학교/여기서 데리고 다닐 테니까 말
씀드려.

태원 그건 아버님도 슬기도 무리야. 매일 여기서 서초동을 어떻게

은수 (오버랩)집구할 때까지만 고생하면 돼.

태원 슬기 새벽같이 일어나야 해.

은수 타고 가면서 더 재우면 돼.

태원 아버님 직장은

은수 (오버랩)내가 해.

태원 ?? 당신이 어떻게

은수 (오버랩)나 이혼해..(보며)

태원 ??

은수 서류정리만 하면 돼.

태원   ……(보며)

은수   (베개 침대로 올려놓으며)내가 데리고 있어.

태원   ……왜.

은수   다른여자 있어.(안 보며)

태원   ……(보며)

은수   ……그렇게 됐어..(보며)

태원   저..정리 안한대?

은수   한댔는데 안했어.(머리 풀며) 이젠 하든말든 상관없어..

태원   ……(보며)아이 가졌다면서.

은수   응.(머리 간추리는)

태원   ……생각…. 바꿔.

은수   (머리 묶는)….

태원   정리하라 그러구/ 정리시키고 ….그 자리에 있어..

은수   …..(손 멈추고 보는)

태원   지금 당장 수모스럽겠지만 태어날 아이 생각해 그러지 마..당신 슬기 보면서도 그래? 아이는 온전한 부모 아래서 자라야해. 내 이기심에 아이를 희생시키는 건 …그건 아니야..당신이 희생해.

은수   (머리 묶는 /오버랩)지 아빠 지 친가 편하게 왔다갔다 터놓고 키우면 돼.

태원   슬기엄마.

은수   (오버랩)더 이상 그 사람하구 못하겠어.

태원   슬기엄마야

은수   (방바닥 머리카락 집어내며 오버랩)껍데기만 있는 죽은 영혼으로 살순 없어.

태원　그 사람/ 그 여자 …별 의미없을 거야.

은수　(오버랩)관심없어‥

태원　‥‥(보며)

은수　(머리칼들 휴지통에)내가 나한테 속았어. 그 사람한테 줄 너그러운 마음이 없어.

태원　‥‥(보며)

은수　(일어나며)슬기 안 보내. 당신이 마무리 해 줘‥

태원　‥‥(올려다보며)

S# 현관 앞 마당

[현관에서 나오는 두 사람…은수 앞서고 태원…땅 봤다 은수 봤다 하면서 따르는‥]

S# 대문 앞

은수　(나와 서며)들어가는대로 해결해 줘.

태원　‥‥(보며)

은수　응?

태원　고집 한번 세우면 딴 건 아무 생각 없는 사람인 거 알아. 그래도 이건 예삿일 아냐. 제발 고집은 한옆에 밀쳐두고 차분하게 더 생각해.

은수　(오버랩)그럴 거 없어.

태원　내 말 들어. 한번만 들어 줘당신‥

은수　나는

태원　(오버랩 연결)당신한테 이런/가슴아프게 만들어 정말…미안해. 당신 말 맞어 내가 미련해 내가/

태원　E 대책이 없는 멍텅구리야‥잘못했어‥미안해…그런데 당신. 그

296

쪽 그렇게

태원 포기하지 마‥완전한 원형/ 순도 백퍼센트 결혼이란 건 세상에 없어 슬기엄마‥우리같은 케이스,지금 당신겪는 일/헤어날 수 없는 경제 문제/가족의 난치/ 불치병.

태원 E 행복할줄 알고 하는 결혼이…실은 원치않는 가지가지 함정들을 겪어야하는

태원 서바이벌 게임같은 거라는 생각을…‥나는 해. 포기만이 능사가 아니야‥포기안하고 지키는 걸로 ‥‥ 웃는 길도 있어.

은수 슬기 나 주고 당신 결혼은 지켜. 이혼한다 난리쳤다면서‥당신 그럴 사람두 아니지만

은수 E 계모역할 쉬운 거 아닐 거야‥감싸주면서 잘 살아.

태원 (시선 내리며 오버랩)갈게‥

은수 어떻게 되고 있는지 전화해.

태원 (보며 조금 웃듯)생각해‥더 생각해‥

은수 가‥

태원 (자동차로 오르고/앞으로 빠져나가는)

은수 (보고 있는데)‥‥‥‥

준구 E 잠깐 있어.

은수 (돌아보면)

[저만큼 라이트 끈 채 서 있던 차 쪽에서 오고 있는 준구. 다가와 서서]

준구 전화한다 그래 놓고 소식 없어서‥

은수 잊어버렸어.

준구 (오버랩)집 나오자마자 전남편 불러들여? 나 아직 남편이야‥

은수 ‥‥(그저 보며)

준구　저 사람 재혼한 부인 있잖아..

은수　(오버랩)슬기 문제로 만나야했어.

준구　아 (오버랩)슬기..슬기 문제로 이렇게 종종 만나며 지냈어? 집에
　　까지 오게 하면서?

은수　(좀 웃듯)무슨 말이 하고 싶은 거야.

준구　무슨 말..어 기분 별로 안 좋다는 말.

은수　슬기한테 문제가 생겼어. 데려올려구

준구　.....(보며)

은수　내가 키운댔어..

준구　우리 분가해서?

은수　(웃는)왜 그래..그거 아닌 거 알면서. 늦었어..내일 전화할게.(돌
　　아서는)

준구　(오버랩/잡으며)아직 우리 문제 안 끝났어.

은수　.....(보며)

준구　당신 내 자식

은수　(오버랩)잘 자라구 있어. 걱정 마.

준구　여보(오버랩)

은수　(오버랩)어참..나 저 차 작은 걸로 바꿀려구. 경비 생각두 해야
　　하구 나한텐 너무 부담스러.그래두 돼?

준구　....(보며)

은수　오케이해줘..그쯤은 해줄 수 있잖아.

준구　(입맛이 쓰다).....(보며)

은수　나 들어가..(집 안으로)

준구　......(땅 보며)......

S# 태원의 거실

태희 (티브이 보며 스트레칭 중이다가 끄고 현관 쪽으로)

태원 (들어오고 있는)

태희 은수 뭐래.

태원 들어왔다구 말씀드려요··(계단으로)

태희 ·····(보다가 안방으로)태원이 들어왔어··피곤하대··올라갔어.

태모 E 슬기 에미 뭐라 그러더래.

S# 태모의 방

태희 (문 열고 들여다보며)나중에 알아봐. 얼굴 보니까 말 못시키겠
더라구.

태모 (혈압기 떼어내며)있는소리 없는소리 다 들었겠지··그게 작심
하면 할 소리 다 하는 물건인데.

태희 나래두 그래.

태모 (혈압기 치우며)이 화상은 뭐해.

태희 모르지 안 내려왔어.

S# 슬기의 방

태원 (옷 들고 들어와 갈아입으려 하는데)

　　[노크··]

태원 (움직여 문 잠가버리고)

S# 슬기 방 밖

채린 ??···(열어보면 잠겼고)·····(두드리고)······(두드리고)·······너무하는
거 아니야? 내가 사람 죽였어?(점점 소리 높아지는)내가 잘못한 게 뭔
데!! 말 안듣는 애 한 대 때린 게 그렇게 죽을 죄야??!!애가 가만있는
데 괜히 때렸겠어!!?

태원 (문 열고 채린 잡아들이는)

S# 슬기의 방

태원 (잡아들여)왜 이래요 조용 못해요?

채린 태원씨

태원 (오버랩)뭐 잘했다구 큰소리내요.

채린 여보

태원 (오버랩)나 당신 도저히 이해 못하겠어요. 자신이 무슨 일 저질 렀는지조차 모르는 게 말이 돼요?

채린 (오버랩)잘못했댔잖아요.

태원 이건 잘못한 줄 아는 사람 태도가 아니에요.

채린 (오버랩)하루 종일 당신 들어올때만 기다렸어요.(악쓰는)

태원 (오버랩)조용해요!!!

채린 ....(보며)

태원 당신 부모님 들어오실 때까지 가만히 조용히 있어요. 거칠게 대 하구 싶지 않아요. 나 좀 내버려둬요.

채린 태원씨(한 걸음 다가들며)

태원 (두 손바닥으로 막듯이)움직이지 말아요.

채린 ...

태원 (방문 열고)··나가요··

채린 .....(보며)

태원 가서 조용히 있어요·· 얘기하고 싶어지면····하자 그럴게요··

채린 ....(보며)····(눈물 뚝뚝뚝)·····

태원 (외면하고)······

S# 준구 정원(밤)

300

S# 이모의 방

준구 ....(무릎 꿇고 앉아)

이모 (안 보면서)........

준모 .....밖에 나가 있어..아버지 눈에 띄지 마.

준구 ....

준모 얼마간...채근하지 말구 내버려 둬봐..

준구 (보는)....

준모 달랠수록 더 우는 아이두 있어..

이모 애 아니니 그런 건 아닐 거구...시간이 우리 편이길 바랄 수 밖에....저엉 아니면 뭐 할 수 없는 거구.

준모 지 생각이지 그게 그리 쉬운 일이겠어요? 그 집에서 앨 내주겠냐구요.

이모 쉬운 일 아니지.

준모 나가..보기 싫어.

준구 (일어나)이모님 저

이모 (오버랩)조요웅히 옷 챙겨 나가라. 내 생각에두 늬아버지 피해 있는 게 졸 거 같애.

준구 네......(나가고)

이모 저게 뭐야저게..몸뚱이 단속을 왜 못하구 ...

준모 ......

이모 눌자리 보구 다릴 뻗었어야지 쯔쯔쯔쯔

준모 여자 저 하나 아니에요. 집안이 다 나서 지편인데 지가 뭐라구 그렇게 교만하구 건방져요.

이모 교만하구 건방진 업은 개가 쌓을 거구 너는 사람 얍보는 업 쌓지 마라.

준모 내가 얕봐요?

이모 얕보니까 지가 뭐라구 소리가 나오지. 딴 건 다 봐줘두 그 드러운 건 못봐주겠으면 어쩔 수 없는 거야..그거 하나는 용서가 안되면.

준모 언니처럼요.

이모 나처럼…

준모 (일어나 나가는)……

이모 끄으으으응…(방석 치우는)

S# 안방

회장 (서서 아령 하고 있다 들어오는 아내 보는)…….

준모 (잠옷 챙기며)인석 …전화왔는데……

회장 뭐래요.

준모 힘들 거 같대요..

회장 반푼이 같으니라구..

준모 ….

회장 어디서 그런 녀석이 나왔는지..

준모 첫결혼을 그렇게 시키는 게 아니었어요.

회장 당신도 동의했어요.

준모 애 그때부터 망가진 거에요. 내가 알아요.

회장 (아령 치우면서)망가지구 말구 할 거 없어요. 칠칠치 못하게 그거 하나 뒤처릴 못하구

준모 ??(돌아보는)

회장 한두번 탈선쯤이야

302

준모　(오버랩)회장님

회장　크으음. 양치하기 전에 뭐 마실 거 좀 없어요?

준모　....(보며)

회장　오미자래두. 아니면 유자차든지..(침대로)

준모　(포기하고 나가고)

회장　치매 걸리랄수두 없구...몇십년 전 일을 ...(투덜거리며 베개 만지는)

S# 은수의 마루··

자부　(혼자 마시고 있고)

자모　.....(보다가)그만 하지?

자부　응··(따르며)이거만 마시구...

자모　(병 들어 보이며)거의 다 마셨어··

자부　그럼 아예 비우지 뭐··늦게 나가두 되는데...

자모　그렇기는 해··(하며 고개 안방으로)

S# 안방

은수　(자는 슬기 머리 쓸어주면서).......(있다가 그냥 일어나 문으로)

S# 마루

은수　(잠옷/나오며)그냥 재워 엄마.

자모　(왜애)데려가아아. 데리구 자아.

은수　너무 곤해··잠깐이라두 깨잖아.

자부　(오버랩)그래 놔둬어··어디서 자면 어때 한 지붕 아랜데··

은수　맞어 아빠··(웃고 제 방으로)

S# 은수 방

은수　(들어와 침대에 쓰러지듯 누우려는데)

[전화벨]

은수　응 언니.

현수　F 자니?

은수　내 목소리 자는 거 같아?

S# 원룸 침실

현수　(등에 광모 붙어 있고)호호 아냐..뭐해?.....?? 그집에 사람 없었어?

　　왜 서초동까지 가서 데려와?........(상체 일으키며)뭐어어?

광모　??(고개 들고)

S# 은수의 방

은수　내가 죽일년이야. 슬기 그러구 있는 줄도 모르구 나만 대단해

　　서 나만 아퍼 죽겠다구 울고불고 난리쳤었어. 기막혀 죽겠어. 한심

　　해 죽겠어.

S# 현수 원룸 침실

현수　(오버랩)그거 미친년 아냐. 미친년 들어온 거 아냐 야. 정서방 눈

　　깔 썩었냐? 어디서 그딴 년을 데리구 들어온 거야아!!

광모　뭐야왜그래.뭐야아아.

S# 태원 거실(어둡고)

S# 태원 침실

채린　(침울한 얼굴….머리 브러시질하면서)…..

S# 태원 서재

태원　…..(얼음 양주잔 들고)………

F.O

S# 친정 마당(아침)

S# 마루

304

슬기 (안방에서 나오며)엄마 갔어요 할머니?

자모 (아침 준비하다)엄마 니방에. 엄마 안갔어.

슬기 나랑 같이 잔다 그랬는데(은수 방으로)

자모 자는 거 안 깨운다구우··들어가 봐··

S# 은수의 방

슬기 (들어오는데)

은수 (벌써 누운 채 팔 벌리며)굿모닝··

슬기 (침대로 오르며)엄마 깨 있었어?

은수 응 깨서 너 기다렸어.

슬기 (껴안고 엎어지며)아빠 언제갔어?

은수 어 좀 있다가··엄마랑 얘기하구 갔어.

슬기 나 여기서 살아두 된대?

은수 엄마가 강력하게 말했어. 걱정마.

슬기 할머니가 예스/해야해 엄마.

은수 응. 할머니께 말씀드리랬어. 아빠가 해줄 거야 믿어.

슬기 근데 학교는 어떡해?

은수 엄마가 해. 뭐든지 다 엄마가 해. 엄마 너랑 살 집 구해서 우리 둘
이 살 거야.(슬기 일어나는/은수도 일어나면서)우리 둘이 재밌게 행복
하게 살 거야.

슬기 엄마 한남동 안가?

은수 안가·· 아저씨랑 헤어질 거야.

슬기 ····(보는)

은수 그러니까 우리 둘을 방해하는 건 아무 것도 없어. 할아버지 할
머니는 할아버지 직장 때문에 이사하기 힘드실 거구 우리 둘이만

서초동 학교 옆으로 가 살면 돼. 집구하는 동안 너 좀 힘들겠지만

슬기   (오버랩)나때매?

은수   ?? 응?

슬기   엄마 나때매 아저씨랑 헤어지는 거야?

은수   어 아냐 슬기야 그런 거 아냐.

슬기   (오버랩)나 그냥 아빠네 갈테니까 아저씨랑 헤어지지 마 엄마.

은수   (오버랩)?? 너때매 아냐. 그런 거 아냐 슬기야.

슬기   나때매잖어..(울며)내가 속상하게 해서 엄마

은수   (오버랩 얼굴 잡으며)아냐아냐 그거 아냐 엄마 솔직히 말할게.. 너때매 아니라 아저씨 때문이야. 아저씨가 엄마한테 나쁜 짓해서 헤어지는 거야 슬기야.

슬기   (울며)무슨 나쁜 짓 엄마 때렸어?

은수   (꽉 안으며)....

슬기   엄마 때렸어?

은수   아저씨가 딴 여자를 사랑해..

슬기   ???(몸 떼고 보는)

은수   (웃으며)엄마가 그걸 알았어.

슬기   (오버랩)정말?

은수   정말.

슬기   ....(보며)

은수   정말.

슬기   ..(보다가 엄마 목 안으며)아저씨 나쁜 놈.

은수   ?? 훗/으흐흐흐흐(안는)

S# 태원 집 슬기 방

306

태원   (외출복 입고 있는 중)

　　　[노크··]

태원   네에··

채린   (전화 들고 들어온다)···우리 아버지에요.

태원   ····(받아 전화 막고)어떻게 말씀드렸어요.

채린   받아봐요.

태원   ···네 접니다.

장인   F (오버랩)채린이가 미숙하고 철없는 거 알아. 그렇다구 애 좀
　　　 야단쳤다구 이혼이야?

태원   그게 아닙니다 어르신(오버랩)

장인   F (오버랩)바른대로 말해.자네까지 물려받을 재산 없어 쓸모
　　　 없다는 거야?

태원   (오버랩)어르신

장인   F (오버랩)자네 어머니 탐욕스런 거 알면서도 내 딸 준 건 자넬
　　　 믿었기 때문이야. 잘살겠다고 약속했잖아.애 데려간지 불과 몇 달
　　　 에 이게 무슨 잡음이야.

태원   (오버랩)아이한테 손을 댔습니다 어르신.

장인   F (오버랩)백번 빌었으면 됐잖아.

태원   네 즈이 집은

장인   F (오버랩)지 엄마가 잘못키워 철없는 거 알아. 이혼하면 죽겠
　　　 대. 암튼 골 아프게하지 말구 달래가며 살아. 살살 달래면 말 잘 들
　　　 어. 여자 다루는 거두 남자 능력이야.끊어.

태원   ····(끊어진 전화에 채린에게)

채린   (받아서)네 아버지 저에요·····(끊어진 전화에 대고/말하고 전화

내리며)뭐라 그러세요.

태원   (그냥 옷 입는)·····

S# 친정 마루

현수   (뛰어들며)슬기야아아아

슬기   E 어어어어엉 이모 나 머리 빗어어어

현수   엄마 (주방으로)광모 같이 왔어.(냉동 밥 덩어리 두 개 내놓으며)이
거 우리 밥

자모   (오버랩)전활 하지이이.냉동 밥이 뭐야.

현수   괜찮어어어

자모   (오버랩)아 됐어. 금방 하면돼.

광모   (들어오는)

현수   아빠한테 들어가.(하며 은수 방으로)

광모   (엄마에게 꾸뻑)저 왔습니다 어머니.(현수-E 슬기 오랜만/슬기-E 응
잠깐만 이모)

자모   응 아버지(하는데)

자부   (안방에서 걸레 들고 나오며)왔어?

광모   예아버지 안녕하셨어요.

S# 은수 방

은수   됐어.(머리 빗는 거 끝내고)

현수   (기다렸다가)어디 한번 안아보자아아아아..

슬기   으흐흐(안기고)

현수   (꽉 안고)에? 뚱뚱해진 거 같은데?

슬기   (엄마 보는)???

은수   아냐아아 놀리는 거야.

슬기　에이이.

현수　에에에에이이 슬기가 아주 나쁜 일 당했다며?

슬기　??(엄마 보는)

은수　엄마가 얘기했어.

슬기　응··(시무룩이)

현수　(아이 흔들며)괜찮아아 니 잘못 아냐 시무룩할 거 없어. 이리 이
모랑 꽉 껴안아. 자 와.(꽉 껴안고)눈감아.눈감고 아냐 그런 일 없었
어. 절대 없었어 생각해. 그리구 이모가 하나둘셋 하면 눈 꽉 떠. 뜨
는 순가안? 그런 일은 없어지는 거야 없는 거야. 알았어?(은수 보
고 있고)

슬기　응

현수　눈감아(둘 눈 감고)하나아 두울…셋!!!(둘 같이 눈 꽉 떠 마주 보
는)없다아아아

슬기　없다아아아…

현수　(간지럽히는)으흐흐흐

슬기　갤갤갤갤··

S# 마루

[아침 먹는 중]

은수　뭐 할 거야?

현수　??

광모　슬기 스케이트 탈줄 아니?

슬기　아뇨.

광모　아저씨가 스케이트 가르쳐 줄까? 아저씨 자알 타.

현수　지 엄마랑 놀게 놔둬.

은수 아냐 가구 싶으면 가.

슬기 나는 찜질방.

광모 찜질방?

현수 (오버랩)그래 찜질방에나 가자. (은수에게)가자.

은수 난 바뻐 이모랑 가.

현수 뭐하느라 바뻐?

　　[은수 문자 들어오는…]

은수 (보고 일어나 제 방으로)

자모 (중얼거리는)일찍두 시작하네.

현수 ??

자모 아 한남도웅.

S# 은수의 방

은수 …(듣다가)아니….응 아냐…….언니네 와서 아침 먹는 중이야..
당신은 어떻게 됐어…

S# 찜질방

광모 백 팔십칠.

슬기 백팔십칠이면 아저씨만한 거에요?

광모 머리 부풀리면 백 구십도 돼.

슬기 우리 아빠는 백팔십일이라는데..아저시가 후얼씬 더 커보이는
거 같애.

광모 그건 내가 니 아빠보다 더 잘생겨서 그래.

슬기 에에에에이

광모 에에에에이

현수 (먹을 것 들고 와 앉으며)뭐가 에에에에에이야?

슬기 아저씨가 우리 아빠보다 더 잘 생겼대‥

현수 에에에에에(광모에게)

광모 에에에에에(현수에게)

S# 수유리 집 근처 큰길

은수 ‥‥‥(서서 기다리고)

　[태원의 차 와서 멎는다.]

태원 (안에서 문 열어주려 하는데)

은수 (타는)

S# 차 안

은수 (타고 문 닫고)어디 가는데‥

태원 슬기 살 집 고르러 나간다면서‥같이 봐 줄려구.

은수 ?? 허락하셨어?

태원 (오버랩/ 은수 벨트 빼 채워주며)내 결정이야. 아직 모르셔.

은수 난리치시면 어쩔려구.

태원 내가 더 난리치면 돼‥(웃는)나 당신 알던 나 아냐. 아주 못돼
　졌어.

은수 어어 발전 많이 했구나.

태원 어머니두 옛날같진 않으시구‥(출발하는)

은수 응…그동안 꽤 늙으셨더라‥어깨가 좁아지셨더라구.

태원 한풀 꺾이셨어‥

은수 (보며)기운 참 좋으셨는데…눈빛이 얼마나 쎈지 잘못한 거 없
　이두 가슴 먼저 철렁 내려앉았었는데…며느리가 아니라 그런지 내
　가 억세져서 그런 건지‥어제 밤엔 별로 모르겠더라구‥

태원 서른 평 대는 돼야겠지?

은수   아냐 이십평 짜리면 돼.

태원   부동산 서너군데 들려보면 될 거야.

S# 거리의 태원 차

은수   E 될수있는 대로 학교 가까운데로.

태원   E 큰 길 안 건너도 되는 데 찾아 보자.

은수   E 마트 가까우면 더 좋구…

태원   E 새 아파트면 좋은데‥

은수   E 사는 거 아닌데 뭐‥월세도 도배는 주인이 해주는 거겠지?

태원   E 계약할 때 짚으면 돼.

　　　[은수 전화 울리고……]

S# 차 안

은수   (보며)그 사람‥

태원   ……받아.

은수   네에…

S# 헬스

준구   집에 못들어갔어…아버지한테 걸리면 죽는다구 어머니가 들
　　　어오지 말래….집 아닌 거 같은데

은수   F (오버랩)나왔어.

준구   어디 애 데리구 나왔어? 어디 놀이공원같은 데 가? 나두 갈까?

S# 차 안

은수   애 아빠하구 슬기랑 살 집 보러 나가는 길이야.

태원   (잠깐 은수 보고)

준구   F 당신 지금 뭐하는 거야.

은수   못들었어? 다시 한번 말해줘?

312

S# 헬스

준구 세상에 없이 청결한 여잔 척하면서 이건 뭐야. 왜 같이 다녀. 그 게 무슨 뜻이야.

은수 F 아빠 역할 하는 거 막을 이유 없다는 뜻이야.

준구 그게 다야? (작게)

은수 F 웃음나‥끊어.

준구 (끊긴 전화)‥‥‥‥

S# 이동 중 차 안

은수 (전화 가방 안으로)‥‥

태원 ‥‥‥‥

은수 (태원 보며)와이프한테 뭐라 그러구 나왔어.

태원 신경쓰지 마.

은수 (고개 앞으로)옛날로 돌아가. 주말 하루 데려가 재워보내는 거‥

태원 ‥‥‥

은수 (웃으며 돌아보는)슬기 못 참아주는 사람이 날 어떻게 참겠어.우 리는 얼굴 보지 말구 응?

태원 ‥‥‥(운전하며)

S# 동네 마트

[현수 광모 슬기 먹을 것들 과자 종류 사고 있는/현수는 광모가 저 먹 을 것 담을 때마다 도로 빼놓고 승강이‥그럴 때마다 슬기가 광모 도와 주고‥광모는 고마워죽겠고…]

S# 마루

[샤브샤브 파티‥부모와 광모 현수. 슬기. 자유롭게 떠들어주시고]

S# 태원 거실

임실　(태모 태희 신발 내주며)맛있는 거 마안이 잡숫구 오셔잉.

태모　뭘 먹어야할지 모르겠어. 아아무 생각이 안나.

임실　입맛있게 생겼소 어디. 그 심정 내가 이해해는구먼.

태희　내 방 이불 좀 바꿔줘요.

임실　안 그래도 그랄 참이었소.

태모　(오버랩)집 비우지 마‥저거 불지를까 무서워.

태희　이으 엄마는

임실　(동시)에이에이 사장님 숭한 소리 마쇼.무신 그런…(둘 나가고 주방으로)설마 요로코롬 호되게 당할 줄 꿈엔들 알았겠소. 흥‥하늘은 알았겠지 하늘은‥

S# 주방

임실　(김치냉장고 김치 그릇 꺼내 식탁에)하늘은 너 니녀어어언(하다 잠깐 입 한 손으로 막았다 떼고)너 최정수우욱 욕심에 배터져 죽을 날 머잖었다아아 하늘은 알았겠제‥(밥솥으로/ 밥 푸면서)미운 것도 정이고오오오 내가 맘 약해빠진 탓도 있고오오오 옮겨 앉어봤자 남의집 살이 다아아 거기서 거기‥‥(밥그릇에 수저 챙겨 식탁에/ 대접에 뜨거운 물 받으며)‥그나마 수족 못쓰게 생기면 시설에는 넣어준다는 약속 하나 보험이다아 생각하구 사는구먼잉……(더운물에 밥 말면서)좋은 거 다 찾어먹으며 기를 쓰니 욕심만큼 오오래 살 겄지‥나보다 먼저 넘어가 시설이구 뭐구 날아가는 건 아니겠지……(먹으며)슬기아빠가 있으니까아아‥슬기아빠가 설마 모른다지는 않겠지‥(하다 들어서는 채린에)어매 놀래 죽겠네‥

채린　슬기아빠 어디 간다 그랬어요.

임실　온다간다없이 나갔는갑디다. 고모 말로는 뭐 운동하고 천천히

314

슬기 외갓집 들려 오겼지 그라던데‥사장님한테‥

채린 왜 밥을 혼자 먹어요.

임실 사장님 집 밥 싫증난다고 딸 데리고 밥 자시러 나갔소.

채린 (냉장고에서 사과 한 알 꺼내고)

임실 밥을 먹어야 힘을 쓰지 사과만 먹고 되겠소.(일어나 밥솥으로) 아침도 안 내려오고 배 안 고픈가. 나같은 건 천한 목숨이라 그런 지 때만 놓쳐두 눈에 뵈는 게 없는데‥

채린 (사과 씻으며)‥‥

임실 (식탁으로 밥그릇)내 생각에는 시방모양 그래서는 쉽게 안 가라 앉을 거 같소잉‥피차 힘들고 껄끄러우닝께 친정에좀 한 며칠 가 있 는 게 날 거 같구먼.

채린 (돌아보고)

임실 (모르고 반찬 챙겨 내면서)눈에 안 보이구 있으면 슬그머니 궁금 하기도 하구 안됐다싶기두 하구

채린 (오버랩)아줌마.

임실 (보는)

채린 시체로 나가기 전에는 나 여기 안나가요.

임실 아구 무시라아아. 무슨 그런 말이 있다요.

채린 (씻은 사과 베어 물며 나가고)

임실 ‥‥‥(입 벌리고 보며)‥‥‥

S# 어느 아파트 건물에서 나오는 은수와 태원‥그리고 부동산‥

태원 집을 너무 험하게 썼네요 아저씨‥ 점심 먹구 오는 동안 다른 것도 좀 더 찾아봐 주세요‥

부동산 수리하면 말짱해요. 화장실하고 싱크대는 주인이 해준다니

까 도배만 하시면

태원   (오버랩)월세가 좀 더 내도 괜찮아요.

은수   (오버랩)그냥 해애.

태원   아냐 부탁드립니다.

은수   청소 싹하면 괜찮아.

태원   (은수 팔 잡으며)지금보다 조금 위 평수도 괜찮구요 아저씨

부동산   예 찾아보죠 사장님.

S# 근처 일식집

[초밥과 우동 나와 있고.]

은수   ??……(보는)

태원   아버님 상가 관리 하시는 만큼 내가 책임질게.

은수   하지 마.

태원   ….(보는)

은수   나 집 얻을 만큼 있어. 월세 낼 수 있어.

태원   은수야

은수   (오버랩)왜 당신 신세를 져··슬기 몫은 줘. 그건 받을 거야. 그런데

태원   (오버랩)집…슬기 앞으로 해주는 거라 생각해. 가을쯤 전세 만 들어주께. 슬기 몫으로.

은수   ….(보며)

태원   당신은 당신 자리로 돌아가. 아버지 어머니만 계시면 슬기 문 제 없어. 우리 집에 와서 얼마 수유리 못가게 되면서 금방 수유리 가고 싶다구 했었어. 이제는 우리 집 별로라는 거 알아서 다시는 딴 소리 안할 거야. 당신만 좀 더 신경써줘. 그럼 돼.

은수   고마워. 그런데 우리 아버지 그런 신세 안 진다 그러실 거고 나

는 안 돌아가.

태원   ……(보며)

은수   그러니까 ……웅그래‥슬기 몫으로 보증금 정도 그건 괜찮을 거
　　　같다.당신 아빠니까. 아빠가 내줬다면 슬기도 자랑스러 할 거야.
　　　그건 받아들일게.

태원   ……(보며)

은수   그럼 내가 슬기한테 얹혀사는 게 되네? 슬기한테 암말 안해야
　　　겠다. 슬기가 알면 나 비굴해져야 할 거 같아.

태원   ….(보다가 그냥 먹는)…

은수   아냐 내가 할게(보며)당신 널라 그랬다는 말은 해 둘게. 그런
　　　데 내가 하구 싶어.

태원   굳이 왜 그래야해.

은수   음….속죄…슬기한테….

태원   ….(보는)……

은수   (눈물 크렁크렁해지며)내가 한짓…지가 당했던 순간….슬기 평생
　　　못잊을 거야…

태원   ……(보며)……

S# 광모 현수가 / 슬기 데리고 신나게 놀 수 있는 게 뭘까‥

제34회

S# 어느 아파트 전경(다른 날)

S# 아파트 안 거실. 25평 대(사이즈 맞춰주세요)

[비교적 깨끗한 빈 아파트 거실. 은수와 태원 각각 방문 열어보고 있는]

은수 (슬기 방 쪽에서 떨어져 나오며)나 이 집 좋아 여기 할래.

태원 방 터 슬기 줄 수 있어서?

은수 큰 방 있다 작은 데로 들어가게 하는 거 미안해.

태원 그럴 줄 알았어 방 두 개 하나로 틀수 있다니까 당신 부동산에 서부터 눈 반짝거리더라.흐흐

은수 싱크대는 바꿀래. 너무 어두워. 우울해. 내가 바꿔야겠지? 얼 마나 들까? 너무 비싼 거 안돼. 그냥 참아? 별로 오래쓴 거 같진 않 은데.

태원 우울하다 그랬으니까 두 번 생각하지 말구 바꿔. 우울할 수 있 는 평계는 일찌감치 제거하는 게 좋아.

은수 울엄마아빠 낭비라 그러실텐데‥누구 갖구 갈 사람 없나? 엄마 한테 알아보라 그래야겠다…좋아. 당신이 보증금 반 냈으니까 눈

딱감고 해치워(주먹 들어 보이며)‥(창으로)아 커튼‥커튼 바꿔야 해. 인테리어랄 거두 없지만 내가 다 해. 벌써 그림 다 나왔어. 좁으니 까 소파는 벽에 붙여(한쪽 벽)한 줄 만 놓을 거야. 티비 건너편 벽. 탁 자 한 두칸 쯤 가로지름대 들어간 깔끔한 직사각형. (창 쪽에서 돌아 보며)

태원　좋아 하고 싶은대로 해.그런데 당신 눈 높아져 괴롭지 않을까?

은수　아 아냐. 눈 팍 낮췄어. 싸고도 안 싼 척 하는 거 많아.어제두 노 트북 뒤지느라 세시까지 못잤어.

태원　(핸드폰 꺼내는)

은수　어디?

태원　결정했다면서‥더 생각해볼래?

은수　(오버랩)아냐아냐 결정했어. 계약한다 그래.

태원　(웃으며 통화 시도)‥‥아 천사호 결정했는데요.

은수　(오버랩)홋수두 맘에 들어. 천사호. 천사야.흐흐

태원　네. 계약시간 부탁합니다.

S# 어느 돈까스집

은수　(돈까스 받아서 고기 반 잘라 태원에게)

태원　너무 적게 먹는 거 아냐?

은수　금방 질려. 충분해.

태원　딴 거 먹을 걸 그랬나?

은수　아냐 조금씩 자주 먹어. 잘 먹어 걱정마.

태원　내 샐러드두 먹어.

은수　내꺼 먹구.(샐러드 먼저 먹으며)

태원　잠 덜깨 새벽 운전하다 사고 칠까봐 불안불안했었어.택시 맞

춰 준대도 말 안듣구.

은수 속죄‥ 설마 그렇게까지 운이 나쁠까.

태원 슬기 이모한테 정말 고마워.

은수 응 광모오빠 마구 부려먹구 있어깔깔‥

S# 어느 캠핑장 텐트 안

현수 (아이스박스에 남은 음식 챙겨 넣으며)먹기도 엄청 먹었다. 반도 못먹을 거다그랬는데 거의 다 먹었어. 이거 다 니가 먹은 거야.

광모 누구도 만만찮게 잡쉈습니다아아. 안그러냐? (짐 챙기며 슬기에게)

슬기 네에에‥동감입니다아아.(제 짐 넣으며. 옆에는 겉옷 모자 등)

현수 너두 엄청 먹더라. 배꼽 쏙 나오게 먹구 뭘 그래.

슬기 이모 김치찌개때매 그래. 아까 보니까 배꼽 도루 들어갔어.

광모 어 그래? 아저씨 한 번 볼까? 어디 보자 다 들어갔나 더 들어가야 하나 보자엉?

슬기 아 (피하는)아니아니에요오오갤갤.

광모 (오버랩)봐봐 보자구보자구

현수 야 처녀 배꼽을 왜 보재애애.

광모 (오버랩)얘가 처녀냐? 애기지.

슬기 (오버랩)애기 아니구 소녀에요.

현수 (오버랩)소녀면서 처녀야. 배꼽은 할머니할아버지 이모 엄마한테만 보여주는 거야. 아무한테도 보여주는 거 아냐.

슬기 아앙.

광모 (오버랩)나중에 결혼하면 남편은 보여줘두 돼. 이모 배꼽 나두 봤어.

현수 ???(집어넣던 걸로 때리며 쫓는)

슬기 결혼 안했는데요?

광모 (현수 피하며)결혼했지이. 이모 혼자 안했다 그러는 거지 결혼한 거야 슬기야.

슬기 (일어나 나가며)할머니두 그러셨어요.

현수 어디 가.

슬기 화장실. 출발하기 전에 가라며.

현수 어어. 빨리 갔다 와.(광모에게 쩨지게 흘기는)할 소리야?

광모 뭐 니가 간첩이랬냐?

현수 에이구우우우 말을 말자 말을 말어….(짐 싸는)

광모 (현수 뒤로 가 안으며)사랑해사랑해사랑해사랑해.

현수 길 막혀어..(싫지 않은)

광모 얼마나 이쁘냐. 우리두 하나 만들자.

현수 …..

광모 슬기 보면 니 유전자도 괜찮을 거 같아. 하나 낳자 응?(목에 입 붙이며)

현수 (밀어내며)아 끈적거리지 좀 마아아. 낮과 밤 좀 가려라 엉?

광모 슬기만 떨어트리구 우리 곧장 가자.

현수 엄마 선지 해장국 해 준댔어.

광모 배부르다 그러구 싸갖구 가면 안될까?

현수 (흘기고)

S# 캠핑장 주차장

[마지막 짐 신고]

광모 자알 쉬다 갑니다 감사합니다(악수 청하는)

직원 (오버랩)어떻게 불편한 점은/

광모 (오버랩)아아뇨.퍼펙트 퍼팩트에요 하하.

직원 (오버랩 현수 보고)자주 좀 이용해 주십시오.

현수 네 감사합니다.슬기야 인사··

슬기 (오버랩)안녕히 계세요.

직원 (오버랩)어어 또 와아아?

슬기 네 아주 맘에 들었어요 많이많이 올께요. (같이 웃고)

광모 (슬기 번쩍 들어 뒷자리로)여름에 또 오겠습니다아.

직원 아 예 기다리겠습니다 손님.

　　　[둘 타고 출발하는 자동차. ·····(캠프장 숲길로)]

슬기 E (이동하는 차 위에)근데 이모 나 여름방학에 아빠랑 유럽여행 가는데?

현수 그래애?

광모 (오버랩 동시)그래애?

슬기 E 아빠랑 약속했어··보름. 십오일 동안.

현수 E 슬기 좋겠네에에.

슬기 E 응 좋아.

광모 E 현수야. 우리 같이 가자.

현수 E 시끄러.

광모 신혼여행 안갔잖아.

현수 E 앞 보구 운전 똑 바루 해.

S# 차 안

광모 치이···슬기 황금봄방학 끝났다아아 모레부턴 이학년이지?

슬기 봄 방학은 너무 짧아.

322

광모   공부 여얼심히 하는 거야아아..학년이 올라갈수록 공부 더 많이 더 열심히 하는 거야 알지?

슬기   네 근데 아저씨한테 물어볼 거 있는데..

광모   뭐야 물어봐..뭐든지..아저씬 활짝 열린 사람이야 뭐든지 다 대답해줄 수 있어. 애기를 어떻게 낳는 거냐두(현수 팍 때리고)어 그거만 빼구 다 물어봐.

슬기   (가운데 공간으로 몸 빼내며)이모 배꼽 어떻게 생겼어요?

현수   야아아(슬기에게)

광모   어어..방긋 웃는 눈 한짝 같아.

슬기   (한 눈 가리고 방긋 웃는)이렇게 이모?

S# 달리는 차

현수   E 험악하게 안해줘 고맙다.

광모   E 근데 너 일어서면 아랫배 약간 처지구 있어.아아아악

슬기   E 까르르르르 깔깔.

S# 준구 사무실 로비/브랜드 네임이 보이는 곳으로

준구   (걸으며 전화 꺼내 받는).........(길게 듣고)알았어요.....예 철수하세요..됐어요 (끊고 현관 나가는)

S# 현관 앞에 대어지는 차에 오르는 준구/출발하고

S# 차 안의 준구 굳은 얼굴……

S# 슬기 가구 고르고 있는 은수와 태원……

S# 홈쇼핑 생방송 중인 스튜디오로 들어오는 준구(청소기)

　　　[쇼핑 호스트와 게스트 방송 진행 중. 카메라, 연출자들 뒤쪽에서 잠시 지켜보다 나가는]

S# 상황실

준구   (들어서며) 콜수 좀 올라가고 있나요?

   [벽면 모니터에 현재 생방송 중인 화면 나오고 있고 / 콜 수 카운트되는 모니터 있고]

   [직원 둘 노트북 앞에 놓고 열심히 타이핑하고 있는 (생방송 중에 고객 문의가 들어오면 바로 대답해주는 인터넷 문의에 실시간으로 답변을 바로 달아주고 있는 / 준구 회사 직원)]

직원 둘   (깜짝 놀라 일어나는)

과장   나오셨습니까? (대리도 꿈뻑)

준구   나 신경쓰지 말고 일 보세요. (노트북 가리키며) 고객님이 기다리십니다.

대리   아, 네, 네. (다시 앉아 바로 타이핑 시작)

준구   축구 때문에 좀 저조한 편이죠?

과장   네 늘 그렇긴 합니다만 축구가 우리보다 먼저 끝나기 때문에 재핑(ZAPPING)을 기대하고 있습니다. (하는데)

대리   (타이핑 하다 멈추고 / 오버랩) 과장님.

과장   응?

대리   (모니터 보며) 고객님께서 좀 깎아줄 수 없냐고 하시는데요?

준구   ???

과장   (웃으며) 재미있는 고객님들이 많으시답니다.

준구   (웃어주는 위로)

과장   자동주문하시고 일시불로 하면 대당 거의 4만원돈

대리   ? (오버랩) 그건 아신대요. 친정이랑 시댁에도 선물하신다고 세 대를 사시겠다며 자꾸 더 깎아 달라시는데요.

과장   (오버랩) 아 맘 같으면야 깎아주고 싶지만 어떻게 그래. 정중하

게 양해를 구해.

준구   그럼 수고해 주세요. (나가는)

과장   네 (꿉뻑)

S# 홈쇼핑 현관

준구   (나오고 대어지는 차에 오르는/출발하고)

S# 차 안··

준구   ······(입 꾸욱 다물고 있다가 통화 시도)

　　　　[벨 가고·····]

은수   F 네에··

준구   뭐하구 있어 집인가?

은수   F 아냐·· 슬기 가구 보고 있어··아파트 계약했어.

준구   ···혼자?

은수   F 슬기 아빠랑.

준구   ···(나직이)그러다 살겠다······응? 그러다 살겠어··

S# 다른 아동 가구점

은수   (직원에게 설명 듣고 있는 태원에게서 좀 떨어지며)(태원 잠깐 돌아
　　　　보고)수준 좀 높여줄 수 없어?

준구   F 당신 높은 수준이 뭔지 모르겠어. 내 동의도 안 받고 날이면
　　　　날마다 아이 핑계로 이래두 되는 거야? 정신적인 간음두 간음이야.

은수   더 실망시키지 마. 나한테 당신이 준 상처 준 적없고 우리 원수
　　　　돼 헤어지지 않았어.

S# 준구 차 안

은수   내가 뭘하든 당신 간섭할 권리 없잖아.

준구   부인 안하는군.

은수 F 당신 그걸 알아야 해. 나 와이프 있는 남자 욕심 안내. 자기 자식한테 최선 다하는 거 고맙게 받을 뿐이야.

준구 호박씨 까지 마.

은수 F 끊어.(끊고)

준구 ….(전화 내려다보며)….(입 꾸욱 다무는)….

S# 가구점

은수 (기다리는 태원 쪽으로)….

태원 지금부터 오분 동안 다시 한번 생각하고 결정해..나중에 후회 안하도록.

은수 이미 결정했어. (속삭이는)디씨 더 받을 거야. 당신 저어기 가 있어..

태원 그만깎아.저 사람들두 벌어야해.

은수 그래?

태원 그만해.

은수 우우우움.. 그렇다.. 김부장니임..(핸드백 열며)..

S# 야경 인서트

S# 친정 거실 현관

자부 (들어오고)

자모 (맞으며)선짓국 맛있는데

자부 어쩔 수 없었어..삼년 만에 보는 건데..

자모 애들 자. (소리 죽여)형편 좀 나아졌대?

자부 (안방으로/소리 죽여서)부인 보상금 받은 걸로 막내 아들이랑 동네에 수제비 집 낸 게 밥은 먹는다면서 자꾸 울드군.

S# 안방

자모　(따라 들어오며)그렇겠지. 안 울면 사람 아니지.

자부　애들 잘 먹구 갔어?

자모　아냐 밥 생각 없대서 그냥 가라 그랬어. 싸 갔어. 피곤한가봐. 슬 기두 지 엄마랑 수다 떠는가 싶더니 자. 집계약했대·· 가구까지 다 골 라 놓구 싱크대 바꾸는 공사 내일부터 한 대. 다 됐대.

자부　싱크대가 못쓰겠대?

자모　어둡대··우울하대·· 뜯어갈 사람 찾아놨어. 과일 가게 며느리가 좋아 죽겠대.

슬기　E 할아버지이··(들어오는)

자부　어어 깼어?

슬기　(안기며 하품 찢어지게)

자부　잘 놀았어? 재미있었어?

슬기　이모랑 아저씨는 날마다 밤에 술타령 냄새때매 나두 취했어요.

자부　어어 껄껄껄껄.

슬기　슬기두 소주 요마안큼 먹었어요.

자모　에에에에?(자부-으응?)

슬기　(있는 대로 찡그리고)으으으으으(두 노인 웃어주고)엄마 코골아 할머니.

자모　코를 골아?

S# 은수의 방

은수　(작게 코 고는 소리 내며 돌아눕다가 문득)????(눈 뜨고 일어나는) ····(코 만지며/코 골았나?)···· (혼자 웃는 아 말도 안돼애애/제 머리 두드 린다)

S# 거실

[안방에서 지압사 나오고 임실 따라나와 현관으로]

임실 낼도 꼭 오셔잉.(여자 지압사)

지압 며칠 새 어깨가 많이 뭉치셨네요.

임실 그럴 일이 좀 있소. (문 여는 지압사)살펴 가시오오(지압사 대답
하는데 나타나는 태원)아이고 대표 들어오시네.

태원 수고하셨습니다. 안녕히 가세요.(지압사 대답하고/들어오는)···
(신 벗고 올라오는데)

임실 들어오는대로 사장님이 좀 보시자고요.

태원 네··이 사람은요.

임실 신기한 꼴 났소. 한 십분 됐나아·· 나갔어라우.

태원 ?? 어디 간다 그러구요.

임실 친정 안 간다구 꿈 깨라 그랍디다.

태원 ··밥은 먹었어요?

임실 점심 한끼는 내려와 먹대요.

태원 예에···(안방으로/노크)

태희 E 네에··

S# 안방

태원 (들어오고)

태희 (방바닥 지압 매트 걷어 말면서)방학 끝났다구 슬기 데려오래. 많
이 봐줬으니 됐다구.

태원 안 데려와요.

태희 ?? 거기 노인들두 할 짓이 아냐아아. 아무리 미련방퉁이래두
설마 또는 안 그럴 거야/재 그냥버틸 참이야. 헤어져줄 생각 없어.

태모 (화장실에서 씻고 나오는)들어왔어?

태원 네..

태모 (침대로)슬기 와야지.

태원 내일 왔다 가요 어머니.

태모 ???

태원 슬기 엄마가 데리구 있기로 했어요.

태모 그게 무슨 소리야.

태희 분가한다니?

태원 …(얼른 대답 못하고)

태모 하든 말든 내 새끼를 왜 의붓아버지한테 둬.

태희 엄마(오버랩)

태모 (연결)시끄럽다. 짐 챙겨 내일 데리구 와. 낮에는 태희방에 있구
    밤엔 너 있잖어.

태원 쉽게 나갈 사람 아니에요.

태모 (오버랩)알어.

태원 (오버랩)무섭대요. 싫대요.

태희 재 정리될 때까지 만이라두 엄마

태모 그랬다가 그때 다시 되네 안되네 골 아프게 무슨 짓야. 우리가
    지키면 돼..애 옆에 범접을 못하게 하면 된단 말야.

태원 (오버랩)슬기 엄마 이혼해요.

태모 ??

태희 ?? 왜애.

태모 (오버랩)또오?

태원 그 집에 문제가 있어요.

태모 (오버랩)아니 걔는 도대체가 그건 그거한테 문제가 있는 거지

남 탓 할 일 아냐. 왜 못산대. 아이까지 가졌다면서 아니 왜 또 엉?

태원 그렇게 됐대요.

태모 (오버랩)아니 걔는 무슨 씨 다른 새끼 수집하는 물건야? 슬기에 또 하나 나오게 생겼는데 또 안산다니 모르겠다아아 도오저히 모르겠어엉?

태희 못살 이유가 있겠지이.

태모 못살 이유 뭐. 사흘 돌이루 두드려팬대? 바깥에 여자가 열둘이래?

태원 (오버랩 울컥)어머니 저 길게 말하구 싶지 않아요.

태희 조용해 엄마··가만 있어.

태모 (딸 보고 입 다물고)···

태원 슬기 제 엄마랑 있을 때 행복했어요. 지금 행복하지 않아요. 무엇보다 그게 중요합니다. 도와주세요.

태모 그래서 뱃속에 애는 낳아서 그 집 준대?

태원 자기가 키운대요.

태모 내말이이 내말이 씨 다른 새끼 모으는

태희 (오버랩)아 엄마아아!!

태원 (나가고)

태희 화산 터지게 하구 싶어? 이게 다 엄마때문이잖아아아.

태모 이년이 왜 착한 척하구 이래애.

S# 계단 중간부터 올라가는 태원

S# 슬기의 방

태원 (들어와 문 잠그고 그대로 눕는)······

　　[아예 옮겨져 있는 태원의 소지품들····]

S# 어느 와인 바

채린   (스탠드에서 혼자 마시고 있는)·····(잔 비우고 손가락으로 머리칼 빗

질하듯)더 주세요··

[대답/따라지는 와인··]

채린   (글라스 들어 보이며)맛있네요··추천 감사합니다.

소믈리에   하하 예에 손님.

채린   (마시는)···

S# 준구네 거실

[이모와 준모 앉아 있고··]

S# 서재

회장   (시선 내리고 앉아서)·····

준구   ······(서서 보며)

회장   ·····니가 너무 얕봤어. 니 어머니두 이모두 같은 생각이야··

준구   ······(보며)

회장   살다보면 쥐한테 코 물어뜯기는 일두 일어날 수 있지··

준구   ·····

회장   보기 싫어 나가··

준구   죄송합니다 아버님.

회장   ····

준구   (목례하고 나간다)

S# 거실

준구   (나오고)

두 여인   (돌아보는데)····

준구   (목례하고 올라가는)·······(천천히)

S# 침실

준구   (들어오며 겉옷 벗어 방바닥에 아무렇게나 던지고 또 벗어 던지고
하면서)….

S# 은수의 방

[은수 모녀 붙어 앉아서 은수 핸드폰 사진 한 장씩 슬기가 넘기고 있
는/ 슬기 가구들··책장··책상/의자/침대/스탠드/기타 등등.]

은수   (넘기고 있는 슬기 한 번씩 보면서)…..(있다가)어때. 보고 또봐도
트집 잡을 게 없지.

슬기   우·우·우웅…책상이 맘에 안들어.

은수   어머 왜? 뭐가 맘에 안들어?(놀라서)

슬기   하하 아냐. 고짓말이야.

은수   (흘기는)

슬기   깔깔··침대가 커진 게 제엘 좋아.

은수   (머리 만지며)엄마랑 같이 눕기에는 싱글이 작잖아? 그리구 너
날마다 커져야잖아. 몸두 커지구 팔다리두 길어질 거구.

슬기   자다 떨어질 걱정두 없어.

은수   웬만큼 험하게 안자면.

슬기   응.괜찮아.그렇게 여러 번 떨어지진 않았어.

은수   (우유 컵 집어 주며)마시구 양치하자.

슬기   (받으며)응. 엄마두.

은수   (제 우유 컵 들며)낼은 서초동?

슬기   알아.

은수   할머니 뽀뽀 많이 해 드려.

슬기   그럴 거야

[우유 컵 가볍게 부딪치고 마시는 모녀]

슬기 (마시다)엄마엄마 이모 배꼽 이렇게 생겼대(한 눈 가리고 웃는)
  아저씨가 봤대.

은수 (입에 물었던 우유 조금 품어주고)

S# 현수 주방/침대 바뀌었고 커플링 껴주세요
  [선짓국/소주잔 부딪치고]

현수 (마시는데)

광모 너 일 밀리지 말구 후딱후딱 해치우구 우리 슬기 여행갈 때 같
  이 가자.

현수 ??

광모 여름휴가 일주일에 일주일만 보태면 돼.

현수 돈을 얼마나 깨먹을려구.

광모 뭐하러 죽자구 일하냐. 기분 좋게 쓰자구 버는 거 아냐?

현수 적금 들어가는 거 펑크나서 안돼.

광모 적금을 얼마나 붓는데.

현수 너 알아서 뭐해.

광모 여행비 내가 내주께.

현수 부녀 여행에 왜 껌붙는다는 거야. 부녀 그냥 놔둬.

광모 그럼 우리 둘 따로 가. 따로두 상관없어.

현수 짐 끌구 비행기 버스 탔다 내렸다 귀찮아.

광모 포터 내가 할게. 넌 여권가방만 차구 다녀.

현수 그냥 지금대로 구구루 있어. 나 너 열 몇시간 붙어 치대는 거두
  힘들어 죽겠어. 여행가면 스물 네시간이잖아.

광모 내가 치대긴 뭘 그렇게 치댄다 그러냐.

현수 늙은이 기운 없다. 너 너무 치대. 이럴 줄 알았음 같이 살아보

자 안 했어.

광모 여행 갔다오면 너 건강해진다? 돌아와 며칠만 고단하면 몸두 마음두 아주 상쾌해져..온 몸에 세포가 최소한 오년은 젊어진 거 같아. 아니 젊어져어어

현수 (오버랩)돈 주라 나혼자 갔다 올게.

광모 ?? 뭔소리야

현수 나혼자 갔다와 나혼자 젊어질게 근력 달려 너랑 못지내겠다웅?

광모 하..하하하하.땡 잡았지? 그치.

현수 국 다 식었어.

광모 어 데워주께.

현수 아냐. 컵 라면국물이 낫겠어.(일어나려)

광모 (벌떡 일어나며)내가해내가 근력딸리는 할머니 앉아있어. 있어있어.

S# 태모의 방

　[모녀 침대 기대어 앉아서 공진단 하나씩 우물거리고 있는/]

태모 .....(태희가 들고 있는 물컵 빼서 마시고 나머지 씹으며)얘들이...약속한 거 아냐?

태희 응?

태모 아 슬기에미하구 태원이하구 다시 만나 살아보자아아아..

태희 어으 그 의심하느라 입 다물구 있었어?

태모 이집이 난린데 그건 왜 때맞춰 깻박을 내.

태희 그래서 둘이 짰다구?

태모 아 이상하잖어.

태희 (오버랩)아으 됐어.(물컵 빼 마시며 침대 내려서는)내일 내가 은

334

수랑 통화해 보께‥(컵 주며)나 씻어야 해‥안녕히 주무슈.

S# 거실

태희 (나오는/ 티브이 크게 틀어놓고 낄낄거리고 있는)아직 안 들어갔어요?

임실 (못 듣고)

태희 (제 방으로 움직이는데)

　　　[현관 벨‥]

태희 아줌마. 너무 커요오오!!!

임실 ??(소리 좀 줄이고)

태희 (현관으로)네에에.

중년 부인　E 저 나‥윗층 사람인데요오

S# 현관

태희 (문 열고)네 안녕하세요‥

여인 (오버랩)저기 이댁 며느리던데 주차창에 좀 내려가 보세요.

태희 왜요?

여인 술을 얼마나 마셨는지 그냥‥주차장에서 정신을 잃었어요‥ 웬만하면 데리구 올라그랬는데

태희 (오버랩)알았어요 사모님 알았어요 고맙습니다 네.(황급히 안으로)‥‥(임실 상관없고)‥(계단 뛰어 올라가는)

S# 슬기의 방

태원 (잠옷/책 보다 설핏 잠들어 있는)

태희　E (눈 두드리는)태원아 태원아.

태원 ?? 네‥네에‥

태희　E 나와‥ 채린이 술 취해 주차장에 쓰러져 있대.

태원　(후다다닥)

S#　방 밖

태희　(나오는/따르며)니가 해야지 내가 어떡해.

S#　계단 거실

태원　(내려와 현관으로 아웃)

태희　(따라 내려와 리모컨 집어 끄는)

임실　??(왜 그래?)

태희　채린이 술 엉망 돼 주차장에 쓰러져 있대요. 아줌마 티비 보며 박장대소 할 때 아니네(총총 현관으로)

임실　뭐라고라..시방 뭐라는 소리여?....어매애...어매애애...(안방으로)사장님 사장니이임.

S#　주차장

태원　(튀어 나오는)

채린　(제 자동차 앞바퀴 껴안듯 하고 쓰러져 있는).....

태원　......채린씨...채린씨......(안되겠다)(잡아 일으켜 업으려 하지만 채린은 자꾸 주저앉고)

태희　(달려와)야 안 죽었으면 정신 차려어!!

태원　(오버랩)업혀요.(들이대고)

태희　(겨드랑이 껴 일으키며)와아아 애 왜 이렇게 무겁냐 이거.보기보다 근수 나가네에에?(업히고 팔 두 개 태원 목으로 빼주며)일어나..

태원　(일어나는데)

채린　(팔 올려 뒤로 넘어갈 듯)

태희　(빵 갈기는)야아!!(등 밀어 잡고)허리 부러지면 너만 손해야. 까불지 말구 가만 있어어.

336

채린 ..으ㅎㅎㅎㅎㅎ (웃기 시작하는)

태희 으응?

채린 야 나 유부녀야..(중얼거리는)유부녀…유부녀……

태희 갈수록 산이다 으으응.

S# 거실

태모 (나와 서 있고/임실은 현관에)

태희 (현관 열고)

태원 (들어오고)….

임실 어짜까나 어짜꺼나아아아

태모 (그냥 보고 있고)

태희 (등 잡아주고 올라가며)갔어. 완전히 갔어 엄마..

태모 (올라가는 자식들 보며)……(자식들 사라지자 소파로)….

임실 (보며)……(괜히 어쩔 줄 모르는)…..지 속도 속이 아니었지라잉.. 이해를 할라치면 이해 못할 것도 없지라잉….

태모 ……..

임실 따지고 보면 세상 천지에 안 불쌍 사람이 어디 있다요. 다 불쌍 하지라 다아. 하나같이 다아 불쌍혀. 인간으로 태어났다는 거부터 가 불상한 거니께요. 창공을 나는 새가 낫고 땅파는 두더지가 낫 지 내 생각에는 요 마음이라는 걸 갖고 태어난 인간이 제엘루다 불 쌍허요.(아예 앉으면서)요 마음 때문에 울고 마음 때문에 웃고 마음 때문에 불행하고 마음 때문에

태모 누가 당신 사설 듣재?!!!

임실 긍께 그게 좀 길었나싶으네..

태모 얼음 물이나 갖구와.

임실　예에..(주방으로)

태모　후우우우우……참 별꼴을 다 보는구나 별꼴을 다…

태희　아줌마!!아줌마아아!!(계단 뛰어 내려오며)

임실　(주방에서 뛰어나오고)

태희　쟤 토해요..(임실 계단으로 뛰고)태원이한테 (손짓)직빵으로 쏘
고 이불 다 버렸어.

태모　……(딸 보며)

태희　……왜..

태모　니년은 어째 산나죽겠는 꼴이야.

태희　아으 참..이게 신날 일이야?

태모　그런데 왜 신나보여.

태희　아 나 개 옆구리 아냐아아..왜 나한테 그래애애..

태모　……

태희　출발점이 어디였나 한번 생각해봐.

태모　출발점은 그게 분수모르구 내새끼한테 들러붙은 거야.

태희　출발은 엄마 그 욕심때문이야.

태모　어쩌구 어째?

태희　몇사람이 곤죽이야 태원이 은수 슬기 채린이 엄마는 행복해?
엄마는 이게 뭐야. 토끼 내쫓고 또라이 여우 불러 들였으니.

태모　누가 이럴 줄 알았어?

태희　엄마 종교좀 가져 봐

태모　??

태희　성당이든 교회든 절이든…잘못한 거 알려면 그게 지름길이
겠어.

태모   ……(그만두고)

태희   (제 방으로)

태모   이 여편네 물 안주구 뭐해.

태희   치우러 올라갔잖어‥내가 주께‥(주방으로 아웃)

태모   ……

천천히 F.O.

S# 서초동 슬기 학교 앞(며칠 후)
[슬기 친구 두셋과 수다 떨고 나오는데]

현수   E 슬기야아아

슬기   ?? 이모오(뛰어오고)

현수   안녀엉. 오랜만(손 내밀며)

슬기   (오버랩)에에 어제 봤는데에에(손잡으며)

현수   (오버랩)어제와 오늘 사이 오랜만 밤새 안녕.(걷기 시작)

슬기   엄마 온댔는데? 가구 아직 안왔어? 엄마 기다려?(걸으며)

현수   어 다 와서 다 끝났어. 엄마 한남동 잠깐 갔어.

슬기   왜애?

현수   응 볼일이 있대.

슬기   으응. (잡은 팔 앞뒤로 흔들며)이모 나 이뻐?

현수   새삼스럽게 무슨 말씀?

슬기   호호 영석이가아?

현수   누구 짝꿍?

슬기   ?이모 어떻게 알어?

현수   그음방 알지 뭐. 걔가 너 이쁘대?

슬기   엉..우리 반에서 내가 제에일 예쁘대.

현수   핫하..언제에?

슬기   아까..쉬는 시간에..내가아 화장실 갔다 왔는데 나한데 미니 초
콜렛을 세 개나 주더니 내귀에대고 말했어..

현수   니가 제일 이쁘다구.

슬기   웅

현수   기분 엄청 좋았겠네에에? 그래서 고맙다 그랬어?

슬기   웅..

현수   잘 생겼어?

슬기   웅..아니 몰라.그렇게 못생기지는 않은 거 같아. 더 친하게 지내
자 그랬어.

현수   으ㅎㅎㅎ..여덟살에 봄이구나 우리 슬기

슬기   나 아홉 살이야 이모.

현수   어 그래 참..아홉살이다.

슬기   이상해. 아빠두 자꾸 여덟살이래.내가 피터팬인줄 알어.

현수   슬기 행복한 거 같다.

슬기   웅..이모는?

현수   이모두 행복해.

슬기   아저씨가 잘해줘서?

현수   어떻게 그렇게 잘 알아아?

슬기   그거야 그음방 알지 뭐.

현수   아으으으 뭐가 될라구우우

슬기   갤갤갤갤

S#   은수 아파트 거실

[마루에 기본 가구들은 세팅돼 있고. 침구 보따리 이 인분/크고 작은 박스들‥]

S# 은수 방

자모 (침대 프레임 먼지 닦아내며)당신 안 나가봐두 돼?

자부 다 했잖어.

자모 그러다 짤리겠다.

자부 짤리면 백수하지 뭐.

자모 무슨 눔으 팔자가

자부 (바닥 걸레질 오버랩)어어어어(또 그러네)

자모 (오버랩)알었어 안하께‥

자부 (오버랩)정서방 어머니 눈 감아 준 것만으루두 고맙다 생각하라니까.

자모 무슨 생각인지 알게 뭐야. 난 불안불안해.

자부 ‥‥‥

S# 태모의 방

태모 (채린 앉혀놓고)다른 거 다아 그만두고 니가 슬기하구만 말썽 없이 지냈으면 이런 사단이 생길 이유가 없었어. 이게 뭐냐 이게.너 하나 맘 잘못 먹은 거 때문에 너 낙동강 오리알되구 나 손녀딸 뺏기구.(달래는)

태모 E (채린 시선 내리고 입 꼭 다물고)내가 누군데 내손녈 내췄겠어. 니가 한짓이 워낙 엄청나 내 아들한테 뭐라구 할/ 말이 없었어‥널 좋아라한 게 나니 무슨 염치루 가타부타 토를 달겠어. 만약 그랬다가 너 또 일 저지르면 그때는 그야말루 내 아들 다시는 나 안 본다 튕겨져 나갈텐데…나 내 새끼없이는 못살어‥

태모   그러니 가망없는 일에 목매지 말구 니가 결심을 해. 나이가 있는데 아 지금부터라두 얼마든지 너하구 딱 맞는 인연 만나 새로 시작할 수 있어. 너 위해 하는 소린데 담번에는 전실자식있는 사람은 피하렴. 진심으로 충고한다.

채린   (좀 웃는)

태모   ?? 무슨 웃음이야 그게.

채린   어머니 우리 아버지 기부안하구 그게 몽땅 제꺼래도 이러시겠어요?

태모   ???

태희   (외출복으로 딴 쪽에서 듣고만 앉아 있다가 ?? 채린 보는)

채린   어머니가 변하지만 않았어두 이런 일은 없었어요. 어머니 때문에 받은 스트레스가 얼마나 심각했는데요. 아니라지만 어머니 새빨간 거짓말이에요. 바보두 그건 알아요. 이 집에서 어머닌 왕이에요.. 어머니 눈밖에 나는 건 죽음이에요.

채린   E 불안하구 초조하구 점점점 스트레스가 쌓이면서 미칠 거 같은데 슬기는 지 아빠만 밝히고 내 눈 속이구 딴짓하구

태희   (오버랩)공동묘지에 평계없는 무덤 없다드라..알았어. 그렇다면 그런 거겠지그럴 수두 있는 거구. 그런데 이건 인성의 문제야..스트레스가 아무리 컸대두 그 분풀이를 그런 식으로 해? 이 집에서 아니 감히 어떻게 그런 짓이 가능해?

채린   누구는 개만큼 귀하게 안 컸어요? (태희 보며)

태희   ??(보다가)귀하게 큰 거 알아 그런데 여기(머리)멘탈을 제대로 만들진 못한 거 같아. 너 미저리야 알아?

채린   ??? 뭐라구요?

태모 그게 뭐야.

태희 그런 거 있어.

채린 (벌떡 일어나며)어떻게 사람을/ 어떻게 그렇게 매도할수 있어요?

태희 (오버랩)너 무서워 채린아. 이쯤되면 자존심 때문에라도 그만둬
야하는데 너 종일 위에 처박혀 있다 아무 때나 스르륵 내려왔다 올
라가구 갑자기 부서져라 피아노 두둘겨대구 술 퍼먹고 주차장에 드
러눠있구 너같으면 안 무섭겠니?

태모 (오버랩)그만 해.

채린 (오버랩)누굴 보고 미저리래·· 너무 이뻐 너무 맘에 들어 이제야
소원 이루네. 나만 믿어라 내가 니편이다 그러다 하루 아침에 악마로
돌변한 당신들은 뭔데. 미저리는 이집 식구들이야

태희 ??

태모 ???

채린 이 집에 사람은 태원씨 밖에 없어. 아냐!! 그 인간두 미저리야.
잘해보자구 잘해준다구 머리 쓸어주고 안아주고 게장 살 발라 주구
그러다 갑자기 헤어지재 또라이 아냐?

태모 (오버랩)야!!!

채린 뭐!!!

태모 ????······으···으으으(뒷목 잡으며)

태희 엄마 괜찮아 괜찮아 괜찮아.

태모 (눈 감고)·····(다스리는)

채린 쇼하지 마세요 안 속아요(나가고)

태희 야아아아(뛰어나가려)

태모 (딸 움켜잡으며)놔둬··가만 있어···놔둬.

태희 엄마 숨 후우우우 후우우우

태모 후우우우우 후우우우우…(침대로 기어오르는)……우리가 나가
자··이집 저년 주구 우리가 나가아아··

태희 깔깔 무슨 말도 안되는 소리야아.

태모 웃음이 나와?!!

S# 한남동 대문 앞

　　[은수 바꾼 소형차 와서 멎고]

은수 (인사받으며 내리는)안녕하셨어요? 날씨가 많이 따듯해졌죠?(적
당히 대답)

S# 정원

은수 (좀 빠른 걸음으로 들어오는)…….

도우미1 (현관에서 나오며)오셨어요?

은수 아 아주머니 안녕하세요.

도우미1 이모님 아래 계시구 사모님 위에서 기다리세요.

은수 네··고맙습니다……(현관으로)

S# 현관/거실··

은수 (들어오고 도우미 따라 들어와 은수가 벗은 신발 바로 놓는)··(돌아
보며 웃어주고 안으로)

S# 거실

이모 (염주 굴리고 있는/눈 감고)….

은수 (다가와)이모님…

이모 (멈추고 일어나는)…(그냥 손 내밀어 잡고)

은수 (목례하며)편안하셨어요?

이모 그럭저럭 지낸다··몸은 괜찮구?

344

은수　네괜찮습니다 이모님··

이모　딸 아이 데려왔다면서

은수　네.

이모　그래. 목속에 박힌 가시였겠지··새끼가 그런 거야.

은수　네에

이모　첫 단추를 잘 꿰었어··준구놈이 약속을 지키게 했어야는 건데.

은수　딸아이때문 아니잖아요 이모님.

이모　아니야 그랬었으면 니가 녀석한테 얼마쯤은 보너스 점술 쳤을
　　　텐데에하는 내 미련이야.흐흐 어이 올라가. 니 어머니 기다려.

은수　네 그럼··

이모　(오버랩)언짢은 소리해두 그냥 가만 있어··니 어머닐 이해해.

은수　네.이모님··

이모　(손짓하고)

은수　(가벼운 목례/계단으로)

S#　계단 올라가는 은수··

S#　계단에서 이 층으로 나타나는 은수··

　　　[열려 있는 서재 문.]

은수　(잠깐 멈추고)

준구　(엄마와 앉아 있다 일어나는)····와··

은수　(들어와 준모 앞에/ 목례)저 왔습니다.

준모　(안 보는 채)앉아라.

은수　····(앉고)

준구　(앉고)···

준모　(보며)이런저런 ···더 이상 긴 말이 필요없을 거 같구나. ··어제 /

우리 모두/이쯤에서 그만 접어야지 도리가 없다는 결론을 냈어.니
생각이 확실한데 접어야할 일은 접어야지 끌어봤자 득될 거 없이
피차 힘만 드니까.

은수 죄송합니다.

준모 (오버랩)서류 정리는 출산하고 출생신고 마치고 하자꾸나.

은수 ⋯⋯(보는)

준모 왜 그러자는 건지 이해하니?

은수 알겠습니다.

준모 귀책사유가 내 자식한테 있으니 어느 정도 위로금은 생각하고
있다⋯

은수 ⋯⋯

준모 너 최선 다했던 거 모르지 않아⋯익숙치 않은 환경에 적응하느
라 애쓴 거 알고 니가 불만스럽지도 않았어.

은수 너그럽게 봐주신 거 감사합니다⋯

준모 변변찮은 니 남편 때문에 겪은 마음고생/어미로서 ⋯부끄럽고
미안하구나.

은수 ⋯⋯

준모 잘 수습하고 넘어가줬으면 바랬지만 그건 우리 욕심이었고 ⋯
(시선 내리고)⋯

준구 ⋯⋯(은수 보며)

은수 ⋯⋯⋯(시선 내리고)

준모 이제 니가 결심해 줘야할 말을 해야겠구나.(준구 일어나 침실로)

은수 ⋯⋯(준구 잠깐 돌아보고/준구 들어가자 준모에게)네 어머니.

준모 ⋯⋯

은수 ·····(보며)

준모 (보며)출산하면서 아이는 바로 나한테 넘겨다오.

은수 ???·····

준모 이집 자손을 니가 키우게 하는 건 우리로선 용납할 수 없어.

준모 E (가만히 보는 은수)내가 아직 건강하고 이모님 계시구··이집
      에서 아이가 받아야할 사랑이 부족할 걱정은 안 해도 되지 않겠니?

준모 (찻잔 들며)너한테 두고 보따리 모양 애가 왔다갔다하게 하는
      건··절대 안된다는 게 회장님 뜻이야 나 역시 마찬가지구.(마시는)

은수 ·····(보며)

준모 (찻잔 내려놓으며)미안하구나··그렇지만 니가 원하는 이혼이니
      너도 우릴 나쁘다고만 할수 없지··

은수 ···(시선 내리고)····

준모 친권이야 당연히 애비꺼고···양육권 다툼까진 가지 말자. 다퉈
      봤자 니가 유리하다는 보장도 없고····

은수 ·····

준모 우리 자식은 우리가 키울테니까 딸 아이만 잘 건사하렴··물론
      지금 심정으로는 이 노인네가 무슨 가당찮은 요군가 하겠지만 그
      리고/생살 뜯어내는 짓이라겠지만 아이 장래 생각해서 판단해주
      기 바래··

은수 ····(고개 조금 옆으로 돌리고)

준모 보낼 아이라 생각하고 될수 있는대로 애착 가지지 마라.

은수 (고개 돌린 채)·····

준모 몸조심하구 온 김에 남은 짐 갖구가두 되겠지.

은수 (고개 앞으로···안 보며)

준모　이게 무슨 답답한 일이니..너도 참 딱한 아이다.(일어나 나가는)

은수　.....

준모　.....(멈추고 돌아보는)

은수　.....(그대로)....

준모　(나가고)

은수　......

S#　준구 침실

준구　(손등으로 눈 덮고 누워)......

S#　서재

은수　......(앉아 있다가 천천히 일어서 침실 쪽으로)

S#　침실

준구　......(그대로)

은수　......(들어와 서서 보는).....

준구　......(그대로)

은수　나머지 짐 쌀 거야..

준구　(일어나 앉는)...

은수　가방 뒤개 빌려줘..

준구　(일어나 침대 내려서며)내 생각 아냐.난 그냥 두자구 했어. 당신
　　　한테 그렇게까지 하고 싶지 않아. 어디서 크든 내 자식 아닌 거 아
　　　니구 유모 붙여주구 그냥 두자 그랬는데 아버지가 단호하셔.어머
　　　니두 마찬가지구.

은수　....(보며)

준구　당신하구 원수되고 싶지 않아..

은수　나도 그래.(드레스 룸으로/나머지 옷들/가방들)

348

준구 뭐랬어.

은수 ….(그냥 움직이는)

준구 뭐랬냐구.

은수 금방 대답할 수 있는 문제 아니잖아.

준구 이게 무슨 멍청한 꼬락서니야.

은수 ….

준구 당신이랑 멋지게 폼나게 살구 싶었는데. 그림같이 살고 싶었는데…

은수 …..

준구 그렇게까지 매몰찰 거 없었잖아. 결국 이게 뭐야. 한 이불 덮구 일년을 넘게 살았는데 나한테 어떻게 이래. 내가 날마다 딴짓했어?

은수 (오버랩)나 지금 아무 말도 안들려. 그만해.

준구 잘했다는 거 아냐. 암튼 서류정리하기 전에 마음 달라지면 분가해 당신 딸 데려다 다시 시작하고 아니면 내 자식은 내가 키워. 당연히 그래야 해.

은수 나는 자식 낳아바치러 들어왔구나.

준구 그렇게 안돼두 돼. 아직도 기회는 있어.

은수 (보며)당신 믿었어. 행복하구 싶었어.손톱 끝만큼도 의심 안했어. 왜 그랬어. 그까짓 게 뭐라구. 그게 뭐가 그렇게 중요한 거라구.

준구 중요한 거 아닌데 당신 왜 이래.

은수 남자한테 중요한 거 아닌 그게 와이프 영혼을 찢어‥그 얘기야.

준구 성격이 운명이란 말 몰라? 당신은 그 지랄같은 성격 때문에 망한 여자야 똑똑히 기억해둬.

은수 지랄같은 성격으로 지랄같이 살다 죽을테니까 걱정마…..

준구 간통하지 마··위로금이구 나발이구 한푼도 없어.(발치에 자켓

훅 집어 들고 나가는)····

은수 ·····(손 멈추고)······(쓴웃음 지으며 챙기는)······

S# 거실

준구 (빠르게 나와 현관으로)

[준모와 이모 찻잔 받으며 모르는 척·····]

S# 준구의 욕실

은수 (얼굴에 물 끼얹고 있는)·····(끼얹다 문득 제 얼굴 보는····표정 없는)····

S# 아파트 거실

슬기 (짜장면 먹으며 만화책 보는)

현수 (의자 놓고 찬장 닦아내고 있고)

자모 (새 그릇들 씻어 건조대에 쌓고 있는)·····

[현수 전화벨 식탁에서]

슬기 (보고)이모(전화 집으며)아저씨.(슬기 현수에게/현수 의자 내리고)

현수 어 왜.

S# 광모 병원 앞

광모 (문 열고 나오며)야 좀 친절해라. 목소리 듣구싶어서 그냥 했어

그냥. ·· 두 시간 수술하구 바깥바람 쐬러 잠깐 나오는 중이야. 오늘

따라 왜 이렇게 숨돌릴 틈이 없냐.출근해서부터 계속이야. 어 걔 재

발 맞어. 큰 병원으로 보냈어···점심 먹었어? 뭐 먹었어 지금 뭐해.

S# 거실

현수 먹었어. 짜장면. 엄마랑 그릇 정리해. 아 여행이 무슨 여행이야

아 (엄마 돌아보고)쓸데없는 소리 말구 일해 나 바빠.끊어.(끊으며)

언제 철 들라나 몰라.

자모　갔다 와아.

현수　병원 맡기구 나 휴직하고 석달짜리 가재.정신 있는 애야?

자모　석달씩이나?

현수　한번씩 미친증 발작하면 일주일 보름 돌아다니다 들어오다가
　　　　그걸 못하니까 돌겠나봐.

자모　맘에 안든댔잖어. 사람이 착실한 데가 있어야지 어이구.(비쭉
　　　　비쭉)

현수　엄청 착실해진 거야(의자로)

자모　착실한 녀석이 병원 팽개치구 여행가재?

현수　슬기 따라 가자더니 어기짱 놓느라구 석달로 뽈궜어. 신경쓰
　　　　지 마. 그냥 칭얼거리는 거야.

자모　아들 키워?

현수　흐흐 아들 같을 때두 있어.

자모　얘는 잠깐 갔다온다드니….

S#　둔치로 들어오고 있는 은수의 자동차··

S#　운전하는 은수····아무것도 없는 얼굴··

S#　적당한 자리에 세워지는 자동차··

S#　차 안

은수　········

　　　　[전화벨 울리고···]

은수　(핸드백에서 꺼내 보고 받는)네에.

태희　F 이사하는 날이라며.

은수　아 네··했어요.

태희　F 내일 슬기 보내는 거지?

은수   그럼요. 지 아빠랑 약속하든데요?

S# 태모 자동차 뒷좌석의 태모와 태희

태모   (오버랩 안 보며)가구값 얼마 들었나 물어봐.

태희   ?? 건 왜.

태모   아 물어봐아.

태희   줄라구?

태모   …

태희   가구값 얼마 들었어. 엄마가 줄라나봐…(전화 막고)애 충격 받
         았나봐. 가만있어.

태모   내 새끼야. 그 정도는 해야지.

태희   여보세요?……응…응 뭐 손녀딸한테 신경 좀 쓰겠다는 거지….
         그래 알았어. 전화하께 한번 보자..어엉..(끊으며)태원이가 했대.
         당연히 했겠지 가만 있었겠어?

태모   설계사무소 바꾸면 안돼?

태희   엄마 또오.

태모   애가 왜 그렇게 떨떨해.. 암만 봐두 그래 왜.

태희   일만 잘해. 알지두 못하면서.

태모   잘 살어?

태희   ??

태모   매앤 이혼인데 갠 이혼 안한대?

태희   어이구 참 엄마는..이혼이 많아지긴 했지만 (하다 문득)무슨 심
         통이야? 왜 그래?

태모   너 그놈 침발라 논 거 아냐?

태희   미치겠네. 딸 쌍둥이 아들 하나 키우면서 알콩달콩 잘 사네요.

와이프가 미스코리아 미 출신에 살림을 얼마나 잘하구 애들을 얼마나 잘 키우는지 창걸이 걔 다시 태어나두 지 마누라라 그러는데 어이구참.

태모 ....설계 바꿔.

태희 엄마아.

S# 둔치 주차장에 서 있는 은수 차

S# 강가...강물 보며 서 있는

은수 ....(서 있다가 돌아서 자동차로 움직이는).........

S# 자동차로 오고 있는

은수 .....(거의 무표정/땅 보다가 자동차 쪽 보다가)....(하면서)

S# 차 앞

은수 (무심히 차 열려는데 잠겼고 주머니 키 꺼내 리모컨 작동해서 들어가는)

S# 차 안

은수 .....(잠시 있다가 벨트 매고 시동 걸어 출발)

S# 움직이는 차에

　　　[전화벨...]

은수 E 응 엄마야....(아무렇지도 않게)지금부터 삼십분. 필요한 거 있음 말해. 엄마 마트 들릴 거야...어어 아이스크림 어떤 걸로? 응 크런치 바. 피너츠..블루베리..아이스크림 너무 많이 먹으면 뚱보 예약하는 건데 엄마 걱정된다. 응 알았어..할머니 뭐하셔?

S# 아파트 거실

슬기 (글씨 쓰기 하던 중/엄마 창가 바닥에 퍼져 자고 있고)할머니 주무셔. 아으으으 잠깐 등 좀 펴야겠다 그러더니 그냥 자 엄마...이모는 아까갔지이이.. 응 아빠 이사 잘했냐구 조금 전에. 바쁘대..맨날 바쁘대 맨날.. 응 ..빨리 들어와아아..(끊는데)

자모 (일어나며)아으 아으 내가 깜박 졸았네..졸았어..아흐으으으 (하품)

슬기 할아버지가 할머니 하품 너무 크게 하지 말라는데/ 여기(턱)꼬 맨 거 틀어진다구.

자모 으호흐흐 아니야아아아(궁둥이 두드리며)흐흐흐(끄응끙 일어나는)…

S# 마트에서 장 보고 있는 은수….담담한….

S# 다미 아파트 승강기 문 열리고

다미 (내려 제 현관으로)

  [따라 내린 경호원 하나 현관까지.]

다미 미스터 리 세시간 동안 안녕?

경호 쉬세요 누님.

다미 땡큐.(도어록 비밀번호 누르고 들어가는)

S# 아파트 거실

다미 (들어오다 문자질하는 차실장 보고 김 팍 새서)주인 없는 집에 진짜 이럴 거에요?

차 (문자 보내며 일어나는)들어왔어?

다미 비번 바꿨는데 또 코디 목 졸랐구나.

차 엄밀히 말해서 회사 아파트지 니 꺼 아니잖아.

다미 코디 짤라아.

차 너 병원 왜 안가.

다미 (주방으로)가봤자 큰 도움 안되는데 뭐하러 시간 낭비 수고낭

비해요.

차　많이 좋아지고 있다는데 무슨 소리야 너.(따라 움직이며)

다미　흥. 닥터가 바라는 대답 해주고 있으니까 그렇게 생각해도 무리
아니지.

차　닥터 고스톱 해서 땄어? 니가 수작부리면 그거까지 아는 사람들
이야.

다미　(물 꺼내 따르는)…

차　공부한 사람들 무시하지 마. 좋아진다는 말은 내 헛소리고 별
진전이 없다는 게 닥터 얘기였어.

다미　(마시고 내리며)실장님 거짓말인 줄 알았어요. 속는 척 했어요.

차　어머닌 안녕하시든?

다미　안아픈데가 없대요.우리 엄마 나만 보면 그러니까‥워낙 골골
체질이 노동해서 혼자 자식 넷 밥 먹였으니까.

차　엄마들은 다 그래. 우리 엄마두 뼈랑 가죽만 남았어. 엄마 생각
만하면 나두 눈물이 앞을 가린다.

다미　(침실로)밤 촬영 나가야 해요. 잠깐 졸 거에요.

차　(오버랩)너 대사 안해 갖구 나가냐?

다미　(돌아보는)

차　E　왜 엔지가 많아져‥어젠 아주 죽였다면서.

다미　죽였지.

차　너 평판나빠져 안돼 다미야‥정신차려.

다미　사랑이 남자 신세 망치는 거야? 남자 파멸시키는 게 사랑이야?
대사 중간에 한번 씩 들려요. 준구오빠 이모님 소리.

차　????? 환청이야?

다미   (오버랩)깔깔 환청까지는 아니구 생각나요 생각나는 거에요.

차   그따우 생각을 뭐하러 해.

다미   생각나는 걸 어떡해.

차   연기할 때는 연기에만 몰두해야지 그게 벌써 연기에 집중을 안 한다는 증거잖아.

다미   정신과 닥터보다 그 할머니 호통이 약발 훨씬 좋아요. 나 자요(들어가고)

차   (아아 저 골칫덩어리)

S# 다미 침실

다미   (들어와 옷 벗기 시작하며)

이모   E 어디 평범한 아이두 아니구 너두 이름 걸구 얼굴 내놓구 스타아라구 행세하며 살면서 응? 부모한테 좋은 유전자 받아 늘씬하구 어여쁜 용모로 태어나 박수받으며 찬사받으며 만 여성 부러움 대상인데 왜 지가 받은 축복에 감사를 못하구 남의 남편까지 욕심을 내.

다미   네에 네 알겠습니다 할머니.

이모   E (다미 슈미즈 바람으로 침대 파고드는)사랑은 상대를 이롭게 하는 게 사랑이지 해롭게 하는 건 사랑이 아니라 사랑 탈을 쓴 악귀 분탕질에 지나지 않아.(눈물 뚝뚝 흘리는)대꾸할 말 있으면 해봐 어디.

다미   할말 없어요 할머니 제가 무슨 할말이 있겠어요…(바로 누우며 허탈한)……

S# 아파트 현관 안

은수   (커다란 가방에 시장 봉투 힘겹게 끌고 들어오는)….

S# 아파트 거실

　　[현관문 열리고]

자모　(바닥 닦다가 달려 나가는/끌어 들이는 가방에 달려들며)아으 부
　　　르지이이. 엄마를 부르지이이..

은수　슬기야 이거. (시장 주머니)

슬기　(나와 있다가)엉. (받아서 주방으로)

은수　엄마 이제 그만하구 쉬어. 내가 하께 엄마 그만해.

자모　(가방 끌어 들이며)구석구석 아직 멀었어어.

은수　청소 아줌마 불러서 하께 걱정마 엄마..쉬어쉬어. (가방에 손대
　　　며)내가 갖구 들어가께..슬기야 오늘 저녁 우리 핏자 시켜먹자..

슬기　응 좋아좋아.

은수　(방으로)

S# 은수 침실

은수　(들어와 가방 구석으로 밀어놓고 옷 벗고 침대 걸터앉는)……

　　　[노크]

은수　?? 네에..

자모　(문 열고)뭐라셔……한남동…

은수　어 포기하신대….

자모　…..(그냥 문 닫으려)

은수　서류정리는 정리는 아이 출생신고 하구 난 뒤에 하라셔.

자모　..으응..

은수　그런다구 했어…

자모　잘했어.

은수　위로금 주신다네?…받지 뭐..

자모 그거야....자기 아들때매 못 사는 건데… 자식두 낳아주는데…
한 십억 내라 그래.

은수 나 이백억 달라 그럴 건데?

자모 (기절하게 놀라고)

은수 까르르르르 아냐 엄마..엄마 놀래는 거 볼라 그랬어.

자모 (흘기고 문 닫는)

S# 은수 침실 밖

자모 (마루 걸레로 가 앉아 닦기 시작하며 중얼거리는)저게…창자가 짧
던지 어디가 모자란 거지…저러구 웃는 거보면. 한 번씩 이상시
러워..

슬기 (주방에서 크런치 바 껍질 벗기며)응 할머니? (무슨 말이야?)

자모 아냐 암것두 아냐.

S# 은수 침실

은수 ....(멍하니 앉아서/전화 꺼내는)……

S# 현수 회사 공장

현수 쁘띠는 이것처럼 그레이로 하고… 그랑은 이 인쇄컬러랑 맞춰
주세요.

   [어지러진 테이블 위에 가방 싸개용 커버 앞에 놓여 있고/앞에 거래처
   남자 앉아 있는]

   [전화벨.]

현수 잠깐요.(받는)들어왔어?·· 내가 하께.(끊는)

현수 (커버에 인쇄된 로고 보며)이거 먹색이예요?

남자 아, 검정이예요. 먹색으로 찍으려고 했는데 칼라가 스며들어서
몇 번이나 찍어야 하더라구요. 그래서 그냥 검정으로 했어요.

현수 (손으로 만져보며)검정도 괜찮네요.

남자 로고는 어떻게 할까요?

현수 (오버랩)우리 가방에 들어가는 로고 있잖아요. 강아지 그림만 들어가 있는 거요. 그걸 (손으로 가리키며 / 로고 인쇄) 요 밑에다 박는 걸루요. 이렇게 찍는 걸로 하고/ 언제 까지 되는 거예요?

남자 아 그게 지금 생지 때문에 사흘 걸린대요.

현수 ?? 원단이 없어요?

남자 생지가 사흘마다 나오는데 지금 재고가 없대요. 이번껀 다 팔렸고 사흘 뒤에

현수 (오버랩)어 그럼 안되는데. 지금 50장은 먼저 필요한데 100 야드 정도도 없대요?

남자 (난처한 듯)백야드가 아니라 십야드도 지금 없다더라구요.

현수 (뿌우)며칠 딜레이되겠네.

S# 회사 건물 앞

현수 (나오면서 통화중)어 얘기해. 뭐라 그래.

S# 은수 침실

은수 (정리해야 할 박스들 뜯다가 받은. 쭈그리고 앉아서)이혼 수속 출산 뒤에 하라셔. 네 그러구 나머지 짐 갖구 왔어·····응 언니 고생했어.미안해. 근데 퇴근하면서 엄마 좀 데려가라. 병나시겠어.

S# 회사 앞

현수 ?엄마아빠 오늘 늬집에서 주무신다는데?··이사한 날이라구 늬집 터 밟아주신대. 아빠 그리 퇴근하신대. 엄마는 이삼일 더 있을 작정이더라.

S# 은수 침실

은수   아냐 청소아줌마 부를 거야. 엄마 병나. 엄마가 무슨 죄야. 괜
      찮아‥알았어‥내가 할게‥응 나중에 통화하자‥언니 일해.(끊고)
      ‥‥(일어나는)

S# 거실

은수   (나와 잠깐 찾고)할머니.

슬기   (글씨 쓰다)? 응? 몰라.(하는데)

      [욕실 물 끼얹는 소리]

은수   (욕실로)

S# 욕실

자모   (욕조에 물 받아놓고 바닥 타일에 대야 물 떠 끼얹고 있는)

은수   (문 열고 뛰어들 듯)엄마엄마 내가 해. 내가 하께.

자모   나가나가‥엄마가 해.

은수   (오버랩 대야 뺏으며)그만해. 내가 해두 돼글쎄. 그냥 쉬라니까
      진짜 왜 말 안들어.(좀 화내는)

자모   ??‥‥‥애 아직 할 일이 (보는)

은수   (대야 욕조 물에 던져 넣으며)도우미 아줌마 부른댔잖어.

자모   (대야 집으려)뭐하러 쓸데없는 돈을 써어.

은수   엄마아‥(터지듯)

자모   ??

은수   하지 말라면 제발 하지 마. 그만해. 그만해두 돼. 엄마 돈돈돈
      하다 아프면 병원비 더 들어. 돈돈돈두 이제 그만 좀 해. 엄마 그러
      는 거 나 싫어. 정말 싫었어.

자모   (오버랩)알았어‥알었어 그래. (바가지 물 떠 발에 부으며)그만하
      께. 아무 것도 안하구 가만있을게

은수　….(보며)

자모　(혼잣말처럼)가만 있지 뭐‥

은수　(튀어 나가는)

자모　가만있는 게 더 힘들구면‥

S# 거실

은수　(나와서 제 방으로)

슬기　(엄마 돌아보며)할머니 말 안들어 엄마아.

S# 은수 침실

은수　(들어와 풀던 상자 앞으로 털썩 앉아 꺼내던 옷가지들 꺼내면서)

　……

S# 서울 야경

S# 아파트 거실

자모　(티 테이블 아랫부분 슬금슬금 닦으며 주방 쪽 눈치 보는)…

은수　(슬기와 함께 배달된 피자 먹을 준비 식탁에/접시 네 개. 포크 나이
　프 피클 담을 그릇. 냅킨/가루 치즈 공기에 덜면서)슬기야 치즈 뿌릴
　티스푼 두 개만 꺼내 놔

슬기　엉. (싱크대 서랍으로)

　[현관 벨.]

슬기　(현관으로 팔랑)네에에. 누구십니까아‥

자부　E 피자 왔습니다아아‥

슬기　어?(문 열고)

은수　(현관으로/피자 들고 들어오는 아빠/)??

자부　현관에서 만났어. 천사호 꺼래서 내가 돈주구 받았지.

은수　(피자 빼내며 피자 상자 바닥에 손바닥)아 뜨거워. 지금 먹어야 맛

있어. 아빠 빨리빨리. 엄마 와요오오.

자모 알었어어‥(행주 들고 주방으로)

자부 사람이 왔는데 왜 일어나 보지두 않어.(옷 벗으며)

자모 내집두 아닌데 뭐‥(좀 투덜거리는)

자부 (엄마)왜 저러냐.

슬기 일하지 말라구 엄마가 야단쳐서 할머니 골났어요.

자부 어어 허허

자모 (오버랩)손 씻어어.

자부 (손 씻는/ 엄마는 자기도 씻으려 기다리는)

은수 (피자 상자 열어 조각 나누며)슬기야 콜라.

슬기 앗참‥(냉장고 콜라 캔 두 개 꺼내다 놓는데)

은수 엄마가 할머니를 야단친다는 말은 안 맞는 거거든?

슬기 그럼 뭐라 그래?

은수 그냥 엄마가 신경질 폈어 그렇게?

슬기 알았어. (캔 두 개 더 꺼내러)

자부 엄마가 사람 짜증나게 해애. 몰라?

은수 알지 왜애.

자모 (손 씻으며)골 난 거 아냐. 골은 무슨‥‥

은수 (오버랩)엄마 빨리빨리‥

　　　[다 같이 식탁에/]

은수 (다시 일어나며)안되겠다. 설거지 안 만들라구 그랬는데 폼 안

　　　나.(꺼내져 있는 유리컵 쟁반 옮기는)

자모 그냥 먹어어‥(자부는 피클 그릇에 옮기고)

은수 (피자 상자 싱크대로)이것도 치우구우?‥

[약간의 시간 경과. 콜라 잔 채워져 있고··자리 잡고 앉은.]

은수 술은 아니지만 아빠 한 말씀.

자부 움 그래··이사와 첫날인데 그럼 해야지····(잠시 생각하는)느이 모녀 무조건 건강할 것. 무조건 편안하고 행복하기를 부탁해.

은수 네에.

슬기 네에··

은수 드세요.

자부 그래 먹자아아

은수 오늘 터 밟아준다면서. (치즈 가루 슬기 피자에 조금 뿌려주며)

자부 니 엄마가 하루 밤은 자주자 그래서.

자모 싫으면 가구우.

은수 골 안 났다더니.

자모 아 아냐··멀쩡한 사람 손발 묶어놔 깝깝해서 그래.

자부 골 났구먼 뭘.

자모 ??(남편 보는)···

자부 났잖어.

자모 아으 그래 났어 났다그러구 말어.내 속을 누가 알어··

자부 내 속 아는 사람이 어딨어 다 그렇게 나혼자 쓸쓸하다 가는 거야아.

은수 (잠깐 아빠 보고)천천히 먹어어. 체해애애··

슬기 으흐흐흐 내가 좀 그랬어··

은수 (웃으며 흘겨주는)···

S# 현수 원룸

[현수 발바닥 지압해주고 있는 광모.]

광모 동물에게 돈 쓰는 거 이해 못하는 분들도 계시지. 나두 그런 일 꽤 있어.

현수 ?? 넌 뭐가 있어?

광모 수술해야하는데 수술비 물어보고는 나중에 온다구 그냥 가는 견주들.. 다시 안 오거든. 그러구 가면 여엉 마음 안 좋아..

현수 아이들 유모차 있잖아.

광모 응

현수 청담동에서 강아지 유모차에 싣고 가다가 어떤 모르는 할아버지한테 따귀맞은 사람도 있대.

광모 ??? (했다가)뭐 힘들고 배고픈 시절 보낸 세대는 유모차에 태운 강아지 이해 안될 수 있지…그래도 생판 모르는 사람 따귀는 너무했다.

현수 (오버랩)아으 피곤하다.

광모 피곤하지. 이사한 집 반나절에 시장까지 돌아다니구 들어가 또 일하다 왔으니 안 피곤하면 인조인간이야.

현수 (발 뽑으며)됐어 샤워해..

광모 그래? 빨리 올라가자구?(장난)

현수 (흘기며)주하랑 통화할 거야..퇴근해서 하자 그랬어.. 빨리 들어가 씻어.

광모 알았어알았어. 볼일 봐.(욕실로 움직이다)스콘 사다 줄까? 너 배고플텐데. 그거 좋아하잖아.(욕실 앞 납작한 바구니에 광모 갈아입을 옷 준비)

현수 아냐아아 …고마워어..(광모 들어가고/핸드폰 집으려 상체 일으켜 좀 떨어진 위치의 전화 집어 드는)

[벨 가는 소리·······(안 받는)]

S# 주하 오피스텔

[전화벨은 울리고 있는데]

주모 미쳤어? 돌았어? 제정신 아냐?

주하 (오버랩)안 미쳤어. 멀쩡해.

주모 (오버랩)멀쩡해서 애딸린 놈이야?

주하 보너스지 뭘 그래 엄마.

주모 뭐야? (하다가)아 저눔으 전화 좀 어떻게 해애!!

주하 (일어나는데 전화벨 끊기고)끊겼어.

주모 죽여 아예 죽여.

주하 (싱크대 전화 집어 전원 끄는데)

주모 뭐가 어째? 보너스?

주하 (오버랩)아들하나 벌어놓구 시작하는 거잖아아.

주모 (오버랩)야 이 기집애야

주하 (오버랩)내가 선생이야 선생. 제자들이 다아 내 새끼들이야.

주모 그게 같아?

주하 나보다 덩치 큰 제자두 새끼같은데 열 살짜리 진짜 새끼로 못
키워? 나 자신있어엄마. 애가 얼마나 의젓하게 생겼는데. 어 사진
보여줄까? 보여주께(전원 켜려)

주모 (쳐서 바닥에 전화기 떨어트리며)새끼같은 거랑 새끼랑 안 같아.
통통한 소리 하지 마. 그 꼴 못봐. 내눈에 흙들어와두 못봐.

주하 엄마아아(달래려)

주모 (오버랩)결혼식장 개망신이 부족해서 이젠 혹 매단 놈이야?
니가 왜 뭐 부족한 게 있어서. 인물이 빠져 공부가 모자라 부모가

없어

주하 (오버랩)아 없구 모자라서가 아니라 바로 이 남자다를 만나서
야아.

주모 혹달린 홀애비.

주하 기분 좋은 보너스라니까 왜 혹혹 그래 기분 나쁘게.

주모 ??

주하 걱정마. 엄마 보란듯 훌륭하게 키워서 유엔사무총장 만들어놓
을 테니까.

주모 ……(보며)

주하 자신있다니까?

주모 (물잔 집어 홱 뿌려버리고 벌떡 일어나는)

주하 …(손바닥으로 닦으며)흐흐 엄마 드라마 너무 본 표 난다 낄낄.

주모 자식두 아니다. 그래 자식두 아냐..연끊자엉? 끊어어..(현관
으로)

주하 엄마 그럼 나 이민 가아..

주모 (도로 부르르르 들어오며)가가 가라 이기집애야. 가가가(두들겨
패러)

주하 (침실로 도망치며)아으으으 엄마 진정해 진정해애애애.

S# 아파트 현관 앞

은수 (아파트에서 나와 저쪽 차에 기다리고 있는 태원 쪽으로)…

태원 (양손에 작은 케이크 상자와 꽃다발 하나 은수 다가오자 들어 보이
며)입주 첫날 그냥 지날 수 없어서..축하해. 이건(케이크)슬기. 이
건(꽃)슬기 엄마..

은수 (받으며)고마워..

태원   내일 열시에 온다 그랬어.

은수   응.얘기했어.

태원   모레3시쯤 데려다 줄게.

은수   응.가아..(태원 자동차로)아..아까 고모 전화했었어.

태원   왜.

은수   어머니 가구값주신다 그러신다구. 당신이 했다 그러구 사양

　　　했어.

태원   (쓴웃음)잘했어..들어가..(차에 올라 뜨고)

은수   ...(잠시 보다 돌아서는)....

S# 룸살롱

　　　[술 마시고 있는 준구.]

준구   ....

아가씨들   (들어오며 인사/준구는 다시 따른 술잔에 얼음 둘 넣으며 묵살

　　　하듯 대꾸도 않고)

아가씨들   (준구 옆으로 붙어 앉으며)

아가씨1   왜 혼자세요? 정수오라버니 안 오세요?

준구   (오버랩)필요하면 부를테니까 나가 있어.

아가씨들   (잠깐 눈 맞추고 나가는)

준구   (얼음 흔들며)..........(있다가 단숨에 잔 비워버리고 전화 꺼내 내려

　　　다보다가 그만두자..전화 탁자에 놓아버리고 술잔 다시 채우는)....

S# 아파트 거실

은수   (들어오며)어떡하지 엄마? 화병이 없어.(슬기 가운데 놓고 티브이

　　　보는 부모)

슬기   (발딱 일어나 엄마에게)아빠한테 꽃 받았어 엄마?

은수 어 아냐아 아빠가 니 꺼랬어.

슬기 진짜아아?

자모 (벌써 일어나 움직이며)그걸 어떡해..어디다 꽂아아아아(시간 경과)

S# 식탁

　[곰국용 큰 냄비에 통째로 집어넣어지는 꽃다발]

슬기 낄낄 웃긴다..

은수 내일 꽃병 사다 제대로 꽂아주면 돼.

슬기 꽃아 미안하다아아? 하루만 참아 응?

은수 (딸 목 당겨 뺨에 입 맞추고)

슬기 (엄마 얼굴 잡고 입에 쪽쪽)

은수 (쪽쪽쪽)

　[모녀…]

제35회

S# 아파트 전경(오전 10시경)

S# 거실과 주방

[식탁에 냄비의 꽃]

S# 슬기 방

은수 (슬기 옷 입히며)엄마 할 말 있어.

슬기 응.

은수 아줌마하구 있었던 일들 다 잊기로 했지?

슬기 ....(보며)

은수 아줌마도 힘들었을 거야힘들 거야.아줌마 아이 낳아본 적도 키워본 적도 없는데다 니가 아빠 사랑 독차지하는 게 섭섭하고 싫을 수도 있었을 거야. 그렇게 이해해주고 너 /아줌마랑 잘 지냈으면 좋겠어.

슬기 (보며)....

은수 말 걸면 대답하고 니가 말 걸기도하고 웃어주면 너도 웃어주고 그렇게⋯⋯대답안해?

슬기 알았어.

은수 불만이구나.

슬기 ··(보는)

은수 너랑 난 이제 /우리 행복하잖어. 우리 둘이 행복하잖어. 아냐?

슬기 응 좋아.(엄마 목 껴안으며)

은수 (마주 안으며)그래 그러니까 아빠하구 아줌마도 편안해지도록 니가 아빠 도와줘야지.우리끼리만 좋은 건 미안하잖아.(떼어내고) 너 때문에 아줌마한테 화난 아빠 마음/나는 니가 풀리게 해줘야한 다고 생각해. 니가 아줌마랑 편하게 지내면 아빠 마음이 훨씬 편해 질 거야.

슬기 응··어렵지만 해볼게.

은수 아빠를 위해서.

슬기 응.(하는데 메시지 신호)아빠다··(핸드폰 꺼내 보고)아빠 왔어 엄마.

은수 (오버랩)응 얼른 나가··나가자.

　　　[모녀 나가고]

S# 거실

　　　[나온 모녀 현관으로]

S# 승강기 앞으로 모녀··

은수 (버튼 눌러놓고 슬기 가방 메어주면서)임실 할머니께 엄마 인사 전 해줘.

슬기 알았어.

은수 할머니 오랜만에 뵙는 거니까 그만큼 더 착하고 친절하게 응?

슬기 걱정마걱정마.

　　　[승강기 멈추는 신호.]

은수　잘 갔다 와.

슬기　엄마 안 내려가?

은수　여기서 빠이빠이 해. 내려다 보고 있을게.(문 열리고)얼른 타.

슬기　(타면서)엄마 안녀엉.

은수　안녀엉.(승강기 문 닫히고/··돌아서 제 현관으로)

S# 거실

은수　(들어와 서둘지 않으면서 발코니로)

S# 아파트 현관 앞

태원　(주차된 차에서 내려 현관 쪽으로)

S# 현관 승강기로 들어오는

태원　·····

　　　[신호음 들리고 열리는 문.]

슬기　(뛰어내리며)?아빠.

태원　하하 반가워. (손잡고 나가며)새 집에서 편안하게 잘 잤어?

S# 승강기 앞부터 현관 앞 주차장까지

슬기　응.도배냄새 때매 할머니 머리 아프시댔어. 할머니 엄마가 마
　　　악 가라 그래서 할아버지랑 일찍 가셨어.

태원　엄마가 왜.

슬기　할머니 일 너무 하다가 병 나신다구.

태원　어어(그랬구나)냄새 빠질려면 좀 걸릴텐데 엄마랑 너는 머리 안
　　　아팠어?

슬기　아니 몰라. 할머니가 봄이라 낮에 창문 열어놓을 수 있어 다행이래.

태원　다행이야그래.(차 문 열어주고)

슬기　(타려다)아 엄마가 내려다본댔어.(올려다보며)아빠 엄마 있어.

(손 흔들고)

태원   (올려다보면)

S# 바닥에서 올려다본 발코니/

은수   (손 흔들고 있는)

태원   (가볍게 한 손 들어 보이고 슬기 태우는)

슬기   (타고)

태원   (한 번 더 발코니 올려다보고 운전대로)

S# 부감/은수 시각/출발하는 태원 자동차··

S# 발코니

은수   ·····(시선 자동차 따르듯 하다 돌아서는)

S# 거실 주방

은수   (들어와 창문 더 활짝 열어놓고 주방으로/개수대 컵 두 개 씻으면서)
       ·····

준모   E 출산하면서 아이는 바로 나한테 넘겨다오.

은수   ········(그냥 아무것도 없는 얼굴로 손만 움직이는)····

S# 식탁 닦는 은수

은수   ·····

준모   E 이집 자손을 니가 키우게 하는 건 우리로선 용납할 수 없어.

은수   ·······

S# 아파트에서 나와 제 자동차로 가고 있는

은수   ····

준모   E 너한테 두고 보따리 모양 애가 왔다갔다하게 하는 건··절대
       안된다는 게 회장님 뜻이야 나 역시 마찬가지구.

은수   ·····(자동차로 오르는)

372

S# 태원의 거실

    [들어오는 슬기 부녀.]

슬기 (통통통 안방 쪽으로)할머/(계단 내려오고 있는 채린 보고)…(꾸뻑)

채린 …(맥이 좀? 빠진/보며)….

슬기 (작게)안녕하세요.

채린 오랜만이다.

슬기 (아빠 돌아보며)네에‥(작게)

태원 (오버랩)할머니한테‥

슬기 E (들어가며)할머니이이‥

임실 E (열린 문으로)아구구구구 우리 애기 왔네에에‥요것이 얼마
    만인가암?(방문 닫히면서)

태원 (계단으로)

채린 ‥‥‥(태원 돌아보며)

S# 태모 방

임실 (태모 헤어 롤 말아준 뒤처리/주머니에 서너 개 남은 헤어 롤 집어넣
    으며)잉. 할머니 곰방 나오셔. 손씻으러 들어가셨어. 그동안 잘 지
    내셨능가 우리 아가? 내가 그냥 슬기 보구자퍼 눈이 다 진물렀어.
    너는 이 할미 안보구자펐어?

슬기 (옆에 붙어서 바닥에 떨어진 헤어 롤 집어주며)슬기도 보구 싶었
    어요.

임실 에이그 에이그흐흐흐

슬기 엄마가 할머니한테 인사 전하랬어요.

임실 오냐오냐 잉 고맙다고잉? 고맙다고오.

태모 (욕실에서 나오는/ 손 닦으며 오버랩)슬기왔구나아.

슬기 (오버랩)할머니.(할머니에게)

태모 (오버랩/머리는 찍찍이에 그물망 쓰고/슬기 두 팔로 안아 붙이며) 어이구 내새끼..우리 새끼 할미새끼<u>으으으으</u>. 뽀뽀..뽀뽀해줘야지.

슬기 (쪽쪽 뽀뽀해주는)

태모 (얼굴 만지며)고맙습니다아아. 고오맙습니다 <u>으흐흐흐</u>. 안나 가구 뭐해.

임실 (입 벌리고 헤에에 있다가)사장님 슬기 이뻐허시는 거 보면 핏줄 이라는 게 참 조화는조화요. 손녀딸헌테 허시는 거 보면 호랭이 사 장님도 아니고 독한 시엄씨도 아니고(하다가 태모 눈과 마주치고/소 리 죽이면서 문으로)그냥 덮어놓고 손주 이뻐죽는 늙은 할머니닝께 내가 고것이 참말로 신기해서

태모 (오버랩)튀김반죽 제대로 해뒀어?

임실 아 따악 해서 따악 냉장고 넣어뒀소.(나가며) 그란디 어째 고모 가 안오남?

태모 (슬기 손잡고 의자로)이사한 집이 수유리보다 좋아?

슬기 깨끗해요.

태모 니방은 얼만해.

슬기 수유리보담은 대따 크고 여기보담은 좀 작은 거 같아요.

태모 아파트 방이 커봤자지 어떻게 대따 커.

슬기 응 엄마가 방 두 개를 하나 만들었어요.

태모 아아..그래 에미가 아침 뭐 해 줬어. 뭐 먹구 왔어.

슬기 우웅 냉이된장국이랑 김이랑 달걀말이랑 김치랑 멸치볶음이랑

태모 (오버랩)제대로 먹었네. 어느새 멸치두 볶았어?

슬기 멸치는 수유리 할머니가요. 냉이국두요.

374

태모 수유리 할머니 할아버지/ 같이 살어?

슬기 아니요? 어젯밤에 주무시구 아침 잠숫구 가셨어요.

태모 으으응(그랬구나)그래 할미네 사는 거 보다 에미랑 있는 게 더 좋아?

슬기 …(보는)

태모 아빠 안 보구 싶어?

슬기 보구 싶지만··옛날같이 전화하구 문자하구 그러니까 괜찮아요.

태모 (슬기 보며)끄으으으응(작은 한숨 쉬며 일어나 화장대로/혼잣소리)인생사 참··꼬이러드니 우우습게 꼬인다아아

슬기 (돌아보는/무슨 소린가)

S# 주방

임실 (위에 한 손/이마에 한 손 대고 찌푸리고 있는 채린에게 밥 반 공기 콩나물 김칫국 한 대접 놓아주면서)도대체 무신 생각인지를 모르겠네. 기어이 살어야겠다/말대로 죽어나가기 전에는 못나간다 그런 거같으면 어금니 부서져라 결심을 하고 어떡해서든지

채린 (오버랩 국 떠먹다 밥 공기째 국에 쏟으며)김 주세요.

임실 (김 가지러 움직이며)어떡해서든 슬기 아빠 맘을 풀리게 만들어야지 참말로 인간적으로 깝깝하고 안타까워 못 보겠네··(김 뜯어 접시에)

채린 (국과 밥 먹으며)······

임실 ······(보다가)잘못도 보통 잘못을 한 게 아니께 그건 본인도 알것이니께 어떻게 무슨 수를 써야 용서를 받을 수가 있을까 아마 궁리가 안설 것이요. 고건 나도 이해하요. 이해하는디이 그래도 시방 고건 아니요.잉?

채린 ……

임실 (앉으려 의자 빼며)다 저녁때 소리없이 빠져 나가 깜북 취해 들어온 거이 어제가 시번째요. 어제하고 그 전번은 그래도 업혀 들어 오지는 않았제잉. 그려도 어쨌든 안직은 시어머니 시누인데 명색이 며느리가 잔뜩 취해서 이이리 비틀 저어리 비틀··참말로 내가 이 나이 먹도록 웬만한 꼴은 다아 봤다고 생각했는데

태희 (오버랩/프루트 칵테일 깡통 서너 개와 도넛 상자/들어오며)아줌마 요새 장을 너무 자주 벌려요. 재미 들렸나봐.

임실 (일어나며)다리 아퍼 잠깐 쉬는 참이요.

태희 (채린 옆으로 잠깐 보고)도너츠 냉장고 넣지 말구 서늘하게 둬요. (나가며 혼잣소리)어으 참 보통일 아니네··

임실 내가 시방 그말이라니까(꿍얼꿍얼)

태희 E 어디 갈꺼니(슬기 데리고)

태원 E 경복궁 데이트요.

태희 E 어엉(그렇구나 하면서)

태원 (들어오다 채린 잠깐 보고 냉장고로)

임실 뭐 필요한가요

태원 네 제가 해요.(물 따라 마시면서 나가고)

채린 ……(잠시 후 수저 놓고 나가는)····(머리 아파 이마 짚고)

임실 쯔쯔쯔쯔····에고오오···자기 자식 저러고 있는 걸 아능가 모르능가··그 집도 참말로 이해를 못허겠네··(치우며 궁시렁)

S# 태원 서재

태원 (들어와 물 한 번 더 마시고 놓으며 의자에 앉는)····(다른 아웃도어 잡지들 뒤적이고 있던 참이다)····(보던 책 뒤적이기 시작하는데)

채린 (스르륵 들어서는)‥‥

태원 ‥‥(안 보며‥)

채린 ‥‥(잠시 보다가 의자 당겨 마주 앉으며)우리 부모님‥스콧틀랜드
에 계시대요‥

태원 통화했어요?(안 보며)

채린 어머니가‥‥아버지 몰래‥‥아까요.

태원 ?‥(보는/왜 몰래 해야 해)‥‥뭐라 그러세요.

채린 (울음 터지려)

태원 ‥‥(보며)

채린 (손끝으로 눈물 닦아내며)또 이혼은 안된다구‥아버지‥‥너무너
무 화내구 다니셔 엄마가 죽을 거 같다구‥‥(안 보며/순하게)

태원 ‥‥‥(보며)

채린 정말로‥‥ 슬기가 나한테 그럴 줄은 몰랐어요. 내 생각하구‥‥기대
하구 너무 달라서 너무 당황스럽고 실망스럽고‥‥어떻게 다뤄야할지
를 모르겠더라구요‥‥

태원 (변명이야)‥‥‥

채린 슬기만으로도 벅찬데‥‥어머니 딴 얼굴되시니까‥‥ 화나구 불안
하구 신경만 점점 예민해지구 ‥그러다가 폭발해버린 거에요‥‥

태원 ‥‥(시선 내리고)

채린 (보며)물론 내가 잘못했어요‥말도 안되는 짓을 했어요‥‥그런
데 내 입장에서 나도 좀 이해해 줘요 태원씨. 어쩌면 그렇게 다같이
슬기 편이기만 할 수 있어요. 나는 그게 너무너무 기막혀요. 자식있
는 남자하구 재혼/다 이런 거에요? 내가 사마귀에요? 어떻게 그만
일로 그렇게 과잉반응을 해요.

태원 (오버랩 차분하게)우리한테 과잉반응이라는 건 자신이 뭘 잘못한 건지 뭐가 잘못인지를 제대로 모른다는 뜻이에요. 밀치고 때리고 부시고/ 해서는 안될 소리/고함/그래서 애가 당신을 두렵게 만든 거..저 보호할 어른 없는 게 무서워 지 엄마한테 구조요청하게 만든 거.. 그게 누구/ 슬기 잘못이에요?

채린 ....(보는)

태원 그건 명백한 아동학대에요.슬기한테 그걸 했어요. 나... 당신 용서할 수가 없어요. 용서못해요.

채린 그럼 난 어떡해요.나 어떡하라구요. 당신 슬기 챙겨주는 거 보면서 / 결혼하면 나한테도 저렇게 해주겠지 정말 다정하고 배려많고/그럴 줄 알았어요.

채린 E 애한테만큼은 아니었지만 그래도 한번씩은 잘해줬고 결혼하면 더 잘해주겠지 행복하게 해 주겠지 너무너무 믿었어요.

태원 (오버랩)노력했어요. 당신이 슬기를 그런 식으로 의식하고 경쟁하고 미워하지만 않았으면 우리 큰 문제없이 살 수 있었을 거에요.

채린 (오버랩/돌변)결정적인 건 우리 아버지 기부에요. 학대라니 학대받은 사람은 나에요.

채린 E 쥐도 몰리다 보면 고양일 물어요.

태원 채린씨.(오버랩)

채린 누굴 바보로 알아. 내가 뭘로 봐서 바보야. 당신식구들이 나 이렇게 만들었어. 나만 잘못한 거 아니란 말야.

태원 (오버랩)억지 쓰지 말아요. 슬기 저혼자 외갓집가게 만들었을 때 벌써 당신 손질 했었어요. 우리 다 몰랐었구 그건 당신 아버지 기

378

부 전이었어요.

채린 그땐 슬기랑 다 풀었었다구요. 슬기가 이해해 줬었다구.

태원 ….(할 말이 없고)….(보며)

채린 당신이랑은 말을 못하겠어. 말이 안 통해. 답답해 가슴이 터질
거 같아.(벌떡 일어나며)이혼? 꿈도 꾸지 마..어림없어.(나가버리고)

태원 ….

S# 태원 침실

채린 (부서져라 문 열고 들어와 부서져라 닫고 윗배 아파서 화장대 약상자
로 달려 약 꺼내 부들부들 약 꺼내 넣고 물 넘기는)…..(물잔 내리며)…..

S# 어느 마트

은수 (화병 이것저것 고르고 있는)……..

준모 E 친권이야 당연히 애비꺼고…양육권 다툼까진 가지 말자. 다
튀봤자 니가 유리하다는 보장도 없고…….

S# 둔치에 서 있는 은수의 차

S# 차 안

은수 ……

준모 E 보낼 아이라 생각하고 될 수 있는대로 애착 가지지 마라.

S# 준구 거실

회장 (소파에 앉아 올려다보면서/언성 높일 필요는 없음/불쾌하고 마음
에 안 들고)지금이 몇시야 이눔아.(준구…)

이모 (오버랩)아 과음하구 힘든 날은

회장 (오버랩)뭐 잘했다구 과음입니까 과음이.

이모 (오버랩 안 보는 채)잘해서 과음보다 잘못해서 과음이 더 나쁘
게 취하는 법이죠.

회장　(오버랩)쓸모없는 눔 역성들어주지 마세요. 보살님 역성 도움

안됩니다.

이모　(오버랩)예에 잘못했어요 회장님‥이 판국에 술 퍼먹는 거 밖에

할 일이 뭐냐 술이나 인사불성으루 퍼마시랬습니다.

회장　(오버랩)누가 지금 그런 얘기에요?

이모　아 자식 맘대루 되는 사람 어딨어요. 나를 빌려서 태어났지만

자식이 나는 아니에요. 나는 나구 자식은 자식인 거두 여태 모르구

사세요? 다 각각 지가 지은 업대로 엎치락뒤치락 사는 거에요‥저

녀석 저 실망스런 꼬락서니두 결국은 저 녀석 자식으로 두고 속썩

여야할 회장님 업입니다.

회장　보살니임(오버랩)

이모　(오버랩 일어나며)그저 나두 너두 불쌍한 중생인걸. 저는 저 꼴

되구싶어 됐겠습니까어디. 엎어져 코깨지구 무르팍 깨진 눔한테 욕

은 해 뭐해요. 끄으응 나무관세음 보살. 아미타불 (자기 방 쪽으로)‥‥

회장　관세음보살 하루 수백번이 무슨 소용입니까.

이모　그러게 말입니다아아.

회장　(무슨 말인가 하려는데)

준모　(조용히 나와서 있다가 오버랩)그만하세요‥ 다리가 불편해 한숨

두 못 잤대요.

회장　(말아 쥐고 있던 책 던지듯 놓고 일어나 서재로)시시한 눔.

준구　‥‥

준모　너 또 개한테 갔었어? (작게)

준구　아뇨.

준모　밥 먹어.(하고 이모 방으로)

준구   ....(보다가 주방으로)

S# 이모의 방

　[돌아다니고 있는 청소기.]

이모   (사경할 준비하는데)

준모   (들어오며)오늘 지압 시간 안된대요. 침 맞으러 가요.

이모   .....

준모   가뜩이나 불편하다면서 그냥 누워 쉬지 그건 왜 또 시작하려
　들어요. (앉으며)

이모   파스 붙였어.

준모   파스갖구 돼요?

이모   화아한 기분에 눈꼽만큼은 괜찮은 거 같아.

준모   걔하구 어울린 건 아닌가봐요.

이모   어울렸으면 어울렸다 그래?

준모   (보는)...

이모   순진하기는··

준모   무슨 뜻이에요.

이모   뜻이구 자시구 할 게 뭐있어. 인연이 아니었으면 만났을까··
　인연 줄 끊어졌으면 또 만나 사고쳐 이 지경 됐을까··더 두고 볼 일
　이야.

준모   무슨 소리 들은 거 있어요?

이모   내가 반 점쟁인데 점치구 다니니?

준모   안 끊어질 거 같아요?

이모   모르겠다...그 인생두 가련하지····그 인생이 더 가련해애애··

S# 토크쇼 녹화 중 다미

다미 깔깔 식스팩 좋죠오·· 그렇지만 첫 만남에서 남자 식스팩을 어떻게 봐요·· 식스팩 좀 확인해야겠어요·· 실례지만 일단 보여주세요.그러나요?

남엠씨 둘 하하하하

다미 (같이)까르르르르. 전 비율 좋은 잘 생긴 남자 수트빨에 약해요. 대기업 신입사원 같은/ 찌지도 마르지도 않은 체격에 깔끔한 정장 스타일.겉으로는 안 보이는데 벗으면 의외로 아름다운 남자 근육이 적당한 사람이면 최고죠.

남엠씨1 (오버랩)죄송합니다. 전 식스팩 전멸입니다.

다미 까르르르르(오버랩)

남엠씨2 지금까지 그런 남자 만나보신 적 있습니까?

다미 으으음 위험한 질문인데요?

남엠씨1 (오버랩)혹시 약혼했다 파혼한 그/결혼하려다 깨진 그 분이 수트빨이 죽었나요?

다미 (오버랩)아니 그냥 보통/보통이었어요

남엠씨2 (오버랩 좀 조심스러운)저기 그 사건 이후로 일에만 전념하시는 걸로 알고 있는데…

다미 (오버랩)안그럼 어쩌겠어요. 의도한 건 아니지만 제가 드린 실망이 얼마나 큰데요. 할 수 있는 건 일밖에 없는데요.

남엠씨1 쉬는 날엔 뭘 하시나요. 쉬는 날엔 오직 잠만잔다 말구요.

다미 (오버랩)깔깔 일 없는 날은 잠도 자고 술도 마시고 그래요.

남엠씨2 캬 술 좋죠. 술 친구가 많으신가요? 주량은 어느 정도.

다미 전 친구가 그렇게 많은 편은 아니에요.거의 없다구 할 수 있는데 최근에 마음 맞고 뜻맞는 술친구 한사람 생겼어요.

남엠씨1 (오버랩)남잔가요?

다미 (오버랩)죄송합니다아 저보다 열 다섯살 많은 여잔데요 깔 깔깔.

S# 은수 거실 주방

은수 ……(냄비의 꽃/화병에 옮겨 꽂고 있는)……

[전화벨.]

은수 (보고 받는)응 엄마‥들어갔지?…(슬기)그럼 갔지‥ 잠깐 나가서 꽃병 사갖구 들어왔어. 엄마 고단하지. 잠좀 자.

S# 친정 마루

자모 (걸레질하던 중/쭈그리고 앉아서)응 라면 하나 끓여먹구 그럴 참 이야. 너 먹었어? 얼른 찾아 먹어. 국 한 대접 남았지 왜. 딴짓하다 너무 쫄이지 말구 잠깐 데우기만 해. 쫄이면 짜져. 참 도우미 아줌마 왔어?

S# 은수 거실 주방

은수 아니 내가 천천히 할거야‥힘 안들어 힘들 게 뭐 있어 걱정마. 나 공주 아냐 얼마든지 할 수 있어. 응…응 엄마.금방 먹을게걱정 마‥응‥끊어요‥(끊고 꽃 꽂아 넣기로)

S# 준구의 서재

준구 (통화 시도)

녹음 가입자가 전화를 끈 상태……

준구 (끊고 문자 찍기 불러내 놓고)……(내려다보며 한동안 있다가 찍기 시 작하는)

준구 E 당신 없는 집이 이렇게 허전할 수가 없어.

S# 은수 거실 주방‥

은수   (식탁 의자 다리 닦아주고 있는)······

　　　디졸브

S# 은수 침실

은수   (잠들어 있는)·····

S# 경복궁 경내

　　　[슬기와 태원···그림 좋은 장소/다리 건넌다든지. 적당한 부녀 수다를
섞어가면서 30초쯤····]

S# 태원 거실

태희   (귤 먹으며 임실과 티브이 오락 프로 틀어놓고 있는데)

　　　[이 층에서 피아노 시작되는···잔잔하고 서정적인 곡으로··]

둘   (잠깐 고개 이 층 쪽으로)···

임실   (흘낏 태희 보며)참 저 며느리도 할 짓이 아니요.

태희   그러게요··

임실   나는 정말 친정 부모라는 사람들이 이해가 안가는구면·· 자기
자식이 저러고 있는데 어쩌 당장 안 뛰어들어 오고 있능가 몰라.

태희   글쎄 말이에요.

임실   다 해결났다고 그짓말 했능가아아··

태희   ······(귤 씹으며 티브이 보며)·······(있다가 일어나 계단 쪽으로)

임실   그냥 내비두소오··벨로 시끄럽지도 않구면··

　　　[피아노는 계속돼야 합니다.]

S# 이 층 복도··

태희   (올라와)·······(슬기 방으로··슬기 방문 열려 있는/)

　　　[피아노 연결··]

S# 슬기의 방

태희 (들어오고)

채린 ·····(두들기고 있는)·····

태희 (채린 옆으로)·······채린아··

채린 (좀 놀라서 멈추는)·····(안 보는)

태희 우리 얘기 좀 하자.

채린 ·····

태희 응?

채린 (의자에서 일어나는)하세요··

태희 부모님 언제 귀국하셔.

채린 몰라요.

태희 ····(보다가)어디까지 말씀드렸어. 마지막 통화 언제 했어.

채린 왜요.(보며)

태희 아줌마도 그쪽 부모 이해 못하겠대.

채린 아줌마가 뭔데 말이 많아요.

태희 ··(잠깐 보다가)나도 이해 못하겠어. 엄마도 이해 안된대.

채린 이집 식구들은 이해되는 줄 아세요? 마찬가지에요.

태희 그래··그만두자 그만 두고···이러구 있지 말구 일단 친정으로 철수해주는 게 이해 못하는 사람들 피차 위해서 날 거 같은데 내 생각에는.

채린 절대로 안나간다 그랬잖아요.

태희 앉자·· (채린 잡아 피아노 의자로)앉아 앉아서 얘기하자··

채린 (앉고)

태희 (앉으며)보고 싶지 않은 사람들끼리 이건 서로 고문 아니니?

채린 나혼자 고문 당하는 거죠.(좀 웃으며)사람 그림자 취급하면서 쫓아낼려는 사람들이 누군데 말을 왜 그렇게 해요.

태희 그림자 취급할래도 그림자가 아니라 거북살스럽고 힘들어. 우리가 나쁜 사람들인 거 같아 괴롭구.

채린 깔깔깔. 웃겨. 나쁜 사람들 맞어요오‥

태희 ‥‥(보며)(달래는)그러지 말구 친정 가 있으면서 차분하게 한번 생각을 정리해 보는 게 어떨까웅? 얼마동안이라도 우리 눈에 안 보이면서 좀 쉬면 /‥‥뭐냐 흙탕물 있지‥막 휘저어논 흙탕물. 흙탕이 가라앉아야 하는데 너 여기서 왔다갔다 계속 우리 신경을 건드리면 흙탕 가라앉을 새가 없어‥

채린 ‥‥(보며)

태희 일단 빠져 보이지 말어 줘‥그럼 우리 신경도 조용해지고 흙탕도 가라앉을 거야. 그런 다음에 엄마 태원이 나/ 심각하게 꼭/반드시 이혼만이 길인가‥심각하게 다시 의논해 볼 수 있어.

채린 ‥‥(보며)

태희 친정 가서 조용히‥‥열심히 반성하는 태도를 보여봐. 아니 진심으로 반성을 해‥우리한테 진심이 통하게웅? 그럼 내가 도와줄 용의 있어.저엉 태원이랑 헤어질 수가 없으면 말야‥

채린 (비웃는)수법을 바꿨군요‥나 안 속아요.

태희 ??

채린 바본 줄 알지 마세요. (일어나며)(나가는)

태희 ‥‥‥‥(나가는 채린 보며)‥

S# 태원의 침실

채린 (들어와 침대에 털썩 몸 던지며)날 바본줄 알아.흥흥‥‥그지같은 기집애‥‥‥(잠시 있다가 벌떡 일어나는)너 날 바본 줄알아??!!!!

386

S# 계단 내려오는

태희 (혼잣소리)저거 진짜 바보 아냐? …

임실 (티브이 보고 있다 돌아보는)….

태희 (제 방으로)아줌마 배추 너무 저는 거 아니에요?

임실 잉? 아구 아구구구 내 정신내정신 (티브이 끄고 허둥지둥 주방
으로)

S# 은수 주방

은수 (밥 먹고 있는)…..(상추 크게 싸 입에 넣다가 문득)?? (상추 싼 밥 접시에
놓고 서둘러 일어나 침실로)

S# 침실

은수 (들어와 전화 집어 살리면서 나가는)

S# 거실 주방

은수 (나와 식탁으로··/전화 놓고 상추 먹는데/전화 살아나는)

은수 (보면)

[슬기 메시지 /준구 메시지 들어와 있는]

은수 …..(슬기 것 먼저 열면)

[경복궁에서 찍은 독사진들 서너 장.]

은수 E (웃으며 답장)엄마 자느라 사진 지금 봤어. 미안. 사랑해 엄마
딸 정슬기.(멈췄던 쌈 씹기 다시 시작하며 보내고/ 준구 문자 여는)

준구 E 당신 없는 집이 이렇게 허전할 수가 없어. 수유리에 있는 거
와는 느낌이 달라.

S# 준구 서재

준구 (컴퓨터 작업하고 있는/연결)말 안되는 변명이지만 나는 내가 특
별한 존잰 줄 알면서 그런 환경에서 자랐어. 나는 특별하다는 착각

이 결국/지금 당신이 두 번 다시는 봐줄수 없는 나를 만들어 놨을 거야.

S# 은수 주방

준구 E (은수)당신을 사랑한다 그랬는데 그건 당신을 내 것으로 만들겠다는 걸 사랑으로 포장한 걸 거야. 이제는 그게 다른 의미라는 걸 알 것도 같아.

S# 준구 서재

준구 E 한번 씩 한심한 얼굴이던 당신 표정이 자꾸 떠올라.

S# 은수 주방

준구 E 집에 있어‥전화 기다릴게‥

은수 ……(전화 놓고 물 집어 마시는)……

S# 현수의 사무실

[모두 지쳐서 엎어져 있거나 멍해 있는데]

대표 (커피 들고 들어오며)다들 정말정말 수고했어. 피곤하지? 피곤해 죽겠지들? (커피 나누면서)하나야 너 눈 뜨고 자냐?

하나 폭격 맞은 것 같아요. (커피 집으며)혼이 다 빠져나가버렸어요. 강아지옷 샘플세일에 삼백이 넘게 들이닥칠줄 누가 알았어요. 진짜/갑자기 왜 그렇게 뿔어난 거야아아 아으으으으 죽을 거 같아아아

대표 (오버랩)야 딴 사람 가만있는데 니가 나서 불평이면 어떡해 이것아.

하나 (오버랩)짤라 주세요오오

대표 (오버랩)뭐어?

하나 골병들어 시집도 못가보구 죽겠어요오오. (책상에 엎드리며)

대표 날마다 하는 행사아닌데 웬 엄살이 이렇게 심해!!(야단치듯)

현수 (오버랩)내년엔 사오백명은 들이닥칠 거 같은데 뭔가 대책이 있어야겠어요··

대표 (오버랩)아 거제도에서까지 오신 분도 있는데 얼마나 반갑구 보람있는 일이야. 안그래들? 아 난 거제도에 감격했어. 프랑스 이 태리 미국까지 뻐쳐나가는 라라독인데 거제도에 놀랬다니까?

하나 (오버랩)설마 이걸로(커피)때우는 거에요?

대표 (오버랩)야 설마 그럴 리가. 날 뭘로 보는 거야 너. 자아 커피로 정신차려 다같이 저녁 겸 한 잔/ 고고싱하자구.

현수 (오버랩)전 약속 있어요.

대표 뭐야아아(오버랩)

현수 (오버랩)종일스탭으로 뛰셨는데 안피곤하세요?

대표 (아)내가 상한 동태 눈알로 늘어지면 애들은 시쳴거아냐. 자자 책상 정리들 빨리빨리 십분 뒤 회사 앞에 집하압··(하는데)

남자 (큰 포장 하나 들고 들어오며)안녕하세요? (현수 나갈 준비)

남자 E (웃으며 포장 테이블 위에)전 요 바로 옆 커피샵 주인인데 케익 좀 갖구 왔어요.

남자 (대표와 하나/현수는 책상 정리)라라독 세일하는 날엔 저희 집이 대박입니다 하하여기서 순번표 받은 분들 거의 저희 가게에 들리시거든요.

대표 (오버랩)아아·· (알겠다)

남자 (오버랩)감사인사로 커피쿠폰도 넣었으니까 (나가는 현수)

S# 회사 앞(어둡기 직전)

현수 (나오면서 통화 시도)··뭐하니···나와 저녁 먹자··데리러 갈게 준 비하고 있어···왜 싫어어. 슬기도 없는데 혼자 그러구 있지 말구 나와. 초밥 먹자 응?

S# 슬기 방

은수   (책장 정리하다 받은)점심 조금 전에 먹었어. 지금 아무 생각두 없어…별 생각없어…아냐 놔둬어. 초밥 더구나 자리 옮겨다 먹으면 맛없어. 응 저언혀 생각없어…알았어 생각나는 거 있음 문자 칠게.근데 없을 거 같아··알았어 천천히 하구 있어.

S# 회사 앞

현수   그럼 우리 밥 먹구 커피 마시러 잠깐 들릴까?····알았어 쉬어 그럼··

[광모 차 와서 멈추고.]

[광모는 남자 어른이 되어가 주세요.]

현수   (올라타는)

S# 차 안

현수   막혔어?

광모   어 좀.

현수   (벨트 빼며)은수 안나온대.점심 늦게 먹었대. 귀찮은가봐. 저녁 니가 사는 거다. 난 들어가 김치 볶음밥 먹겠어어?

광모   하루 종일 고생해 다리 팅팅 부었다는데(출발하는)집 밥 얻어 먹자 그러냐? 그럴 때 남편 톡 쌔려죽이고 싶은 게 마누라라 그러드라.

현수   하하 누가 그래?

광모   스켈링한 애 찾으러 오신 아주머니 손님이 우리 통화하는 거 듣더니 아니이니에요 선생님··그러는 거 아니에요 뭘 모르시네에 에 호호 그러드라.

현수   좀 더 살면 톡 쌔려죽이구 싶을까? 그런 생각은 안 했는데.

390

광모 초밥이 자시구 싶다구?

현수 엉 도미머리구이두.

광모 임신했냐?

현수 뭐어?

광모 왜 이인분을 먹겠대.

현수 아깝냐?

광모 일식 비싸잖어어

현수 어 치사해. 알었어. 집에 가 김치볶음밥 먹자.

광모 흐흐‥우리 엄마 느네 부모님한테 식사 대접 하구 싶다는데 현수야.

현수 …(돌아보는)

광모 우리가 부모 몰래 살림차린 거두 아니구 가끔 한번씩 뭐 나쁠 거 없잖아.

현수 우리 엄마는 그런 자리 불편해 하셔.

광모 그러실 게 뭐 있어. 우리 엄마 알구보면 괜찮어야‥약간 잘난 척은 하는 거처럼 보이기는 하지만 그거야 개성이구.

현수 어느새 사랑이 시들해졌냐?

광모 엉?

현수 왜 뽀뽀 안해?

광모 (오버랩)아 나 까먹었구나. 뽀뽀 (고개 돌리고)

현수 (입 맞춰주는)도미머리값이야.

광모 야아 유치원생 딸 뽀뽀치곤 너무 비싸다아.

현수 한번 더 해주께‥(뽀뽀)

광모 흐흐흐흐(좋아서)

S# 태원 거실

슬기 (앞서 들어오며)할머니이..(태원 따라 들어오고)

태모 (앉아 신문 뒤적이다 돌아보며)할미 여깄다여깄어.(슬기 할머니 에게)그래..(손 내밀며)돈까스 맛있게 먹었어?

슬기 (오버랩)돈까스 안 먹구 그냥 들어왔어요.

태원 (오버랩)낮에 탕수육 너무 많이 먹었나봐요어머니. 도너츠 하 나 먹구 자겠대서요.

태모 (찡그리며)잘했다잘했어.낮에 튀긴 거 먹는데 웬 또 돈까슨가 할미 그랬었어.

슬기 네. 속에서 안 받을 거 같았어요

태모 에그그그 흐흐흐(이뻐서)

태원 (오버랩)저 옷 갈아입고 상가에 가봐야해요 어머니.(태모 보는) 취재 기자 부친상 당했대요··

태모 나이가 어떻게 되는데.

태원 그건 잘··

태모 나이먹은 사람들 요때 요 환절기에 마않이 붙들려 가지. 감기 앓 다 폐렴돼 끌려가구.늦겠구나.

태원 네··아빠 기다리지 말구 자.

슬기 아앙.

임실 (주방에서 나와)슬기 아빠 소면 한 젓가락 자시구 나가지.

태원 (움직이며)아니에요 아주머니·· 생각 없어요.

임실 물 끓는데요 사장님.

태모 집어 너.

임실 예에(주방)

슬기 (오버랩)고모 뭐해요 할머니?

태모 고모 친구 만나러 나갔어.

슬기 네에..(일어나는)

태모 (오버랩)어디 가려구.

슬기 (돌아보며)물 마시러요.

태모 그래그래. 마셔마셔.

S# 이 층 복도(부부 침실 앞)

태원 (다가와 잠깐 멈췄다가 노크하는)

S# 침실

채린 (화장대/화장 중)....(돌아보는)네에...

태원 (들어와 잠깐 보고 장으로/검정 양복과 타이 챙겨내는데)

채린 (화장 계속하며)누구 죽었어요?

태원 에...회사 직원 부친상이래요.

채린 (오버랩/마스카라 칠하며)당신 누나가요‥‥‥

태원 ....(보는)

채린 나더러 친정에 가 있으면 이혼 안하게 도와준대요.

태원 ....(무슨 소린지 몰라서)

채린 (돌아앉으며)흙탕물 어쩌구 길게 떠들었는데 골치 아프니까 그만두고‥암튼 친정가 반성하고 있으면 자기가 도와준다는데 악일까요 선일까요.

태원 선의로 받아들여요.

채린 이집에 선의같은 게 있어요? 꼬셔서 쫓아낼라 그러는 거겠죠.

태원 그렇게 생각하고 있으면서 선일까 악일까 물을 필요 없죠.

채린 슬기 엄마한테 무슨 약점 잡힌 거 있어요?

태원 ?? 그게 무슨 말이에요.

채린 당신 식구들 너무 쉽게 애를 내준 게 이상해서요.

태원 …..(말 안 되는 여자라 생각하며 그냥 나가려)

채린 기어이 슬기 외갓집 이사까지 해서 애 데려가게··그 여자가 하고 싶은대로 다하게/내가 모르는 무슨 약점 잡힌 거 있냐구요

태원 내 약점은 바로 당신이에요. 당신이 아무 문제 없었으면 슬기 보낼 일 없었어요.

채린 내가 애 잡아먹는 귀신이에요?

태원 …..(나가는)

채린 기막혀·· 자기들 잘못은 눈꼽만큼도 없어··(거울로 돌아앉으며)…..

S# 주방

　[소면 먹고 있는 태모. 슬기는 도넛 한 개 포크로 떼어 먹는…]

임실 (저만큼 서서 국수 입에 훌훌 끌어 넣으며)누가 삶았는지 국수가 차암 따악 알맞게 바로 고것이요잉.

태모 아 구렁이 지몸 추지 말구 앉어 먹어.

임실 다 먹었소·· (국물 마시며)국물 맛도 기가 막히고오오. 슬기야 기가 막히게 맛있는데 국수 한 젓가락 먹지잉.

슬기 으으응(고개 젓는)

임실 싫으면 말고오오.니가 아직 소면 맛 알기는 어리다잉 맞어. 뭐 젓가락 더 자실라요?

태모 됐어··

임실 그럼 내나 더 먹어야겠네.(임실 국수 가지러)

태모 슬기 할미하구 자자.

슬기 네에(끄덕이는)

394

태모   ....

슬기   그런데 아줌마는 저녁도 안 먹어요?

태모   신경쓸 거 없다.

임실   잉(오버랩) 배고프면 내려와 찾아 먹어.

태모   (오버랩)나 몇군데 통화할 게 있으니까 아줌마 설거지 나중에 하구 애부터 씻겨줘.

임실   그라지요.

태원   E 저 나가요 어머니..

태모   오냐아아.

S# 거실

태원   슬기 내일 아침 굿모닝 하자아..

슬기   E 아앙.. 잠깐마안.

슬기   (뛰어나와 두 손 위로 뻗어 구부려주는 태원에게 쪽쪽)술 먹을 거야?

태원   한 두잔은 하게 되겠지?

태모   (나오며)운전하지 마라.

태원   걱정하지 마세요..(태모 자기 방 쪽으로)갔다 올게.

슬기   어엉

태원   (신 신고 슬기 한 번 더 만져주고 돌아보며 나가는)

슬기   (손 흔들어주고)...(주방으로)

S# 주방

슬기   (들어오는)

임실   (상 치우면서)그려도 상은 치워 놓고잉? 다 먹은 상 삐쳐놔두고 김치 냄새 풍기는 건 그러니까잉.

슬기   네에.(도넛으로)

임실 많으며 냉겨. 할미가 먹을텡께.

슬기 네.(반 개 남겨놓은 채 포크 놓고)

임실 그려그려 내가 먹어내가.

슬기 근데 있잖아요 할머니.

임실 잉.

슬기 아빠는 아직도 내방에서 자요?

임실 긍께에. 아빠가 여엉 맘을 풀 생각이 없는 게 문제랑께. 재주가 메주여. 여엉 못풀어.

슬기 이…혼한대요?

임실 그러자는 얘기지이..하나는 못헌다 그러는 거구우.

슬기 ….(임실 보며)

임실 가방 어따뒀어.

슬기 내방에.

임실 올라가 갖구 내려와야 쓰겄구먼? 할머니 목욕탕에서 씻는 게 좋잖어?

슬기 네에..(튀어 나간다)

S# 거실

슬기 (튀어 나와 계단으로)…..

S# 이 층 복도

슬기 (제 방으로 움직이는데 외출 차림으로 나오는 채린)..(멈추고 보며)

채린 왜.

슬기 목욕할려구 갈아입을 옷 가질러

채린 (오버랩)어떻게 혼자 올라왔어? 나 안무서워?

슬기 (고개 흔들며)아줌마 이제 안 그럴 거라구 ..아빠가 그랬어요.

채린 ....(보며)

슬기 엄마두요.

채린 니가 약만 안올리면 안 그래. 그래 옷 갖구 가..(움직이는)

슬기 ....(잠시 보다가)아줌마 배 안 고파요?

채린 ??(돌아보는)

슬기 도너츠 맛있는데...

채린 ....(보며/ 얘가 왜 이러나)

슬기 고모가 사다 놨대요..

채린 (오버랩)너 이제 늬엄마 자주 보겠다.

슬기 (좀 웃는)네에..

채린 일주일에 몇 번 보기로 했니? 한번? 두 번?

슬기 (웃는)아뇨? 날마다요.

채린 날마다?

슬기 네 같이 사니까요..

채린 ??? 니 엄마 딴 집 사는데 어떻게 같이 살어?

슬기 .....(얘기하면 안 되는 거였나)

채린 엄마 집 한남동이잖아아.

슬기 (보며)...

채린 한 사람이 두 집에 살 수 있어? 그게 무슨 소리야?

슬기 엄마 나랑 살아요.

채린 ???....(무릎 접고 앉으며)니 엄마 한남동 안 살아?

슬기 (끄덕이고)

채린 그럼 아저씨랑 셋이 살어?

슬기 엄마랑 나랑 둘이만 살아요.

채린   ?? (몸 일으키며 얼떨떨)

슬기   …

채린   너 나 좀 잠깐 보자..이리 와 들어와 (손 내밀고)

슬기   (순간 후다닥 뛰는)

채린   ??(했다가)

S# 거실 계단

슬기   (뛰어 내려오는)

임실   (화분 위치 좀 바꾸다)잉? 어째 빈손이다냐 아가.

슬기   (안방으로 뛰어들고)

임실   에이그 어린 것 정신이 으째. 가방 거기 뒀구먼잉.

채린   (뛰어 내려오며 오버랩)아줌마

임실   ??(돌아보며)아이구 속두 안 존 눈치드만 또 나가요

채린   (오버랩)재 지 엄마랑 둘이 산다는 게 무슨 소리에요

임실   ??

채린   (태모 연결)외할머니할아버지가 데리구 있는 거 아니었어요?

임실   아.어 아

S# 태모의 방

태모   (의자 앉아 통화 중. 뛰어든 슬기는 이미 할머니 옆으로 껴안고 붙어
        있고 사정 모르는 채 슬기 안고)응…응…그게 무슨 말 안되는 소리야.
        그거 사기꾼 수법이야 딱 잘라..상대하지 마..내말 들어. (하는데)

채린   (벌컥 들어오는)어머니

태모   (오버랩)아 세상에 땅짚구 헤엄치기가 어딨어. 호랭이 수염 뽑
        기보다 더 어려운 게 돈 버는 건데(슬기 태모에게 얼굴 묻고)

채린   (오버랩)슬기 엄마가 슬기랑 왜 살아요. 어머니

태모 ??

채린 어떻게 그럴 수 있어요 도대체 무슨 일이에요

태모 (오버랩)전화 끊어야겠어.홍여사(끊으며) 누구야. 임실대애
        액!!(슬기는 더 들러붙고)

임실 (들어서는데)예에에.(다 죽어가는)

태모 (오버랩)그눔으 주둥아리가 일 칠줄 알았어 내가엉?(임실 들어
        서고)따악 가마귀날자 배떨어진 격이니 입에 쟈크 꽉 채우라 그렇
        게 신신당불 했구먼 어엉?

채린 (오버랩)어머니이이!!

태모 (오버랩)누구 귀 먹었어?!! 누구한테 악을악을 써 이 배워먹지
        못한 게!!

채린 어머니 저 대학 나왔어요

태모 (연결)나이가 몇이야 도대체 나이 어디루 먹었어엉?

임실 (오버랩)아 사장님.(제대로 알고 난리치쇼)

태모 (오버랩)아무리 입이 근지러워두 나이값은 해얄 거 아냐. 잔뜩
        오기품구 버티는 애한테 그게 나불거릴 일야?

임실 (오버랩)사장님.

태모 (오버랩)누구 밥 먹어 누구 월급받어어어.

슬기 (오버랩 아아앙 울음 터뜨리는)할머니 야단치지 마세요 앙앙 내
        가 그랬단 말에요 앙앙

태모 ??(슬기 보는)

임실 괜찮어 아가 괜찮어괜찮어.

태모 ?? 니가 그랬어?

슬기 앙앙앙앙..(끄덕끄덕하며)

태모 데리구 나가‥

임실 (슬기 챙기는)나가자 나가‥나가나가. 올거 없어올거없어. (슬기 데리고 아웃하면서)

태모 그래 슬기 에미 이혼했다.

채린 ??

태모 이혼하구 나와 지 새끼 키운대서 그러라구 했어. 뭐 잘못됐냐?

채린 ?? 어떻게‥이집 사람들 어떻게 이렇게까지 악랄해요?

태모 말 가려해라.(일어나며)

채린 (오버랩)그랬군요 네 그런 음모였어요…

태모 (오버랩 돌아보며)공교롭게 슬기에미 갈라선 거랑 너 장항아리 깬 거랑이 맞물린 거지/ 음모는 무슨 개코같은 음모야.

채린 (발끈)음모가 음모란 적 있어요? 하 너무 간단하게 슬기 내놓는 게 수상했어요네.

태모 (오버랩)적반하장 하지 마. 슬기 내놓게한 게 누구야. 니가 순순히 빠져줬으면 슬기 안보냈어두 됐어.

채린 (오버랩)음모가 아님 왜 쉬쉬했냐구요!!

태모 (오버랩)니가 뭔데 그 보골 왜/ 뭣때매 해!!

채린 (오버랩)그러니까 자기들끼리 공작꾸민 거 아니냐구우!!!!(두 손 움켜쥐고 악쓰는)나 내쫓구 그 여자 끌어들일라구우우‥

태모 사람 잡지 마 너. 그게 사실이면 이 자리서 베락맞어 내가. 까마귀날자 배떨어진 거라니까아!! 아 이년은 안들어오구 뭐하는 거야!!(태희)

채린 (오버랩/부들부들)가만 놔둘 줄 알아? 나만 당하구 나가떨어질 줄 알아? 나혼자 망하구 끝날줄 알아!?

임실 (오버랩 들어와 채린 잡아 끌어내는)나오쇼 나와 그만하고 나갑시
다. 나가나가.(벌컥 임실 떠미는 채린)?? 시방나 쳤어? 쳤는가잉? 쳤어?
쳤어?

S# 지하 주차장

채린 (픽픽픽 나와서 자동차로 곧장 오르는)

S# 차 안

채린 (문 쾅 닫고 앉아 앞 보며)………(있다가)아으..아아 아으으으으(억
울한 울음이 터지는)….

S# 채린 차 밖··

채린 E 아으아으 으으으으으으으으..

S# 강남 거리 야경······

S# 차들 속에 이동 중 태원 차··

　　[전화벨··]

S# 태원 차 안

태원 (이어폰 꺼내 끼고 전화 보면/채린씨)………(망설이다가 받는)네에.

채린 F 오은수 이혼했다면서요.(떨리지만 나직이 이 갈리는 상태)

태원 ??

S# 주차장의 채린 차

채린 E 당신 식구들 정말 무시무시해.허.

태원 F 내일 얘기해요.

S# 채린 차 안

채린 (오버랩)내일/ 내일이 어딨어··나한테 내일이 어딨어어(끊어버
리고)

S# 이동 중 태원의 차 안

태원 채린씨……채린씨……(통화 시도)

　[벨 가는………안 받는/··끊고 엄마한테 통화 시도…]

S# **태모의 방**

　[전화벨]

태모 (침대 걸터앉아 약 입에 넣는 찰나)

임실 (물컵 주고 탁자 전화 갖다 주고)

태모 ··(보고)오냐……오냐 그럴 줄 알았어…슬기가 그랬단다…저 내
치고 슬기 에미 들어앉힐라는 음모 꾸몄다구/ 악을악을 쓰다 나갔
어. 막보기야 막나가.

S# **운전하는 태원**

태모 F 저혼자 안 망한대. 같이 망하재.

태원 제가 얘기할께요……네…네··(끊고 통화 시도)

S# **주차장의 차 안…**

채린 (고개 기울이고 눈 감고 줄줄줄 흐르는 눈물)………

　[전화벨 여러 번 울리다 멈추고]

S# **태원의 차 안**

태원 (소리샘 녹음하는)오해할수 있는데 슬기 엄마 이혼과 우리 두
사람 일은 별개 문제에요··슬기 엄마가 슬기 데려간 날 처음/

S# **주차장 출발하는 채린의 자동차……**

S# **주차장 입구 빠져나오는 채린의 차··**

　[문득 멈추고]

S# **차 안**

채린 (손 뻗어 옆자리 전화 집어 소리샘 확인/비밀번호 누르고)

태원 E 오해할수 있는데 슬기 엄마 이혼과 우리 두 사람 일은 별개

402

문제에요‥그 사람 이미 이혼결심 굳히고 친정에 와 있었던 거 알았어요. 선후를 따져 보면 채린씨도 납득할 거에요… 내일 얘기합시다‥

채린 (전화 던지듯 놓고 출발)……(하면서 태희 자동차 들어오고 있는)

S# 태희 차 안

태희 ??(채린 차 잠깐 돌아보며 주차장으로)‥‥

S# 거실 현관

태희 (들어오며)슬기야아아 고모 들어왔다아아아……(안방으로) 이 집 왜 이리 조용해?

S# 태모의 방

태모 (침대 기대어 한 손등 이마)‥‥

태희 (들어오며)기운두 좋아. 얘 또 나가든데?

태모 (오버랩)더 있다 들어오지 더 있다 들어오지왜.

태희 ?? (막 들어온)왜애애.

태모 필요없을 땐 턱 바치구 뭉개구 정작 필요할 땐 나가지 볼일 보구

태희 (엄마 쪽으로)뭐때매 필요했는데?

태모 아무래두 소송가얄 거 같애‥

태희 아 아무리 바보래두 소송못한다니까? 지가 백번 불리하다구 글쎄

태모 (오버랩 일어나 앉으며)슬기에미 이혼하구 나온 거 알었어.

태희 ??? 아줌마아?(아줌마가?)

태모 알지두 못하구 애만 사람 잡지 마. 너 그거 아주 못된 버릇이야./

태희 그럼 엄마가 했어? 난 안했으니까 응?

태모 슬기가 꾐에 넘어가/ 실톨한 모양야.

태희   에에??

태모   지금 씻어. 조용해..

태희   걔들 말 안하는데 어떻게에에?(소리 죽여)

태모   (쥐어박는)내가 알어?

태희   (핸드백과 겉옷 놓고 욕실로)…

S# 욕실

태희   (들어오며)너 사고쳤다며?

슬기   (욕조에 들어앉아 뿌우 보는)

임실   (오버랩 작은 빨래하며)암말 말어어. 슬기 시방 기분 나뻐.

태희   뭐얼.(슬기에게 다가들며)그럴 거 없어. 비밀은 원래 언젠간 들통나게 돼 있는 거야. 그리구 그게 비밀인 걸 너는 몰랐는데 뭐. (쭈그리고 앉으며)그런데 너 아줌마랑 말 안하는데 어떻게 하게 됐어?

슬기   엄마가아

태희   응..

슬기   내가 아줌마하구 잘 지내야 아빠가 편해진다구우

태희   응.

슬기   말 걸면 대답 잘해주구 웃으면 웃어주구 잘하라구 해서….

태희   어엉..

슬기   먼저 말 걸어서 대답했는데..대답하다가..

태희   (오버랩)알았어 ..잘못한 거 없어..니 잘못 아냐..

슬기   나때매 아빠가 화난 거 미안하구… 엄마두 잘해주라 그래서 그랬는데(비죽비죽)…

태희   (오버랩)아으 이뻐 이뻐이뻐..울지마울지마 댓츠오케 오케 오케.

S# 태모의 방

태모 (뿌우우)……

태희 (나오며)엄마 헛꿈 꾸나부다.

태모 ??(내가 무슨 꿈)

태희 지 엄마가 채린이한테 잘해주라 그러드래. 그래야 태원이가 편
　　　해진다구.

태모 ??(보며)

태희 지 엄마 시키는대로 잘해주다 그렇게 됐대.

태모 시켰대?

태희 슬기 그러네.

태모 주제에 오지랍은.

태희 그건 저는 태원이한테 아아무 생각 없다는 거 아냐?(핸드백과 옷
　　　챙기며)

태모 (오버랩)뱃속에 남에 씨 들어있으면서 벌써 무슨 생각. 우물에 가
　　　숭늉찾어?

태희 엄마 그거 아냐?

태모 아아무 생각없는데 왜 벌써 내 새끼랑 얼려다녀.

태희 딸 살림차리는데 그건 아빠가 당연히 같이 했어야지.

태모 ……

태희 (방문 열다 돌아보며)아 걔들 이혼하구두 슬기랑 주말나들이에
　　　즈이끼리 밥 먹구 영화보구/저것들 또 붙는다 또 붙을라나보다
　　　엄마 그랬었잖아.그랬는데 은수 딴 자리로 재혼했었구.

태모 ……

태희 엄마한테 당하구 산게 끔찍생생할텐데 은수가 그걸 또 할 생

각 있겠어?아무 생각없는 게 맞어.(나가는)

태모 ····(문 보다가)간신 역적같은년.

S# 은수 주방

은수 (찬장 그릇들 정리하는)

[현관 벨···]

은수 ???······(현관으로)네 누구세요오?

자부 E 어 은수야. 아빠다.

은수 ??(빠르게 문 여는)아빠아(웬일?)

자부 (들어오며/양손에 보자기 들어 보이는)엄마 심부름··

은수 (받으려 하며)거기서 여기가 어딘데에.

자부 (안 주며)놔둬 무거워.

은수 (오버랩)언니 출근길에 보내지이이··

자부 (주방으로. 오버랩)엄마 약밥 만들었어···출출할 때 하나씩 녹여 먹으래··슬기두 잘 먹으니까 떨어질 때 쯤 또 해준대··(은수는 식탁의 보자기 풀고 뚜껑 열고)

은수 사다 먹어두 되는데에에.

자부 사다 먹는 거에는 엄마 마음이 안 들어갔잖어. 김치는 한 이틀 베란다 내놨다 냉장고 너라 그러구 나물은 쉽게 안 변하는 거만 만들었대··(나물 세 가지/김치 통 작은 것/약밥 통/ 또 하나 납작한 밀폐 용기)

은수 (납작한 그릇)이건 뭐야?

자부 동그랑땡 부치더라.

은수 (열어서 한 개 집어내며)못말려못말려어어

자부 ㅎㅎㅎ

은수 (베어 먹으며)아직 따듯해 아빠··

자부　저녁은 먹었어?

은수　웅 아빠. 언니가 초밥 사준다 그러는데 생각없어서 안 나갔어.
　　(음식들 갈무리하며)점심을 늦게 먹었거든..잘 됐다..약밥 먹어야
　　지..슬기가 동그랑땡 좋아하겠네. 아 아빠 소주 한잔 칵 웅?

자부　하하 내 맘을 어떻게 그리 잘 알아. 먹다 둔 소주가 있을텐데에
　　했지 딱 한잔만 하구 갈까?

은수　으흐흐흐 (냉장고 소주병 꺼내는)

S#　주방 식탁 약간의 시간 경과

　　[들고 온 음식들은 치워졌고 동그랑땡 네댓 개/붉게 무친 도라지나물
　　정도. 은수는 약밥 작은 주먹만큼/마주 앉은 부녀]

자부　우리… 집 내놓자구 했어.

은수　??

자부　여기가 너무 멀어서 엄마가 힘들겠어. 집 내놔보자 그랬더니 좋
　　아라 해.

은수　….(미안해서 보는)…

자부　E (연결)엄마두 예전같지가 않어. 고생을 너무 시켜서 편안하
　　게 산 여인네들보다 몸이 많이 부실해..

은수　거기다 내가 속 많이 썩여주구..

자부　그건 아냐. 흐흐 그건 아니구.. 이젠 그 집 뜰 때두 됐지 뭐. 오래
　　살았으니까..쉽게 팔렸으면 좋겠는데 글쎄…그 거 팔어 아마 여기
　　전세는 될 거야.

은수　이천에 집 짓는다면서.

자부　한 삼사년 미루자 그랬어..슬기 좀 더 크구 너두 안정되구 그런
　　담에 들어가자구.

은수　아빠 왜 안 마셔?

자부　어 딱 한잔만이래서 애끼는 거야.

은수　으흐흐 아빠 한잔 더 줄게.마셔마셔.

자부　한잔 벌어놨으니 그럼 마실까?(마시고 내리며)한남동 녀석은 어떡하구 있어.

은수　뭐…전화 안받으면 문자 보내. 문자 보여주까 아빠?(일어나 싱크대 전화/준구 문자 불러내서 내미는)

자부　⋯⋯⋯(문자 읽고 전화 딸 주며)전화 해줬어?

은수　난 할 말이 없어 아빠.

자부　(술 따르는)⋯⋯

은수　⋯⋯(보다가 털 듯)그게 끝이야 아빠. 버스에서 술냄새 풍풍 민폐야.

자부　허허 그래 알아아.(마시고 안주 집어 씹는)⋯⋯

은수　⋯(보며)⋯⋯

S# 아파트 앞

　　[나오는 부녀…]

자부　들어가.

은수　네에‥

자부　문단속 확인 한번 더 하구.

은수　아빠가 다 했잖어.

자부　그래두 한번 더 해.

은수　알았어.

자부　간다아‥

은수　으응‥

자부　(가는데)

[광모 차 들어오며]

현수   (열린 창문으로)아빠 아빠아.

은수   ??

자부   ??

현수   (멈추는 차에서 뛰어내리며)아빠 오셨었어요?

자부   (오버랩)어.그래..

광모   (오버랩)안녕하십니까 아버님(벌써 내려)

자부   어어.

현수   아빠 잠깐(뒷문 열어 과일 봉지 꺼내며)내가 이런 사람이야. 커피 마셨으면 우리 아빠 못 만났잖어.왠지 커피가 안 땡기더라니까?

광모   (오버랩)아버님 타세요타세요.(문 열어주며)

자부   어어

현수   (오버랩/과일 봉지 은수에게)광모가 샀어.

은수   오빠 고마워요.

광모   하하 그 정도에 뭘.

현수   아빠 타요. 간다.

은수   어엉..

자부   들어가.

은수   아빠 잠깐..(아빠 앞으로)

자부   ??(타기 직전)

은수   (아빠 옆얼굴에 제 얼굴 가까이)내가 아빠를 사랑하나봐.(소곤거리듯)

자부   ??(얼굴 조금 떼고)

은수   (애달프게 보며)아빠 버스 안 타두 되는 게 너무 좋아.

자부 호호 나 옛날부터 알구 있어‥

은수 (조금 물러나고)

자부 (타고)

현수 (다시 한번)들어가아아‥

은수 어엉‥

[출발해 나가는 차 보면서]

은수 ………(돌아서는)

S# 이동 중 광모 차 안

자부 (뒷자리)어어 엄마가 약밥이랑 김치랑 갖다 주래서.

현수 (오버랩)어‥엄마 은수만 챙겨. 나한테는 김치 밖에 안 주면서.

자부 (오버랩)니꺼두 있겠지이.

현수 아빠 술 먹었어요?

자부 엉‥소주 딱 두잔.

현수 기대서 좀 졸아 아빠‥

자부 괜찮아아‥(창 쪽으로 얼굴)

광모 쥬스 드려 현수야.

현수 쥬스 드려요?

자부 생각없어어어……(창밖 보면서)

S# 은수의 거실 현관

은수 (들어와 상 치우기 시작하는데)

[전화벨]

은수 ‥‥(슬기 새엄마/ 보고 잠시 망설이다가 받는다)네에‥

채린 F 오은수씨죠.

은수 네‥

채린 F 나 슬기 새엄마에요.

은수 네.

채린 F 이사한 집이 어디에요?

은수 …왜 그러시죠?

채린 F 내가 그쪽으로 가려구요.

은수 ??…. 왜요.

S# 태원 거실

　　[슬기 태희 /만화영화 틀어놓고…]

슬기 ….(뿌우 보고 있는)

태희 (핸드폰 검색하고 있는)……

슬기 재미없어요.(고모 보며)

태희 ……(미처 못 들었다가)? 응?

슬기 졸려요.(일어나는)

태희 어 졸려.(일어나며)졸리구나 우리 슬기가 졸리구나. 들어가 자자.

　　자자.

슬기 할머니랑 자야하는데…

태희 그래? 그럼그래.

슬기 (오버랩)근데 고모랑 자구 싶어요.

태희 으응 고모가 더 좋다 그거지? 땡큐땡큐.

슬기 (오버랩)그게 아니라 할머니 나때매 화나셨는데

태희 (오버랩)할머니 화 안나셨어 슬기야.

슬기 (뿌우우우)

태희 화 안나셨다니까?

S# 태모의 침실

임실 (다리 주무르며 궁시렁거리는)긍께 다아 이해를 허지만…이해는 하지만 나도 사람이닝께/ 사람 말 들어보지도 않고 덮어놓고 니가 그랬지 너지 꽝꽝 그럴 때는 참말로 이게 무신 똥바가진가/ 내가 뭣때문시 뼈골 빠지게 충성을 하면서 이런 꼴을 당허나 싶은 게‥ 신세한탄이

태모 (오버랩)그만 해둬.

임실 절로 드는구먼이라.

태모 ….

임실 안 그래두 꽃피구 새우는 봄이라 그런지 싱숭생수우웅 차라리 떠돌이 개가 낫지 이놈으 팔짜 꼼짝읎이 갇혀서 삼시세끼 밥허고 빨래허고 집 치우고

태모 (오버랩)아 그만 하라구.

임실 ….(잠깐 멈췄다가)어떤 년에 팔자는 금테두르고 태어나 사람 부리면서 호의호식

태모 ??

임실 E 허고 사는디 어떤 년에 팔짜는 나무 테를 둘렀나아

태모 (오버랩 벌떡 일어나며)이 여편네가 이제 아주 내놓구 욕질야엉?

임실 ??

태모 금테두른 년이 누구야

임실 아니이 나는

태모 (오버랩)어물쩡 년짜붙여 욕이야욕이?

임실 아니 나느은 그냥 우리가 팔자에 따라서

태모 (오버랩)욕을 하구 싶으면 빗대지 말구 솔직하게 대놓구 하란 말야.

임실 시상에 월급주는 사람 욕을 대놓구하는 똥배짱이 어딨다요모
가지가 열두개 아니면.

태모 (오버랩)받자아받자 해주니까 아주 머리 꼭대기 올라가 깨춤을
춰 이 여편네가··임실댁 없으면 생쌀 먹어?

태희 (들어오며)왜 또 뭐어.

태모 (오버랩)가지나 부글거려 죽겠는데 불난데 휘발류 끼얹구 있어
그냥.

임실 아니 나는 그냥

태희 (오버랩)아줌마 나가요··

임실 (일어나며)아니 나느은

태희 (오버랩)나가라니까요오오

임실 나가라면 나가고 들어가라면 들어가고···(궁시렁거리며 나가고)

태희 왜 아줌마한테 신경질이야아.

태모 날더러 팔짜에 금테두른 년이래.

태희 설마아아

태모 음흉스런 것 같으니라구···내가 등신이야?

태희 혈압이나 잽시다.

태모 ·····

태희 (혈압기 챙기며)슬기 재웠어··엄마랑 자자 그랬다면서.

태모 ·····(그냥 눕는)

태희 지가 말 잘못해서 집 시끄럽게 만들었다구 부루퉁해··

태모 저년이 나가야 해. 저년이 나가줘야 집안이 편해애.

태희 (혈압기 팔에)누가 끌여들였지?

태모 (째리고)

태희　까르르르르

　[태희 전화벨]

태희　(보고)잠깐‥응그래 들어왔더니 한바탕 난리가 났더구나…얘
　나 들어오는데 나가더라‥

S# 어느 병원 영안실 밖

태원　(안에서 나오며)슬기 그 말을 왜 했대요………(길게 듣고)…‥슬기
　잘못한 거 없으니까 괜찮다 그래줘요. …‥아직 조금 더 있다 들어갈
　려구요. 문상객이 별로 없어요‥ 막무가내라 안 믿을 거에요. 믿고
　싶지 않을 거에요……이게 무슨 꼴이에요‥참 한심합니다 내가…‥

편집　(나오며)어 대표님 가신 거 아니었어요?

태원　아 잠깐 바람쐬러 나왔어요. 끊어요‥(끊고)상가가 너무 쓸쓸
　하네요.

편집　첫날이니까요. 내일은 괜찮겠죠. 시골 친척들두 내일 올 거라
　그러구요. 뭐 음료수 하나 빼올까요?

태원　아니 됐어요. 괜찮아요.

편집　그럼 저는 잠깐. (어딘가로 담배 태우러 갈 참)

태원　아 그러세요‥(편집 아웃되고)……(후우우우 답답한 숨 내쉬는)…‥

S# 서초동 어느 카페 안

은수　(들어서 찾는데)

채린　(저쪽에서 일어나)……(은수 앞으로)

은수　…‥(보며)

채린　오세요. (돌아서 앞서 움직이는)

은수　…‥(보다가 따르는)

S# 카페 별실

채린 (보며)……

은수 (담담하게 보며)……

채린 ……(보며)

은수 ……(보는)

[종업원 들어와 와인 안주와 와인 한 병. 글라스는 한 개. 레몬 티 놓고 …와인 따라주고 인사하고 나가고]

채린 (와인 글라스 들고)……(보는)

은수 (찻잔 들며)말씀하시죠.

채린 ……(보며)

은수 (마시고 내려놓으며 보는)……

채린 태원씨 이리 온댔어요?

은수 ??…

채린 연락했을 거 아네요.

은수 안 했는데요.

채린 ……왜요.

은수 글쎄요··채린 씨가 보자 그러는데 그 사람한테 연락할 필요가 ……있나요?

채린 삼각관계잖아요.

은수 ??

채린 시침 떼지 말아요. 이혼하구 애 빼내가구 딴 살림 차렸잖아요.

은수 (오버랩)한채린씨.

채린 (오버랩)우린 아직 법적인 부부요. 당신네들 불륜이야.

은수 (오버랩)뭘 크게 잘못 생각하구 있는가본데 나두 아직 법적으로는 정리안됐구 불륜이란 말은 가당찮은 실례에요.

채린 법적 정리 안됐어요?

은수 금년 끝부분 쯤 하게 될 거에요.

채린 왜요?

은수 그거까진 알 거 없어요.

채린 그럼 더구나 심각한 불륜이잖아요. 양쪽 다 유부남유부녀가 지금 뭐하는 짓들이에요.

은수 ⋯⋯(보며)

채린 왜 아무 말 못해요?

은수 슬기아빠가 있어야겠군요. (전화 꺼내며)나오라 그럴게요.

채린 나오라 그럼 나올 거라구? 금방 달려 나올 거라구? 자신 있다구?

은수 ??

채린 당신 첨 봤을 때/그때 나 벌써 기분 나빴어요. 사람 불러놓고 심사하듯이 면접치는 거처럼 그때 벌써 김샜었다구.

은수 ⋯⋯(보며)

채린 (와인 한 번에 벌컥컬컥 비우고 탁 놓고 다시 콸콸 따르며)그때 알아봤어야했는데 내가 어리석었어. (보며)나 태원씨가 당신한테 미련 남아있는 거 알면서도 결혼했어요.

채린 E 왜 그랬는지 알아요? 그런 태원씨가 좋았어요. 헤어진지 사년이나 지난 전처를 못 잊고 있는 남자가 괜찮게 생각됐단 말이에요.

채린 결혼하면/ 결혼해 함께 살면 내 사람되는 거지 별수 있을까. 내 남자 되고 있었어요…우리 좋았어요. 당신이 훼방만 안 놨으면 아 아무 문제 없었어요. 아무 문제/ 없었단 말야.(벌컥벌컥 잔 비우는)

은수 ⋯⋯(가만히 보며)

제36회

S# 카페 외경(밤)

S# 카페 별실

[두 여자/와인 두 병째]

은수 ····(보는)

채린 (따르면서)슬기 보냈으면 구워먹든 삶아 먹든 손 뗐어야하는 거
아니에요? 계속 전화에 문자에 (술병 놓으며 보는)걔가 나한테 맘붙
일 틈 췄어요?

채린 E 나혼자 기를 쓰면 뭐해. 애가 지엄마 생각만 하는데.

은수 (시선 잠깐 내리는)

채린 E 입장바꿔 당신이라면 그게 기분 좋은 일이었겠어요?

은수 (시선 들며)그렇게 많이 자주 연락한 건 아닌 거 같은데.외갓집
도 못 오게 하구 어떻게 지내나.

채린 (오버랩)어떻게 지내든(보며)궁금할 자격/없는 사람 아니에요?

은수 ····(보며)새엄마 들어오면 난/엄마가 아니에요?

채린 (오버랩)자기 생각만 했잖아. 내 생각은 조금도 안했단 거 아니

제36회 **417**

에요?

은수 ….(보는)

채린 동화 녹음은 왜. 내가 읽어주는데 그건 왜 만들어 보내 날 돌게
해요.

은수 (오버랩)그렇게 큰 문제가 될지 몰랐어요.

채린 (오버랩)몰랐다?

은수 그게 아이한테 욕하구 녹음기 부실만큼

채린 (오버랩/취하기 시작)나는 죽자구 애쓰는데 이불 뒤집어쓰구
지 엄마랑 소곤소곤 전화두 모자라 문잠구고 틀어박혀 딴짓하는
데 어떤 새엄마가 열 안받아.그딴 걸 보낼려면 고모가 아닌 나를 통
해서 했어야죠나. 내가 새엄만데에. 당신들 나 무시했잖아. 나 바
보 만들었잖아.

은수 (오버랩)그건 생각이 짧았어요. 인정해요.

채린 하/ 인정? (와인 잔 벌컥벌컥 비우고 탁 내려놓으며)그래서 정태원
과 오은수 계획이 뭔데.

은수 …(보며)

채린 흐흐흐(와인 따르는)답은 벌써 나와 있는데 멍청하게 내가 뭘 묻
구 있어. 다시 합칠라구? 아니 실제는 당신들 벌써 합친 거지. 아파
트 만들어 놓구 들낙날락

은수 (오버랩)그만 마시는 게 좋겠어요.

채린 ??

은수 애때린 새엄마/ 최악이에요. 좀 전에 자격이란 소리 했는데 맞
아요.누구나 새엄마 자격이 있는 건 아닐 거에요. /나 지금 채린씨한
테 악감정 없어요. 내 이혼문제 /작년 말부터 시작된 거고 슬기 아빠

랑 아무 관계없어요.

채린 (비웃는)하…흐흐흐흐(술잔 집어 드는)‥

은수 슬기 나한테 있으니까 이제 아이 때문에 겪을 일 없을 거에요. 근 거없는 오해로 스스로 힘들고 다른 사람 힘들게 만들지 마세요.

채린 (마시는/대답처럼)

은수 (소지품 챙겨 일어나며)슬기 아빠 나쁜 사람 아니에요.

채린 (오버랩)폼 잡지 마 야‥

은수 ‥‥(보는)

채린 (일어나며)간다구?(잠깐 비틀)갈려구? 나 아직 시작두 안했는데 가아?

은수 그만하구 들어가는 게 좋겠어요‥

S# 별실 밖

은수 (나와서 출입구로 가다가 잠깐 멈추고)‥‥‥(있다가 돌아서 움직이는 종업원 쪽으로)저기 잠깐요.

종업 예 손님.

은수 저 있던 방 손님이 좀 취했어요. 대리 불러 모셔다 드리세요.

종업 아 예 알겠습니다‥

은수 (핸드폰 꺼내며)혹시 모르니까 손님 연락처 드릴께요.

종업 아 예‥(제 핸드폰 꺼내 은수가 내미는 전화에서 옮겨 찍고)

은수 대리 값 카운터에 맡겨둘께요.

종업 예 손님.

은수 (카운터로 가서)이건 저방 손님 대리값이구요‥(카드 내주는)계산해 주세요.

카운터 네‥(계산하는데)

채린　E　야아아아!!(카운터??)

은수　(돌아보고)

채린　(비틀거리면서 은수 쪽으로)

　　　[대리 부탁받은 종업원 달려나와 채린 잡는/ 손님 손님.]

채린　(종업 벌컥 떼밀며 오버랩)이게 다 너때문이잖아아!!! 니가 만들
　　　었잖아아아!!(종업원 하나 더 달라붙어 먼저 방으로 끌고 들어가려 하
　　　고)니들 수작 내가 모를 줄 알아?내 남편한테 왜 침 흘려. 내 남편 훔
　　　칠려구 너 이혼한 거잖아아아

채린　E　(보고 있는 은수)야 놔!! 이거 놔 이자식들아! 놔 놔아!!!!(채
　　　린 끌려 들어가고 손님들 은수 보고 있거나 수군거리는)…

은수　……(시선 내리고)

카운터　손님..

은수　아 네..(카드와 영수증 받아들고 문으로)

S#　카페 밖

은수　(나와서 집 방향으로 걷기 시작하는)………

S#　걷는 은수………

S#　아파트 광장 입구

은수　……(들어오고 있는)….

　　　[전화벨..]

은수　…(걸으며 전화 꺼내 보는)

　　　[슬기아빠..]

은수　….(받는)네에..

태원　F　자는 거였어?

은수　아니 아직 안자..왜.

420

태원　F 목소리가 가라앉아서····· 잠깐 좀 나올래? 할 얘기가 있어.

은수　(걸으며)그냥 전화로 하면 안돼?

태원　F 나 여기 놀이턴데··귀찮구나··

은수　알았어··갈게.(놀이터 쪽으로 돌아서는)····

S# 아파트 놀이터

태원　·····(놀이터 가운데 /전화 주머니에 넣고 땅으로 고개)·········

　　　[저만큼에서 나타나는 은수···]

태원　(발소리에 무심히 보고)?? (은수 앞으로)어떻게 이렇게 빨리.(옷차림 보는)

은수　(오버랩)들어오는 참이었어.

태원　약속 있었어?

은수　응··당신은.

태원　상가 있다가 들어가는 길이야.

은수　무슨 얘기.

태원　어···집에 반갑잖은 일이 좀 생겼나봐. 혹시 그 여파가 당신한테까지 가는 게 아닌가 걱정이 돼서··당신도 알고 있는 게 나을 거 같아서··

은수　····(보며)

태원　그 사람이 슬기랑 얘기하다 당신 슬기 데리고 있는 걸 알고 난리 친 모양이야··

은수　···(보며)

태원　집에서 누구도 제대로 안 대해주고 피해의식밖에 없는 상황이라 아마/우리 다같이 자기 쫓아내려는 한 패거리로 오해한 거 같아··

은수　(오버랩)사람 데려다 놓고 왜 누구도 제대로 안 대해줘.

태원 그 사람이 한계를 넘었어. 모두 다 질렸어.

은수 당신까지 그럼 그 여자 어떡해. 당신 집 피해의식 들게 해. 나두 그랬었어.

태원 ....(보는)

은수 결국 당신 선택이잖아. 화를 낼려면 자신한테 내야지 왜 그여자 한테 책임을 돌려.

태원 그게 아니라

은수 (오버랩)착한 새엄마는 타고 나야 한다든데 /이제 둘 사이에 슬 기 없으니까 잘 수습하랬는데 안하구 있는 거야?

태원 당신 그 사람 몰라.

은수 우리 누가 누굴 알아..당신 나 다 알아? 나 당신/ 다 몰라.

태원 ...(보는)

은수 (오버랩)당신 나한테 제자리 돌아가라 그랬어. 나는 당신/실 망감 접고 잘 유지하라 그랬어. 당신 진심 고마웠고 나도 진심이었 어. 오해하게 두지 말구 우리 그런 사람들 아닌 거 믿으라 그래.

태원 얘기할 거야. 그런데 안 통할 사람이야.

은수 (오버랩)기다려줘..참아 줘..

태원 ....(보며)

은수 그 상황이면 나도 오해할 수 있어.여자들 아마 대부분 같을 거 야. 들어갈게.(돌아서 두어 걸음 걷다 멈추고 되돌아보며)아파트 같이 고르자 그러구 가구 같이 보자 그랬던 거 그 여자에 대한 화풀이같은 거였어 ..정신 들면서/ 유치했던 거 후회했어.

태원 ....(보며)

은수 이혼하고 나와서 전남편 기다리는 여자 나 그거 아냐.

422

태원 필요 없는 말을 왜해.

은수 …(잠시 보다가 돌아서 집 방향으로)

태원 (보며)……

S# 태원의 지하 주차장

[기다리고 있는 태희와 임실.]

[들어오는 채린의 자동차. 빈 자리에 주차되고]

태희 (운전석 두드리고)

대리 (키 빼들고 내리면서)좀 취하셨어요.

태희 (키 받고)수고하셨어요 (만 원 한 장 내밀고)

대리 요금 받았는데요 사모님.

태희 (오버랩)됐어요.(대리-감사합니다 사모님 인사하고/태희 채린 탄 쪽으로)

임실 (벌써 뒷좌석 문 열고)이거봐이거봐. 집 다 왔당께‥뭘 멀거니 봐 아 집이라니께‥내려요내려‥얼렁 내리자고오오.

채린 (멀거니 보는)

임실 에? 나 임실댁이요 임실대액.

태희 대리값 계산했을 정도면 많이 안 취했는데 빨리 내려어.

채린 (오버랩)흥(웃는 소리)흐흐흐흐 (하며 다리 밖으로 내놓는)

임실 어매매 웃긴 왜 웃어‥뭔 웃을 일 났다고 웃어?(잡아주며)

태희 (오버랩)조용히 데리구 올라가요. 소문나요.

임실 소문은 발써 날대로 다 났을 것인디(하는데)

채린 (한 무릎이 꺾이며 주저앉는)

임실 아고아고(잡아 일으키면서)

태희 (채린에게 들러붙어 채린 한 팔 제 목에 돌려 잡으며)아줌마 저쪽 저쪽.

임실 잉‥잉잉‥(나머지 팔 태희처럼)

　[질질 끌려 들어가는 채린./신발 한 짝이 벗겨지고]

임실 아고 구두 구두(신발 집으려)

태희 마저 벗겨요.아줌마 나머지두 벗겨요.

임실 잉잉‥잉잉(구두 벗기는)‥

채린 아으 흐흐흐흐‥‥우우 우우우우우‥(울음도 웃음도 아닌)

태희 조용해 조용못해?!!(소리는 죽여서/그러나 독하게)

채린 (게슴츠레 보며)너나 조용해 이년아?

임실 에에엥?

태희 이게 미쳤나

채린 이게미쳤나.깔깔

태희 야아

임실 (오버랩)아으아으 무얼 상대를/어이 끌구어들입시다어이.

태희 (끌고 들어가며 오버랩)뭐 이런 게 다 있어어.

채린 (주저앉으려)집에 가야해‥집에 가야해.

임실 아 집에 왔어어 정신 좀 차려어어어‥

S# 빌라 거실‥

　[끌어 들여지는 채린과 그 일행.]

태모 (현관 가까이 서서 보고 있는)‥‥‥

임실 (태희와 함께 끌어 들이다가 제 신발이 미처 안 벗겨져 현관 위로)

태모 신발도 제대로 못 벗어!?

임실 아 고게 문제요? 이거나 받으슈.(허리 잡은 손에 채린 구두 두 짝
　떨어뜨리면서)

태모 이게이게 집안 망할 징조가 이렇게 시작이 되는구먼 어엉? 집
안 망할 징조야 이게에.

태희 (오버랩)아 엄마 자업자득야.

태모 도대체가 양조장집 딸도 아니고(신발들 집으며)젊으나젊은 게
더구나 여자가/더구나 이혼당할 판인 주제에 간이 배밖에 나와두
분수가 있지 하구한날 저모양이야 저모양이.(신발 현관에 아무렇게
나 팽개치고 여자들 올라가는 계단 쪽으로)자식을 어떻게 저따위 개망
난이로 키워 남에 집 며느리루 보내보내길. 기부만 하면 다야? 대
문짝만하게 신문에만 나면 다야?

S# 태원의 침실

[방문 먼저 열리고 채린 데리고 들어와 침대로/그대로 엎어지는 채린.]

태희 후후후후후

임실 발목이 어쨀랑가 모르겄네. 계단 모서리에 틱틱 걸리드만.아
고 스타킹 다 나갔네.

태희 토할지 모르니까 뭐 받칠 것 좀 갖다 놓고 대충 벗겨줘요.

임실 잉 그라지그라지.

태희 (나가고)

S# 방 밖 복도

임실 (곧이어 태희 따라 나오면서)이불 바꾼지 불과 얼마 안됐응께 제
발 토하지는 마라잉. 토하지는말라고(화장실 쪽으로)

[태희는 그냥 계단으로.]

S# 거실 계단

태희 (내려와 주방으로)

S# 주방

태모 (냉수 마시는)

태희 (들어와 냉장고에서 맥주 하나 꺼내 열어서 냉장고 앞에 선 채 벌컥 벌컥)…(마시고 그윽 트림)아고오오오 힘들다아.

태모 (냉수 컵 식탁에 탁 놓으며)딴 거 다 그만두구 저거만으로도 이 혼감이야.

태희 (맥주 다시 또 마시는)

태모 안 나간다면서/죽어도 살어보겠다면서 저게 살겠다는 게 할 짓이야?

태희 저두 저를 어떻게 할 수가 없는 거 아니겠어?

태모 술이 해결하는 거 있어?

태희 마음이 지옥이겠지. 술이래도 마셔야 뻗어서 잊어버리고 자니까 그럴 거야.

태모 저거 저러다 알콜중독돼애.

태희 하다보면 저두 지치겠지이(나가는)

태모 ……(전등 스위치로/불 끄는데)

태희 E 슬기 내방에서 잔다.

S# 거실

태원 (들어오며)어머니랑 잔다 그러더니요.

태희 엄마 저 때문에 화 났다구 불편한가봐.(태모 나오는)한바탕 시끄러웠잖아.

태원 아아 참.

태모 아 참은 저거야. 저걸 어쩔 거야 저걸.(자기 방으로)끄으으응……

태원 (움직이려)

태희 아줌마랑 나랑 끌어들였어.

426

태원   ??

태희   저러다 진짜 사고칠까 겁난다..그러구 가만 있지만 말구 쟤 부
　　　모 빨리 들어와 결판을 내애.

태원   내 전활 받지를 않아요.

태희   정말 이상한 사람들이다응? 부모가 맞기는 한 거니?

태원   …(그냥 이 층으로)…..

태희   (잠시 보다가 제 방으로)

S# 이 층 복도

태원   (올라와 침실로)

　　　[노크 일단 해보고….]

S# 침실

태원   (들어오며 보면)

채린   (침대 가로질러 두 다리는 침대 아래로 떨어트리고)……

임실   (침대 아래에서 침대를 보고 꼬부리고 잠들어 있는)

　　　[임실 머리맡에 대야와 수건들 준비되어 있고]

태원   (들어와)아주머니….아주머니..

임실   ??(일어나며)아 아이그 내가 깜박했나보구면. 슬기아빠 들어
　　　왔소.(하품 물리는)

태원   내려가 주무세요..

임실   (침대 채린 보며 일어나)쯔쯔쯔쯔.그래도 보대끼지는 (드러난 다
　　　리 올려주려 하며)않는가봅소..

태원   (오버랩)제가 할께요 아주머니.

임실   ??(잠깐 보고)그럼 그라시오..쯔쯔..오죽하면 이라고 다니까
　　　앙. 뭐라뭐라 그려도 이집에서 제엘루다 힘든 건 저 사람이지이(나

가고)··

태원   (채린 다리 올려주면 채린 등 돌려 보이며 반 바퀴 돌고···잠시 보다

가 베개 베어주고 덮어주고)·····(또 잠시 보다가 불 끄고 나가는)

S# 방 밖
태원   (나와서 슬기 침실로)

S# 슬기 방
[더블베드로 바뀐···슬기 가구는 그대로··책장은 좀 빈 데가 있고··]

태원   (들어오며 불 켜고····침대로 움직여 걸터앉아)·······

S# 은수네 주방
은수   (거실 불은 꺼져 있고 조금 열린 침실 불빛 새어 나오는/주방 식탁

등 켜져 있고/천천히 우유 나누어 마시고 있는/잠옷)····

[현관 벨.]

은수   ???(올 사람 없는데)

[현관으로 가서 잠시 기다리는]

[다시 현관 벨.]

은수   누구세요.

준구   E 나야. 문 열어.

은수   ???

준구   E 어떻게 알았냐 안 물어?

은수   무슨 용건이에요.

준구   E 나 좀 들어갑시다.

은수   당신 들어올 집 아니야.

준구   E ····

은수   늦었어요. 돌아가요.

준구   E 왜…누가 같이 있나?

은수   ???

S# 현관 밖

준구   그래서 못 열어줘?

은수   ····

준구   당신 내 처야. 나 권리 있어.

은수   내가 나갈께요.

준구   (발로 현관 차며)아냐… 열어…열라구.

S# 은수네 현관

은수   ····(문 열고)

준구   (밀치듯 들어와 대뜸 방방이 문 열어보고 다니는/화장실까지 세 군
       데)·····

은수   ·····(어이없어 보면서)

준구   (은수 앞으로)딸은 왜 없어.

은수   지아빠네 갔어.찌질하게 굴지 마. 내가 누군줄 알아? 무슨 어이
       없는 짓이야.

준구   왜 답장 안해. 왜 전화 안해.

은수   할 말이 없어서. 말하고 싶지 않아서. 내 생활에 당신 끼어주고
       싶지 않아서.

준구   ····(보는)언제까지 그럴 참이야.

은수   당신이 이 상황 받아들일 때까지.

준구   난 당신 안놔. 안 놓는다구 했어.

은수   아버님 어머님이 결정하셨는데 왜 그래.

준구   그건 그 양반들 결정이야.

은수　아버님 결정 따라야하는 사람 아냐?

준구　당신한테 휘둘리는 자식놈 꼴이 하도 한심해서 당신들 자존심이 상해서 그러신 거야.

은수　……(보며)

준구　(은수 보며)이날까지 찌질한 놈이라 소리 누구한테도 들어본 적 없어. 한번도 내가 찌질하다는 생각해 본 적 없어.

은수　당신 찌질해.

준구　??

은수　한밤중에 처들어와 방방이 뒤지구 있는 모양/멋있다구 해야 해?

준구　(일어나며)집 나가자마자 전 남편이랑 히히닥거리구 다니잖아!!

은수　그랬으면(왜)/그건 내 사생활이야.

준구　?? 호적정리 했어? 말했지. 정신적인 간음두 간음이구 간통하지 말라구.

은수　찌질두 아깝다. 정말 이거 밖에 안 되는 사람이니?

준구　(고개 돌려 외면하고)‥‥

은수　‥‥그만 가‥가줘.

준구　(오버랩)그래 난 찌질한 놈이야 그렇다 쳐. 그런데‥(은수 보며) 당신이 시시한 여자라는 결론이 나기 전에는 나 포기 안해‥기어이 끌고 들어가 제자리 앉혀놓을 거야.

은수　가 달라구.

준구　‥‥(보며)

은수　슬기 있었으면 어쩔 뻔했어. 슬기한테 당신 시시한 모양 보이고 싶지 않아. 다시는 이런 식으로 처들어 오지 마.

준구　당신없는 빈방이 ‥갑자기 견딜 수가 없었어. 당신 집 나와 나

한테 복수하고 있을지도 모른다는 생각이 들었어. 수유리에서 그
랬지‥당신도 딴 남자랑 자고 다니는 거 밖에는 갚아줄 방법이 없
다구. 실천하고 있으면 어떡해. 실천하고 있을 거 같았어.

은수 (오버랩 쓴웃음)나는 당신이 아니야.

준구 ‥‥(보며)

은수 (현관으로/ 문 열고 서서 안 보며)‥‥‥

준구 ‥‥‥(보며)나 좀 제대로 상대해 주라‥할말이 많았는데 입도 못
벌리고 찌찔한 놈 소리만 듣고 가게 생겼어.

은수 ‥‥‥

준구 당신이 지구상에 오직 한 여자 아니야.여자는 많아.

은수 (준구 신발 제대로 놓아주며)많아.

준구 당신은 하나야‥

은수 (몸 일으키며)‥‥‥

준구 ‥‥‥

S# 아파트 현관

준구 (나와서 자동차로)‥‥‥

S# 준구 차 안

준구 (차에 올라 앞 보면서)‥‥‥(있다가)

S# 빠져나가는 준구 차‥

S# 은수 식탁‥

은수 ‥‥(우유 마신 컵 씻어놓고 전화 집어 들고 욕실로)‥‥‥

S# 은수 욕실

은수 (들어와 치약 묻혀 입에 넣으려다 칫솔 놓고 문자 치는)

[언니 자?]

은수 ....(기다리는)

　　[전화벨.]

은수 안 잤어?

현수 F 이제 잘려구.

은수 그럼 자.

현수 F 말 해.

은수 아냐 자. 별 얘기 없어. 끊어

현수 F 어엉.

은수 ...(전화 놓고 칫솔 집어 들며 제 얼굴 보는)...

　　디졸브

S# 태원의 거실(새벽 4, 5시의 어둠)

S# 슬기 침실

태원 (자고 있는/어둠 속에서).......

채린 E 태원씨...아으ㅇㅇㅇㅇㅇ

채린 (열린 방문/문틀께에 반만 몸 걸쳐 꼬부라져 땀범벅으로 극심한 위
　　통증)태태태원씨...나좀 ‥ 나 조오옴..아으ㅇㅇㅇㅇ..

태원 (퍼뜩 눈 뜨는데)

채린 E 아으ㅇㅇㅇ 아으아으ㅇㅇㅇ

태원 (벌떡 일어나 스탠드 켜고 채린에게)????

채린 (태원 한 팔 움켜 틀어잡으며)죽을‥죽을 것 아으ㅇㅇㅇㅇ 아으ㅇ
　　ㅇㅇ

태원 (오버랩)있어요 잠깐 있어요. (후다닥 튀어 나가고)

채린 아으으응

S# 태원 침실

태원   (뛰어 들어와 장에서 얇은 코트 하나 떼어 들고 뛰쳐나가고)

S# 거실 계단

태원   (아파서 비명 지르는 채린 업고 계단 내려오기 시작하는)

S# 안방

태모   (뒤척/ 돌아눕다 문득 채린의 소리 들은 듯)??(이불 젖히고 상체 일으
키는데)

채린   E (결정적으로)아으으으으

태모   (펄쩍 일어나 문으로)

S# 거실

태모   (나오는데)

채린   E 아으으으으

태원   E 참아요 조금만 참아요.

태모   (오버랩)왜 그래 무슨 일야 왜 그러는 거야!!

태원   (오버랩)(현관으로 뛰며)위경련인 거 같아요어머니. (채린은 잠옷
에 코트만)

태모   ????

태원   (아파하는 채린 업고 황망히 나가고)

태모   갖은 풍악을 다한다. 풍악을 다해.(거실 불 켜고/주방으로)

S# 주방

태모   (들어오며)미운 눔이 뭘 어쩐다드니 어구우우우. 아 그렇게 술을
퍼먹구 다니니 탈이 안나?(컵에 더운물 따르며)가지나 토끼 잠 자는
사람 겨어우 좀 자나아 하는데 홀랑 깨워놓구 마네‥후우우후우우우
(물 식히며 나가는)

S# 거실

태모 (주방 불 끄고 나와 태희 방으로 가며)아무리 아퍼두 배가 아픈데 왜 걷지를 못해 아 그걸 왜 업구 나가.다리 부러졌어? 그러다 허리라두 삣끗하면 어쩔려구. 물러터지기는 어이그으으 (방문 두드리며)태희야...얘 태희야.. 아 그만 자구 일어나!! 잘만큼 잤어어어.

태희 E 왜 엄마아아..

태모 문 열어 빨리.

S# **태희 방**

태희 (일어나며)뭐야아아 몇신데에에..(스탠드 켜고 문으로/반은 자면서)으으으으..삼차대전 터진 거 아니면 이 시간에 깨울 일이 뭐야아아(문 여는데)

태모 태원이 채린이 업구 병원 뛰어.

태희 ??? 걔 자살 기도 했어?

태모 그게 무슨 끔찍한 소리야.(거실로)

태희 (방문 닫고 급히 따르며)업구 병원 뛴다며.

태모 (오버랩)술병 나셨어. 위경련같대..

태희 위경련 그거 데굴데굴 구르게 아프다던데?

태모 누가 죽이는 거 모양 소리소리 지르더라..

태희 용케 태원이가 알았네.

태모 그렇게 난리를 치는데 옆방에서 어떻게 몰라. 나두 깼구먼.

태희 (하품하며)스트레스지 뭐.

태모 (마시며 앉는)술병이지 무슨.

태희 (그런데)나는 왜 깨워어.

태모 잠자기 영글렀는데 나혼자 뭐해.

태희 어으어으..(긴 소파에 벌렁 누우며)아이구우우우 내 팔짜야..

434

태모　위경련이 그렇게 아프대?

태희　(한 손등 이마 덮으며)데굴데굴 구른대애애..

S# 이동 중 태원 차 안

채린　아 ..아아..아아아아악으으

태원　(한 팔 뻗어 당기듯 하며)병원 금방이에요..다 됐어요..

채린　(오버랩)아으으으으으으(비명이 울음으로/태원에게 몸 실리며)

태원　……(채린이만 보면 사고 납니다)

S# 태원 거실

태모　(뿌우우우 무슨 생각인가)……

태희　(머그잔 들고 주방에서 나와 앉으며)채린이두 죽을 맛이겠다. 몸
　　　까지 아프니.

태모　아플라구 작정한 거야.아니면 죽기살기 술을 왜푸구 다녀. 그
　　　거두 제대루 먹지두 빈속에 술루 단련이 된 주제두 아니면서.

태희　글쎄 말야.

태모　태원이 맘 약하게 만들어 그냥 주저앉어 보자는 수쓰는 걸 거야.

태희　(보는)…

태모　우리가 음모가 아니라 지가 음모야.

태희　남자가 싫다 그럼 그만이지 심리를 모르겠어

태모　두번 이혼이 쉽냐? 그리구/ 지가 어디가서 이집 같은 시집을 만
　　　날 거며 어디서 태원이만한 녀석을 만나.

태희　자존심이 없는 앤가아아?

태모　황송한 줄 알면 구구루 조요옹히 나 죽었소오오하구 살 것이
　　　지/그럼 나두 오냐 그래 따지구 보면 너두 불쌍한 인생이다아아
　　　아..그렇게 큰 부자 아버지한테 물려받을 재산 한푼이 없는 게 불

쌍한 거 아냐?

태희 재산 얘기는 그만 하지이?

태모 암튼/그냥 차부운하고 조시인하게 눈치 껏 있으면 누가 뭐래‥ 분수두 모르구 천방지축 애는 왜 건드려 애애빌 돌아버리게 만들어 놔.

태희 머리가 나쁘댔잖어.

태모 공부는 너보다 월등 잘했대.

태희 공부 머리랑 지혜머리랑 다르다니까아./

태모 어떻게 꾀두 없어꾀두.어떡하면 내가 좋아할까 어떡하면 지 남편이 좋아할까 그거두 몰라?

태희 …(마시는)

태모 나같으면 전실자식이 아무리 꼴보기싫어두 그러면 그럴 수록 더 신경쓰는 척 더 이쁜 척하며 살겠다‥

태희 그건 더 무서워엄마. 그러면서 슬기 밥에 약 탈 거 같어.

태모 끄으으응‥(기대면서)눈물 좀 갖구와‥

태희 (머그잔 놓고 주방으로)

태모 사람이 잠을 제대로 자야지 잠을 초쳐버렸으니 원.

태희 지금이라두 들어가 자면 되잖아.

태모 너는 이년아 이 시간에 활딱 깼다가 도루 잠이 오냐?

태희 아 왜 새벽 닭두 울기 전부터 욕으로 시작해애애.

태모 마디마디 대꾸 안하면 죽어?‥‥(해놓고 리모컨 집어 티브이 켜는/ 새벽 4시에서 5시 사이/채널 돌리는데)‥

임실 (나오다 보고)???

태모 (잠깐 보고 채널 돌리는)

임실 이 시간에 뭔 일이다요?

태모 (티브이 끄는)….(대꾸 않고)

태희 (일회용 안약 엄마에게)

임실 ??(태희 보는)

태희 채린이 아퍼 병원 데려갔어요.

임실 토허지도 않고 잘 잤는디?

태희 나 더 자. 졸려 죽겠어(제 방 쪽으로)

임실 어디가 아프다 그러요?

태모 (안약 비운 껍질 탁자에/일어나며)속탈이지 어딘 어디야‥(퉁명/
         자기 방으로)

임실 …..(보다가 화장실로/ 입으로만 투덜거리면서)

S# 은수 거실

은수 (로브 입으며 침실에서 나와 거실 커튼 열면…아침)…(창문 열어놓고
         커튼 끈 매서 고정시키는)….(침실에서 전화벨 울리고/서둘러 들어간다)

S# 침실

은수 (들어와 전화받는)응 언니.

현수 F 일어났구나.

은수 응 지금.

S# 현수 원룸

현수 어젯밤에 할려던 얘기 해.(광모 소세지 굴려 굽고 있는 중. 달걀 세
         개 준비./ 토스터에 구워지고 있는 빵)‥할말 있었던 거 아니었어? 말
         해애. 괜히 자나안자나 체크한거 아닐거 아냐.

광모 (다 뽑힌 커피 따라 현수에게 놓아주고)

현수 땡큐.(머그잔 들며)자면서도 계속 궁금했어 엉?

S# 은수 침실

은수 글쎄? 생각 안나네? 별로 중요한 얘기 아니었나봐. 아무 생각 없는 거 보니까…응 치맨가봐…슬기 세시에 온댔어. 점심 먹여 보낼테니까 할 일 없어. 마냥 편하네 뭐…응 들었어‥근데 집이 빨리 팔릴까?

S# 현수 원룸

현수 아빠는 싸게 내 노면 될 거라 그러구 엄마는 제값 받아야지 무슨 소리냐구 펄쩍 뛰어. 암튼 당장 내 놓는대. 집에 있어.(광모 돌아보고)그래 생각나면 전화해‥응‥으응(끊고 마시면 일어나는)

광모 있을라구?(프라이팬 소세지 접시에)

현수 일해야 해.

광모 무슨 재택 근무냐? 재택근무두 휴일은 놀아야는 거 아냐.

현수 할일이 있어요오오(냉장고 샐러드 상자 꺼내는)

광모 애들 일찍 산책시켜 들여놓고 쇼핑가자.

현수 뭐 사러.

광모 나 입을 옷이 없어. 내가 이러구 사는 사람이니? 너한테 집중하느라 도통 옷을 못샀어. 옷 안산지가 언젠지 몰라/입을 게 없어. (현수 샐러드 두 개의 볼에 채우는)

현수 너 처럼 옷사치하는 사람이 어딨어. 오피스텔 꺼 챙겨 와. 지금 철 것만/둘데두 없으니까.

광모 작년 재작년 꺼 말구 금년 꺼 새 옷

현수 (오버랩)아 나 일할 거 있다니까아. 성가셔 죽겠네. 어제 세일하느라 녹초됐다 그랬지.

광모 그래서 내가 맛사지 해줬잖아‥찜찔도 해주고.

현수 나가기 싫어. 힘들어죽겠어.

438

광모 어느 새 권태냐? 힘들어 죽겠다면서 일은 한대?

현수 약속해 논 거 있어서 해야 해.후라이 내가 해?

광모 내가 할게.(달걀 프라이로)

현수 일하는 동안 일단 오피스텔 옷 챙겨와.

광모 있는 거 입으라 그럴려 그러지.

현수 (오버랩)아 뭐 지돈 지가 쓴다는데 내가 이럴 거 뭐있니.마누라 잔소리 냄새 나 좀 그렇다. 저엉 나가구 싶으면 혼자 나갔다 와.

광모 됐어. 혼자 뭔 재미야.

현수 얘들 왜 안 보여.쭈쭈 뽀뽀 어디서 뭐해애애‥

　　　[달려오는 강아지들‥]

현수 으흐흐흐 무슨 볼일 봤어? 안보이는데서 무슨 일들 저지르구 있었던 거야?(그러다 두 눈 비비는)‥‥

S# 응급실 안

채린 (멍하니)‥‥‥

태원 (보는)‥‥‥내 생각에는 입원하고 며칠 쉬는 게 좋을듯해요.

채린 (고개 흔들고)

태원 ‥‥‥(보며)

채린 죽는 줄 알았어요‥이제 괜찮아요‥‥‥바보스러‥반가워할 사람 없지만 그래두 집에 갈래요‥(일어나려)가요.

태원 아직 주사 약 남았어요‥

채린 (흘낏 약병 보고)거의 다 됐어요‥갈래요‥

태원 ‥‥(보며)

채린 갈래요‥(안 보는 채)

태원 ‥‥(보며)

[전화벨]

태원　(전화 꺼내며 응급실 나서고)

S# 응급실 밖

태원　예…통증 쉽게 안 잡혀 혹시 담석이나 딴 거 아닌가 추가 검사
　　　다 했는데 다른 소견은 안 보인대요····조금 전부터 통증은 잡혔어
　　　요·· 에···집에 간다 그러네요·· 그래야죠 뭐·· 예···(끊는)

S# 주방

[임실 상 놓고 있고/슬기 고모 보고 있고/태모도 태희 보는]

태희　(전화 놓으며)위경련 맞대. 추가 검사까지 다 했는데 다른 이상
　　　있는 건 아니구 아픈 거 가라 앉았대··데리구 온다구.

태모　입원시켜 두구 보지 또 아프면 어쩔려구.

태희　환자가 온다 그런대··

임실　(국그릇 놓으며)술만 끊으면 되네.술만 안 먹으면··

태모　(오버랩)지 친정두구 왜 여기루 와아.(수저 들며)

태희　(오버랩)아 엄마. (슬기 있는데)

태모　왜그리 칩칩해··

태희　혼났으니까 저두 생각이 있겠죠. 인정사정없이 그러지 좀 마.

태모　(흘기고)

태희　(아무렇지도 않게)슬기야 먹자?

슬기　네에··(먹기 시작)

임실　(파김치 접시 내면서)파김치가 좋을만하게 맛 들었네요.

태모　입에서 파냄새 올라와.

임실　뭐 키스할일 있나아.(접시 치우며 꿍얼)

태모　?? 뭐야?(태희-까르르르)

440

임실　내나 먹지 뭐.

태희　아빠랑 뭐하기루 했어?

슬기　서점이랑 어린이 박물관 간다 그랬는데…오늘 꼭 안가두 돼요.
다른 날 가면돼요.

태희　그래.고모랑 딩굴딩굴 놀자. 나가야 먼지만 들이키구 건강에
해로워. 봄에는 바람 불잖아. 고몬 봄이 싫어.

슬기　웅 딩굴딩굴두 좋아요.

태모　점심에 뭐해주까 (슬기에게)

슬기　아무거나요.

태희　유부초밥 어때?

슬기　아 좋아요.

태모　들었지? (임실에게)

임실　예에에에

태모　대답이 왜 그래..뭐가 불만이야.

임실　……

태모　어엉?

임실　유부초밥이요 에에..

태모　?? 그렇잖어두 들이받을 데가 없는 사람이야. 건드리지 말어.

태희　(오버랩)엄마 진지진지..진지 드셔 엉? (해놓고 얼굴 짓/어제 한
판 당했잖어. 나 골났소 시위하는 건데 모르는 척해)

태모　(딸 보다가 그만두고)<u>끄</u>으응…(일어나며)슬기 다먹구 할미한테 와.

슬기　??

태희　먹구 다 먹구..

슬기　네에..

S# 태모 침실

태모 (들어와 침대로/ 기대앉을 베개 만져놓고 누워)‥‥‥후-우-우-우-우 (한숨)
[잠시 있다가 전화 집어서 통화 시도]

태모 어 나 서초동인데 어‥ 내가 오늘 못나갔어서‥‥엉 고여언히 위가 탈이나서 아주 불편하네‥‥응 위가 아파‥꽤 아파‥‥병원에 잠깐 다녀와 그냥 쉬는 게 좋은 거 같아서‥응‥‥그러엄 건강이 제일이지‥그러그럼‥미안해요‥내가 속좀 다스리구 연락할게‥응응(하는데)
[노크]

태모 들어와‥

슬기 (들어오고)

태모 (두드리며)이리 와 이리와.

슬기 (할머니 옆자리로 오르고)

태모 할미처럼 기대 기대‥‥오옳지‥밥은 다 먹었어? 할미가 오래서 먹다 말구 온 거 아니야?

슬기 다 먹었어요.

태모 (손녀 머리 쓰다듬으며)그래 여기 할미 집에 있는 거 보다 에미랑 있는 게 더 좋아?

슬기 ‥‥(보며)

태모 괜찮아. 솔직하게 대답해.

슬기 네‥마음이 편해요.

태모 마음이 편하다아아‥‥마음 편한 게 제일이지 그래‥그런데‥에미는 어떻게 할 작정이래‥ 그 아저씨하구는 여엉 헤어진대?

슬기 그런 거 같아요.(보며)

태모 으응‥‥왜 그런 건지‥그러는 이유가 뭔지 너 알아?

슬기　(고개 흔들며)잘 몰라요..

태모　에미가 얘기 안해 줬어?

슬기　아니요

태모　안 물어봤어?

슬기　(고개 흔들고)

태모　…궁금안해?

슬기　궁금하지만…나중에 알게 될 거라구 이모가 그랬어요.

태모　으으응…(혼잣소리)하기는 어린 거한테 그거두 그렇겠지….

슬기　(보며)….

태모　에미가 채린이 아줌마한테 잘해주라 그랬다면서.

슬기　네..나때문에 아빠가 아줌마한테 화났으니까 아빠 편하게 만
　　들어줄려면 아줌마랑 잘 지내야하니까 그러라구요.

태모　(시선 내리고 끄덕이고 잠시)…..(보며)에미가 아빠 얘기는 안해?

슬기　??

태모　할미 얘기는 안해?

슬기　별로..아 할머니 뽀뽀 많이 해드리랬어요. 뽀뽀 해드릴께요(달
　　려들어 목 안고)쪽쪽쪽쪽

태모　(안으며)으으으으흐흐..내새끼.흐흐흐 (떼어내 보면서)더두 덜
　　두 말구 우리 새끼 결혼하는 거까지만 딱 거기까지만 보구 죽었으
　　면 좋겠는데에에…

슬기　요새 백살까지 살 수 있대요 할머니 할머니는 화만 안 내면 얼
　　마든지 살거에요 걱정마세요.

태모　화만 안내면

슬기　네에.

태모　후우우우우 그런데 어떡해. 날마다 화낼 일만 생기는 걸.(안 보며 혼잣소리)

슬기　(보며)….

S# 병원 근처 약국 앞에 세워져 있는 태원의 차

S# 차 안

채린　(기대어 앉아 태원이 나올 약국 보며)…….

　　　[태원 나오는 거 보이고]

태원　(처방 약 봉지 들고 차에 올라 약 채린 주고 벨트)

채린　(약봉지 무릎에)바람 좀 쐬구 싶어요.(안 보며)

태원　??

채린　가슴이 답답해..

태원　차 타는 거 힘들텐데 집에 가 쉬어요.

채린　…..(안 보는 채)

태원　에?

채린　내가 들어가는 거 반가와할 사람 아무도 없는 집에…

태원　(오버랩)아픈 사람이에요. 누나도 걱정해요..

채린　(보는)

태원　이대로 안정해서 낫게 해야지 또 아프면 어떡해요. 그렇게 아파하는 거 처음 봤어요.

채린　나는…한번씩 잘 그랬어요.

태원　…..??(보는)

채린　편안할 땐 괜찮은데…분하구 억울하구 스트레스 쌓이면……

태원　갑시다…집에 가 쉬어요..

채린　…..(눈 감고 기대고)

444

태원   (출발)

S# 약국 앞 떠나는 태원 자동차……

S# 은수의 발코니

은수   (청소 작업복)…(발코니 물청소하고 있는/씩씩하게)

[바가지로 물 마지막으로 확 끼얹어주고 솔 바가지에 넣고 창틀 안
에 놓아둔 수건 집어 발 물기 수건으로 닦아주고 수건도 바가지에/ 거
실로]

S# 거실

은수   (들어와 바가지 욕실 안으로 집어넣고 주방으로)

[주방 수전에 손 씻고 작은 행주에 손 물기 닦고. 우유 꺼내 컵에/ 마시
면서 거실로….]

[거실 소파에 푸욱 앉으며 아랫배에 한 손바닥 대고]

준모   E 보낼 아이라 생각하고 될 수 있는대로 애착 가지지 마라.

은수   (우유 마시는)….

S# 준구의 마당

[김회장 소실장 또 비서 둘 서 있는데]

준구   (나오고/공항 갈 차림)

둘   가벼운 목례.

준구   실장님 잠깐요··(조금 떨어진 자리로)저쪽 아파트 경호원들 이제
철수시키세요. 이제 나 거기 갈 일 없어요.

소   사모님 아직 아무 말씀 없으십니다.

준구   걔도 연락없어요.다 끝났어요.

소   사모님 아직 말씀이 없습니다 대표님.

준구   소실장님은 그애랑 연락하십니까?

소　　차실장한테 한번씩 소식 듣습니다. 병원엘 갔다 안갔다하는 모
　　　양이에요. 일은 계속하고 있다 그럽니다.(하는데)

비서　E 실장님.

　　　[둘 돌아보는]

준구　(움직이는 소실장 따르며 나직이)아버님께 잘 부탁드려요.

소　　…

　　　[김회장과 준모 나오는]

준모　무리하지 마세요.

회장　다녀 오리다.

준모　찬 음식 드시지 말구요.

회장　가지.(앞서며)

준모　소실장.

소　　네 사모님.

준모　과도한 스케줄 잡지 마세요. 소실장이 수행하니 믿어요.

소　　(목례하며)너무 심려 마십시오 사모님.(하는데)

회장　E 너 뭐야..

준모　??(보는)

　　　[저만큼에서 멈춘 부자]

준구　?? 아버님 공항에 모셔다 드리구

회장　너 아니면 내가 공항 못 찾아가?

회장　E 보기 싫어..들어가.

준구　…(굴욕/그래도 목례)….

회장　(목례와 상관없이 대문으로)

　　　[비서1은 이미 앞서 나갔고 소실장 회장 따라 나가는]

[나가는 회장과 소실장]

준구   ·····(보며)

[준모 시각에서 아들···]

준모   ·······(보며)

준구   (엄마 쪽으로/ 엄마 스치면서)안나오면 안나왔다 호통치실 거잖아요.

준모   ······(현관으로)

S#   현관 거실

준구   (들어와 김새서 거실로)

준모   (들어오고)

이모   (절에 갈 차림/ 주방에서 작은 보온병 가방에 집어넣으며 나오다 보고)공항간다드니

준구   꼴보기 싫다구 따라나오지 말라셔요.(계단으로)

이모   ·····(보다가)쯔쯔쯔.그 미운털 뽑힐라면 좀 걸릴 게야··(들어오는 준모/)좀 늦을 거야··보살 친구들 점심 사기로 했어.

준모   사람 아무리 지 뭐 쿠린줄은 모른다지만 직원들 보는데서 애꼴이 뭐가 돼. 도통 생각이라는 게 없어 어떻게. 출장만 아니면 불러들여 한번 해보겠구먼.

이모   뭐 묻은 게 뭐묻은 거 나무란다구?

준모   내가 죽어 없으면 몰라. 아니 내 앞에서 어떻게 자기한 짓 까맣게 잊어버리구 애만 쥐잡듯 잡어요?

이모   호호호호 원래 내 잘못은 다 까먹구들 살어.

준모   누워 침뱉기코메디좀 하지 마라 정색하고 얘기해야겠어요.

이모   으호호호

준모 기억상실증두 아니구 기막혀 정말.

이모 그부분만 기억상실인가부지.흐흐(현관으로)

준모 과식하지 말어요.

이모 걱정 마아..(나가고)

준모 (자기 방으로 들어가며 이 층 보는)

S# 준구 서재

준구 E (문자 치고 있는)찌질한 사람 아버지 출장 공항 배웅 나가려다 멋지게 한방 맞구 들어왔어. 회사 직원들 앞에서 개망신 당한 기분/ 진짜 개떡이군. 당신은 통쾌하겠지만. 필요한 거 먹구 싶은 거 있음 말해. 언제든 무엇이든 즉각 대령할 테니까..콧방구 꾸지 말고.결혼 전 나를 대단찮게 대하던 당신이 상당히 신기했었고 차츰 나한테 기울어지던 당신에 우쭐했었지..

S# 은수의 주방

은수 (오플렛 먹으며 문자 보는)

준구 E 당신은 나한테 잘 보이고 싶어하지도 않았고 비위를 맞추려 하지도 않았어.당신은 나를 사랑한다고는 할 수 없고 좋아한다고 는 할 수 있다 그랬어.당신은 솔직했고 그런 당신한테 나는 반했었 지. 당신이 나를 사랑하게 만드는 건 자신 있었어. 나는 그럴만한 가치가 있는 사람이니까..비웃는군 비웃는 얼굴이 보인다..내가 이 게 넋두리냐. 덕분에 정말 찌찔한 놈 됐다.

은수 (웃지는 않고 무표정한 채 읽고 포크로 오플렛 한 입 넣고 씹으며 답 장 쓰는)..

은수 E 아버님 외면은 기대에 대한 실망을 표현하시는 거고 뒤집으 면 사랑이야.시간을 벌어. 곧 괜찮아지실 거야.

S# 준구의 서재

준구   E (문자 보고 있는)

은수   E 날씨 좋은데 나가서 운동이나 해.

준구   (문자 내려다보며)....

S# 태원 거실

태원   (채린 가볍게 잡아 데리고 들어오고 있는)...

태희   (주방에서 커피 들고 나오다 보며).....

태원   (그냥 계단으로)...

태희   엄마 지압 받는다..

태원   ....

태희   (제 방으로)

S# 태희의 방

태희   (들어오며)채린 아줌마 병원에서 왔다.

슬기   (엎드려 책 보다 일어나 보는)??

태희   아픈 거 다 나았나봐..물론 며칠 조심해야겠지만.

슬기   아빠는요.

태희   아빠두 같이.환자 데리구 갔는데 환자랑 같이 와야지 물론?

슬기   (침대 내려선다)

태희   왜애.

슬기   아니에요..

S# 태원 부부 침실

태원   (채린 눕는 것 도와주고 이불 여며주고)두시에 약 먹으면 돼요..

   아주머니한테 보리차 끓여 달라 그럴게요.

채린   (한 손등으로 눈 덮는).....

태원 이제 술은 그만 마셔요. 술이 해결해 주는 거 없어요.

채린 (오버랩)어제 밤에 슬기엄마 만났어요.(일어나며)

태원 ??

채린 내가 보자구 했어요.(손 내리고 태원을 보는 건 아니고)

태원 (오버랩)내가 설명해준다 그랬는데 왜요.

채린 (보며)그 여자는 뭐라 그러나 듣구 싶어서요.

태원 ....(보다가 걸터앉으며)뭐라 그랬어요.

채린 벌써 당신하구 말 맞췄드군요.

태원 채린씨

채린 자기는 작년 말부터 이혼할려 그랬다면서 당신하구 상관없는
일이라구.

태원 그게 사실이에요.

채린 흐흥. 그 쪽 이혼한다 그래서 당신두 준비한 거 잖아요.

태원 나 슬기 데려가겠다 그랬을 때 처음 알았다구 했죠. 사람말을
그렇게 안 믿고 자기 멋대로 상상하면서 왜 본인 스스로를 괴롭
혀요.

채린 아구가 딱딱 맞는데 어떻게 믿어요.

태원 우선 나를 믿고 다음에 선후를 챙겨봐요. 그리고 나는 내 이득
때문에 거짓말하는 /해본적 없는 사람이에요. 내가 제일 싫어하는
게 거짓말이에요.

채린 (보며)

태원 슬기 엄마 작년 말께 쯤부터 쭈욱 힘들었나봐요. 우리 집 별일
없었어요. 최근에 슬기엄마 친정으로 나왔어요. 나 몰랐었어요..당
신하고 슬기 문제가 안 생겼으면 아마 어쩌면 슬기 엄마 이혼하는

450

거 지금도 모르는 채였을 수도 있어요. 수유리 어른들 아이한테 쓸데없는 말씀 하실 분들 아니고 슬기엄마도 자기 또 이혼한다는 말 가볍게 할 사람 아니니까.

채린　녹음해 보낸 거 경솔했다구 잘못했다 사과했어요.

태원　....(보며)

채린　그게 시작이잖아요. 그거만 안 보냈으면 내가 뒤집어질 일도 없었구 우리 사이 이렇게 악화될 일도 없었어요.

태원　....(보며)

채린　어머니는 큰문제 아니에요. 어머니는 무시하면 돼요.

태원　(오버랩)문제는 내가 채린씨한테 경악했다는 거에요. 문제는 슬기 혼자 채린씨한테 당했던 시간들을 참을 수가 없다는 거에요. 문제는 채린씨는 슬기 옆에 더 이상 둘수가 없다는 거에요.

채린　제 엄마한테 갔잖아요. 잘 됐잖아요.

태원　그 사람 우리 집에 아무 문제 없으면 아이 데려간다 나설 사람 아니에요.어머니 생각으로는 당신 때문에 슬기 뺏긴 거에요.

채린　(시선 내리며)이제부터 정말 잘할 거에요.두고 보세요.

태원　....(보며)

채린　처음부터 슬기가 싫었으면 왜 슬기 데려와야한다 그랬겠어요. 잘할려구 이뻐할려구 했는데 너어무 지 아빠만 밝히구 애가 애같지를 않구 빠안히 쳐다보는 눈이 너무 기분나쁘구

태원　(오버랩)채린씨.

채린　(보며)네에.(사정하는)

태원　우리는 틀렸어요. 나는 속좁은 놈이라 당신 다시 못 받아들여요. 사랑까지는 아니더라도 피차 이해의 공통분모라도 있어야하

는 건데 우리는 그것도 없어요.나는 당신이 딴 세상에서 온 사람 같아요.다른 마음 다른 생각이 함께 사는 건 고문입니다.

채린 (누우며)어지러워‥

태원 ‥‥(보다가 일어나며)좀 자도록 해요.

채린 ‥‥(나가고)

채린 (나간 뒤에 혼잣말)그까짓 뺨한대 머리한번 때렸다구‥‥쓰다듬은 거지 때린 축에나 들어?흐흥흥‥

S# 슬기의 방

태원 (침울하게 들어오다 침대에서 일어서는 슬기 보고)어 아빠 기다렸어?

슬기 아줌마 많이 아파?

태원 병원갔다와서 나아졌어‥괜찮아질 거야.

슬기 있잖아 아빠 나는 그 말하면 안되는 거 모르구우우?

태원 (오버랩)상관없어. 괜찮아.

슬기 아줌마가아?

태원 (오버랩)괜찮다니까?

슬기 그래두 하구 싶어 할래.

태원 ‥‥그럼 해‥(데리고 침대에 앉는)‥해봐.

슬기 엄마 일주일에 몇 번 보냐 그래서 같이 사니까 날마다 본댔걸랑?

태원 음.

슬기 엄마 한남동에 사는데 어떻게 같이 사냐 그래서 나랑 둘이 산댔어. 그랬더니 얼굴이 이이상해지면서 할머니한테 마악 소리지르구 나 죽을 뻔했어

태원 (오버랩)흐흐흐(안으며)괜찮아괜찮아.아줌마는 니가 할아버

452

지할머니랑 있는 줄 알았거든‥자기만 왕따시켰다구 오해해서 화
낸 거야.

슬기   (오버랩)그런데 아빠

태원   응

슬기   아빠 이제 아줌마한테 그만 화내‥(보며)엄마두 아빠 화 풀었
으면 좋겠나봐.나 아줌마한테 잘하랬어. 그래야 아빠 편해지니까.

태원   ‥‥(보며)

슬기   잘해줄라 그러다가 아줌마 화나서 아프게 만들었지만

태원   너때문 아니야‥아줌마 그동안 식사두 제대로 안하구 좀 신경
이 곤두서 있었어.

슬기   나 때문에 아빠가 화내서.

태원   움‥그런 거 같아.

슬기   고만 화내애애.(아빠 왜 그래애)나한테는 화 길게 내면 병 걸린
다드니.

태원   흠흠‥고모 뭐해.(일어나며)

슬기   (침대에서 내리며)몰라. 아마 건축 잡지 보고 있을 거야.

태원   내려가자. 아줌마 보리차 끓여달래야 해.

슬기   응

S# 거실 계단

[내려오는 부녀.]

임실   (현관에서 지압사 배웅하는/ 인사 적당히 나누고/ 주방으로 움직이
다 부녀 보고)점심은 김치 수제비 하라시는데‥

태원   예 좋아요.저 사람은 하루 금식해야해요. 보온병에 보리차 좀
만들어 주세요아주머니.

임실 안 그래도 보리차 끓기 시작했소.(주방으로)짐승이나 사람이
　　　나 속탈은 굶는게 최고 약이닝께‥

태원 네 고맙습니다.

슬기 (오버랩)아빠 아이스크림 먹어.(손 잡아끌며)

태원 (끌리며)어어 아빠는 생각 없는데에에.

S# 거실

　　　[매트 깔아놓고 바닥에 앉아 티브이 임산부 요가 보면서 따라 하고 있는]

은수 ‥‥‥(진지하고 성실하게)‥‥‥

S# 친정 거실

　　　[마루에 삼겹살 구울 준비 중 현수/엄마.]

광모 쭈쭈 뽀뽀 늬들 실수 안해야 또 데려오는 거야 알았어? 피피 여
　　　기야 여기(깔아놓은 패드)푸푸두 여기 알았지? 한번 말하면 딱 알지
　　　그렇지? (강아지들 상황에 맞춰 맘대로 지껄여도 상관없음)

자부 <u>흐흐흐</u> 못 알아들어두 상관없어. 낯선 데 와서 실수할 수두 있
　　　지 뭐.

현수 (준비한 것들 들고 나오며)앉으세요 아빠. 아빠 손 씻었어요?

자부 씻으래서 씻었지.

현수 너

광모 (오버랩)어 아버지 나오시면 씻는다 그러구 깜박했어.(화장실로
　　　튀고)

자모 (된장찌개 들고 나오며)가만있어 움직이지마.(뚝배기 놓으며)앤
　　　뭘 먹는지 모르겠네.

현수 아 북한 살어? 별 걱정을 다해.

자모 (주방으로)슬기가 없잖어어어.

454

현수　뭐 먹는지 알어봐? (주방으로)

자모　아냐아아아.. 고기 먼저 먹고 밥 먹지?

자부　(앉아서)그러엄..

현수　(소주 한 병 꺼내 잔과 함께 상으로)오겹살 끝내주지 아빠.

자부　(불판에 손바닥 대고 고기 접시 기웃이 보며)끝내준다.

광모　(튀어나오고)제주도 오겹살이에요 아버지.

자부　맛있지이이…고기 얹어 여보 얼른 와.

자모　시작해. 대충 치우구

현수　아 와아아

자부　(동시에)와아아../시간 경과

S# 같은 마루

　　[고기 구워지고 있고]

　　[현수와 광모 아빠. 잔 부딪치고 같이 잔 비우고]

자부　(잔 내리며)광모야.

광모　예 아버지.

자부　없는 거 보다 훨씬 낫다.

광모　??

자모　반쪽 사위지만 없는 거 보다 낫다구.

광모　하하. 식만 안올렸지 저 반쪽 아니에요아버지어머니. 온전한
　　사위입니다 예.

자부　(오버랩)호텔 가 니 동생 데려올 때…없는 거 보단 낫다 했어(현수
　　에게)

현수　(오버랩)그렇게 말씀하시면 광모 섭하지이이..반쪽짜리도써먹
　　을 데는 있구나 그래야지.

광모 ?어째 니말이 더 섭하게 들린다?

자부 (오버랩)흐흐 받어라.

광모 아니 제가

자부 (오버랩)받어어.

광모 아니에요 주세요아버님.

자부 괜찮다니까.(술병 주고)

광모 (따르고 현수에게 술병 들어 보이는)

현수 (술잔 대주고 따르는데)

자모 고기 먼저 먹어. 고기 다 타.(쌈 싼 고기 아빠 입에)

자부 당신 먼저 먹어. 다 먹어 많이 먹어. 많이 먹구 힘내.

자모 타면 못쓴단말야 타며어언. 입 벌려.

자부 어 나참.

자모 벌려어어(남편 입에 큰 쌈 밀어 넣는)……

광모 (입 조금 벌리고 보다 현수 보면)…

현수 (고기 쌈 제 입으로 밀어 넣고 있는)

광모 저기…여쭤보고 싶은 게 있어요. 어떻게 아버지어머니는 언제
뵈두/십년 전이나 지금이나 한결같이 똑같이 그렇게 좋으신 비결
이 뭔지 궁금해요.

자모 응?

광모 현수 말로는 지금까지 한번 다투시는 걸 본 기억이 없다는데 정
말이에요?

자모 내가 바보잖아아

자부 (오버랩)나는 등신이구‥

광모 예?

456

자부　허허허허허허

S# 은수의 거실

은수　(목욕 가운 덮고 누워 잠들어 있는)……

S# 어느 골프장

　[준구와 정수‥나오면서]

준구　장편소설 보냈는데 간단해. 날씨 좋은데 나가서 운동이나 하래.
　　헛소리 듣기 싫다는 거지.

정수　운동하란다구 운동 나오구 말 잘 듣는다. 진작 그럴 것이지.

준구　(스타트로 걸으며)세상에 제일 힘든 여자가 어떤 여잔지 아냐?

정수　‥(걸으며 그냥 보고)

준구　자존심 밖에 없는 여자. 자존심이 전부인 여자. 자존심이 종교인
　　여자.

정수　나하구 송기자를 죽여라.

준구　어젯밤에 처들어갔었다.

정수　??

준구　갑자기 그 자식이 가 있을지도 모른다는 생각이 들었어.

정수　야.(설마)

준구　딸애랑 셋이 뭐 상상할 수 있잖아.

정수　그래 처들어갔더니.

준구　찌질한 놈만 됐다. 자기가 난 줄 아냐더라.

정수　정곡을 찔렀군. 그렇지 지가 사기꾼은 딴 사람도 사기꾼으로 보
　　는 법이거든.

준구　‥‥

정수　다미가 자꾸 술 먹자 그런다.

준구   (오버랩)그 기집애 얘기 하지 마.

정수   힘든가봐‥

준구   하지 말라구.

정수   약은 안 먹는다더라

준구   (오버랩/멈추며)하지 마 짜식아!!!

정수   …(보는)

S# 방송사 분장실

다미   (들어오는)

여기자   (다른 연기자와 잡담하고 있다가)아 이다미 씨 안녕하세요.

다미   안녕하세요.(스타일 화장대에 화장 케이스 놓는)우리 약속 있었
　　　나요?

여기자   아니 약속은 안돼 있지만 잠깐 인터뷰 좀(명함 꺼내려 하며)

다미   (오버랩)기획사랑 얘기하세요. 미안해요.인터뷰 내 마음대로 못
　　　해요.(스타일리스트에게)차실장님 전번 알려줘.

스타일   네‥

미용들   (다미 가채 들고 달라붙고)

다미   (짜증)네씬 찍자구 또 나와야 해?

미용   (자기 때문에 이렇게 된 건데)…

다미   (투덜거리는)이거 언제 끝나. 목 디스크 걸리겠어 진짜.내가 이
　　　래서 사극 싫어하는 거야.

스타일   (와서 슬쩍 건드리는)

다미   왜애.

스타일   (작게)언니가 오늘 찍겠다구 했어요.

다미   ??? 아 나 아팠었지참‥(거울에 웃어 보이며)미아안. 미안해요.

나 커피 왜 안줘?

제작부 청년   (커피 들고 들어와 놓아주고)

다미   응- 땡큐 땡큐 (커피 뚜껑 벗기며 중얼거리는)머리 아퍼. 약줘‥

S#   태원의 거실

임실   (보온병 들고 내려오는)

　　　　[수제비 끝내고 과일과 차 타임.]

임실   보리차는 다 먹었네요잉‥

태희   아프지는 않대요?

임실   모르겄소. 자는 건지 못들은 척 하는 건지…(주방으로 가려다가 되
　　　　돌아서며)나 설거지 하고 좀 나갔다 와야 쓰겄는디

태모   어딜.

임실   볼일이 쪼깨 있소.

태모   무슨 볼일.(안 보는 채)

임실   아 나가라고 허니께 나가야잖컷소.

태원   ??

태희   ??

태모   그게 무슨 소리야.

임실   안 그래도 위층 사모님이 자기 딸네로 가 아가 키워주면 참말로
　　　　좋을 것인디 해 쌌는데 이웃 지간에 고것은 아니다 했지라.

태모   대체 무슨 소리냐구.

임실   생쌀 안 먹는다고 나가라 안했소사장님이.

태모   ???

임실   꼭 나가라 그래야 나가라는 거요? 너 없어도 생쌀 안먹는다 고말
　　　　이 바로 나가라는 소리니께

태희 (오버랩)아줌마(왜 그래요 또)

임실 (오버랩)의정부 조카한테 가서 설거지를 해도 밥은 먹는 거고 조카가 거북하다 그럼 딴 데 또 알아보고. 나이 많어 좋다 그럴 집이 쉬울랑가는 모르지만

태모 (오버랩)본병 도졌구먼 도졌어. 어째 조용한가 그랬어. 귀신 씻나락 까먹는 소리 그만하구 상이나 치워.

임실 (오버랩)그려도 나없으면 안되지이이 하구 참구참어가면 살었는디 생쌀 안먹으니 나갈테면 나가라 소리꺼정 듣구

태모 (오버랩)이 여편네가 노망 났나. 내가 언제 그랬어.

임실 생쌀 소리 안허셨소.

태모 그래 생쌀 소리는 했어.

임실 고게 고말 아니겠소. 너 필요없다. 생쌀 안 먹는다.

태희 (오버랩 일어나며)아줌마 나랑 얘기해요.

임실 (오버랩)필요없소. 이번에는 내가 아주 굳은 결심을 했으닝께.

태희 와요 와..아줌마 방으로 가요.

임실 고여언스리 고함지르구 쥐어박구 그라는 거두 하루 이틀이지 내가 참말로/(좀 울먹해지며)내가 애기덜 패앤히 한번 씩 차구 가는 골목 길 찌그러진 깡통두 아니구/

태희 (임실 잡아끌면서)아줌마아줌마

임실 (태희 밀어내듯 하며)아니요 이번에는 참말이요. 참아볼라고 꾸욱꾹 참아볼라고 했는데 여기서 더 참으면 내가 버러지밖에 안되니께 이번에는 안 참겠소.

태원 (오버랩/일어나며)아주머니

임실 (오버랩 두 걸음쯤 태원 쪽으로)아 나 벨소리 안했소 슬기아빠.

460

어떤 년에 팔짜는 금테를 둘러 /그 소리했다고 사장님 빗댄 소리
라고 난리난리/사장님이 나를 개똥밭에 참외두 아니구 개똥으로
취급하는 건 알고 있지만잉. 그래도 묵는 정이 있어서 그걸 끊지를
못해서 내가

태모 (오버랩)(벌떡 일어나며)나가. 그렇게 나가구 싶으면 나가.

태희 (오버랩)엄마.

임실 ???

태모 (자기 방으로 가며)듣기 좋은 흥타령두 한 두 번이야. (획 돌아보
며)무슨 유세통 질머졌어? 전생에 내 어머니아버질 구했어? 나가 당
장 나가.

태희 (오버랩)아 왜 그래애.

태원 (오버랩/태희와 동시)어머니이.

태모 자네만 참구 사는 줄 알어? 자네가 열을 참으면 나는 스물을 참
어. 드럽구 치사하게 밥 얻어 먹는 죄루웅?

임실 (오버랩)아이고오오오 누구 코가 더 큰가 재판해야겠네.

태모 뭐야?

임실 (울며불며)이 큰 집 나혼자서 뼈빠지게 일해바치고 듣는 소리
가 요거밖에 안된다요?

태모 수고 아니까 봐주구 참어준 거야.

임실 수고 안다면서 월급은 오년전에 묶어놓구우우

태모 (오버랩)시설 보내준댔잖어.(안방으로)

임실 시설 들어갈 돈 주쇼 그럼시방.

태모 ?수족 못써? 중간에 튀어나간다면서 이게 무슨 떼거지야.

임실 (오버랩)사장님 사람이 그라면 못쓰요.사람이 사람이라는게

태원 (임실 잡고 오버랩)아주머니 저하고 얘기해요.저랑 같이 들어 가요 아주머니.

임실 내가 참말로

태원 (오버랩)아주머니이이.

태모 (안방 앞에서 오버랩 버럭)안 그래두 사람 환장을 하겠는데 이래 야겠어??

S# 아파트로 들어오는 태원의 자동차·····

S# 현관 앞에 세워지는 차

  [내리는 부녀··]

태원 (가방 내려 메어주며)잘 지내.

슬기 응··근데 임실 할머니 진짜 나가시면 어떡해?

태원 그럼 그건 큰 사건이지. 어떡해서든 못 나가시게 해야지.

슬기 (입 내밀고)

  [부녀 뽀뽀 나누고]

슬기 안녀엉.

태원 안녀엉··

슬기 (뛰어 들어가고)

태원 (자동차로)····(출발하는)

S# 은수네 층 승강기 문 열리고

슬기 엄마.

은수 (기다리고 있다가)어서 오세요. 흐흐흐(가방 받으며)잘 지냈어?

슬기 응 있잖아 엄마 내가 사고쳤어. (엄마 손잡고 움직이며)엄마가 채린 아줌마한테 잘 지내라 그래서?

은수 (오버랩)엄마 알아.

462

슬기 어떻게 알아?

은수 아빠한테 들었어. 괜찮아 신경쓰지 마.(현관 키 누르며)

슬기 아줌마 할머니한테 마악 화냈어. 할머니두 화 내시구.

은수 들어가.

S# 현관 안 거실

　　　[모녀 들어오며]

슬기 할머니네는 조용할 때가 별로 없어··점심 먹구 나서는 임실 할
　　　머니가 나간다구 하셔서 또 난리가 났었어.

은수 왜 왜 나가신대?

슬기 임실할머니는 우리 할머니가 나가라 그러셨다는데 (둘 소파로)
　　　우리 할머니는 그런 말 한 적 없대. 누구 말이 진짠지 뭐가 뭔지 모
　　　르겠어.

은수 나가라 그러진 않으셨을 걸? 임실 할머니가 오해하신 거 같다.

슬기 (같이 앉으며)어 엄마 채린 아줌마 아파서 아빠가 새벽에 응급실
　　　데려갔다 왔어.

은수 ??

슬기 아무 것도 안 먹고 보리차만 먹구 있어.

은수 많이 아팠나보구나··근데 어디가 아팠대?

슬기 위가 아팠대. 고모 그러는데 아빠가 업구 갔대. 엄마나 졸려. 신
　　　경을 너어무 썼나봐.피곤해.

은수 들어가 옷 갈아입구 한 시간만 자.

슬기 엄마는 뭐했어?

은수 책보고 자고 편하게 지냈어. 엇참 약밥 있는데 약밥 주까?

슬기 (소파로 올라가 엎드리며)나중에. 나 여기서 그냥 잘래.

은수 들어가 옷 바꿔입구 침대에서 자아아.

슬기 아냐‥엄마 그냥 내 옆에 있어.

은수 ‥‥(보며)

슬기 (눈 감고)아빠는 행복하질 않은가봐.나한테는 행복한 척 하는데 나는 알아.

은수 ‥‥(보며)

슬기 채린 아줌마한테 화 그만내라구 아빠한테 말했어.

은수 잘했어.베개 갖다 줄게‥(슬기 가방 챙겨들고 슬기 방으로)‥‥

슬기 (일어나며)나 엄마 침대서 잘 거야‥(벌써 움직이는)엄마 냄새 맡으면서.

은수 (잠깐 돌아보고)흐흐 그래 그렇게 해.(슬기 침실로)

S# 슬기 침실

은수 (들어와 가방 의자에 놓아두고 실내복 챙겨 나가는)

S# 거실

은수 (거실 통과/ 침실로)

S# 침실

은수 (들어오다)??

슬기 (은수가 보다 침대에 둔 책 보고 있다)

은수 ‥‥(다가서는데)

슬기 엄마 이 책 왜 봐?

은수 어 그거…(침대로 슬기에게서 책 빼내 사이드 테이블에 놓는)…(임신 출산)

슬기 (보는)‥‥

은수 (침대에 걸터앉으며)엄마 너한테 얘기 안 한 거 있어……이제…말

할게‥

슬기 ‥‥‥(보며)

은수 엄마…애기 가졌어.

슬기 ‥‥(보며)

은수 엄마 뱃속에 애기가 있어.

슬기 아저씨 애기?

은수 …응.

슬기 ‥이혼했다면서‥

은수 이혼하기 전에 찾아온 애기야‥

슬기 그런데 왜 이혼해? 애기가 생겼는데?

은수 ‥‥‥(보며)

슬기 응?

은수 아저씨를 사랑하지 않아.

슬기 ‥‥애기는 어떡해? 애기두 나랑 똑같은 아이 되는 거야?

은수 ‥‥‥(딸 보다가 안아버리는)‥‥‥

제37회

S# 아파트 전경(밤)

S# 아파트 거실(주방)

은수　（달걀 씌워놓은 오므라이스 두 개/슬기 몫은 작게 만드세요. 은수 것
　　　도 너무 크지 않게 /오므라이스에 케첩 조금 뿌리고/케첩병 놓고 슬기 방
　　　으로)‥(착잡한)슬기야 다됐는데?

슬기　‥‥

은수　‥‥(다시 부르려 하는데)

슬기　（나오고）

은수　‥‥(식탁으로 가는 슬기 따르며)뭐 했어?

슬기　그냥‥

은수　조용해서 또 자나 그랬어.

슬기　‥‥(의자에)

은수　（준비해놓은 맑은 국물/공기 두 개에 옮기며)점심 뭐 먹었어 참?

슬기　수제비 먹었다구 했잖아.

은수　아 그랬다.

슬기 ·····(기다리고)

은수 (공기 두 개 놓고 앉으며)케첩 더 뿌리구 싶으면

슬기 (오버랩)됐어.

은수 (눈치 보이는)··감사히 먹겠습니다.

슬기 감사히 먹겠습니다.

　　[모녀 먹기 시작하며]

은수 아빠 전화 안했어?

슬기 문자 했어.

은수 ···(기다리는)

슬기 임실할머니 나가셨대.

은수 ?? 정말 나가셨대?

슬기 아니이 아빠가 바람 쐬구 들어오시라구 했대.

은수 아아 난 또·····할아버지할머니 수유리 집 팔고 이쪽으로 이사오
　　신대.

슬기 ··진짜?

은수 우리랑 너무 멀리 사시는 게 아무래도 그러신가봐. 너 자주 보고
　　싶어 그러시는 거야.

슬기 응.수유리는 너무 멀어.

은수 친구들 데리구오구 싶으면 데리구 와. 엄마가 자알 대접해 줄
　　테니까.

슬기 ····(보는)

은수 ?? 왜?

슬기 소문나서 안돼.(뿌우)

은수 무슨 소문?

슬기　사실은…채린이 아줌마를 엄마라고 했거든.

은수　….(보는)

슬기　아줌마 나 데리러 학교 왔을 때 내가…애들한테 엄마라고 인사 시켰어…두번.

은수　(오버랩)어 그랬구나.

슬기　(보는)…

은수　(아무렇지도 않게)그런 사연이 있는 줄 몰랐네 알았어.

슬기　아줌마랑 엄마 생긴 게 너무 다르잖어..

은수　(오버랩)응 달라두 너어무 다르지. 그음방 뽀록나지이이.

슬기　(뿌우우우)

은수　미안해.

슬기　…(시선 내리고)

은수　….(보며)

S#　태원의 거실

태희　(쟁반에 샌드위치 2인분 한 접시와 주스 두 잔/주방에서 나와 엄마 방으로)

S#　태모의 방

태모　(바닥에 앉아서 두 다리 뻗고 상체 구부리는 운동 하고 있는)

태희　(들어오며)엄마 저녁..

태모　뭐야.

태희　있는 걸루 대충 샌드위치 만들었어.

태모　기껏 그거야?

태희　(놓으며)고거봐. 건드려봤자 당장 골탕 먹는 건 엄마잖아.

태모　(오버랩/일어나며)돈 처들여 배운 요리는 어따 써먹을라구 애

468

껴두는 거야.

태희 언제 쩍 공분데 다 까먹어서 아무 것도 못해. 그리구 내 살림 잘 할라구 여얼심히 배웠던 거 실력발휘하면 아줌마 귀한 몸인지 엄마 더구나 몰라서 안돼/

태모 시끄러. 밥 한끼두 못하는 거. (앉으며)마안고에 쓸모라구는 없는 물건.

태희 (한 쪽 집어주며)먹을 만 하실 거야. 한끼데 뭐얼.

태모 (받으며)차라리 만두를 삶지.

태희 점심에 밀가루 먹었잖어.

태모 이 여편네는 뭐하느라 안 들어와.

태희 신경쓰지 말구 드세요.

태모 태원이는.

태희 나중에 먹겠대..커피 들구 올라갔어.

S# 태원의 서재

태원 (커피 마시면서 컴퓨터 작업하다가 문득/채린이 신경 쓰여 커피 놓고 일어나는)

S# 이 층 복도

태원 (서재에서 침실로)·····(문 앞에서)

[노크····대답 없고.]

태원 (문 연다)

S# 침실 안

태원 (문 열고 보는)

채린 (침대에 앉아 휴지로 얼굴 덮고 울고 있는데)

[구겨져 던져진 휴지가 가득.]

태원 (들어와 휴지통 집어 들고 휴지들 치우는)‥‥

채린 으으으으(작게 소리 내기 시작)…

태원 ‥‥(잠깐 보고 휴지통 내려놓고 보온병 집어 잠깐 열었다 닫아놓으며)속은 어때요.

채린 으으으

태원 배 많이 고플 거에요‥그래도 하루는 비워두는 게 좋아요.

채린 으으으(하며 눈에 붙였던 휴지 아무렇게나 던지고 새 휴지 뽑아대는)

태원 ‥(보다가 던진 휴지 집어 휴지통에 넣으며)이런 상황을 만든 건 자신이에요. 그걸 인식하는 게 첫째에요.

채린 으으으

태원 나를 더 기막히게 하는 건 모든 걸 다른 사람 탓하는 거/자기 합리화/변명/멋대로 곡해해서 상상하는 거/상상이 진실이라고 생각하는 거/그런 것들이에요.

채린 (오버랩/휴지 내리며)그 여자랑 다시 합칠 거죠.(안 보며)

태원 ‥‥(보며)

채린 그 여자 이혼이 당신하구 상관없다는 게 사실이래두…당신 이렇게 죽어도 나 떼어낼려 그러는 거/ 그 맘 속/ 깨끗해요? 대답해 봐요.

태원 ‥‥(보며)

채린 그 여자두 마찬가질 거구.

태원 (오버랩)바로 이게 당신 문제에요. 이렇게 멋대로 예단하는 거. 슬기 엄마는 우리 헤어지는 거 원치 않아요. 슬기 자기가 데리고 키우니까 채린씨하고 잘 유지하라 그래요.

채린 하 천사나셨군.

470

태원   ??

채린   내가 믿어? 믿나?

태원   속고만 살았어요?

채린   참말만 하는 사람이 어딨어. 다 거짓말해. 다 진짜 나 숨겨놓고
       남한테 보이는 거 따로야.

태원   ·····(할 말이 없고)

채린   나도 그래 나도. 우리 아버지 어머니도 그래. 당신 어머니 누나
       도 마찬가지 슬기도 고 쪼그만 것도 그래 당신도 그래. 안 그런 사람
       누가 있어.

태원   그러니까 결혼 전 보여줬던 당신이 가짜였다는 거군요.

채린   (오버랩)아냐··난 그게 진짜였어. 그게 나야··지금 이건 내가 아
       냐. 나 아냐.(울음 터지면서 이불 속으로/머리까지)나 아냐 아냐아냐

태원   ·····(보고 있다가 나가는)

채린   ·····(잠시 있다가 일어나 보온병 물 꺼내 따라 마시는/보온병 물은 뜨
       거워요)··

       [채린 전화벨··]

채린   (머리 쪽 이불 속에서 전화 찾는)··(보고 얼른)네 어머니.아니에요
       ··아직이에요.잘 안될 거같아요···

채린   ????? 악마악마 악마아아!!! 얼마나. 삼십분? 한 시간? 얼마나
       요!! 많이 다쳤어요?!! 걸을 수는 있어요?····(듣다가)?? 언제···?? 아
       직 멀었다더니 왜애···나 어떡해요.나 어떡하라구우우··

S# 태원 서재

태원   (컴퓨터 작업 중)····

S# 채린 침실

채린 (울며불며)아무리 빌구 사정해두 안 통하는 걸 어떡해요‥ 이집 식구들 완전히 돌아섰어요. 더 이상은/내가 무슨 짓을 해두 안될 거 같아요. 거기다 전처가 이혼하구 나왔대요. 이혼하구 나와서 아이 데려가구 둘이 만나구 다니구‥나 희망이 없어요오오오 으으응응…(듣다가)엄마‥엄마엄마(애 아버지 들어와)알았어요.(전화 끊으며)……(벌떡 일어나 장에서 옷가지들 꺼내 챙기기 시작하다 중형 가방도 하나 꺼내 던져놓고 다시 옷장으로)

S# 거실

임실 (들어오고 있다‥뿌우한 채 주방으로)

S# 주방

태희 (샌드위치 뒷설거지하다 돌아보는)아줌마 저녁은요?

임실 뭐허는 거요?

태희 샌드위치 먹었어요. 의정부 갔다와요?

임실 의정부가 뭐 요기서 조기랑가?

태희 아아 그 시간은 안되겠다 참.

임실 갑재기 친한 척 하지 마시오.어색하니께.

태희 까르르르 아줌마 나갈까봐 겁나서 그러지이‥맘은 잡고 들어오셨어라우?

임실 (냉동고에 넣으며)반은 잡고 반은 떠 있소.

태희 슬기 아빠가 월급 올려준다 그랬다면서요오오

임실 돈도 돈이지만 돈이 상한 심정을 낫게 허지는 않으닝께.(물 마시려 컵)

태희 에이 한두번 상한 심정인가아아 군은 살 배길때도 됐구먼.

임실 군은살도 찢어질라면 찢어진당께.

태희 커피 한잔 하실래요? 나 뽑을 참인데.

임실 이 시간에 커피 먹고 부엉부엉 밤샐 일 있을까.(물 마시며)의정부랑 전화는 했소

태희 (커피머신으로)장사는 여전히 잘 된대요?

임실 자리잡은 게 오오래되니께 그라고 맛이 변칠 않으니께 개들 밥 먹는 건 걱정없소.

태희 (원두 갈면서)아줌마 가면 받어준대요?

임실 암말 안했소. 이 나이에 조카한테 치신 떨어지기도 싫고 부담 주는 거도 할 일이 아니고‥차라리 영판 모르는 데가 낫지 조카자식헌테 얹히는 건 아닌 거 같아서‥

태희 좌정하세요오오

임실 사장님은 뭐하신다요?

태희 아줌마 저녁 못 얻어먹어서 인상 팍팍 쓰구 있어요.

임실 나는 때밀고 도가니탕 자알 먹구 들어왔는디.들어갈라니께 부르지 마쇼. 오늘은 파업이요.

태희 알았어요오오

임실 (나가고)

태희 (다 갈린 커피 가루 고깔 필터에 넣는데)

태모 E 그래서

태희 ??

태모 E 그렇게 한바탕 하고 나갔다 들어오면 좀 나아?‥아 왜 대답이 없어. 사람 무시해?

태희 (안 되겠다 나가려는데)

태모 (들어오며)참 살다살다 별 상전을 다 모셔 그냥.

태희	곱게 들어왔으면 됐지 (뭘)
태모	곱게 안 들어오면 지가 갈데있어?
태희	그러구 깔보다 진짜 옛날처럼 호온난다.
태모	(컵에 뜨거운 물 받는)
태희	(티백 상자)뭐 줘.
태모	메밀.
태희	(메밀차 티백 넣어주며)석달 동안 여덜이 들락 거렸어.
태모	....(티백 우리는)....
태희	(커피 가루 옮기며)가엾잖아
태모	내가 더 가여워 내가.(찻잔 들고 나가며)
태희	아 말 안되는 소리 하지 말구우우··
태모	E 왜(거실에서)
태희	?
태원	E 뭐 좀 먹으려구요.
태모	E 밥 안했어.
태원	E 네
태희	(뜨거운 물 필터에/중얼거리는)아드님 아십니다.
태모	E (태희와 함께)어떡하구 있어.
태원	괜찮아지는 거 같아요.(들어오며)
태모	E 끌끌끌끌.
태희	아줌마 들어왔다··
태원	··(들고 들어온 빈 머그잔 놓아주며)약하게 부탁해요.
태희	샌드위치.
태원	주세요.

474

태희 뭐하구 있어. 자?

태원 아뇨.

태희 하긴 잠두 몇시간이지‥죽게 아프고 났으니 맑은 정신으로 처절한 반성이라도 하지.

태원 (냉장고 샌드위치/랩 씌운 접시/꺼내는)‥‥‥

태희 아줌마 들어왔어.

태원 네에‥(랩 벗기며 식탁에)

태희 밀린 일 있니?

태원 아뇨.

태희 커필 또 달래서.

태원 (샌드위치 베어 먹는)…

S# 태원 침실

채린 (통장 두 개 꺼내 잔고 체크하는/통장 액수가 보일 필요는 없음/통장 핸드백에 갈무리하고 보온병으로/ 물 따라 마시고 호흡 가다듬고 다시 마시는)…

S# 은수의 거실

은수 (소파에 앉아 보던 책 펼쳐진 채 무릎에 놓고)‥‥‥(있다가 슬기 방에 신경이 쓰이는)‥‥(슬기 방 보며 잠시 있다가 일어나 슬기 방으로)‥‥‥ (노크하고)정슬기 씨이 뭐하고 계시나요오오…자니? 엄마 문 열어도 돼?

슬기 E 어엉.

S# 슬기 침실

슬기 (누워 있다 일어나고 있는)

은수 (들어오며)책보고 있었어?

슬기　아니(안 보며)

은수　그럼 벌써 잘려구?

슬기　(고개 흔드는)

은수　(걸터앉으며)아 생각해보니까 엄마 이제 녹음 안해도 되더라. 우리 같이 있으니까.

슬기　(그건 그래 끄덕이는)

은수　…엄마한테 물어보고 싶은 거 알고 싶은 거 있음 말해. 다아 대답해줄게.

슬기　(보는)

은수　응?

슬기　(오버랩)나중에..

은수　…나중에?

슬기　(끄덕이는)

은수　말하기 싫어? 혼자 있구 싶어?

슬기　(보며 끄덕이는)

은수　….그래. 그럼 그렇게 해.엄마두 혼자 있구 싶을 때 방해 받는 거 싫어. 이해해..(일어나며)잠 오거든 불러.

슬기　아냐 녹음 들을래.

은수　….(보다가)알았어..그게 그거니까 뭐..그럼 굿나잇.

슬기　굿나잇..

은수　(문으로)

S#　**거실**

은수　(나와서 잠시 문 등에 대고)…..(있다가 거실 전화 챙겨들고 침실로)

S#　**은수의 침실**

은수 (들어오며 통화 시도)··언니 뭐해··목소리가 왜 그래··

S# 현수 침실

현수 (앉아서 광모에게 어깨 등 맡기고 휴지로 콧물 닦으며)어 감기 시작인가봐. 눈알이 빠질라 그러구 콧물 질질 재채기 연발 삭신 쑤시구 죽겠다··점심에 엄마네서 삼겹살 먹구 애가 난리쳐 오는 길에 주사 맞았는데 별로야.

광모 신호 아침부터 왔었어.

현수 응 ····엉····응 언제 말해도 해야하는 일인데 뭐. 그런데 차일피 일하다 들켜서 말했어야한 게 좀 그랬겠다. 니가 한다길래 그래라 했더니 내가 먼저 말할 걸. 한다리 건너면 좀 낫을지도 모르는데··(광모 현수 어깨 주물러주고 있는)

광모 (속삭이는)뭐야.

현수 임신한 거 슬기한테 들켰대.

광모 슬기 충격받았대?

현수 (오버랩)동생 싫다 소린 안해?

S# 은수의 침실

은수 아니 아이에 대해서는···애기 생겼는데 왜 헤어지냐하구 그럼 애기두 저랑 똑같은 아가 되는 거냐 두 마디 밖엔 안했어···사랑 안해서 헤어지는 거라구··그냥 빤히 보더라 ····아니 그 질문에는 대답 못했어··그냥/그냥 재웠어··더 이상 말 안했어··

S# 현수 원룸

현수 여태까지 자는 건 아닐 거 아냐···일어나서두 암말 안해? 너두 암말 안하구?··그래 좀 놔둬. 소화시키는 시간이 필요할 거야·····눈치보지마. 눈치 보면 니가 나쁜 짓한 거 밖에 안돼. 제대로 얘기해

쥐. 다 얘기해줘.(광모 손 멈추고 듣는) 이해를 하든 못하든 암튼 다 설명해주구 그럴 수밖에 없다는 거 이해해 달라 그래…아예 다 깨놓는 게 낫지 사랑안하는데 저 떼놓고 결혼은 왜 했을까 얘기까지 생겼는데 갑자기 사랑 안한다는 건 뭘까 우리 엄마라는 사람은 도대체 어떤 사람인가 /난 아이가 그런 의문들 가진채 자라게 하는 건 안 좋다구 생각해.(광모 엄지손가락 현수 얼굴에)

현수   (손 치우며 왜 안 주물러/인상 쓰고)

S# 은수의 방

은수   알았어.나두 그렇게 생각해.며칠 있다 할게‥할게. 그런데 언니 나 슬기한테 결정타 먹었다?…저녁 먹으면서…친구들 데리구 오면 파티해준댔더니 친구들한테 지 새엄마를 엄마라구 소개했기 때문에 소문나서 안된대…그냥 웃으면서 알았다 그랬는데 나 모르게 저는 저 혼자…‥(울음 치밀어 오르는)

S# 현수 침실

현수   …‥그건 좀 그랬겠다. …그래애 저는 저대로 살 궁리했겠지‥수유리서 지아빠한테 간다구 꼬장 부린게 고아라는 놀림이 결정적이었잖아‥새 친구들한테 나 고아 아냐 보여주고 싶었겠지. 너무나 이해하겠다.(불끈)그런데 그 기집애는 왜 앨 못잡아 먹어 그랬던 거야.

S# 은수 침실

은수   글쎄 말야.우리 슬기 착한데.정말 착한데에에. 얘가 나를 피하는 거 같아.저녁먹구 들어가 소식이 없어 가봤는데 혼자있구 싶대서 그냥 나왔어.

S# 현수 침실

478

현수   잘했어 잘했다. 우리 쭈쭈뽀뽀도 혼자 있고 싶어할 때 있어. 하물며 사람인데 응?…응 그래..(끊으며)끝이 안나는구나 끝이 안나.

광모   뭐라는 거야.

현수   다 들었잖아.

광모   니 말만 들었지 은수 말은 못들었잖어.

현수   (피시시 쓰러지며)애들 나 그냥 물 놔준 거 아냐? 왜 별로 나아지는 기미가 없어.

광모   과로야과로. 요즘 감기 나갔다들어왔다 한달이래한달. 너 크은일났다. 일났다.

현수   신나니?

광모   걱정마 맘 놓구 아퍼. 내가 있어 나. 오렌지 갖구 올게.(일어나고)

현수   아보카도.

광모   E 어엉.

현수   욕실에 손타월 하나 적셔다 줘어.

광모   E 어엉.

현수   (일어나며)없는 거 보다 낫다아아..

S# 계단에서 주방으로

광모   (오버랩)어 땡큐 베리마치이이!!

S# 은수의 주방

은수   (우유 따르고 있는)……

준구   E 성격이 운명이란 말 몰라? 당신은 그 지랄같은 성격 때문에 망한 여자야 똑똑히 기억해둬.

은수   E 지랄같은 성격으로 지랄같이 살다 죽을테니까 걱정마……

은수   (우유 잔 들며 나머지 손 배 부분에 대며)

제37회 479

자부   E 내가 하나만 부탁해 은수야··여자로 아내로 살기 힘들어 포기한다는 거 알아들어. 알아듣는데 그렇지만 너/ 어미기두 해·· 그걸 잊어버리면 안돼.다 포기해두 어민 걸 포기하지는 마··태어날 아이 생각해서 한번 더 참아··참아 줘.

은수   (우유 컵 입으로 올리는)····

S# 자매 친정 안방

자모   (방바닥 닦다 돌아보는)?? 지가 키워야지 무슨 소리야.

자부   ····(이불 꺼내면서)····

자모   으응?

자부   그댁에서 그렇게 하게 안둘 거야.

자모   ???(보며)아니 그런데 그렇게 태연하게 들어와? 애 못준다 소리 듣구 와서?

자부   그 얘기는 아직 안했을지두 모르지.

자모   포기했다 그러구 아이 낳구 정리하자 그러면서 그 얘기를 안해?

자부   글쎄···내생각에두 아이 문젤 얘기 안했을 수가 없는데

자모   (오버랩)아으 아냐. 그럴 리 없어. 그랬는데 그렇게 아무 티 안나게 그럴 수는 없어.

자부   ····

자모   당신 애한테 물어봐.

자부   ····

자모   아 뭐해애애.

자부   제일 좋은 길은···슬기 우리가 데리구 있구 아이 낳기 전이라두 맘 돌려 들어가는 건데에··

자모   아으누가아니래누가아니래.

자부   정없이 사는 거 하구 자식 뺏기구 사는 거하구‥어느 게 더 힘
  들까.(방바닥 보며)

자모   …(보며)나같으면 천번 만번 새끼지만…요즘 애들은 모르지 뭐
  ……아 미운 정두 정이래. 그냥 새끼 키우는 재미루 살면되지 뭐. 슬
  기는 우리가 데리구 있으면 걱정할 거 없구 또 가까우니까 자주자
  주 보면서 그렇게 살면 되잖어.

자부   (오버랩)저두 생각하겠지이(한숨처럼)

자모   (오버랩)데리구 얘기 좀 하라구.

자부   이불 펴?

자모   아냐‥(다시 닦기 시작하다가)내가 해 봐?

자부   놔둬‥우리가 뭘 바라는지 아는 애 알어어‥‥우리가 바라는 게
  꼭 옳은 길이라구 할 수두 없어‥누구보다두 지가‥열심히 생각하
  겠지.

자모   정서방네서는 사년이나 참구 견뎠는데에‥

자부   그거하구는 달라아.

자모   (오버랩)아 시어머니 정신병자다 그러구 그냥 버텼으면 좋았
  잖아.

자부   지난 얘기 하면 뭐해.

자모   하기는 지가 정신병자될 거 같다 그랬었어.

자부   (자기가 닦으려 걸레로 손)

자모   (남편 손 치우고 닦기 시작하는)내탓이야.

자부   ‥으응?

자모   팔짜 좋은 날짜 좋은 시간에 낳아줬으면 애들이 왜 이모양이
  겠어.

자부 허허허허허(허전하게)

S# **은수의 거실**

은수 (욕실에서 씻고 나와 거실 불 끄고 침실로)

S# **침실**

은수 (들어와 나이트 등 하나 켜고 전체 등 끄고 침대로/잠옷 챙겨 앉으며
　　　보면)

　　　[깜박이는 메시지]

은수 (확인)

태원 E 내가 당신 만나기 전에 벌써 집사람 당신한테 쫓아갔었드
　　　군. 당신한테 어떻게 굴었을지 안 봤어도 알아··피해의식이 너무
　　　많은 사람이야. 나는 당신한테 미안하다는 말을 언제까지 얼마나
　　　더 해야하는 건지 모르겠다··미안해.

은수 ···(잠시 있다가 답장)

S# **태원 서재**

태원 ····(책 보고 있는)····

　　　[메시지 음. 열어보면]

은수 E 그다지 험악하지 않았어. 오늘 우리 상황에는 나도 많은 기
　　　여를 했어. 당신만의 책임 아니야 그러니까 미안해하지 마. 나 괜찮
　　　아 슬기아빠.

태원 ·····(문자 내려다보며)

S# **태원 침실**

채린 (아까보다 작은 가방에 속옷들 챙겨 넣고 있는)·····

S# **은수의 침실**

은수 (나이트 등은 켜놓은 채 책 펴서 가슴에 엎어놓고 눈 감고 있는)···

S# 룸살롱

[정수/아가씨들은 네다섯. 어울려서 강남스타일 춤을 출까나.]

준구 (혼자 자리에 앉아…술 마시고 있는)…………(마시고/ 마시고 마시

다가 일어나 나간다)

[춤추는 사람들은 모르는 채 신나고]

S# 룸살롱 앞

준구 (약간 비틀거리며 나오는데)

[종업원들 따라나와 우산 받쳐주고 곧장 대어지는 차 문 열어주고]

준구 (차에 오르는)

종업원들 (떠나는 차에 인사)

S# 차 안

[채은옥의 〈빗물〉 노래가 라디오로 나오고 있다.(타기 전에 시작해서

연결입니다)]

준구 라디오에요?

기사 (깜박했다)아 끄겠습니다.(끄려는데)

준구 (시선 창으로)놔두세요……(한동안 듣고 있다가)비오는 날 듣기

팬찮은 노래군요.

기사 예..비오는 날에 많이 틀어줍니다.

준구 ….(머엉하니 창밖 보다가 눈 감고 기대는)…..

S# 비오는 거리와 준구의 자동차……**시간을 좀 주세요.**

S# 준구 집 앞

[역시 비가 내리고 있고 우산 들고 대기 중.]

[차 들어와 멎고 준구 내리고 우산 받쳐주고]

준구 (손으로 가볍게 우산 밀며)됐어요.

경비 비 오십니다 대표님.

준구 알아요…(걷기 시작)

경비 (그래도 따르며 우산)

준구 됐다니까요.

경비 아니 다 젖으십니다.

준구 (오버랩)네에 좋아요. 그냥 두세요··좋습니다··(대문 안으로)

S# 정원

준구 (비 그대로 맞으며 터벅터벅 들어오고 있는/)……(그러다가 멈춰 서서 눈 감고 샤워하듯 비 맞으며 서 있는)……

도우미1 (급하게 뛰어나오는데 타월 두어 장 들고 나와 보며…(어째야 할지 모르다가)대표님··

준구 (눈 뜨고)어··아··

도우미1 (타월 내밀고)

준구 예에 (받아들고 현관으로)

도우미 (따르고)

S# 현관 안

준모 (나와 서 있는)

준구 (들어와 타월 던지고 신 벗고 올라서는/많이 젖었어야 하고/ 젖은 것이 보여야 합니다)

준모 …··(보며)

준구 (타월 든 채 움직이는데)

준모 정신 차려. 못나게 이게 뭐야.

준구 (그냥 움직이며)예에 죄송합니다…

도우미1 (준구가 던져놓은 타월 집어 들고 있다가 현관께부터 닦기 시작

484

하는)

S# 거실

준구 (들어오다 서 있는 이모에게 인사하고 계단으로)

준모 (따라 오르다 준구 앞서고)

이모 <u>끄으으으으으</u>(앉아 찻잔 들어 마시는)

S# 준구 침실

준모 (들어와 아들 갈아입을 옷 챙기는데)

준구 (옷 벗으며 들어오는)

준모 (챙기면서)사용인들한테 민망하게스리 십대 청소년두 아니구 소위 후계자라는 게 체신 안서게 뭐야.

준구 죄송합니다.

준모 니가 만든 일이야.

준구 (오버랩)알아요.그런데요 어머니 이렇게 생각해보세요. 처음부터 그 사람 딸 데려오게 허락하셨으면요. 아이 낳고 분가시켜주겠다 그러셨으면요

준모 (오버랩)그거 때문에 벌어진 일이야? 그거 때문에 안 살겠다는 거야?

준구 (오버랩)아니 아니 그런 얘기 아니에요. 그냥 그런 걸로 그 사람을 실망 안시켰었으면 저렇게까지 냉정하진 않을지도 모른다는 원망이에요.

준모 비겁하게 딴 핑계 끌어부치지 마. 아무리 속이 불편해두 사내 녀석이 짱짱한 데가 있어야지

준구 (오버랩)엄마 저 그런 놈 못돼요. 짱짱한 놈이래야 한 대서 그런놈일려고 했을 뿐이에요. 아버지 어머니 가르침대로 잘난 놈일

제37회 485

려구 잘난 놈 되려구 저 무진 애 썼어요. 그런데 아버지 어머니 저 실패하셨어요. 실망시켜 죄송합니다. 저요 저는요 허접한 놈이에 요..오은수가 저더러 찌질하대요. 후후(욕실로)....

준모 (보다가 아들 들어가자 벗어놓은 옷 집어 들며 혼잣소리처럼)무슨 소린 못해..

S# 거실

[도우미1, 2 준구가 떨어뜨린 물들 닦고 있고/ 다 닦은 참/]

이모 (눈 감고 염불 중얼거리는)......

[도우미1, 2 눈 감은 이모에게 목례하고 퇴장하면서]

준모 (내려오는)...

이모 ...

준모 와인 한잔 안할래요?

이모 (보며)그럴래?

S# 주방

준모 (마시는).....

이모 (보며).....

준모 (잔 비우고 다시 따르는)....

이모 신경쓰지 말고 모르는 척 내버려 둬..사람 귀한 줄 모르구 까불 다 임자 제대로 만나 조오은 공부하는 거야.

준모 나요 언니..

이모 .....(보며 기다리는)

준모 그 아이가 참 놀랍구 ..대견하달까 ..기특하달까...부럽달까..그 래요..

이모 .....(보며)

준모 뭔가…싱그러워요‥

이모 흠흠‥(와인 잔 들며)다 필요없다 나는 간다?

준모 나는 왜 그렇게 못했을까‥

이모 그눔으 집안이 뭔지 집안 통털어 이혼 테이프 내가 끊었는데
    너까지 그럴 수는 없었지. 그리구 너는 원래 참한 효녀였잖아. 모
    범생에 알아주는 재원에 아버지어머니 자랑이었지.(마시는)

준모 그래서가 아니라‥이혼녀 딱지 붙이는 게 너무 자존심 상했어.

이모 그 시절엔 이혼녀가 그랬지. 모두 옆눈으로 봤으니까. 지금은
    세상 마안이 좋아졌어.

준모 나는 자존심 때문에 참았는데 그 아이는 자존심 때문에 못참
    겠대‥자존심 때문에 참았던 내가 자존심 때문에 안참겠다는 아이
    를 이해해요‥이게 뭐지?

이모 어떤 것에 자존심을 두었나 그 차일 뿐이야. 너도 훌륭했고 그
    아이도 잘하는 거고 나도 훌륭했고 으흐흐흐 왜냐 나 후회한 적 없
    거든?

준모 배불러 오면 그 아이…생각이 바뀌지 않을까요?

이모 부처님도 모르시겠단다‥하루에 골천번 여쭤보는데 그저 빙
    그레에 웃으시면서 중생아 아 나도 모르겠다아 그러셔.

준모 언니 부처님은 아무 쓸모가 없어요.

이모 이거 먹구 들어가 내가 말씀드릴게. 아마 빙그레에하시면서
    불쌍한 중생아 나한테서 그런 쓸모를 찾지 마라아아 그러실 거야
    으흐흐흐

준모 (그냥 소리 안 내고 흘기듯 조금 웃어주고)

S# 은수의 거실

슬기   (제 방에서 나와 /거실 불 꺼져 있으니까 제 방문 조금 열어 불빛 새어
　　　나오게 하고 엄마 방으로).....엄마....엄마 자?...(대답 없자 방문 여는)

S# 은수 침실

슬기   (거실 문 열어 둔 채 들어와 엄마 옆으로)

은수   (등 돌리고 자고 있는)

슬기   (침대로 올라가 뒤에서 껴안는다)

은수   ??(깨며)왜 엄마랑 자구 싶어?

슬기   생각해 봤는데에에..

은수   응..(하며 스탠드 켜고)응..말해.

슬기   나는 할아버지할머니랑 살면 되니까 엄마는 애기랑 아저씨랑
　　　사는 게 좋을 거 같아.

은수   ....(보며)

슬기   그러니까 다른 여자 헤어지라 그러구 애기 데리구 아저씨랑
　　　살어.

은수   슬기야.

슬기   (오버랩)나는 있지?..나는 컸구..엄마랑 같이 안 살아보기로 했구
　　　...또오..

슬기   E 나 동생 싫어. 동생 있는 애들 귀찮대.

은수   슬기야

슬기   진짜야. 애기 싫어.

은수   (슬기 차마 못 보겠는/ 고개 옆으로)

슬기   나는 괜찮으니까/할머니할아버지랑 살어두 나는 행복할 수
　　　있으니까

은수   (오버랩)너때매 헤어진 거 아냐 그렇게 생각하면 안돼.아저씨

488

를 사랑하지 않아.

슬기 다시 사랑하면 되잖아.

은수 그건 어려운 일이야……

슬기 아빠두 채린이 아줌마 그렇게 사랑안하는 거 같아. 사랑 안하
니까 아빠두 이혼한다하면 되는 건데 엄마는 왜 나더러 채린이 아
줌마한테 잘해주래?

은수 …(할 말이 없고)

슬기 ……(보며)

은수 아빠는 아줌마가 너한테 나쁜 짓 한거 때문에 화가 많이 나서
그러는 거니까 너랑 아줌마가 좋아지면 그건 풀릴 수도 있는 거거
든 그래서

슬기 (오버랩)그렇지만 애기가 불쌍해.

은수 ……(보며)

슬기 내 생각은 그래.(하고 침대 내려서려)

은수 (잡아서 안는)……

슬기 …(조금 안겨 있다가)잘래.

은수 여기서 자.엄마랑.

슬기 (몸 떼며)아니야..내방에 갈래..

은수 엄마한테 화났어?

슬기 (고개 흔들며)아냐 생각 좀 하다 잘려구.

은수 ……그래 그럼.

슬기 …(문으로)

은수 굿나잇

슬기 굿나잇..(나가고)

은수   ....(방문 보며 있다가 목 아래 가슴으로 한 손이 올라오면서 소리 없
　　 는 울음)....

S# 거실

슬기   (제 방으로 들어가고 문 닫히고 거실 어두움).....(잠시 두었다가)

F.O

S# 아파트 전경(아침)

S# 거실 주방

은수   (우유에 시리얼 넣어주면서)점심 뭐 준비해 놀까.

슬기   엄마 없어?

은수   아니 있어. 왜?

슬기   그냥..햄버거.

은수   그래 만들어 놀게.

슬기   그냥 사다 먹어두 돼.

은수   아냐 빵 사다 패티 만들어 해주께..왜 맛 없을 거 같아?

슬기   아니..엄마 힘들 거 같으니까.

은수   그게 뭐가 힘들어. 간단해. 하나두 안 힘들어.

슬기   패티 너무 딱딱하면 싫어.

은수   알았어.나두 싫어.까다롭기는.

슬기   흐흐 아빠두 뭐라 그래.

은수   그런데 우리 피아노 사야할까? 아빠한테 아빠네 니 피아노 옮겨
　　 달랄까?

슬기   필요없어. 피아노 재미없어.

은수   ??

슬기   그림그리는 게 훨얼씬 좋아. 피아노는 그냥 학원다니면서 바

이엘만 칠래.

은수 어어 그럴 생각이야?

슬기 그 대신 발레배워볼래.

은수 발레에?

S# 태원의 거실

태원 (내려와 주방으로)

S# 주방

태원 (들어오며)아직 안됐어요 아주머니?

임실 (멀건 흰죽 나무 주걱으로 식히고 있는/ 조선간장 종지)다 됐소‥(식힌 죽 죽 대접에)식히느라고‥곰방 올라갈 건데 고새를 못 참아 내려왔네.

태원 (그냥 조금 웃는 듯/쟁반 드는)

임실 직접 들고 올라갈라고요.

태원 네에…(나가고)

임실 안산다면서도 그렇지잉. 그런 거지. 아무리 정나미 떨어졌어도 아픈 사람 모른칙하는 건 아니지. 나 할 일은 해야지 그럼.

태모 E 그게 뭐야.

임실 금테 또 혈압 오르겠네.

S# 거실

태원 죽이에요.

태모 임실댁 뭐하구 니가 갖구 올라가. 별일을 다 보겠네.

태원 제가 갖구 나왔어요 가만 계세요.

태모 그만 살겠다면서 술병 뒤치다꺼리 뭐하러 해. 벌써 이혼 다했어?

태원 아파요. 모른 척 해요?

태모   끄으응.(주방으로)

태원   (오르고)

S# 주방

태모   (들어오며)간밤에 비가 꽤 오던데 말짱하게 개었구먼.

임실   (못 들은 척)

태모   표고버섯 좀 끓여.

임실   ....

태모   이르기 전에 이쯤이면 버섯좀 끓여대야겠다 그렇게 안돼?

임실   ....

태모   (나가려다 돌아보며)입 안 근지러워?

임실   (단지에서 마른 표고버섯 꺼내면서)...

태모   끌끌끌끌

S# 채린의 방

[짐 싼 가방은 보이지 않고.]

태원   (쟁반 들고 들어와 탁자에)

채린   (화장하고 있는)..

태원   외출은 무릴텐데요.

채린   ....

태원   죽 먹어요..아주머니가 적당히 식혀주셨어요.

채린   포기하라면서 나한테 친절하지 마세요. 심장이 아파요.

태원   (보며)...

채린   슬기가 얼마나 부러웠는지 얼마나 질투가 났는지...

태원   운전 무리에요..나가는 길에 떨어트려줄 테니까 택시 타요.

채린   (일어나 의자로)....(앉아 숟가락 들고)이거 먹고 기운 나겠다.(떠먹

492

기 시작).....

태원 약 먹어줘요..

채린 (먹으며)...

태원 (나가는데)

채린 신경쓰지 말구 출근하세요. 알아서 할테니까..시간도 안 맞아
요..좀 누워있다 나갈 기운있으면 나가고 아니면 그만두고..

태원 그냥 쉬는 게 좋을 거에요..

채린 ....

태원 (나가고)

채린 ....(나가는 태원 뒷모습 쳐다보면서)....

S# 아파트 현관에서 나오는 은수 모녀

　　　[안고 뽀뽀하고]

은수 햄버거 기대해애?

슬기 응 이따봐.(모녀 손 흔들고 슬기 움직이고)

은수 ....(보다가)공부시간에 딴짓 하지 말구우우

슬기 어엉.(가면서 손 한번 흔들어주고)

은수 (웃으며 보다가)......(웃음 사라지며 잠시 더 보고 있는)

S# 태모 거실

채린 (외출복으로 태원이 올려놓았던 죽 쟁반 들고 내려오는/ 다리에 힘
이 없다)...(한번 휘청하고)...(주방으로)

S# 주방

채린 (들어와 쟁반 식탁에 놓으며 어지러워서)아줌마.(앉는)

임실 (설거지/남은 반찬 버리고 보관하고 처리 중이다가)??...(채린 쪽으
로)왜 그러시오.또 아픈가?

채린 좀 어지럽네요.

임실 그렇겠지.우리는 한끼만 굶어도 별이 돌아다니는디.

채린 다리두 후둘거리구요.

임실 그렇겠지라.기운이라는 게 원래 다리로 빠져 나가는 건디이. 그런디 어딜 갈라고 차리고 내려왔능가요.

채린 죽 남었어요?

임실 잉 점심에는 야채죽을 제대로 쒀주까나 허고 딱 한번 먹을 거 만들었는디 그게 어디 죽이라고 헐수 있소.

채린 네에에(일어나려)

임실 아 누룽지 있는디 구수우하니 누른밥 어떨까잉.

채린 (오버랩)네 그거 좀 해 주세요 그럼.

임실 올라가쇼. 그음방 올려다 줄테니께.

채린 (일어나며)어머니는

임실 (오버랩)숟가락 놓고 바로 나가셨소. 고모랑 뭐 스판지 수펀지 하고 따로따로 볼일이 많다 그라더만.

채린 네에‥(나가다 돌아보며)아줌마.

임실 ???

채린 왜 이렇게 친절하세요. 나 나쁜 년인데‥

임실 나쁜 년 좋은 년 어디 따로 있겄소.나쁜 년도 지가 나쁜 년인줄 모르거나 뭐신가 억울하고 분한 애를 못 삭여

임실 E 에라이 염병할 라 그라고 나쁜 년 소리 들을 수도 있능거고.

임실 (냉장고 누룽지 봉지 꺼내며)좌우간에 사람 엄청 놀래키기는 했 소만 아가씨도 귀하디귀한 어느 집 딸인디 인간적으로 딱허기도 허고‥

494

임실 E 본시가 나는 저거 저 왜 저렇게 나쁜 년이냐아 나쁜 놈이냐
아 헐때는 (채린 눈물 뚜르르 나가고)

임실 (누룽지 끓일 준비하며 연결)이러고 저러고 해서 그랬겄지 나혼
나 이해할라고 애를 쓰닝께. 이해를 할라다아할라다 그래도 이해
가 안될때는 이이고 그래 모르겄다 너는 너대로 뭔 사정이 있겄지
그라고 마니께. 그라면 내속이 (가스 불 켜며)편하닝께 내속이(돌아
보면 채린 없고/꿍얼거리는)니가 요래서 밉상이라고. 어른이 말씀을
허는데 말씀 끄나기 전에 어디 젊은 것이··(설거지로)에이그 그래.니
속은 오죽허겄냐.이해헌다이해혀.

S# 거실··

채린 (소파로 움직여 누워버리는)···(핸드백을 좀 큰 사이즈로 쇼핑백 모양)
····(누워서 머엉하니)·····

S# 병원 산부인과 진찰실
　　[초음파 검사 중]

은수와 의사 ···
　　[12주 태아 모습.]

은수 ····

S# 병원 주차장을 떠나고 있는
은수 ····
　　[전화벨.]

은수 (전화 들어 보고)·····(이어폰 끼고 받는)네 어머님.

S# 호텔 로비 라운지
은수 (들어와 준모 찾아 움직여/다가오는)···(목례)
준모 (웃으며)앉어.

은수 (앉는)

준모 방금 닥터 윤하고 통화했다.

은수 ??

준모 지금쯤이면 초음파로 성별 짐작이 가능하지 않을까해서..

은수 (오버랩)어머니

준모 (오버랩)물론 어느 쪽이든 똑같이 귀하지만 그러면서 욕심을 어쩔 수가 없어서..(다가온 직원)차 마셔야지?

은수 네..(잠깐 생각하고)딸기 쥬스 주세요.(직원 네 알겠습니다 하고)

준모 (오버랩의 기분)아직 지금 구별하긴 곤란하다드니 마지못해 자기 느낌으로는 아들같은데 모르겠다구 좀 더 기다리라 그러드라.

은수 (보며)그러다 딸일 수도 있어요 어머니.

준모 그렇지.실망 안할테니까 걱정마라.

은수 기대하시면 실망하실텐데요.

준모 솔직하게 말하면 그렇겠지..스트레슬 건 없다.괜찮아.

은수 ....

준모 (핸드백 집으며)입덧은 좀 어떠냐.

은수 네 거의...

준모 아직 겉으로는 표 안나두 너는 알지?

은수 네에..

준모 (오버랩)대학 친구 몇이 잠깐 교외나가 밥 먹재서 나오는 김에 잠깐 보자 그랬어. 바쁘다니까 (봉투 하나 내놓으며)먹고 싶은 거 좋은 걸로 맘껏 먹으렴. 이모님 당신이 못챙겨주서 애가 닳으셔.

은수 이모님 안녕하시죠?

준모 응 여전하셔..어서 집어 넣어.

은수 네 감사히 받겠습니다.(봉투 집어넣는데)

준모 가볍게 수영이든 요가든 운동도 해주는 게 좋을텐데.(딸기 주스 나오고)

은수 네 하고 있습니다.(하는데)

   [준모보다 나이 많은 여인]

여인 E 아우 이게 누구세요.

준모 ??(일어나며)아으 회장님 안녕하세요오. (은수도 일어나고)

여인 (품위 있는/지팡이)우리가 얼마만인가요 손여사아.내가 뼈를 다쳐서어

준모 (오버랩)네에 대수술 하셨다는 소식 들었습니다‥전화도 못 드리고

여인 (오버랩)아으아으 전화는 무슨.아플때 전화 성가스러어

준모 (오버랩)네에 그러실 거 같아서요오오.인사드려 아가야.

은수 (목례하는데)

준모 며늘애에요.

여인 (은수 두 손 잡으며)소문은 들었지이‥소문보다 더 더 곱구먼웅?

준모 아으 뭘요 사모님.(하는데)

손자 (이십 대 청년)안녕하십니까.

준모 안녕하세요.

여인 (오버랩)우리 손자녀석.

준모 네 회장님.아주 헌칠하네요.

여인 (오버랩)뭐얼뭐얼 가자가자.(나서고)

손자 (목례하고 할머니 모시고)

준모 또 뵙겠습니다아

여인 E 어어..그럽시다그래요.

준모 (잠시 보다가 앉으며)대단하신 분이지..며느리로 시댁 기업 물려받아 몇배 키워 노신 분이야.

은수 네에..

준모 마셔.

은수 네.(주스 잡으려는데)

준구 (나타나는)출발하셔야죠 어머니.

준모 어 그래.(일어나는)

준구 (오버랩 잠깐 은수 보며)점장하구 통화하셨다면서요. 차에 실었어요.

준모 (은수에게)친구들 스카프 한 장씩 선물할려구.(얇은 숄 챙겨들며/핸드백도) 여기서 내가 갈 시간은 안되구 마침 잠깐 시간 낼 수 있대서 결제해주고 찾아오랬지.

준구 (오버랩)뭘 그렇게 길게 말씀하세요.

준모 (오버랩)애 시간 없댄다. 나오지 마. 간다.

은수 (목례하고)…

준구 (엄마 따라 나가는)

준모 E 필요없어. 차나 불러. …

은수 …(잠시 있다가 앉아 주스 잔 집어 들어 마시는)….

S# 호텔 빵집

은수 (햄버거 빵. 푸딩 서너 개. 카스테라 서너 개. 봉지에 들어가는 계산대 앞에서 카드 꺼내는데)

준구 (제 카드 내놓으며)더 살 거 없어?(준구 카드와 은수 카드 다릅니다/은수 카드는 일반적인 것 준구는 최상급)

498

은수   (보는)..

준구   카드 /쓰던 거 써. 아직 내 법적 와이프야. 정리하기 전엔 맘대로 써도 돼.

은수   (제 카드 계산대 유리에)

준구   (은수 카드 집으며)잘난 척 그만하구 해롭지 않은 말은 들어.

은수   용돈 주셨어.

준구   알아.(계산 끝난 카드/사인해주고 은수 카드 내미는)

은수   …고마워(받으며)

준구   천만에.(빵 봉지 은수에게서 빼들며)

S# 호텔 현관 앞

　　　[두 사람 나오며]

준구   뭐가 바쁜데.(잠깐 보며)

은수   슬기 햄버거 해달래. (안 보는)

준구   학교 급식 안하나?

은수   집에서 노는 엄마 있는데 뭐.

준구   친구들하고 어울리는 게 좋은 거 아닌가?

은수   일찍 끝나는 날만 해 줘.

준구   특별하게 키우는 건 안 좋아. 평범하게 보통 아이들 속에서 보통으로…(고개 앞으로)

은수   ….(준구 돌아보는)…..

　　　[잠시 두었다가]

S# 은행 안

채린   (오만 원권 현찰 열세 묶음 백에 집어넣고 있는)……

S# 은수 거실 주방

은수 (갈은 고기/다진 양파/등 햄버거 패티 재료에 달걀 한 개 깨 넣고 빵

가루 두 스푼 넣어 주무르기 시작하는)·····

S# 슬기 학교 교문 앞

슬기 (친구 둘 정도와 수다 떨면서 나오는데)

채린 E 슬기야아아

슬기 ??

친구1 슬기 엄마다.

친구1, 2 안녕하세요··

채린 응 안녀엉··슬기야 와··

슬기 (슬기야 잘가아. 안녀엉 친구들 인사에 어엉··엉 낼 봐아 대답해주며

채린 앞으로/친구들 자기들끼리 장난치며 빠지고)····(채린 보며)····??

채린 (손 내밀며)가자.

슬기 어··디요?

채린 아줌마 너랑 할 얘기 있어.

슬기 엄마··기다려요.

채린 괜찮아. 오래 안 걸려.

슬기 ···(보며)

채린 오래 안 걸려. 금방이야웅?

슬기 (보는)·····

S# 은수 거실 주방

은수 (어린이 간식 요리책 놓고 우유병 비워 따르고 앉아 책 펴며 마시는)

····(재료 준비 끝났음)··(문득 핸드폰 시계 확인하고 /보이든지 안보이든

지 12시 20분/와야 할 시간이다)···(잠깐 이상해서 전화 걸려는데)

[울리는 전화]

은수   (보고)응언니.

현수   E (잔뜩 감기 들었다)뭐해.

은수   어 언니 감기 걸렸구나.

S# 현수 원룸 침대

현수   미치겠다..이거 왜 이리 독하냐 회사두 못 나갔어. 어제 병원가구 오늘 아침에 또 가구 아아무 소용이 없네. 잠깐 빠끔했다가 콜록콜록 크으. 크으음. 전신이 아주 욱씬욱씬 아으 죽겠다아아.

S# 은수 주방

은수   어떡해애많이 아픈가보다.근데 햄버거 준비해놓구 있는데 얘가 안오네 잠깐 통화하구 내가 다시 할게. 으응(끊고 통화 시도)

   [전원이 꺼져 있어]

은수   ??…(통화 시도)..어 언니 얘 전화 살리는 거 까먹었나봐.밥은 제대로 먹어? 잘 먹어줘야 빨리 낫는다는데 콩나물 김칫국 끓여 밥 말어 뜨겁게 하안대접 먹구 이불 뒤집어 쓰고 땀 푹 흘려봐. 그래 엄마 감기 요법 ㅎㅎㅎ.

S# 아파트 현관

은수   (나오면서 통화 시도/약간의 바람)

   [전원이 꺼져 있어.]

은수   (빠른 걸음으로 나가는/ 잠깐 반 뛰는 것 섞어서)

S# 학교 근처 레스토랑

채린   (크림수프/스푼 들며)먹어.

슬기   …(스푼 드는)

채린   너 내가 밉지.

슬기   (보며)별로…아니에요.

채린 내가‥내가 화를 잘 못 참아. 화가 나면 돌아버려.

슬기 ‥(보며)

채린 그래서 너한테 잘못했는데. 정말 미안하게 생각해. 용서해 줘 슬기야.

슬기 …(수프 떠서 먹는)…

채린 용서해주기 싫어?

슬기 아빠랑 엄마도‥아줌마한테 잘해주라 그랬어요.

채린 정말??

슬기 네‥

채린 아빠‥ 나랑 헤어진 담에 니 엄마랑 결혼할 거 같지.

슬기 ??‥

채린 아줌마도 알아.

슬기 (오버랩)우리 엄마 아저씨 애기 낳아야 하는데요?

채린 ???? 엄마 애기 뱄어?

슬기 네‥

채린 진짜야? 언제 낳아?

슬기 그건 몰라요.

채린 그런데 왜 이혼했어?

슬기 아저씨를 사랑하지 않는대요.

채린 ……(보다가)그럼 너 아빠한테 내가/ 사과했다구 앞으로는 잘 지내기로 했다구 / 말해줄래?

슬기 (보며)…

채린 아빠 너 때문에 아줌마한테 이혼하자 그러는 거니까 니가 도와줘 슬기야응?

502

슬기   …(보며)

채린   나는 정말 이혼하기 싫거든. 아빠 정말 좋아하거든··도와줘 응?
　　　슬기야 도와줘.

슬기   (끗떡끗떡)

채린   아··으··진짜? 우리 슬기 정말 착한 애구나.아줌마가 몰라봤어.
　　　미안해 고마워슬기야.

S# 레스토랑 근처 길

은수   (두리번거리며 빠르게 오고 있는)·········(걸으면서 통화 시도)
　　　[전원이 꺼져 있어.]

은수   (전화 내리며 시선 들다)??(멈추는)
　　　[레스토랑에서 나오고 있는 슬기와 채린.]

S# 레스토랑 앞

채린   그럼 꼭 부탁해 슬기야. 내가 잘해줄게. 이뻐해줄게 응?

슬기   네.(보며)

채린   고마워…나중에 선물 많이많이 사줄게··정말 고맙다 슬기야.

슬기   (꾸뻑)안녕히 가세요.

채린   응·· 안녕··잘 가··

슬기   (은수 쪽으로 서둘러 오다가 엄마 보고)엄마··

채린   ??··아··저기 내가 할 말이 있어서 잠깐 데리고

은수   (오버랩 슬기에게)전화를 했어야지.

슬기   잠깐이라 그래서··

은수   (오버랩)전화 왜 안 살려놨어.

슬기   아.깜박했어.(전화 꺼내며)

은수   학교 끝나면 잊어버리지 말구 살려놔야지 걱정했잖아.

채린　(오버랩)미안해요. 나 때문에

은수　(오버랩)앞으로는 이런 경우 나한테 먼저 연락하세요. 이러는 건 곤란해요.

채린　미안해요.

은수　…(보는)

채린　내 잘못이에요. 슬기 야단치지 마세요.

은수　‥네‥ 가자‥(슬기 손잡고 움직이고)…

채린　…‥(보며)

슬기　아줌마가‥(엄마 눈치 보며)

은수　(오버랩)입에 먼지 들어가. 집에 가서 얘기해.(딸 보며 좀 웃는)

슬기　(안심)응 바람이 좀 불어‥(웃는)

채린　…‥(저 뒤에서 보고 서 있는)…‥

S#　아파트 거실

슬기　(현관으로 들어오면서 가방 벗으며)그래서 내가 엄마 아저씨 애기 낳아야한다 그랬어. 깜짝 놀랬어.

은수　(슬기 가방 받는)…‥

슬기　그랬더니 아빠한테 아줌마가 사과했다 그러구 도와달랬어. 아줌마는 아빠를 사랑한대. 이혼하기 싫대.(냉장고로)

은수　(가방 들고 슬기 방 쪽으로)그래서?

슬기　(물 꺼내며)도와준댔어.

은수　(웃으며 돌아보는)어떻게 도와줄 건데?

슬기　아빠랑 얘기해야지 뭐.

은수　그래 도와 줘.(슬기 방으로)

슬기　(컵에 물 따르다 물 넘쳐버리고)에에에이.

504

S# 태원 회사 사무실 복도

태원 (점심 먹고 들어오며 직원들과 인사 나누고 사무실로)

[전화벨]

S# 태원 사무실

태원 (들어오며 받는)어.사랑하는 아빠 딸 안녕?…응…왜….뭐라 그
래….응…응…응 그랬어?….응 그런데 그건 전부 다 니 문제 때문에
그런 건 아니야…..그래 니 마음은 알겠는데 슬기야..(직원 서류 들
고 들어오고)아 아빠 일 해야하니까 나중에 얘기하자 응?…응 그래
미안.(끊고 서류 받아 넘기며 보는)….

S# 은수 주방

슬기 (햄버거 한 입 베어 씹는)

은수 ….(보며 기다리는)

슬기 응…맛있어. 좋아. (콜라 컵 집어 드는)

은수 살았다아..

슬기 (마시고 내려놓으며)그런데 애기는 언제 낳아?

은수 응 구월 끝나고? 시월 첫주 어느날.

슬기 으응.(응 그래?)

은수 싫다면서.

슬기 응 그래두 궁금은 해.

은수 (보며 착잡하게 웃는)…..

S# 태원 거실

채린 (중식당 봉투 하나 더 들고 들어오는)…

임실 (화분 잎사귀 닦아주고 있다 돌아보는)

채린 아줌마 이거요.

임실 ....(다가와 받으며)이게 뭐시오?

채린 게살 스프에요. 충분히 샀으니까 어머니 드신다면 드리구 아
줌마도 드셔도 돼요··

임실 (봉투 들어 보이며)어디 중국집 꺼 같네잉.

채린 네에··(기운 없다/ 계단으로)

임실 잘혔네. 아무 거라도 먹고 기운 차려야지잉. 시방 좀 먹을라요?

채린 아니에요오오.(올라가며)

임실 ···(보다가)쯔쯔즈쯔··(쇼핑백 들고 주방으로)그랑께 왜 일은 저
질러저지르기를··

S# 채린의 방

채린 (들어오면서 바로 침대에 쓰러지듯)·······(머엉하니)

    디졸브

S# 서울 야경 인서트

S# 태원 주방

    [저녁 먹는 태희 태모/채린/게살수프와 시금치죽 먹고 있는····]

태모 ····(잠깐 채린 보고)

채린 ·····

태희 뭐 입 맛 댕기는 거 없어요 아줌마?

임실 (저쪽에서)먹고자븐 거 있으면 말을 허시오. 재주는 없지만 노
력은 해볼테닝께.

태모 봄 입맛이 그렇지 뭐. 달래간장두 괜찮구 쌈 먹어 쌈.

임실 스프 맛있겄구먼 게살 스프.

태희 고추장에 마른 멸치 주세요.

임실 (움직이고)입맛이 없기는 없는 모양이구먼.

태모 (오버랩)점심 뭐 먹었어.

태희 엄마 왜 그래 진짜 무서워. 성북동 진아 셋째 딸 돌 파티 갔댔잖아.

태모 입맛 없게두 생겼구면 뭐.

태희 (오버랩)아이구 오히려 한심하던데 뭘. 미쳤어? 둘이면 충분하지 마흔에 뭘 애를 또 낳아.

태모 면사포 못 써본 심통 부리지 마··(멸치와 고추장)

태희 애 둘 챙기느라 곯아서 나이 마흔에 쉰두 넘어보이게 늙었어. 거기다 미쳤다구 애는 또 낳아?

태모 먹을 거 있구 서방하구 금슬 좋은데 셋 아니라 네다섯은 뭐 어때. 그게 제대루 사는 거야. 너는 사는 게 아니야.

태희 그럼 나 죽은 거야? (조용히 일어나 나가는 채린 보며)

태모 반쪽 짜리 인생이지 뭐야.(채린 보며)

태희 아 부러울 거 눈꼽만큼두 없어. 내 몸 망가져 가며 낳아 죽자구 키워봤자 결국 남는 건 늙어 침흘리는 영감탱이랑 같이 앉아 티비 켜놓구 졸구 앉었다 한사람 먼저 죽구 혼자 남어 졸구 있다는데.

태모 ??

태희 호경이네에. 아들 둘 다 밖에 살구 삼천평 대지 백 오십평 집에 아버지어머니 단 둘이 티비 틀어놓구 같이 졸다 엄마 돌아가시구 아버지 혼자 남었대. 자식 있으면 뭐하냐구.

태모 앉어서 티비 보다 죽었대?

태희 그렇대애.

태모 아이구 참 죽을 복을 그렇게 타구나야 하는 건데.

태원 E 저 들어왔어요.

태희   어엉.

태원   (들여다보며)이십분 있다 내려와요 아주머니.

임실   알었소오

태희   퇴근이 빠르다?

태원   예 좀 일찍 나왔어요.

태모   어디 시원찮어?

태원   아니에요.(나가고)

S# 거실

태원   (계단으로)…(계단 아래 기다리는 채린)··왜요··

채린   얘기 잠깐 해요··(태원 앞서 올라가고)

태원   ….(잠시 보고 따라 올라가는)

S# 서재

채린   (먼저 들어와 서고)

태원   (들어와 가방 놓고 상의 벗는데)

채린   슬기 ··전화 안 했어요?

태원   들었어요.

채린   ….(보며)

태원   (보며)사과해준 거 잘했어요 슬기한테 큰 도움이 될 거에요 고마워요. 그런데 우리 문제는….바뀔 여지가 없어요…

채린   …(보며)

태원   근본적으로 우리는 서로

채린   E 알았어요(오버랩)

채린   (시선 내리고) 마지막 희망으로 한번 걸어 봤었어요. 더 이상…. 구질구질하게 안 그러께요/(보며)아버지 어머니 목요일에 들어오신대요.

태원 ??

채린 당신 마음 그대로라면 깨끗이 물러나 줄테니까 안심하세요.

태원 …(보며)

채린 (나가려다가 돌아보며)슬기 엄마 임신중이라면서요.

태원 …그렇대요.

채린 그런데두 기어이 날 쫓아내야하는 이유가 뭐에요.

태원 채린씨

채린 (오버랩)아니 상관없어요. 알 필요없어요.

　　　[채린 나가고]

태원 …‥(있다가 벗은 옷과 가방 챙겨드는데)

　　　[밖에서 채린 전화벨‥]

채린 E 네. 어머니…목요일이라드니 왜 내일이에요오!!!

태원 ??(나가는)

S# 복도

태원 (나오는데)

채린 (침실로 들어가면서)아니에요 죽어도 안 산다구 나가래요. 말 안
　　　통한다 그랬잖아요!!

채린 E (들어가서)또오?…

채린 (침대 내려서 서서 미칠 듯한)미쳤나봐. 아버지 미쳤나봐아.

태원 ???

S# 침실

채린 (들어오며)미치지 않으면 어떻게 또 그래‥엄마엄마 도착하면
　　　집에 들어갔다가 아버지 잠 들면 몰래 빠져 나와 전화해요.더 이상

은 참지 마요. 그냥 있다가는 우리 둘 다 죽어요.(태원 문 열고)

채린 E 맞아 죽을 수는 없잖아아(태원 ???????) 아버지 그만 봐주
구 우리 도망치자구요오.아버지도 아니야 인간도

채린 아니에요 엄마아아. 내 말 들어요 응? 도착하면 바로 (전화 끊기
는)엄마 ‥어머니‥‥(전화 내리며 부들부들‥/침대로 ‥‥푹 주저앉는)‥‥

태원 (들어와 있다가)무슨 일이에요.

채린 (멍해서 보는)

태원 ??? 아버지가 어머닐/ 때리셨대요?

채린 (눈 감으며 세차게 고개 흔드는)

태원 채린씨

채린 아니에요. 아무것도 아니에요.

태원 (오버랩)채린씨이!!/

채린 (오버랩)나‥나 잘못키웠다구.(울음 터지려)

태원 ‥‥(보며)

채린 말 대답했다구.

태원 (보며)‥‥

채린 (갑자기 후다닥 일어나 싸놓았던 가방 꺼내 던지듯 놓고 옷 입으려)‥

태원 (채린에게/)채린씨.

채린 (상관없고)

태원 (두 팔 잡아 세우며)가만 있어요.

채린 (태원 팔 떼어내려 하며)여기 있다가 맞아죽을 순 없어.(채린씨)
다시는 안 당해.(채린씨)못해 안할 거야. 없어져줄 거야. 어머니 싫
다면 나혼자라두/나 혼자라두/(울음 팍 터지며)맞아죽는 거 보다
는 한강에 빠져 죽는 게 나아!!

태원 (오버랩)나 봐요. 나를 봐요.

채린 (고개 돌리고)…

태원 봐요. 내 눈을 봐요….봐요….. 채린씨..

채린 …..(고개 돌린 채 눈 깍 감고 고개 세차게 흔들어대는)….

태원 ….(보며)

S# **이 층 계단에서 복도 슬기/ 채린의 방으로 훑어서…..충분한 시간**

S# **침실**

    [채린과 태원. 침대에 걸터앉아서……]

채린 …..(흐느낌 간간이 섞어)일년에 두세 번은….한번 시작하면 이삼 십분 씩 어떤 때는 한 시간두..닥치는대루..

태원 …..(보며)???

채린 아무데나….고 일 때는 갈비 부러져 입원두 했었어요.

태원 ?? 누가요.

채린 나요..

태원 ….(보며)

채린 어머니는 대리석 바닥에 넘어져서 ..머리 수술도 했었구…..어 머니 암수술하구는 안 그러셨는데….

태원 언제부터에요.

채린 맨 처음 기억이 ..초등학교 일학년 때.. 여름에…..무슨 일이었 는지는 까먹었는데…어머니 맞는데 방 밖에서 소리내 운다구… 끌 려들어가서…

태원 (눈 잠깐 감았다 뜨며)그만해두 돼요..

채린 이런 얘기 처음이에요. 어머니랑 나만 아는 거에요.

태원 (오버랩)치료받아야하는 분이에요.

채린 (울며 웃는)으흐흐 아무도 안 믿어줄 거에요. 몇백억씩 기부하
는 사람인데요.다른 사람한테는‥밖에서는 얼마나 훌륭한 인격잔
데요.

태원 (휴지통 갖다 뽑아주고)

채린 (받아 닦으며)아버지 집에 계실 때는 숨도 크게 못 쉬었어요‥

태원 ‥‥(보며)

채린 후우우우 (한숨)결혼으로 도망치려 했는데…그때…아버지가
조금만 도와줬으면 잘 살았을 거에요‥나쁜 사람 아니었는데‥‥‥아
버지 하시는 거 보고…돌아섰어요‥아버지를 두 번 다시 보고 싶지
않다구.

태원 그때도 맞았어요?

채린 (끄덕이며)가진 거 없는 사람 안 된댔는데/ 말 안 들었다구…

태원 ‥‥‥

채린 후우우우우 (한숨 한 번 더 쉬고 태원 돌아보며)이상해 속이 시원
해졌어요.

태원 ‥‥(보며)

채린 (목이 메며)어디 숨어있다 어머니 만나서 같이 도망갈래요. 도
망가야해.

태원 (오버랩)어디로요.

채린 (고개 흔드는)몰라요.숨어서 생각할래요‥지금은 생각 안나‥생
각할 수 없어요.

태원 ‥‥(보며)

채린 아까 나가서/여권신청 해 놨어요‥어머니는 여권 있으니까…

태원 숨으면 아버님이 못 찾으실 거 같아요?

채린　못 찾을데로 숨어야죠.

태원　어디요.

채린　몰라요 모른다니까요.나 그냥 암말없이 사라졌다그래요.모른 다 그럼 돼요.(일어나려)지금 나갈래요.

태원　(잡는다)언제 오신대요.

채린　목요일 오후라더니 내일 오후로 바꼈대요.

태원　나갈 거 없어요 내가 찾아 뵐테니까 그냥 있어요.

채린　(오버랩 태원 팔목 잡으며)당신 아는 척 하면 우리 정말 죽일 거에 요.죽어요

태원　(안으면서)괜찮아요. 내가… 그렇게 못하시게 할께요. 이 집에 있는 동안은 누구도 못 건드려요··안심하고··가만 있어요··그냥 있 어요··

채린　(안겨서)·····(시선 허공으로)태원씨 나····아버지가 정말 미운데… 그런데 나한테 아버지 피가 흐르나봐요.

태원　아니 그거 아니에요. 아닐 거에요.

채린　·····

태원　나는 그렇게 생각 안해요··

채린　(눈 감으며 껴안는)····

태원　······

S# 태원의 서재

태원　······(앉아서)········

S# 은수의 거실

　　[소파에 같이 누워··슬기 은수···영어 동요 부르고 있다····]

S# 준구의 침실

준구　……(결혼사진 보며 서서 술 마시다가 전화 집어 문자 찍기 시작하는)……

S# 은수의 거실

　[노래 부르고 있는데 들어오는 메시지 음]

슬기　(전화 집어 엄마에게/안 본 채)

은수　(누운 채 열어보는)

준구　E 당신 목소리가 듣구 싶어..당신 나한테도 슬기한테 해준 것처럼 동화 좀 녹음해 보내주면 좋겠는데…(은수 상체 좀 일으키고)…

슬기　(엄마와 같이 읽고)????(엄마 보는)

은수　참 어이없는 아저씨다.

슬기　으흐흐흐..아저씨 웃긴다…

은수　E (문자 찍는)슬기가 웃긴대.

슬기　내꺼 하나 줘 엄마.(팔 잡아 흔들며)

은수　아냐아아 아저씨 농담하는 거야.

은수　E (전송)

슬기　응 나두 농담이야.

은수　으으으으으(간지럽히고)

슬기　으해해해해 (마주 간질이며)

S# 태원의 서재

태원　……(미동도 않고 앉아서)……

514

제38회

S# **빌라 근처 공원(새벽 6시쯤)**

태원 (천천히 혼자 걷고 있는)……(빈 벤치 보며 멈춰 서고)

S# **5회 공원/과거**

태원 (앉으며)나는 친화력이 좋은 사람이 못돼요. 벌써 파악됐겠지만‥

채린 네‥‥

태원 재미 되게 없는 사람이지만… 친해지면 의리는 있어요.

채린 (좀 소리 내어 웃는다)친화력보단 의리가 좋아요.

태원 우리 어머니…지금 채린씨 대하시는 모습이 다가 아니실 거에
요. 굉장히 괄괄하구 급하시구…욕심두 많으시구…매사에‥거의 부
정적이시라…어떤 때는 감당이 어려울지도‥때로는 이해가 안될 수
도 있어요.

채린 내 부모님도 한번씩은 그렇잖아요‥완전 생각이 반댈때두 꽤 있
어요.

S# **공원 /현재…**

태원 ‥‥(벤치로 움직이는)‥‥‥

S# 10회에서/카페(과거)

채린 나는 태원씨 좋아요. 그리고 믿어요. 옆에 있고 싶어요.

태원 (오버랩)나는…채린씨를 좋아하는 감정이…조금도 없습니다 지금‥

채린 (웃음기 없어지며 보는)……

태원 E 그게 문제에요.

채린 그럼 처음에 그랬어야죠.

태원 그래서 사과하는 겁니다. 만나다 보면 달라질 수도 기대했었는 데 미안합니다.

채린 ……(보며)이런 모욕은 …처음이에요.

S# 공원 벤치에 앉아 있는 태원(현재)

태원 …… …

S# 태원 침실 16회/ 과거

채린 (앉아서 태원 한 손 잡아 싸쥐고 제 가슴에 붙이고)나 태원씨가 왜 이렇게 좋은지‥정말 불가사의에요.

태원 ‥‥(보며)

채린 첨 봤을 때부터‥‥후후후 서른 넘은 남자가‥ 애 아빠라는데 어 쩜 소년 같이 순수해 보여서…놀랐어요.

태원 누워요.(손 빼려 하며)

채린 (안 놓치면서)그런 감정‥이건 운명이야…태어나 처음이었구 요‥정말 애타게…당신 옆에 오고싶었어요‥

S# 공원/걷고 있는(현재)

태원 ……

S# 태원 거실

516

태모 (안방에서 나와 앉으며)

임실 (주방에서 차 들고 나오고)

태희 (커피 들고 임실 따라 나오는)

태원 (현관으로 들어오는)…

　　　[모두 돌아보는]

태희 왜 거기서 나타나니?

태원 (소파 쪽으로)….

　　　[임실/찻잔 태모에게 놓아주는/]

태희 운동 쉬었었어?

태원 못했어요.

태모 (오버랩)(찻잔 집으며)속이 편해야 운동두 하는 거지.

태희 (오버랩)커피 주께.(움직이려 하며)

태원 (오버랩)누나 앉어요.(태희?)아주머니두 오세요.

임실 ??

태모 ….(아들 보는)

　　　[임실 태희? 인 채 앉는….]

태원 …(시선 내리고)…

모두 (태원 보는)…

태희 엄마 소리 질러어 빨리 해애.

태원 (오버랩)저 이혼 안하겠어요.

태희 ??

임실 …(태모 보는)

태모 뭐야?

태원 헤어지지 않아요.

태희 (오버랩)너 쟤 싸이코야아아

태원 (오버랩)나 그렇게 생각 안해요.

태희 (오버랩)너 집에 많이 없어 다 몰라. 니가 아는 게 다가 아냐. 쟤
하는 짓 보면 정신적으로 확실히 문제가

태원 (오버랩)내가 안고 가요··

태희 뭐?(태모는 그냥 아들 보고 있는/임실은 떨어진 자리에 앉아 탁자
내려다보고)

태원 (오버랩)결혼 자체가 문제 있었어요. 어머니 욕심 미리 말해 줬
어야하는데 차마 못했어요.

태모 (오버랩)나 때문이야? 또 나 때문이라는 거야?(안 보는 채)

태원 들어 보세요.

태희 (오버랩)들어봐.

태원 (오버랩)저 사람은 슬기에 대한 준비와 각오없이 자기 환상만
안고 들어왔구 저는 노력하면 되겠지하면서 실상은 거의 방치했
어요··우리 전부 다가 만만찮은 문제를 갖고 시작한 결혼이에요. 어
머닌

태원 E (보는 태모)이제 재산욕심은 접으셨을테니까 처음부터 그런
건 없었던 것처럼 대해 주세요.

태원 누나도

태원 E 누나한테 맞추기도 누나 마음에 드는 것도 보통 힘든 일 아니
에요. 슬기 엄마도 힘들어 했어요.

태희 (오버랩)애.

태원 더구나 슬기 사고쳐 놓고 우리 모두한테 배척 당하면서 저사람
(오버랩)누구한테도 맘 붙일 데가 없어요. 한 사람을···· 이런 식으로

코너에 몰아넣고 압박하는 건 옳지 않아요.

태희 (오버랩)엄마랑 내가 살지 말랬어? 못살겠다 나선 건 너야.

태모 (오버랩)그래 누구한테 뒤집어씌워너.

태원 (오버랩)제가 했어요. 그런데

태모 (오버랩)그런데구 저런데구 길게 지껄일 거 없다. 너 내가 이럴 줄 알었어. 이거 몰랐다면 내가 니 에미가 아니야웅 그래. 제게게게 저 물러터진 게 두구 볼 일이지 다 믿는 게 아니다 그랬어그래. 안살 맘 확실하면 당장 쫓아낼 거지 저렇게 위에 두구 우물떡주물떡/술퍼마시구 몸두 못 가누는 거 끌어올리게 하구 술병 난 거 업구 병원뛰구 죽 쟁반 갖다 바치구 내가 벌써 알어봤어 그래.

태원 (오버랩)어머니 싫다시면 데리고 분가해요

태모 ??(보고)

태희 ?? 너까지 어떻게 된 거 아냐? 하는 짓 보면 몰라? 쟤 좀 아퍼 얘.

태원 (오버랩)아프면 낫게 해 줘야죠. 그럴려구요.

태희 …(보며)십자가 질머질래?

태원 아뇨··손 잡아 주는 거죠.

태희 ???(엄마 보는)…

태모 끄으응.(일어나고/모두 일어나는)··(들어가려 하는데)

태원 부탁드려요 어머니.

태모 (맥 빠져서)이게…· 공갈이지 부탁이냐?

태원 ….(보며)

태모 …..(천천히 자기 방으로)

　　[보다가.]

태원 저 사람… 잘 보살펴 주세요 아주머니.

임실 나야…나야 뭐 힘도 없고 빽도 없는 사람이뭐

태원 (오버랩)아니에요.아주머니도 저희 가족이십니다. 아주머니 도움이 절대적으로 필요해요. 부탁드려요.

임실 에이고오. 잘 생각혔소. 부부라는 게 어찌됐든 한 평생을 같이 살기로허고 시작하는 건데‥에지간하면 살어야지‥나는 그렇게 생각허요슬기아빠. 잉 그렇게 생각헌다고‥(주방으로)

태희 ‥‥(그냥 태원 보고 있다가)후회 안할 자신 있니?

태원 ‥‥

태희 너한테 은수가 답 아냐?

태원 (보는)‥‥

태희 엄마두 그렇게 생각하구 있는 눈친데 늬들‥

태원 (태희 보며)‥‥‥

태희 ‥‥(보다가 움직이는)

S# 태원 침실

채린 (기대어 앉아‥‥고개 약간 비스듬히 머엉하니)‥‥(맥을 다 놓아버린)‥‥‥

S# 태희의 방

태희 ?????(얼어버린)

태원 (이야기의 연결)아버지한테 두 마디 말대답도 못하는 어머니는 아무 보호벽도 못돼줬고 자존감은 커녕 성숙조차 제대로 못한 여자에요.

태원 E 그런 채로 자기가 상상하고 소망했던 결혼을 기대하고 우리 집에 왔어요.모든 게 어긋났어요.

태원 나는 반쪽짜리도 안되는 남편/슬기에 대한 감정도 컨트럴이 안

됐고 우리어머니 등 돌리고 자기 위치에 대한 불안/자기 정체성의 혼란/그런 것들이 한꺼번에 뒤엉킨 거에요. 아프다고 버릴 수는 없어요. 저 사람한테 필요한 건

태희 (오버랩)그만해두 돼‥

태원 누나.

태희 (오버랩)머리가 멍해……

태원 ……(보며)

태희 어떻게 몇백억 재산 기부하는 사람이/그걸 믿을 사람이 누가 있니엉?

태원 ‥‥

태희 아니다‥내 친구 언니 하나두 비슷한 케이스였다 참. 세상에 없는 애처가에 끔찍하게 금슬 좋은 부부로 살다 십년동안 찍어둔 남편 폭행 증거 사진 시댁에 보이고 돈 왕창 챙겨 이혼한 희영이 언니. 우리 다 기절했었잖아‥

태원 (오버랩)혼자 알고 있어요. 어머니까지 아실 필요없어요.

태희 (오버랩)솔직하게 나 재/멍청한 게 못 돼처먹기까지 하다 길게 상종 못하겠다가 다였어. 만만치 않은 입장인 거 알지만 조금이라두 머리가/ 생각이라는 게 있는 아인 거 같으면 최소한의 분별은 할 수 있어야

태원 (오버랩)관심/인정/보살핌이에요. 비판은 필요없어요.

태희 ‥‥(보며)

태원 누나.

태희 (오버랩)알았어그래. 이게 너야‥

태원 (보며)‥‥

태희 누나가 한번 안아줄게‥

태원 (어색하고 민망한) 누나.

태희 어렸을 땐 내가 너 많이 안아줬잖아‥(하며 안는)‥‥‥태원아.

태원 ‥에‥

태희 우리 엄마는 성질나면 악쓰구 욕은 했어두 때리진 않았어.

태원 오분만 지나면 언제 화내셨나 그때뿐이셨죠.

태희 (몸 떼며) 엄마한테 고마워하자 우리‥

태원 그래요.

태희 (몸 떼는) 어렸을 때 내가 너 많이 안아 줬으니까 늙으면 니가 나 안아줘야한다? 빚진 거 같아.

태원 그래요 그럴게요‥

S# 주방

임실 (아침 준비하면서 혼잣소리) 물에 빠져 허우적거리는 사람 모른 칙하는 건 인간이 아니지‥아무리 미워두 끄잡아 올려 살려놓구 봐 야지 그럼잉‥우리가 참 인간적으루 이해를 하자고 들면(에서)

S# 태원의 침실

채린 (옆으로 누워 있는데)

　　　[문소리]

채린 (조금 몸 일으키고 보고) ??? (벌떡 일어나는)

태원 (슬기 방에 갖다 놓았던 옷들 한꺼번에 껴안고 들어와 침대에 놓는) 아침 먹고 올라와 걸어놔 줘요.

채린 (침대 벌써 내리려 하며) ?? 태원씨.

태원 (내리려는 채린 양 팔 윗부분 잡으며) 내가 남편으로서 마땅히 했 어야하는 일을 안하구 당신한테 모든 책임을 미뤘어요. 잘못했어

522

요. 미안해요. 우리 이혼 안해요. 당신 지켜줄게요.

채린 ???(두 손이 저도 모르게 위로 좀 올라가는)

태원 이제부터 아무 것도 두려워할 거 없어요. (채린 일으켜 세우며) 나와 함께 있는 이상 당신은 안전해요.

채린 ....(보며)

태원 나 믿고 마음 놔요 그래도 돼요.

채린 (오버랩/작게 터지는)아아 으으 아아 살았다 엄마두 나두 살았 다아아..아아아아..으으으으으(무너지듯 무릎 꺾여 주저앉으며 태원 두 다리 껴안고 대성통곡).......

태원 ....(잠시 내려다보다가 일으켜 세우는)...일어나요..일어나요..울 지 말아요

채린 (일으켜지면서 몸 던지듯 실리며)엉엉엉엉..엉엉....

S# 태모의 방

태모 (의자에서 손거울로 화장 중/자외선 차단제 펴 바르는).....

태희 (마주 앉아서 보는).....

태모 ......

태희 따라줘야지 어떡해 응?

태모 ....

태희 세 번까지는 그렇잖어.....(보다가)지금 나이에 이혼 또 하면..지 금부터 쭈욱 홀애비루 살어?

태모 왜 홀애비야..

태희 또 가?

태모 못갈 건 뭐야.

태희 (오버랩)엄마아.

태모　(오버랩)딱 니애비야 딱니애비. 어이구우우우‥어떻게 그렇게 씨도둑질은 못한다는 말이 딱인지‥

태희　아들 제대루 본거네 뭐. 그럼 반 각오는 됐을테니까 안된다 어기짱 놀 거두 없겠다.

태모　(오버랩)혹시나 박시나 /슬기에미랑 뭔 꿍꿍이가 있는 거 아닌가 했더니만.

태희　물건너 갔어.슬기 엄마가 낫지.

태모　백번 낫지.

태희　…(보며)

태모　(변명처럼)자식이 있는데 그럼.

태희　지가 살겠다는데 우리 별수 있어?

태모　…‥

태희　따지구 보면 쟤두 안됐지 뭐‥ 시부모 편안하구 전실 자식 안 딸린 사람이랑 만났으면 얼마든지 잘 살 었을텐데 쟤두 팔짜가 심난해서

태모　(오버랩)또 착한척이다엉?

태희　착한 척이 아니라 엄마

태모　(오버랩)이년아.기면기구 아니면 아니구 해. 이건가하면 저거구 저건가하면 이거구 간에 붙었다 쓸개에 붙었다 헷갈리게 구는 너같은 게 으뜸 나쁜 년이야.

태희　아 상황에 따라 이쪽 손 들어줬다 저 쪽 손 들어줬다 할 수두 있는 거지 뭐어.

태모　그게 간 쓸개지 뭐가 간쓸개야.

태희　내가 두번 결혼했는데 두 번 째두 못살구 깻박친다구 생각해 봐.

태모 (오버랩)한 번두 못간 주제에 무슨 개코방구야.

태희 ??(말을 해도 꼬옥)··

태모 나때매 못 살았다는 누명 또 쓸 수는 없지.(혼잣소리처럼)

태희 ?? 엄마 그건 누명이 아니지이이.

태모 지가 뛰쳐나간 거지 내가 내 쫓았어?

태희 (한심)살날 얼마 안 남았는데 회개는 언제 할라 그래. 회개하구
죽어야 지옥을 면하지이이.

태모 죽을 날 멀었어. 숨 끊어지기 전에만 하면 돼.

태희 언제 숨 끊어질지 어떻게 알구.

태모 (오버랩)원래가 니년이 그랬어. 북치구 장구치구 있는대루 바
람잡이 해 놓구 갑자기 착한 척 저만 쏙 빠져 나가 시침 뚝 따구 콧노
래 부르구/ 니가 그런 년이야.

태희 ···

태모 슬기에미한테두 나보다 니년이 더했으면 더했지

태희 (오버랩)아 그땐 걔 진짜 싫었어어. 나보다 이쁜 거두 싫구 별
볼일인 애가 태원이 차지하구 사는 거두 배아팠어. 게다가 우리가
아무리 심하게 굴어두 달관한 거 모양 꿈쩍두 안했었잖아. 얼마나
약올랐었는데.

태모 너만 좀 덜 했어두 태원일 이렇게 만들진 않았어.

태희 ???(무슨 말도 안 되는 소리)··아 그래 그랬다구 쳐.나두 안했다
구는 못해.그런데 엄마랑 내 차이는 엄마는 평생 반성이라는 걸 모
르는 사람이구 나는 한번씩 반성도 할줄 안다는 거야. 은수 보내고
태원이 얼굴 꺼멓게죽어 반쪽 되는 거 보면서 우리가 무슨 짓을 한
건가 한동안 나 내가 진짜 싫었어.(나가고)

태모   오냐 그래 너혼자 천당가라‥

S# 태원 침실

[침대 걸터앉아]

태원   (순하게 보고 있는 채린)일어나면 내려가 인사부터 드리고 아주머니 아침 준비하시는 거 도와드리면서 모르는 건 가르쳐 달라구 해요. 어머니 나가실 거 같은 날은 올라가지 말구 있다가 배웅해드리구요.

채린   그건/ 그 정도는 했었어요.

태원   당분간 무슨 말씀을 하셔두 반발하지 말구 이견 달지 말구 받아드려요.

채린   (끄덕이는)

태원   누나하고도 그렇게 지내면 돼요.

채린   (끄덕이고)

태원   하루 서너 시간 외출할 수 있는 일을 만들어 봅시다.정식으로 명상법을 배워보는 거두 나쁘지 않을 거구 하고 싶은 공부가 있으면 그것도 좋아요. 주말에는 한번씩 나하고 산책하기 좋은 숲길이나 바다 같은 데로 나가 머리 비우고 맑은 공기 마시고 들어오기도 하고 그럽시다.

채린   (눈물이 고이며 태원 한 어깨에 이마 붙이는)‥‥

태원   (안아주며)필요하다면 심리치료도 받구요. 무엇보다 당신 마음의 안정이 중요해요.

채린   (오버랩)당신이 하라는 거 뭐든지 다 해요. 다 할 수 있어요‥

태원   물론 할 수 있어요. 그런 마음이면 벌써 반은 된 거에요.

채린   (더 당겨 안으며)응응응 …응응응‥(작게 울기 시작하는)‥‥

태원 (머리 쓰다듬어 주면서).....우는 것도 나쁘지 않아요..실컨 울어

요..울고 싶은 만큼 울어봐요 어디 한번..그칠 때 까지 기다려 줄께요.

채린 (울음 조금 더 커지고)........

S# 계단 거실

[채린 태원에게 손 잡혀 나타나 계단으로..태원 출근 차림. 다소 긴장해

서 멈칫거리는 채린을 시선으로 다독거려 내려오는…]

채린 (태원이 벗어들고 내려온 상의와..가방 들고 소파로 움직이려 하자/

제가 빼내 들고 소파 쪽으로)

태원 ....(보며)

채린 (가방. 옷/놓고 태원 앞으로)

태원 (기다렸다 데리고 주방으로)

S# 주방··

[들어오는 두 사람··]

태희 (상 놓는 것 거들며 잠깐 보고)살만해졌어?

채린 (얼른 태원 보고)네..어머니 안녕히 주무셨어요.

태모 임실댁 얘 죽 뭐 쒔어.

임실 스프두 남았구 오늘두 죽 먹나 어쩌나 하구 아직

태모 (오버랩)스프만 먹구 어떻게 기운을 차려. 전복죽 좀 제대로 만

들어 줘. (수저 드는)먹자··

채린 (오버랩)?? 아주머니 저 그냥 밥 먹어두 돼요.

태원 (오버랩 의자 빼주며)괜찮을 거 같으면 밥 먹어봐요.(채린에게만

하듯이)

채린 (끄덕이고/앉는)

태희 (오버랩/앉으며)죽 쒀 줘요 아줌마.

태희 E (태희 보는 채린)달래는 김에 하루 더 달래. 또 아픈 거 보단 나‥

임실 (오버랩)내려올랑가 어쩔랑가 몰라서 사장님 식사허시고 나면

태모 (오버랩)아 군소리말구 하라는대루 해.

임실 에에

태원 (수저 들며/오버랩)먹어요.(채린 수저 들어 국 뜨고)

임실 (냉장고로)한마리 잡을까요 두 마리 잡을 까요‥

태모 그거까지 일러줘야 해?

임실 전복이 죽 끓이면 바싹 오그라들어서 잘 뵈지를 않으니께

태희 (오버랩)아줌마 맘대로 해요오.

임실 알었소 내 맘대로 해요.(전복 냉동시킨 것 들고 개수대로)

　　　[잠시 두 모녀와 부부 밥 먹으며……채린은 밥 조금 떠 국에 담갔다 먹는]

태원 약 먹는 거 잊어버리지 마요.

채린 네에‥

태모 ‥‥

태희 ‥‥

임실 (냉동 전복 덩어리 들고 냉장고로)두마리잡고 다섯마리 남았응께 수첩에 적어노시오.

태모 ???(저 여편네가)

임실 (꿍얼꿍얼)언젯적 모양 내가 훔쳐 먹었다고 사람 환장시키지 마시고. (돌아보며 웃는)하이고오오 그때는 참말로 내가 팔딱팔딱 뛰다 뻐드러질 뻔했으니께.아 알고 보니 고모가 한밤중에 빠다 구인가 뭔가 해 먹었잖소잉.

태모 (오버랩)화분들 요즘 왜 제대루 물주는 걸 못봐./

임실 사장님 안기실 때 다 하는구먼. (개수대로/꿍얼)제대로 물 안 먹

고 애덜이 싱싱허게 저라고 있겠소.

태모 영양제 줄때 안 놓쳤어?

임실 잉?....아이고 약줄 때 지났나보오잉.달력 봐야겠소달력(부지

런히 나가는)

태모 끌끌끌끌··

태희 무리하지 말구 기다렸다 죽 먹지?

채린 괜··괜찮을 거 같아요···형님··

태원 ···(먹으며 채린 보는)···

S# 현관 밖

태원 (옷 들고 나오고)

채린 (가방 들고 따라 나오는)···

태원 (손 내밀고/웃으며)

채린 (수줍게 웃으며 가방 주고)

태원 (받으며 가볍게 뺨에 입 맞춰주고)들어가요.

채린 (끄덕이고)

태원 (나가며 한번 돌아보고)···

채린 (입 맞춰진 뺨에 한 손 올리며)····(보고 있는)····

S# 은수 거실 주방

은수 (슬기 먼저 튀어나오고/가방 들고 따라 나오며)아아 슬기야 잠깐.

슬기 왜애?

은수 이모 한테 잠깐 일분만 전화하고 나가. 이모 감기 왕창 들어서

무지 아프대. 이모 빨리 나으세요 그래주면 디게 기분 좋을 걸?

슬기 (벌써 전화 꺼내면서)알았어··(통화 시도)어··아저씨야 엄마. 네

에. 이모 전활 왜 아저씨가 받아요?

S# 침실

광모　어(침대 사이드에 과일 볼 놓으면서)이모 잠깐 세수하러…어 맞어
이모 죽게 아퍼. 정신이 들락날락할 정도로 아퍼. 어젯밤에 이모 팔
다리 주물러 주느라 거의 못 잤어야…물론 병원 갔다 왔지이이..그
런데 병원도 소용없어슬기야. 감기는 그저 안 걸리는 게 장땡이야.
어 그래..이모 화장실에서 볼일이 많은가부다.. 전해줄게 학교가.어
엉..어엉..안녀엉.(끊고 계단으로)

S# 계단 거실/

광모　(내려와 화장실 쪽으로)뭐하냐.

현수　….

광모　쓰러졌어? 기절했냐?

현수　E 멀찌기 가 있어어.

광모　슬기 전화 왔었어. 빨리 감기 뚝 하래.

현수　E 출근해애.

광모　좀 있다 나가두 돼..세수는 했냐?

현수　….

광모　쌍화탕 뎁힐까? 아니면 뜨거운 티 한잔 마실래?

현수　E (오버랩)아 저리 멀리기 좀 가 있으라니까아..

광모　아아 뭔일 보시는 건지 알겠다..알았어..(욕실 문에서 떨어지며)
최대한 멀리 가 있을 테니까 편아안한 마음으로 대사 치러라.(소파
쪽으로/소리 죽여)쭈쭈 뽀뽀 이리와. 와..(소파에 푹)키스키스.사랑
의 키스(하는데)

　　［현관 벨.］

광모　??(현관으로)네 누구세요오오

530

천 E 문 열어.

광모 ??(욕실 쪽 보며)어 타이밍 최악인데…(문 열고)엄마 왜애.

천 (배/ 귤 상자/홍삼 따로/들어오며)너 엄마 얼굴에 그 왜 소리 좀 안 하면 안돼? 왜라니‥뭐가 왜야.

광모 아 예고하구 오랬잖아아

천 (오버랩)(식탁으로)애 다 죽게 아프단 말 듣구 어떻게 모르는 척 떼먹어.목은 안 아프대? 열은. 기침은.

광모 열 올랐다 내렸다 목두 아프다 그러구 기침두 좀 해.

천 (홍삼 꺼내면서)늬들 홍삼 안 먹니?

광모 저번에 먹었지. 다 먹었을 걸?

천 너두 먹구 쟤두 멕여. 난 이거 덕 많이 보는 사람이야. (꿀 한 병 꺼내고 대추와 도라지 두어 뿌리 생강 들어 있는 밀폐 용기)인터넷에서 찾아 배숙 만들어 먹으라 그래

광모 내가 해줘야해. 쟤 진짜 무지 아퍼 엄마.

천 (오버랩)아니 쟤 엄마는 딸이 아프다는데 들여다두 안 보니?

현수 E 우리엄마 저 아픈 거

현수 (화장실 쪽에서 나오며)모르셔요. 얘기 안 했어요.

천 안녕하세요.

현수 어머니 오셨어요.(꾸뻑)그런데 또 예고없이 오셨네요.

천 (오버랩)아이고 참 그랬구나 잘못했습니다아아.

현수 네에에‥저는 좀 누워야겠어요오오(휘청이며 계단으로)

광모 (오버랩)저렇다니까 엄마. 진짜 많이 아프다니까?(달려 붙으며)

천 애(오버랩)그러지 말구 우리 병원에 입원을 해 현수야. 가자 웅?

현수 (계단 올라가며)감사합니다 안녕히 가세요오오

천   애 현수야아아(다시 권하려 계단으로 움직이며)

S# 친정 마당(같은 시간)

　　[부모 현관에서 나오며]

자부   점심 사 먹을테니까 혼자 앓게 하지 말구 있어줘.

자모   얼마나 심하길래 지 동생이 들여다 보라 소리까지 해그냥. 조심 좀 하지이이.(한 손에 김치 통. 작은 것)

자부   (마당에 자전거 챙기며)과로했겠지‥과로가 감기 초댓장이야.

자모   혼자 지 멋대로 살다 아무래두 혹 하나 부친 만큼 그럴 거야.

S# 대문 앞

자부   택시 타구 가.

자모   택시는/어이 가. 콩나물 천원어치 사들구 국 끓이러 가는데 삼천원 택시 타?

자부   빨리 가보라 그러는 거지이.

자모   버스두 빨러 (앞서 부지런히 걸으며)가가. 저녁에 봐.

자부   (자전거 출발하며)그래 저녁에 봐.(자전거 타고 빠져 앞서 나가며 뒤돌아보고)

자모   (부지런히 걸으며)아 넘어져 돌아보지 마아아‥

자부   허허 그래‥전화해애애.

자모   어어엉.

S# 태원의 거실

태모   (안방에서 나와 현관으로)

임실   (안방에서 빈 찻잔과 빈 접시 쟁반 들고 따라 나오고)

채린   (방 근처에 서 있다가 따르는)…

임실   신발을 뭘 신으실라요?

태모 (자기 구두 꺼내 신고 돌아서는데)

채린 다녀오세요.

태모 (임실 돌아보며)속옷 서랍 정리 좀 해요.

임실 에에··(태모 나가고)

채린 내가 할께요.(앞서며)

임실 그려. 이 집 식구로 살라면 하나씩하나씩 익혀 가야지. 내가 갈
   쳐줄테니께 앞으로는 며느님이 하소.(태모 방 쪽으로/궁시렁)정리
   하면 뭐혀허면. 그음방 쑤시개범벅 맹글어 놓는구먼/(돌아보며)아
   왜 차근차근 한 개씩 끄내 못 입구 이거 뺐다저거 뺐다 무신 직업
   여성두 아니구/그라구 할망구가 안직도 레스 빤스는 왜 입는 건지
   몰러. 난 원 오천원에 여섯장짜리 면 빤쓰가 젤루 개운하구 좋드만.

태희 E (오버랩)아줌마아 내 가디간하나 찾아야하는데에.

임실 또 뭘 찾는다요.

태희 얇은 회색 캐시미어 왜 여기부터(허리 부분)나팔 꽃처럼 살짝 퍼
   진 거

임실 (오버랩)나 모르지이요잉.

태희 모르면 어떡해요.

임실 아 옷이 한두벌이래야 알지 고렇게 얘기허믄 알 도리가 있나.

태희 아무리 찾아도 없어요.

임실 놔두시오. 이따 내가 한 번 찾아 볼테니께.

태희 아줌마만 믿어요오.(현관으로)

임실 (채린 직신거리고)

채린 (현관으로)다녀 오세요 형님.

태희 응··잠깐 한 시간두 안 걸려. 작년 가을에 수선 맡긴 핸드백이

빠리까지 갔다 이제야 왔대. 그거만 찾아갖구 금방 들어올 거야.

채린　네에..

태희　아줌마 나팔꽃 가디간 꼭요오오 (하고 나가고)

임실　어이그 가디간인지 오디간인지 신경쓰니까 그거부터 찾아 놓고 해야겠구먼.(태희 방으로)맨날 저래 맨날..저팔자는 금테에 보석테꺼정 두른 팔짜여잉.

채린　(혼자 조금 웃으며 주방으로)

S# 주방

채린　(들어와 커피 그라인더로/ 커피 알 넣고 갈면서)·····(얼마쯤은 안정감)····

S# 은수 거실

은수　(바닥 물걸레질하고 있는)····

　　　[현관 벨.]

은수　??··(올 사람 없는데/현관으로)네에 누구신가요.

남자1　네 한남동에서 보내셨습니다.

은수　???(문 열면)

　　　[남자1 컴퓨터 박스 들고 꾸뻑.]

은수　?? 이게 뭐에요?

준구　(들어오며)들어와요··들여놔요.

은수　??(준구 보는)

준구　(거실로 올라서)한군데 몰아 놔 주세요··나머진 내가 할테니까 들여만 놔주면 돼요.(남자들 적당히 대답하고)

남자 둘　(차례로 들여놓는 박스들/컴퓨터 박스 말고도 청소기/제빵기/노트북/ 들고 차례로 들여놓고 적당히 인사하고 빠지고 현관문 닫히고)

준구 (상의 벗으며)어느 새 덥다··(상의 들고 소파로)물 한잔 얻어 먹 읍시다.

은수 ···(잠시 보다가 주방으로/물)

준구 (소파 앞에서 돌아보며)물 걸레질 되는 청소기야. 다 쓸모 있는 걸 거야. 컴퓨터 슬기 주던지 당신 쓰던지. 노트북두 하나 갖구 왔어.언 닐 주던지···

은수 ···(물 꺼내 컵에)

준구 비웃구싶으면 비웃어. 좌우간 당신한테 필요한 것들 좀 챙겨봤 어. 나쁠 거 없잖아. 전남편 아이한테 최선 다하는 거 고맙게 받아준 다는 사람이 내 호의는 싫다 그럼 모순아냐. 나도 비굴할만큼 당신 한테 잘 보이구 싶어.

은수 (물 갖고 와 탁자에)

준구 (물컵 집으며)인터넷 신청하는 거 알지?

은수 별 걱정을 다해.

준구 (물 두어 모금 마시고 내리며)실은 여기 들어올 핑계가 필요했 어. 얘길 좀 하구 싶은데··당신 곁을 안 주잖아···(일어나 옆에 있던 스 툴 움직여 놓고)앉아.

은수 (앉고)··

준구 ····(보며)

은수 (보며)···

준구 찌질한 놈 소리 당신 말고 누구한테도 들어본 적 없고 찌질하 다는 생각 한 순간도 해본 적없는데···그래 당신한테 말 안되는 짓 했고 말 안되는 억지 썼고 찌질하게 굴었어.인정해···그런데 그거 알아? 당신한테 찌질한 놈으로 찍히니까 앞으로도 계속 찌질해도

되는거 같아 훨씬 편해‥

은수 ‥‥(보며)

준구 (시선 창 쪽으로)첫 결혼은 정략이었기 때문에 첫날 밤 소박맞은 거/어처구니 없고 창피하기는 했지만 자존심이 상하지는 않았어.

준구 E 잘못된 건 두 집안 계산 맞추기였지 그 여자가 아니었으니까‥

준구 결혼 안하면 보장도 없다는 협박받고 도리없이 결혼식까지는 치르고 나와 담판 지은 그 여자 이해했어. 나 역시 내 의사랑 상관 없었던 거였구‥‥(시선 은수에게)당신은 아니었어‥좋아서/ 기어이 내 여자 만들고 싶었던 사람이야. 난 형편없는 놈이지만 시시한 여자는 싫어.

은수 아나나/ 시시해. 늘 바보같은 짓만 하면서 살아왔어. 또 바보 같은 짓일 수도 있어.그렇지만 언제나 그랬듯 그냥…그 상황에서 내 선택이었을 뿐이야. 나는 이렇게 생겨먹었어.내 선택을 인정해 줘.

준구 아직 당신이 시시하게 생각 안돼.

은수 (오버랩/웃는)당신 맘대로 안돼서 뭔가 더 있을 거 같아 그럴 거야. 아무 것도 없어. 그저 이건 아니다가 다야.

준구 (오버랩)이다미는 끝났어.

은수 (오버랩)이렇게 되기 전에 끝냈어야지. 그 여자가 당신한테 더 나은 사람일 거야. 나는 그렇게 맹목적으로 헌신적일 수도/그렇게 열정적이지도 못해. 감탄스러울 정도야.진심이야.

준구 ‥‥(보며)

은수 더 많은 시간이 흐르고 ‥그래도 이다미가 여전하고 당신도 끌리는 마음이라면‥당신이 아버님 우산에서 벗어날 수 있으면

536

준구 (오버랩)우리 어디 잠깐 여행 다녀옵시다.

은수 …(보는)

준구 이박 삼일 /아니 일박 이일이라도 상관없어.

은수 김준구씨(오버랩)

준구 (오버랩)찌질해?

은수 (웃는)아니/당신 참 날 모르네··(시선 잠깐 내렸다 보며)하긴··결혼하기 전 말고 나한테 별 관심없었어. 결혼 전에는 내 마음 사야하니까 신경썼겠지?

준구 그렇게까지 매도할 건 없어··(일어나며)집에 갖다 놓고 안심했겠지··

은수 (일어나며)장난감 사다 구석에 놓고 잊어버리는 거 처럼.

준구 …그건 좀 심한 거 아냐?

은수 딴 여자한테 드나들었잖아.

준구 ····(잠깐 보다가 현관으로)

은수 (현관까지는)구두 주걱/ 없어

준구 괜찮아··(나가고)

은수 (돌아서서 쌓여 있는 박스들 보며)·····

　　　[전화벨··]

은수 (전화 어디 뒀지? 식탁 전화)··(보고)응 나야···전화로 하면 안돼?

S# 근처 공원이나 어디 한적한 곳

은수 (공원 입구로 들어오고 있는)·····

태원 (서 있다가 ····은수 쪽으로)···

은수 (보며 조금 웃는)··좀 우습다.

태원 왜.

은수 바로 전 남편 왔다 가자마자 전전남편이었던 사람한테 불려
      나온 게.

태원 그랬어?

은수 전화로는 할 수 없는 얘기가 뭐야.

태원 응··.(걸음 옮기며)당신 어디 앉을 자리로 가자.

은수 (웃는/따르며)아직 그럴 정도는 아니야.오히려 좀 걸어주는 게
      나아··

태원 (돌아보며 오버랩)조금만 더 들어갑시다.

은수 그래 그럼···(걷는)

S# 공원 조금 깊은 곳···

태원 (와서 멎고···은수 쪽으로/보며)···

은수 ?? 이제 됐어?

태원 됐어····(하고 시선 내리는)

은수 ···(보다가)설마 슬기 데려간다는 건 아니지.

태원 아냐.(보며)

은수 (오버랩)응좋아.그것만 아니면 겁날 거 없어. 전화로 안되는 얘
      기가 뭘까 혹시나 슬기데려오라 그러시나 했어. 슬기 할머니 잘 주
      무시고 일어나 놀래키곤 하던 분이라.

태원 (오버랩)나/집에 있는 사람···함께 가기로 했어.

은수 ···?? 어 마음 풀었어? 슬기가 한 역할 한 거야?

태원 (오버랩)그렇게 간단한 문제는 아니었지만 암튼 결론은 그렇게
      냈어.

은수 (오버랩/암튼을 받듯이)암튼/잘 했어.

태원 (오버랩)내 몫으로 배당받은 숙제로 생각하기로 했어. 최선 다한

다 소리 공수표만든 내 책임도 있구.

은수 (끄덕이며)최상의 결론이야. 축하해.

태원 (오버랩)어쩌면 우리/ 이삼년 뒤쯤은 다시 시작할수도 있을 거라는 기대‥솔직히 그랬어나혼자.

은수 …(보며)

태원 슬기랑 당신 아이랑‥ 자신있었어.진심/그러고 싶었었어.

은수 (오버랩)응당신 그럴수 있는 사람이야.

태원 (오버랩)나 좋은 놈 허영이 있는 거 같아.

은수 있어(오버랩)

태원 그사람 밀어내면 나쁜 놈 돼.

은수 슬기아빠 나쁜 놈 곤란해.

태원 (오버랩)당신은 그런 생각 안했어?

은수 이제부터 배 북북 부르기 시작해 낳아야하구 서류정리 남아있구 사람 일 알수 없는 거지만 흐훗 난아니야 안했어. 으으음 지금 잠깐 생각해보자… ‥(사이 좀 두었다 보며)싫어.끔찍해하면서읽었던 책을 뭣때매 다시 시작해.나 그정도 멍청하진 않아.

태원 …(보며)

은수 섭섭해?

태원 응‥좀‥

은수 (손 내밀며)당신 잘해야 해‥나처럼 만들지 말고 제대로 지켜줘.

태원 ‥‥(손 내려다보다가 잡으며 보는)…

은수 ‥‥(보며)

S# 공원 출구로 걸어 나오고 있는 두 사람‥‥

S# 출구 나서서 마주 서 잠깐 서로 보고

태원   무리하지 말고 건강 잘 지켜.

은수   무리할 일 없어. 거의 날라리야.

태원   내가 필요한 일 있으면 언제라도.

은수   알았어그럴게··(한 손 가볍게 들어 보이고)

태원   (끄덕이고)

은수   (먼저 돌아서 움직이는)·····

태원   ·····(보고 있는)····

S# 걷고 있는 은수

S# 반대 방향으로 걷고 있는 태원

S# 어느 화원··

    [작은 선인장 화분 고르고 있는 은수. 꽃 핀 것.]

S# 테이크아웃 커피 사고 있는 태원···

S# 화분 봉투 들고 와서 아파트 현관으로 들어가는 은수··

S# 태원 사무실

태원   (들어와 앉아 커피 마시기 시작하는)····

S# 아파트 거실

    [선인장 화분 세 개 자리 만들어놓는····]

은수   (선인장 보며)······

    디졸브

S# 서울 야경

S# 현수 원룸 골목(밤)

    [멈춘 차에서 내리는 주하/]

주하   (내리면서)금방 나와요. 십분이면 돼요.

인태   (내리며 오버랩)아 나 당구 치구 있을 테니까 신경쓰지 말구

편하게 해요주하씨.일어나야겠다 하면 문자 쳐요금방 달려올테
니까.

주하 (오버랩 아니아니 폼이다가)할 말 별로 없어요얼굴만 잠깐 보면
돼요.다 죽어가는 소리 듣구 들여다두 안보는 건 싸가지잖아요. 어
디 가지 말구 십분만 기다려줘요. 저얼대 십분 안 넘겨요.(출입구로
뛰면서)

인태 (오버랩)주하씨 잠깐/잠깐요 (?한 주하 앞으로)나 때문에 면피
용 병문안 만들지 말아요··나 한 시간 두시간 기다려도 아무 상관없
어요. 나 /기다리게 하는 게 부담되는 사람 아니었으면 좋겠어요··
그건 내가 원하는 우리 사이가 아니에요.

주하 (오버랩)그렇지만

인태 (오버랩)나 주하씨 기다리는 걸 즐기는 사람이에요.기다리게
해주는 사람을 가졌다는 자체가 나는 행복해요.

주하 (오버랩/한 팔 잡고 뺨에 가벼운 키스해주며)알았어요. 감동멘트
였어요. 실컨 놀다 연락할테니까 걱정말아요.

인태 (웃어주고)

주하 (손 흔들고 뛰어 들어가고)

인태 (운전대로 돌아서는)

S# 현수 원룸

현수 (소파 이불에 덮고 누워·· 꿈벅꿈벅)…

주하 E 현수야 나야아아(현수 몸 일으키고/현관 전자음)

주하 (들어오며)어 엄살이었냐? 상태 괜찮아 보이는데?

현수 (오버랩)세시간 전부터 좀 나아졌어. 어어 진짜 죽을 뻔했다.

주하 (들고 온 것 들어 보이며/백 놓고)하라는대로 네쪽만 샀어(제일

작은 사이즈 케이크/주방으로)앤 아직 안 들어왔니?

현수 밥 사러.(앉은 채)그거 한쪽이랑 커피 먹고 싶다.

주하 (오버랩)알았어. 주께..(커피 찾아 머신에)

현수 무울

주하 (오버랩)하하. 안 까먹어.

현수 인태씨는

주하 (물병)당구치러.

현수 ....(보며)

주하 (머신에 물 부으며)내가 아주 중요한 사람처럼 느껴지게 만들어. 정말 기분좋아.

현수 (오버랩)그 사람 광모 정체 아니?

주하 ?? 아니 안했어..굳이 알릴 거 뭐야. 니 입장도 있는데..그건 모르게 하는 게 배려라고 생각해.(머신 스위치 넣는)

현수 너 커피 넣다 말았어.

주하 (오버랩)아 아아..(스위치 끄고 커피 추가)

현수 엄마는

주하 (오버랩)내 전화 안 받아. 개무시. 괜찮아 시드니 어머니는 하루 걸러 꼬박꼬박 전화하시니까.(머신 스위치 넣고 현수에게)우리 엄마가 악덕 시어머니구 시드니 어머니가 내 엄마같아.

현수 (오버랩)엄마 이해해야해.

주하 (오버랩)아 결론적으로 엄마가 인태씨랑 사는 거 아니잖아.(현수 옆에 앉는)어이구우우(얼굴 쓰다듬으며)쭈쭈쭈쭈 얼굴이 해앨 쏙해졌네에.

　[전자음 오버랩]

광모 (볶음밥 봉투 들고 들어오는)어 너 왔니?

주하 (일어나며)뭐 사왔니.

광모 새우볶음밥.

주하 (오버랩)야 넌 아픈 애한테 볶음밥이 뭐냐. 감기는 소화력 떨어지구 입맛 젬병이야.어떻게 넌 여전히 생각이라는 게 실종이냐

현수 (오버랩)아냐 내가 사오랬어.

주하 (현수 돌아보고)그래?

광모 (현수에 오버랩/주방으로)나도 반대했단 소린 왜 떼먹냐. 지금 먹을래?

현수 (오버랩)아냐 케익 먹을 거야.

광모 어 그래. 잘됐다 (봉투 놓으며)나 애기 받으러 가야해. 볶음밥 아니었으면 곧장 뛰어나갔을텐데 (현관으로)애기 두개골이 너무 커서 제왕해야 하는 애 데리구 온대. 시간 좀 걸릴 거야.

현수 잘해애애.

광모 걱정 마. 주하 너 현수 감기 갖구 가라.(신 신으며)

주하 어엉 노력해볼께에‥ (광모 나가고) 쟨 기껏 한다는 소리가 저거냐? 저는 뭐하구. 지가 갖구 가면 될 거 아냐.

현수 (웃는)으ㅎㅎㅎㅎ

S# 은수의 거실

은수 (우유 두 잔 들고 와 그림 그리고 있는 슬기에게 하나 주고 저도 한 컵/소파에 앉으며)글쎄…아빠 왜 답장이 없지?

슬기 바쁜가보지 뭐, 맨날 바쁘니까.

은수 마셔.(제 컵 들며)

슬기 응 (컵 들고 마시는)

은수   ....(딸 보며)

　　　[전화벨.]

슬기   (보고)아빠다..응 아빠..

S# 운전 중 태원 빌라 근처 길(밤)

태원   문자 봤어. 아빠 계속 미팅 있었어. 전화 늦어 미안해···응 맞어···
　　　니 말이 맞는 거 같아서 아빠 니 말 들은 거야. 우리 슬기는 속이 깊
　　　은/정말 착하고 마음이 따뜻한 아이야..아빠 굉장히 기분좋구 니가
　　　자랑스러워. 응 사랑해. 집에 들어가는 길이야. 거의 다왔어..(하면
　　　서 앞 보던 시선)??

S# 빌라 현관 앞(밤/태원 시각)

채부   (채린 팔죽지 왁살스레 잡아 차로 끌고 가려는)

S# 차 안

태원   (이어폰 빼 치우며 가속해서 부웅)··

S# 빌라 현관 앞

채린   (빠져나오려다 잡히고 아버지 손아귀가 머리채 감아 잡고/그래도
　　　벗어나려다 모질게 뺨 후려 맞고)

채린   (저만큼 날아가 떨어지는)···

　　　[그 순간 와서 급정거로 멎는 태원의 차.]

채부   (기어 도망치려는 딸/험악한 발길질 시작하는데)

태원   회장니임!!!!

채부   (채린에게 발길질하다)???(휙 돌아보는)

채린   ???

태원   (채린 일으키며 채부 돌아보며/채린은 허리 안으며 달라붙고)이게 세
　　　상 감쪽같이 속이고 있는 회장님 참 모습입니까?

544

채부 (오버랩)너 이 자식

태원 (채린 세우며 오버랩)들어가요.(채린/태원에게 달라붙고)아니 들어가 있어요‥(채린 안아 현관 안쪽으로)

  [조금 떨어진 위치 채부의 자동차에서 내려 있는/]

채린 엄마 (내린 문 열려 있는 채/한쪽 눈 안대로 가리고 떨면서 채린 쪽 보는)…

S# 빌라 현관 앞

태원 ‥‥(채린 들여놓고 채부 앞으로)저 이혼 안해요.회장님같은 아버지한테 저사람 못 보냅니다.이순간부터 회장님 저 사람/어머님/털끝 하나도 건드리지 마십쇼.

채부 (오버랩)너 누구한테 건방이야!!(나직이)

태원 (오버랩)자기 가족을 습관적으로 구타하는 회장님 실체가 폭로되면/ 평생 일군 회장님 기업은 어떻게 되고/지금까지 받아챙긴 온갖 찬사 명예 /그런 것들이 어떻게 될지 생각하십시오.

채부 ??

태원 (오버랩)만약 다시 또 이런 일 있으면 저/곧바로 가정 폭력범으로 고발해서 회장님 그 이중인격 가면 벗겨버리겠습니다.

채부 …(보며)

태원 내일/ 출근하시기 전에 댁으로 찾아뵙고 조용히 말씀드리려 했었습니다. 제 얘기는 끝났습니다. 선택은 회장님께서 하십시오. 다시 한번 말씀드리는데 저는/절대로/무슨 일이 있어도 회장님 용서 안합니다.

채부 (보며)‥‥

태원 들어가겠습니다‥(목례하고 돌아보면)

채린 (현관 안에서 떨며 두 손목 아래쯤 붙이고 보고 있는)‥‥

태원 (뚜벅뚜벅 채린에게/ 어깨 안아 현관 밖으로 움직이려는)‥

채린 (겁나서 몸 빼려는)

태원 괜찮아요.걱정마요.차 집어넣어야 해요. 내가 있어요 겁내지 말아요.

채린 (태원에게 들러붙는)

태원 (채린 안아 나와 조수석에 태우고 운전석으로)

　　　[주차장으로 들어가는 태원의 차.]

채부 ‥‥(서서 보며)‥‥

　　　[차 곁에서 보고 있는 채모‥‥]

　　　[채모의 시각으로 땅 보고 서 있던 채부‥자기 차 쪽으로 오기 시작.]

채모 (남편이 발자국 떼면서 얼른 자동차로 오르고)

S# **차‥ 앞 유리로 보이는 오고 있는 채부(채모의 시각)**

S# **차 안**

채모 (안대 벗고 손수건으로 눈 주변 닦는데/시꺼멓게 부어오른 눈두덩‥)

S# **빌라 주차장**

　　　[들어와 주차되는 태원 차‥]

S# **차 안**

태원 ‥‥‥(앞 보며)어떻게 된 거에요‥

채린 (태원 가방 무릎에)어머니가‥잠깐 나와보라구‥아버지는 안 오신 줄 알았어요‥

태원 ‥(돌아보며)집에는 뭐라 그러구 나왔어요‥

채린 거실에 아무도 없었어요.

태원 ‥‥저녁 먹었어요?

채린 (끄덕이는)….

태원 우리 어머니 어떠세요.

채린 별로…그냥…안 쳐다 보시지만 …고모가 과일 먹고 올라가래
서 같이 먹었어요.

태원 나는 저녁 먹어야 해요. 옷 갈아입고 내려 올테니까 아주머니
하구 있어요..

채린 (끄덕이고)….

태원 혹시 어머니 계시면 마중나왔다 그럽시다.

채린 (보며 끄덕이고)..

태원 (내려서 조수석 쪽으로/가방 들고 내리는 채린)…(차 문 닫고 차 잠
그고 채린 손 끌어 잡고 승강기 쪽으로)

채린 (따라가며 태원 보는)…

S# **태원 거실**

　　[소화시키느라 끅끅거리며 왔다 갔다 태모··]

임실 (물그릇 들고/제 가슴 톡톡 두드리며)여기를 요렇게 두두려 주지
요.(들은 척 않는 태모)….아니면 요로로롬 쏠어주던지··그러면 약이
빨리 내려갈 것인디.

　　[들어오는 태원 부부.]

임실 슬기 아빠 들어오네요.(현관 쪽으로)

태모 (잠깐 돌아보고 그윽윽.)

태원 ??(임실 보고)

임실 저녁자신 게 목이 쌔애애 하면서 자꾸 기어 올라올라 그런다고.

태원 약 드셨어요?

임실 드셨소잉. 저녁 자셔야지요.

태원　네.(엄마에게)

채린　저기요.(돌아보는 태원/ 들고 들어온 태원 가방 내밀고/ 태원 받고/ 채린 주방으로)

임실　(주방으로 가는 채린 따르며)서방님 마중 나갔었나보네잉.

채린　(잠깐 돌아보며)네에..

태원　(엄마에게)저 들어왔어요.

태모　오냐아..(자기 방으로)..

태원　(계단으로)

태희　(목욕 가운/안방에서 나오며)들어왔구나.

태원　네.

태모　지 꺼 두구 왜 꼭 내껄 어질러어.

태희　아 치웠어. 하루 이틀 아닌데 갑자기 인심 사납게

태모　(오버랩)너 며칠전에두 바닥 제대로 안 닦아 늙은이 뇌진탕 만 들뻔 했잖아.

태희　(오버랩)닦었어닦었어. 닦었다니까.

태모　(오버랩)아차 후회하지 말구 지꺼 쓰라는데 왜 말 안들어.(들어 가며)

태희　???(닫힌 문에)좁아터진데 변기 세면기 욕조 다닥다닥/빈티 난단 말야아(에서)

S# 은수 거실

　　[모녀 소파에 같이 기대어 앉아/한 손잡고]

은수　으으응...니가 결혼할 때쯤이면 지금부터 거의 이십년 쯤 뒤라 고 보면 되니까

슬기　(오버랩)나 스물 아홉에 결혼해?

548

은수 아니 꼭 그러라는 거 아냐‥좋은 사람 만나서 결혼하구 싶어 죽
 겠다아 그럼 대학 졸업하구 금방 할 수두 있는데 아니면 스물 여
 서일곱여덟아홉? 아니면 서른 넘어 할 수도 있구 그건 니 맘이야.
 좋은 사람 만나야 할텐데옹?

슬기 어떤 사람이 좋은 사람이야?

은수 으으웅‥일단 먼저 착해야하구?

슬기 나처럼?

은수 너처럼.

슬기 또오?

은수 거짓말 안하는 사람‥한번 한 약속은 반드시 지키는 사람.

슬기 나처럼.

은수 으흐흐흐 그래.

슬기 또오?

은수 너만을 사랑하고 좋아하는 사람. 니가 속상하거나 아프거나 할
 때 진심으로 걱정하면서 위로가 돼주는/ 평생 너한테 친절할 사람.

슬기 아빠처럼.

은수 그래 아빠가 그런 사람이지. 그런데 한 가지 더 있어.

슬기 뭔데?

은수 부모님한테도 옳지 않은 일은 옳지 않다고 확실하게 말하고
 자기가 믿는 걸 행동으로 실천할 수 있는 사람.

슬기 ‥‥(보며/무슨 말인지…)

은수 결혼…할 거야?

슬기 ?? 하지 마?

은수 아니 그런 말 아냐‥엄마 때문에 니가 결혼은 나쁜 거로 생각할

까봐 은근히 걱정했었거든.

슬기 나는 한번 결혼하면/수유리 할머니할아버지처럼 끝까지 사이좋게 살 거야.

은수 ....(몸 일으키고 보는)

슬기 ???(말 잘못했나/몸 일으키고 보는)

은수 (슬기 머리 올려주며)참/..좋은 생각..할아버지할머니처럼 평생 서로 아끼고 사랑하며 사는 훌륭한 결혼두 세상엔 많아. 너는 꼭 그러기 바래. 그럴 수 있을 거야.

슬기 (오버랩)엄마 나 이 닦고 내방 갈래.

은수 응 마음대로.

슬기 (일어나며)영석이한테 자기 전에 전화한다 약속했었어..

은수 알았어.

슬기 (화장실로 아웃)

은수 ....(보고 있다가 슬기 아웃되고 일어나 발코니로 나가려는데)

　　　[전화벨.]

은수 (도로 들어와 받는)..응 엄마.

S# 친정 마루

자모 (순대 고기 한 접시/소주 한 병 들고 안방으로)엄마 김장독 비웠어 ..볶아 먹을 김치 지금 담거놨는데 내일 잠깐 가서

S# 안방

자모 (들어오며)들기름에 달달 볶은 김치 좀 해 줄라구..아 맨날 타구 다니는 버스가 무슨 고생이야....그래 내일 가께. 가는 김에 꼬막두 좀 사구. (아빠 쟁반 받아놓고 소주병 여는)너 꼬막 잘 먹잖어..아빠 순대 사갓구 들어와 지금 소주 병 땄어..응 잠깐.(남편에게 전화)

550

자부　어 그래.

S# 은수 발코니

은수　(나오며)나 방금 슬기한테 한방 얻어맞구 빙빙 돌아. 저는 한번 결혼하면/수유리 할머니할아버지처럼 끝까지 사이좋게 살 거래.

S# 안방

자부　그놈이 그랬어?··

자모　?? 그놈이 뭐랬대.

자부　(손으로 막으며 오버랩)흐흐 그거 순전히 니 자격지심이지 에미 한방 때리자그런 거 아닌데 뭐얼.

S# 발코니

은수　응 근데 순간 심장이 얼음이 되는 거 같았어. 쟤가 (뒤돌아보며) 한번 씩 내 심장을 얼음덩어리로 만들어(고개 앞으로)···응··언젠가 무릎 꿇고 엎드려 용서해 달라 사죄해얄 거 같아. (발코니 난간 쪽으로) 믿어줘아빠. 내가 이렇게 여러 사람한테 문제꺼리 될 줄은 몰랐어. ··응···응··한번씩 정말···허탈해져··(울컥)내가 뭘 잘못했는지 내 문제가 뭔지를 정말 모르겠어·····모르겠어···

　　디졸브

S# 태원 거실(5월 말쯤의 어느 금요일 오후)

채린　(슬기 앞세우고 들어오며)아주머니 슬기 왔어요오

임실　(탁자 잡지 신문들 정리하다)아이고오오 우리 공주님 오셨구머 언··할머니 시방 곰방 지압지압.

슬기　네에··(안방 쪽으로)

임실　(오버랩)슬기 아빠는?

채린　차가 너무 더럽다구 세차 갔어요.

임실　이잉(그렇구만)

S#　태모의 방

슬기　할머니이 문 열어도 돼요?

S#　태모 방

태모　(엎드려 등짝 치료 중)오냐아. 잠깐/(치료 멈추게 하고 몸 일으키고)

슬기　(들어와 할머니에게 붙으며)고모는 어디 나갔어요?

태모　(안아주면서)으응 할머니 대신 양재동에 일보러 나갔어. 비어
　　　있던 사무실이 나갔대.계약하러.

슬기　네에에(끄덕이는)

태모　채린이 아줌마는 괜찮아?

슬기　네. 괜찮아요.

태모　그래두 혹시 모르니까 (잠깐 지압사 보고)뭔가 좀 눈치가 이상하
　　　다 싶으면 어얼른 할머니한테 뛰어 내려와 알았어?

슬기　네에에..

태모　에미는 잘 있어?

슬기　잘 있어요.

태모　그래. 할미 지압 마저 하구 응?

슬기　네에.(일어나는)아이스크림 먹을 거에요.

태모　그래그래.(슬기 나가고)(엎드리며)끄으응··인생사 참·· 맘대루
　　　된 거 하나두 없어.

지압　(그냥 웃어주고 지압 시작)

S#　거실/다른 날 낮

은수　(요가 매트/소 자세에서 고양이 자세로 바꾸는/호흡 같이 해야 할
　　　거예요/배는 6개월쯤/)····

[현관 벨.]

은수 ??·····(현관으로) 누구세요··

준구 E 나야··

은수 ····

준구 E 한 시간 쯤 비어서.

은수 (오버랩)이러지 말아달라구

S# 현관 밖

은수 E (연결)부탁했죠 김준구씨.

준구 그래서 한달 넘게 가만/착하게 말 들었잖아.

은수 E ·····

준구 얼굴 좀 보여주면 어떠냐. 누구는 되고 나는 안되는 거 불공평한
     거 아니냐구.

은수 E 누구도 이제 안 봐.

준구 그런가보더군.

S# 현관 안

은수 ??(그런가보더군에)

준구 E 그렇잖아두 궁금했어··뭐 틀어졌어?

은수 아직두 나 따라다니는 사람 철수 안 시켰어?

준구 E 이제 그만할까 생각 중이야.

은수 당신네들 하는 짓 정말.

준구 E 문 좀 열어라··배 얼마나 불렀는지 한번 보게.

은수 (싫증나고)

S# 현관 밖

준구 어머니랑 이모님두 궁금해하셔. 한번 보고 싶은데 안 보여준

다구.

은수 E 보여주기 싫어.

준구 말이 안되잖아. 내 자식이야.

은수 E (오버랩)아무렇지도 않게 배부른 거 보여줄 사이 아냐. 우린
이제 부부도 아니고 당신 이러는 거 뻔뻔스러.

준구 미안해. 그렇지만 나 때문에 아이까지 찬밥으로 생각하진 마.

은수 E 그러진 않아. 걱정마.

준구 어머니는 벌써 아이 침대 보러 다니셔.

S# 현관 안

은수 ..

준구 E 이모님 그러시는데 옷도 몇벌 사들어오셨대.

은수 ....

준구 E 아버지 기대는 말도 못하구.그놈이 우리 집에 희망이야.

은수 .....

준구 E 안 열어줄래?

은수 .....

S# 현관 밖

준구 그냥 가?

은수 E 나 안 돌아가. 그만 포기 해……

준구 …알았어. 간다.(현관문 잠깐 보고 돌아서 나가는)

S# 현관 안

은수 (빠르게 움직여 매트 위에 자세 취하고 앉아서)……

S# 길상사

　　[안에서 부지런히 나오고 있는 이모.]

은수 (기다리고 있다가 보고)이모님.

이모 어 오냐오냐‥ (서로 다가들고 이모 은수 두 손 잡으며)니가 웬일이냐웅? 이게 얼마만이야. (자연스레 시선이 은수 배로)준구 녀석 너한테 가본다 그러든데 안갔든?

은수 왔었어요.

이모 그래‥저기 저리 가자‥점심은 지났구 웅?

은수 네에‥

S# 알렉산더 맨션 테라스

사장 (찻잔 두 개와 케이크 들고 나오며)아이구 사모님 안녕하세요.

이모 어 어어/이 집 사장님.

은수 안녕하세요.

사장 안녕하세요. 여사님 조카 며느님이시죠.

이모 어이구 어떻게 아시나아?

사장 알죠 하하. 그럼 편안하게 말씀 나누세요 사모님.

이모 어어 그래요‥(사장 아웃)모든 게 다 순조롭다는 소식은 너 검진 때마다 닥터 정한테서 늬 어머니한테 전해받는단다.

은수 네에.

이모 그래‥무슨 일루‥내가 보구싶어서는 아닐 거구.

은수 (오버랩)이모님 저‥안 돌아가요. 그 사람 포기시켜 주세요.

이모 ‥‥(보며)

은수 저는 돌아갈 일 없는데 그 사람은 자기가 노력하면 될 거라 믿나봐요. 너무 부담스럽구‥‥힘들어요.

이모 (오버랩)전혀 조금두 여지가 없냐? 생각 많이 해봤어?

은수 네‥제가 돌아가면 그건/그저 그 자리와 저를 교환하는 비즈

니스에요. 그 자리가 그렇게 욕심나지도 않고 그렇게 살고 싶지 않아요··

이모   정신 차린 거 아니겠니? (웃으며)갱생의 기회를 좀 줘보렴.근석이 왜 너를 안 놓겠다 그러겠어. 놓치면 안되겠어 그러는 거야. 절절히 깨달았다는 뜻이야.

은수   (오버랩)이모님 저는 남자와 함께 그거 이제 끝낼래요.

이모   입찬 소리는 하는 거 아니야··용서는 가장 큰 수행이다. 남을 용서함으로써 나 자신을 용서받는다.

이모   E 날마다 새로운 날이다 묵은 수렁에 갇혀 새날을 등지면 안된다.

이모   맺힌 것을 풀고 자유로와지면 세상 문도 활짝 열린다. 법정 스님 말씀이다.(찻잔 집어 마시는)

은수   ····(보며)

이모   응?

은수   이모님저두··결함이 많은 애에요. 그렇지만 누굴 배신해 본 적은 없어요. 평생 그건 안할 거구요.

이모   용서할수 없는 걸 용서하는 게 진정한 용서야··더 생각하렴 아가야··

은수   ····(보며)

이모   아이가 나올 즈음이면 마음이 바뀔 수도 있어음··

은수   (찻잔 들며)····

S# 여름 풍경 인서트

S# 아파트 건물/여름

   [매미 소리 좀 들릴까나··]

S# 은수 거실

자모 (세탁물들 개키고 있는/타월들/사이즈별/목욕/세수/손 타월용과 은수 여름 임부복. 커버. 잠옷 등등)

은수 (선풍기 회전으로 틀어놓고 설핏 잠들어 있는/8월 중순. 임신‥8개월 반. 배 부분에 바람 내던 태극선 부채 하나)‥‥

자모 끄으웅 (일어나 나와 있는 딸 다리에 삼베 이불자락 덮어주는)‥‥‥

　　　[전화벨]

자모 (잠 깰까 얼른 집어서 주방으로)여보세요?

현수 F 엄마 나/

자모 엉.

현수 F (오버랩/연결)슬기 안 들어왔어?

자모 (오버랩)아직.

현수 F 맹꽁이 뭐하구 엄마가 받어?

자모 에미 화장까지 하고 기다리다 자아‥

S# 현수 사무실

현수 정시 도착이던데‥지금쯤 들어왔을 거다 했지. 도착했다는 전화 안 왔어?

자모 F 집찾는다는 전화는아까 왔어.

현수 (오버랩)알었어 엄마.다시 걸게요‥(끊고 통화 시도)

　　　[컴퓨터 앞에 앉아 있는 현수 / 회사 홈페이지 화면에 떠 있는 상태이고/강아지 옷 두 벌 테이블에]

현수 어제 가디건 샘플했을 때요실장님.그거 보이프렌드 패턴에 소매만 수정한 거 맞죠? / 저기 가디건 등길이가 얼만지 확인 좀 해 주세요 (에서)

S# 아파트 앞(늦은 오후)

[들어와 멎는 태모 자동차.]

S# 차 안

채린   (차 멎으며)슬기야 슬기야.

태원   슬기 그만 정신차려어어(운전대서 태원 먼저 내려 뒤쪽으로)

채린   (태원에 연결/눈 게슴츠레 뜨는 슬기)집 다 왔어. 내려야지.

슬기   (내리는/채린 따라 내리고)

[유럽 여행에서 귀국한 슬기/태원 부부. 태원과 동시에 조수석에서 내
린 태희 뒷좌석 한편에 실린 슬기 몫 짐가방과 배낭 내려지는 것 받으며]

태희   슬기야 배낭.

슬기   네에.(배낭 메는데)

채린   (오버랩)여보 선물.

태원   어/(트렁크 열고 면세점 봉투 태희에게)

태희   (받으며)슬기 앞서.

슬기   아빠 안녕.

태원   안녕

슬기   안녕안녕 아줌마

채린   안녕안녕‥(태희 슬기 현관 쪽으로)…

태원   (잠시 보고 있는)

채린   엄청 덥네‥나 타고 있을래요.

태원   아‥(조수석 문 열며)

채린   (웃으며 차로)

S# 승강기

[신호음/땡/문 열리고]

558

태희   내려내려.(슬기 먼저 깡총 내리면서 가방 들어내며)아마 한 일주일
은 너무너무 피곤하구 시차두 있구 맞춰야구 너무너무 고단할 걸?

슬기   아빠가 그랬어요. 각오하구 있어요.

태희   네에에 그러세요오오?

S# 거실/ 주방

자모   (냄비에 삶은 행주들 냄비째 개수대에 쏟는데)

슬기   E 엄마아아아.

자모   ??(집어던지듯 후다닥)으응.슬기 왔구나아‥(현관으로 가다가
소파로 뛰며)애애 에미야 슬기 왔어. 일어나.

은수   (눈 뜨고)

자모   (현관으로 뛰는/현관 전자 키 음)

은수   (서둘러 일어나 머리 간추리는)

슬기   (들어오며)할머니.

자모   (오버랩)아이구 내 강아지 <u>으흐흐흐흐</u>.(태희가 들여놓는 가방으
로 달라붙으며)아구구구구 에미야아아‥

은수   (오버랩 나서며)일어났어요오오‥

슬기   (오버랩)엄마 고모.

은수   공항 나가셨어요?(저도 모르게 한 손이 뒤허리로)

태희   나 원래 똥 싼데 워리워리잖아. 한 사람은 나가줘야지. 엄마 뜸
시작했어.

은수   네에.

태희   아무리 좋게 봐줄래두 그 배는 끔찍하다

자모   ??(가방 끌어 들이다)

태희   E (연결)안녕히 계세요.

자모 에에.

태희 (오버랩)간다.

은수 (슬기 은수 옆에 붙어 있고)고마워요 형님.

태희 어엉(나가고 현관문 닫히고)

자모 말을 해두 저렇게 싸가지없게/

은수 (오버랩/과장)슬기야.(팔 벌리며)

슬기 (과장/팔 벌려 안으며)엄마아아(부푼 배에 슬기 얼굴이 닿고)에에
　　　에이

은수 까르르르르 미안해애애애

슬기 (배에 손바닥)안녕? 누나 왔어 아가야.. 엄마 배 많이 찼어?

은수 응 아무래두 축구선수가 될라나봐.(다시 안는)보구 싶어 죽을
　　　뻔 했어.

슬기 나두야 엄마..

은수 아줌마랑 잘 지내는 거 같더라.

슬기 응 디게 착해졌어. 아빠랑두 사이 아주 좋아. 아빠가 딸이 둘이
　　　다 그래. 아줌마 아주 좋아 죽어죽어.

은수 할머니두 안아드려야지?(슬기 가방 슬기 방에 넣고 나오는 자모)

슬기 엉. 할머니이이

자모 으흐 내강아지이이이.(껴안고)..

은수 아빠네 할머니께 전화드렸어?

슬기 엉 차 타자마자. 그러구는 나 곰방 곯아떨어져 집에까지 신나
　　　게 잤어. 아줌마가 깨워서 일어났어.

은수 샤워해얄 거 같은데.

슬기 엉 목욕물 틀어줘 엄마.

자모 (오버랩)할머니가 하께 내가 하께(벌써 욕실)

슬기 (제 방으로 가다가)엄마 나 비행기에서 아줌마랑 라면 먹었다?

은수 음식이 맛없었어?

슬기 아니 그냥 누가 라면 먹는데 먹구싶더라구.

은수 어디가 제일 좋았어?

슬기 으으으응 다 좋았어다다. 아빠가 사진 여얼심히 찍었어. 나중에 봐..

은수 갈아입을 옷 꺼내놨어. 갖구 나와.

슬기 어엉..(들어가려다가)앗 참 엄마 아줌마가 내동생 빨리 생기게 해달라구 기도해달랬어. 그런다구 했어.

은수 잘했어.

슬기 (들어가고)

은수 .....(보며)

S# 태원 거실

태모 아 됐어. 까짓 보름 나갔다와서 절은 무슨. 늙은이 절 좋아하면 일찍 죽는단다. (일어나며)탈 안나구 자알 갔다 왔으면 됐어.

태원 네에..

태모 (자기 방으로 가며)김치찌개 끓여.

임실 예에에.

태모 너무 쫄이지 말구..

임실 예에에

태모 대답이 왜 대충이야.

임실 아래위층 뒤집어 치우구 기운 빠져 늘어져 그라요.

태모 (움직이며)그눔으 생색은..

임실   올라가 짐 풀고 좀 쉬었다 내려오쇼. (짐 가방 하나 들다가)아따 뭐시 들었길래 요로코롬 무겁다냐‥

태원   뇌두세요 제가 할께요. (짐 가방 세 개쯤)

채린   저거 드세요. 하나는 내가 올릴게요.

임실   (중형 들어보고)요것도 만만찮구먼 뭘.

태모   (제 방에서 나오다 보고)계단 안 상하게 난짝난짝 올려라아‥(태 원에게/ 안방으로)

임실   (짐 들고 태원 따르며 꿍얼꿍얼)나이 한 살 더 먹드니 잔소리가 부 쩍여.요새 더 심해졌어. 눈뜨면 잔소리랑께.

채린   (그냥 웃고)

임실   하기는 서방없이 사니 양기가 입으로만 올라 그렇겄지만

태원   (돌아보며)아주머니이이.

임실   숭했나? 오호호. 우리 양반 보니께 내가 쫌 숭했구먼.

채린   (웃고)…

S# 아파트 전경(밤)

S# 아파트 거실 주방‥

현수   (따르다 공중에 멈춘 상태/커피포트/식탁에 앉아서)???

은수   (껍질 벗겨 토막 낸 바나나와 딸기 접시 식탁에 놓는)‥‥

현수   뭐라구?

은수   한남동에서 키운다구 내 놓으래. 보낼 거야‥

현수   ‥‥(보며)‥‥‥

제39회

S# 주방 거실/38회 마지막 연결

현수　(보며)? ? ?(커피포트 내리며)위로금 받구 대신 아이 내 놓으라는
　　거야?

은수　그렇게 들리지는 않았어. (별일 아닌 듯)

현수　……(보며)

은수　(포크와 작은 접시 두 개 챙기며)아이 자리에서 생각했어.

현수　……(보는)

은수　(챙긴 것 식탁에)내가 데리고 있으면 나/ 이혼한 엄마일 뿐이야‥
　　나한테서 일점 오로 자라는 게 하지 말구 손 떼 줄래…(앉으며 바나나
　　한 쪽 입에)(언니 보는)

현수　(고개 좀 옆으로)

은수　E (연결/씹으며)평범한 집안두 아니구

은수　(연결/웃으며)어마어마하게 굉장한 손자야. 아이 가운데 놓고 싸
　　우는 거/안하고싶어.(보며)

현수　(고개 은수 쪽으로/오버랩)그렇게 간단해? (힐난하듯)

은수 어머니 그러시더라‥보낼 아이니 애착가지지 말라구.

현수 ····그래서 애착 끊었어? 아무것도 없어? 니 배에 돌맹이 들어있어?

은수 (보며 좀 웃는)머릿속 깊은 곳에 집어넣고 그냥 살아가면 돼. 더 끔찍한 일 겪는 엄마들두 있는데 얘는 좋은 환경에서 왕자님으로 자랄테니까.

현수 ···(커피 마저 채우며)혹시 반갑지 않게 찾아온 아이라 그래?

은수 아냐‥ 아이 때문에 다시 또 그 자리에 주저앉고싶지 않아‥내 가 용서가 안돼.

은수 (커피 들고 의자로)중절할 생각은 안해봤어? 할 수 있었잖아.

은수 아이가 들어.

현수 ····(커피 집어 마시는)

은수 언니 그날 환영해주라 그랬잖아.

현수 ···(보며)

은수 나한테 그럴 권리가 어딨어.(보며)

현수 ····(보며)

은수 그 권리는 누구한테도 없어.

현수 괜찮을 자신 있어?

은수 응‥괜찮아야지.(포크로 바나나 건드렸다 딸기 건드렸다)다 내려 놓고 다 그냥/아무 것에도 흔들리지 않으면서 기차 타고 앉아 스 쳐가는 풍경 바라보듯 그렇게 ‥아침에 눈뜨며 감사하고 밤에 눈 감으며 감사하고/····슬기랑 둘이 평화롭게 살구 싶어.

현수 엄마 아빠한테는

은수 내가 하께.으으(등허리에 두 손/허리 펴며)한 여름 만삭은 진짜 최악이다.빨리해방되구싶어지겨워 죽겠어‥언니는 구월에 가져

오월에 낳아라.

현수 그게 예약제니?

은수 결혼 언제 해?

현수 (찻잔 개수대로 옮기며)한 십년 살아보구

은수 말도 안돼.

현수 (오버랩)갓난쟁이 키워 줘야 하는데 집 빨리 안팔려 속상해 죽겠다 엄마 그러는데··

은수 (오버랩) 빨리 안 팔려두 상관없으니까 됐지 뭐.

현수 일은 지가 저질러 놓구 꼭 남의 말하듯 그러드라. 암튼 싹수는 없어 (주머니에서 핸드폰 꺼내 시간 보는)애 왔겠다.

은수 (일어나며)어 가.

현수 (소지품 챙겨 나가며)간다.

은수 엉.

현수 슬기선물 감격했다 그래.

은수 어엉.(현수 나가고 현관문 단속하며)······

S# 아파트 현관

현수 (땅 보며 빠르게 나오는)··

광모 E ··(조금 떨어진 곳에서)여기야 여기.

현수 (소리 나는 쪽으로)

S# 차 안

현수 (뿌우 올라 벨트 채우는)

광모 ?? 뭐 싸우구 나오는 거냐?

현수 가.

광모 (출발하며)왜 한바탕 하구 나오는 거 같아··

현수 (눈 감고 기대는)…

광모 엉?(왜 그래)

현수 조용해··나 좀 조용히 놔둬.

광모 ?? 무슨 일이야아. 뭔일인데에에.

현수 (오버랩)아좀 놔둬달라니까아. 모른 척 해.

광모 기색이 심상찮은데 어떻게 모른 척 하냐.

현수 (고개 창 쪽으로 돌려버리고)

광모 (투덜거리는)성격 참 이상해….(사이 두었다가)그런 줄은 익히 아는 거지만 이런 땐 너한테 내가 어떤 존잰가 궁금해.

현수 ….

광모 한마디면 되잖아. 은수랑 좀 붙었어. 왜냐고 묻지 마 말할 기분 아냐.

현수 ….

광모 엉? ··엉?

현수 (오버랩)성가시다. 너 오늘 니집에 가 자라.

광모 참 집없으면 서러워 울겠다.

S# 슬기 침실

은수 (걸터앉아 자는 슬기 내려다보며)……(있다가 움직여 불 끄고)

S# 거실

은수 (나와서 식탁으로/ 그대로인 과일 접시 랩으로 갈무리하면서)….

S# 친정 안방

[슬기 선물 양주병 들고]

자부 (흐뭇한)….(옆에는 양주 박스)

자모 (유리컵에 얼음 몇 덩어리 들고 들어오는)그렇게 좋아?

자부   허허 손녀 덕에 양주를 다 마시게 생겼는데 좋지 그럼.

자모   (놓으며)당신 좋으니 나두 좋아. 먹어봐.

자부   (술 얼음 컵에 따르는)…(컵 반쯤)

자모   ?? 너무 많은 거 아냐?

자부   얼음이야 얼음‥괜찮아.

자모   맛봐 빨리.

자부   웅‥(음미하듯 맛보는)맛있다아아

자모   소주랑 달러?

자부   다르구말구.

자모   어떻게 달러?

자부   맛 볼테야?

자모   아으아냐아냐.

자부   흐흐흐 (마시려 입에 대다가)어 이걸 참…(컵 흔들며)이렇게 해서 먹더라.

자모   (손뼉이라도 칠 듯)맞어. 드라마 보면 그러더라. 그냥 안 먹구 꼭 흔들어 먹더라.오오오 이게 바루 그 술이구나아아.

자부   (흔들며)맞어 그거야.

자모   흐흐.당신 멋있어.

자부   허허허허.

자모   (영양 크림 집어 내보이며)나 이거 바르구 십년 젊어질 거야.

자부   이십년 젊어져. 말릴 사람 아무두 없어.

부부   (소리 내어 웃고)

S# 은수의 거실

은수   (쿠션 등에 받치고 기대어 앉아서)……(티브이는 저 혼자 떠들고/10시경/머엉한 상태)···.

S# 준구의 현관 거실

준구 (들어오고 도우미1 따라 들어와 신발 정리)···.(이모 방으로)저 들

어왔습니다.

이모 E 들어와.

S# 이모의 방

준구 (들어오고)

준모 소실장/그 아이 (안 보며)

이모 (오버랩)왜 세워놓구 그래/앉어··

준구 (앉고)···(엄마 보는)

준모 (아들 보며)그 아이··마무리 지었다더라.

준구 (보며)···.

이모 군소리없이 싸인하구 끝냈대. 소실장 연락 안했든?

준구 (불쾌)소실장 아버지 사람입니다. 저 안중에 없어요.

이모 (오버랩)그럴 리가 있나.

준모 (오버랩)못나게 굴지 마··내가 지시한 일이니 나한테 먼저 보고

하는 게 순서고 너한테 직접 말하기는 민망했을 거야.

준구 제가 느끼는 게 있어요.

준모 (오버랩)아버지가 신임하실 때는 그럴만한 재목이기 때문이야.

소리소문없이 그렇게 깔끔하게 일처리할 사람 없어.

이모 (오버랩)그러엄그럼그럼.

준모 아버지 운동하신댔어.

준구 네··(일어나는)

S# 거실

준구　(이모 방에서 운동실로)

S#　운동실

회장　(팔 근육 키우는 운동 중)‥‥

준구　(들어오는)들어왔습니다.

회장　‥‥

준구　(목례하고 돌아서는데)

회장　매출이 제법 오르구 있드구나.

준구　예.

회장　그거갖구 되겠어?

준구　노력하고 있습니다‥

회장　(오버랩)내년 봄 정기인사 때 그룹 미래전략본부로 들어와.

준구　‥‥(보며)？？

회장　널 지켜보는 눈이 얼마야‥정신 똑바로 차려.

준구　‥네‥

회장　한번으로 끝내야 실수가 되지 두 번이 되면 실수가 아냐.

준구　네.

회장　‥‥

준구　(목례하고)

S#　거실

준구　(운동실에서 나오는 걸음이 좀 가볍다/계단 빠르게)‥‥

S#　침실

준구　(들어오며 가방 던지고 통화 시도)‥‥

S#　은수의 거실

　　　[전화벨.]

은수　(소파에 기대어 누워 있다 전화 보고 수신 거부)‥‥(돌아가고 있는 선풍기)

S# 준구 침실

준구　E (전화 들고 잠시 더 기다리다가 문자 넣기 시작하는)아버님이 내년 봄에 그룹으로 들어오라셔. 이건 좋은 소식이야. 당신만 들어오면 나는 완벽해. (전송하고 옷 벗기 시작)

S# 은수 거실

은수　(눈 감고)‥‥‥

　　　[깜박이는 메시지 신호‥]

은수　‥‥(그대로)

S# 태원의 침실

태원　(책 보고 있는데)

채린　(씻고 들어오며)아 어떡해. 밤 샐거 같아. 너 어무 말똥말똥해‥

태원　(웃으며 침대 옆자리 두드리고)

채린　(침대로 뛰어들며)비행기에서. 와인을 안 마셨어야 하는 건데 당신 괜찮대서 홀짝홀짝 마시구 나도 모르게 잠들었어.

태원　졸릴 때는 자는 거지 버틸 필요있나. 절대 안 잔다드니 아주 잘 자드라구‥

채린　술이야. 와인이야.

태원　애쓰지 말구 조용히 차분하게 책 봐요. (책 집어주며)이거 어려워서 금방 졸리댔으니까 도움될 거야.

채린　(책 받으며)책 보라 그래놓구 당신은 금방 잘 거죠.

태원　같이 버텨달라고는 안했음 좋겠다. 나는 지금 잘수 있는데

채린　아 몰라아아아‥

태원   (조금 소리 내어 웃고)

채린   (가슴에 손 얹고 엎드리며)책 안 봐. 불끄고 우리 숫자 거꾸로 세기 해요.

태원   그럽시다. 그쪽두 꺼요.(둘 각각 끄고 전 자세로)구백구십구

채린   구백구십팔

태원   구백구십칠··

S# 현수 원룸 주방 거실

[벌건 오징어볶음 프라이팬 들고]

현수   ?? 뭐?

광모   (소주병 열다가)응?(땅)

현수   모성이 없어? 무슨 말뼉다구야너.

광모   없다군안했어. 없는 거 아닌가

현수   (오버랩)(프라이팬 탕 놓으며)그게 그거 아냐/

광모   (오버랩/아)그러니까 슬기 두고 재혼했었구

현수   (오버랩)애 놓고 재혼하는 여자 많구두 많아.아예 애 포기하구 나오는 여자두 많구.상황이 어쩔 수 없었던 거지 모성없어서가 아니란말야.슬기는 뭔데.

광모   (오버랩)둘째 애 그집 주고 손 턴다면서. 그건 어떻게 이해해야 하는 거냐.

현수   (오버랩)이해하지 마. 이해할 거 없어.

광모   (오버랩)엄마가 자식한테서 손 터는 걸 모성 희박 아니면 뭘루 설명할 수 있냐 말야.

현수   (오버랩)너 은수 아니잖어. 너 남자잖어.

광모   글쎄 남잔 나두 못할 일인데 자식위해 희생해야는 여자가 그

런다는 게

현수 (오버랩/버럭)개 지 새끼 위해서 그런다는 거야..너 깡통이야?

광모 (오버랩)애 데리구 원위치하면 에브리바디 해핀데 왜 기어이 그 래야해.

현수 그래서 걸레같은 눔이랑 평생 살아줘야 한다는 거야?

광모 잘못했으니까 돌아와주오한다면서..

현수 (오버랩)니 집에 가라. 불쾌해서 같이 못 있겠다.

광모 ....(보며)

현수 세상이 다 욕해두 너는/니동생 참 아프겠다 너 참 속상하겠다 그래야지 이건 지가 먼저 돌맹이 던지구 자빠졌어.

광모 현수야(오버랩)

현수 (오버랩)우린 비판자 필요없어.(손으로 문 가리키며)가.

광모 (보는)…

현수 가라구.

광모 니가 나 샀냐? 내가 니 장바구니에 담긴 양파 감자야? 나 너랑 다른 생각하면 안돼?

현수 (오버랩)내동생 험담하는 거 내가 듣기 좋아?

광모 험담이 아니라

현수 (오버랩)가라구.

광모 …(보는)

현수 전화하지 마 문자하지 마. 앞으로 일주일 내 앞에 얼씬도 하지 마.

광모 (오버랩)아 그래 좋아 뭐. 아아무리 너한테 이 한 목숨 바치기로 했어두 이 꼴을 당해야 하는 건 참 기가 차다. 듣기 싫음 듣기싫다 그럼 아 듣기싫구나 간단하잖아.발끈해서 (여기서 버럭)가라니!! 내가 거렁뱅이야? 너한테 빌붙어 밥 빌어먹는 놈이야? 나두 소리지를 줄 알어!!!

현수　(뭔가 말하려는데)

광모　(오버랩)가라 소리 한번만 더해. 저 문 나가면 그걸로 여엉원히 끝일 테니까 그렇게 알어.

현수　……(입 다물고 보는)

광모　(옷 챙겨들고 현관으로 /문득 돌아보며)너 왜 이래. 남자가 그렇게 좋냐 남자없이는 못사냐 너 거품물고 니 동생 씹었었잖아.너는 해두 되고 딴 사람은 안돼?

현수　그땐 그때구 지금은 지금이야.

광모　그렇게 니 멋대로라 넌 좋겠다. 응 좋겠어.(좀 거칠게 나가버리고)

현수　……(문 보고 있다가 소주 따라 훌쩍 마시는)

S#　**은수의 침실**

은수　(누워 배 /두 손바닥으로 덮고)……(조용히 눈물 흘리고 있는)..

S#　**준구의 침실**

준구　(핸드폰 들고 제가 보낸 문자 불러내 보고 있는)…

준구　E 아버님이 내년 봄에 본사로 들어오라셔. 이건 좋은 소식이야. 당신만 들어오면 나는 완벽해.

준구　….(보다가 전화 그냥 놓고 스탠드 끄는)

S#　**룸살롱**

[부딪히는 술잔.]

다미　오빠가 제일이야.(하이 상태)

정수　니 덕에 준구한텐 최악이야. 그 자식/ 전화두 심심찮게 씹어먹는다.

다미   깔깔깔.미안해서 어떡하지이?

정수   (술잔 들어 보이고 마시는)

다미   (같이 들어 보이고 마시는)

정수   (따라주며)드라마 잘 나가나보더라. 우리 집에서두 열심히 보는 모양이던데

다미   (오버랩)아냐 고생만 직사하게 하구 성적은 별로야. 안티들이 이다미 미스캐스팅/이다미때매 안 본다 지치지두 않구 떠들고 있대.깔깔

정수   (야)안티두 인기야 신경쓸 거 없어.

다미   (오버랩)준구 오빠 잘 있어? 어떻게 지내? 회사 잘 다녀?

정수   회장님 눈에 안 뜨일려구 숨어다니다 이제야 겨우 아침 식탁엔 앉을 수 있대. 죽어라 일만 하구 있어. 회장님께 보여드릴 건 그거 밖엔 없으니까. 신제품 개발두 활발하구 반응도 좋구 매출도 꽤 올라가.

다미   (오버랩/술잔 집으며)깔깔깔 그게 다 내덕이지 뭐야 우후후.

정수   (오버랩)아들이래.

다미   …(잠깐 보고)··(마시는)

정수   와이프가 여전히 버티고 있어 준구 깝깝하다··

다미   고고한척 말라 그래.버티긴 뭘 버터(훌쩍 마시고/처지지 말 것/다소 하이 톤에 아무렇게나 껄렁껄렁) 웃겨진짜. 모오든 게····하늘에 뜬구름/한바탕 꿈인 건데 슬렁슬렁 살다 죽으라 그래흐흐흐흐 나는 김준구가 전부구 그 여자는 자기 자존심이 전분가봐정수오빠. 나는 김준구한테 집착하구? 그여자는 자기 자존심에 집착하구. 도낀개낀./둘다 웃기는 거지. 그 여자두 나두 뜬구름인데응?(정수 따

574

라주며)우리 다아 함께 사라질 건데 우후후후후.(제 잔에 따르며)나 김준구 완전히 내버렸어. 끝냈어.

정수 (보는)??

다미 챙길 거 챙기고 준구오빠 끄읕!! 싸인해줬어. 일 끝내구 미국 가 이년쯤 있다 올라그래. 영어 잘하는 배우 수두룩한테 나 깡통이 잖아. 미친 거 처럼 죽자구 말공부만 해갖구 올거야.깔깔깔 아이 우스워‥우리 착한 허풍쟁이 차실장은 벌써 헐리우드 진출 꿈꿔. 깔깔깔깔.

정수 (오버랩)너/ 늬 오빠들

다미 (오버랩)아손 못대.금고에 너둘거야. 내 노후 자금. 아무도 일 하자는데 없으면/나 먹구 살아야잖아.(술잔 들며)

정수 얼만지는 모르지만 그건 건드리지 마.

다미 (마신 컵 떼며 /오버랩)재벌 짜드라 오빠 깔깔깔깔. 디게 짜.그래두 없는 거 보다는 뭐/그냥/ 넘겨버렸어‥

정수 (오버랩)잘했다 자아알했어.

다미 까르르르깔깔. 나 선화언니한테 노래 배웠어.(노래)광막한 광야아 달리는 인생아 너의 가는 곳 그 어데이냐.(윤심덕〈사의 찬미〉)

정수 (오버랩)야야 술맛떨어져 그게 무슨 노래야

다미 (오버랩)깔깔깔깔 선화언니가 오빠 무식하다 그랬어 깔깔깔깔

S# **다미 아파트 거실**

차실장 (문 열고 취한 다미 잡아 들어오고)

다미 (올라서며)가요. 괜찮아요.

차 그만 마셔라.

다미 네에에.

차   내일 하루 푸욱 쉬고 또 파이팅 하자 다미야.

다미 네에에 네네네네(침실로)

차   송기자 불러 주께.

다미 아니 필요없어요.(돌아보며/아무렇지도 않게 웃어주며)잘래요.
연락하지 말아요.

차   그래그럼.

다미 (웃으며 침실로)

차   (돌아서는)

S# 다미 침실

다미 (들어와 핸드백 겉옷 벗어 던지는)

S# 거실

다미 (타월 목욕 가운 걸치고 허리끈 묶으며 나와 와인 셀러로)····(와인 마
개 따면서)

　　[노래 나오는/쓸쓸한 세상 험악한 고해에 너는 무엇을 찾으려 하느냐.
눈물로 된 이 세상에 나 죽으면 그만일까…]

다미 (와인 잔뜩 따라 들이키는)····

F.O

S# 아파트 전경(여름)

S# 은수 거실 주방

은수 (오믈렛 만들고 있다가 화장실에서 세수하고 물기 닦으며 나오는 슬
기 돌아보는)귀 뒤두 씻었어?

슬기 깨끗이 씻었어.

은수 여행가서는 샤워 누구랑 했어?

슬기 아빠랑 하지 말랬잖아.

은수 그래 그래서 체크하는 거야.

슬기 엄마가 하라는대로 할려 그랬는데 좀 이상해서 머리만 감겨 달
    랬어.

은수 그랬어?

슬기 임실 할머니는 괜찮은데 아줌마는 쫌 그래. 그리구 뭐 나두 컸으
    니까 내가 할 수 있어야잖어.

은수 비눗기 다 씻어줘야 하는데‥

슬기 그래서 샤워 오오래 맞어줬구? 샴프는 해 달랬어.(옆에 붙으며/오
    믈렛 보는)오믈렛이네. 김칫 국/ 밥 먹구 싶었는데.

은수 아‥미안엄마 멍청이야. 삼십분만 기다려 얼른 해주께.(서둘러
    가스 끄는)

슬기 (엄마 잡으며)괜찮아. 이따 해줘.

은수 금방돼 애. 우유마시고 잠깐 기다리면

슬기 (오버랩)엄마 힘들어 하지 마. 어디 (엄마 제 쪽으로 돌려세워 노
    크하고 귀 배에 대고 듣는 시늉)아으 답답해 대답이 없어대답이.

은수 ‥‥(웃으며 보는)

슬기 안 들리나봐.

은수 들려두 아직 대답 못한다니까.

슬기 (식탁 우유로)배고파.

은수 마셔. (접시에 오믈렛 두 개 옮기며)엇 참. 이모가 립스틱 세트 무지
    좋아하더라

슬기 ?? 이모 왔었어? 깨우지이이

은수 그냥 자라구.(안 깨웠어)(오믈렛 식탁으로)이모 감격했다구 전
    하래.근데 선물 니가 다 산 거야? 아빠가 용돈 더 줬어?

슬기 엄마/이모/ 할머니 껀 내가 사구 할아버지 술은 아빠가. 아빠
　　　가 카드로 다 내구 내가 돈 줄라 그랬는데 아빠 안 받는대서 땡큐
　　　했어.

은수 ?? 그럼 결국 아빠가 다 산 거네?

슬기 아빠가 싫댔는데 뭐. 나두 열심히 모아야 친구들한테 선물두
　　　하구 그러지. 여행 떠나기 전에 영석이 필리핀 간대서 공원에서 만
　　　나서 햄버거 사 먹으라구 만원줬어.

은수 ??? 만원이나?

슬기 응 근데 내가 벌었어. 그 담날 영석이가 미국돈/ 이십불 줬어. 아
　　　빠 그러는데 내가 만원 번 거래.

은수 깔깔깔깔‥개 멋있다 슬기야. 움‥괜찮은데?

슬기 그래서 선물샀어.

은수 뭐샀어?

슬기 초콜렛. 영석이 초콜렛 좋아해.

은수 어 초콜렛/ 냉장고 넣어뒀지?

슬기 (오버랩)?? 아 영석이껀 안 넣었어..(후다닥 제 방으로 뛰어 들어
　　　가는)

은수 ……(슬기 방 보며)

슬기 (작은 초콜릿 상자 들고 뛰어나오며)근데 이거 돈 아줌마가 냈어.

은수 뭐야 너 폼만 잡구 돈은 하나도 안쓴 거야?

슬기 (초콜릿 냉장고)그렇게 된 거지이이흐흐

은수 (소리 내어 웃는)‥‥

S# 태원의 거실

채린 (종종걸음으로 계단 내려와 주방으로)

578

S# 주방

채린 (들어오며)죄송해요 어머니.이이가 안 깨워주구 자기만 내려
왔어요.

태희 새벽에 자기 시작했다구 태원이 밑자락 깔아 줬어. 자는 김에 내
쳐자지 왜 깼어.

채린 (태원이 건드려주는 의자/앉으며)자면서도 뭔지 모르게 불안했
나봐요.

임실 (밥 뜨면서 꿍시렁/오버랩)그렇지 그런 게 있지그럼.

태모 (오버랩)나간다구?

태원 나가야죠 그럼.

태모 누가 회사 들구 튀는 거두 아닌데 이삼일 더 쉬지

태원 (오버랩)몇 시간이라두 나가봐야해요·· 처리해야 할 거두 있
구요.

태모 (오버랩)슬기는 언제 와.

태원 슬기두 피곤해요.며칠뒀다 데려올려구요.

태모 (오버랩)여기 와 쉬면 되잖아. 방학두 다 됐는데

태희 (오버랩)아 좀 참아. 아무려면 여기보다 지 엄마가 편하지 엄마
위주로 그러지 마.

태모 뭐랬다구 식전부터 쥐어박어.

임실 (밥과 국 갖다 놓아주며)뜸뜨면서 힘드신데 사장님도 좀 조요옹
히 쉬시오.

태희 내말이.

태모 데리구 나가 맛사지 좀 시켜줘. 꺼칠해.(채린/얼굴 좀 타야 하는데)

채린 어저 많이 탔죠 어머니. 여얼심히 바르구 다녔는데두 이래요.

태희 올케같은 피부가 원래 잘 타. 그런데 또 금방 벗겨지잖아?

채린 오래가지는 않아요.

태희 햇볕 앨러지는 없나부지?

채린 그건 없어요.

태희 잘 타구나 좋겠다. 난 피부를 왜 이렇게 만들어놨나 몰라 (엄마)

태모 늙으면 괜찮아. (오버랩)

태희 뭐어. 엄마처럼 여기저기 비듬 떨어트리며 긁구 다닐 건데.

태모 (오버랩)그래서 좋다는 짓은 있는대루 다 하잖어. 돈 없는 에미였어봐.

태희 그거두 내 복이야.

태모 죽어두 지 복이야.

채린 그냥 말로만 그러는 거에요. 어머니 덕인 걸 왜 모르겠어요.

태희 (오버랩)올케 쑥냄새 미치겠지.

채린 아니 난 괜찮아요. 쑥이 성인병에 3대 좋은 식물 중에 하나래요. 어머니. 동백경화 고혈압에두 좋구 어머니 소화두 한번씩 힘드신데 쑥 많이 잡수세요.

태모 인상쓰구 다니는 누구보다 낫구나. 될수있는대로 낮잠자지 말구 버텼다 잘 시간에 자라. 그래야 빨리 잽혀.

채린 네에.

태희 우리 쑥냄새 피해서 점심 아예 해결하구 들어오자.

태모 쑥뜸 처음이야?

S# 현수 원룸 주방

현수 …(뿌우우 혼자 밥 먹고 있는/광모 자리에 식 접시 수저 물컵 등)……

S# 어느 해장국집

580

광모　(신나게 퍼먹고 있는)……

　　　[전화벨.]

광모　?? 어 왜. 아침 먹어…일주일 보이지 말라며. 나 니 말 잘 듣잖아. 일단 일주일 안보면서 너와 내 관계에 대해서 심각하게 재검토해 볼라구.

S# 현수 주방

현수　알았어··그렇게 해···뭐 니 뜻 존중해준단 소리야··너 하고싶은 대로 해···내가 좀 지나쳤다는 거 알아. 그런데 그게 나야. 물론 고쳐야 한다는 거 알면서도 그게 잘 안돼···그래··미안해. 사과할게··그렇다구 재검토 하지 말란 뜻은 아냐··그건 그냥 해.

S# 해장국집

광모　그럴 거야··내가 너한테 너무 헬렐레한 게 문젠 거 같아. 그게 근원이야 너 나 우습게 취급하는 거. ··니가 아무리 아니라 그래두 내가 느끼는 게 그럼 어쩔 도리 없는 거잖아··그래··(심각한 척)처절하게 재검토 할 거야. 나 재검토 벌써 들어갔어. 끊어.밥 먹어야해···(끊고 먹는)

S# 현수 주방

현수　(뿌우우 전화 놓고 먹기 시작)……(통화 시도)

　　　[벨 서너 번/(끊으려는데)]

주하　F (소리 죽여)내가 하께.(끊기고)

현수　???

S# 주하 오피스텔

주하　(침실에서 방금 끊은 전화 들고 나오는)

유　(냉수 벌컥벌컥/컵 탁 놓고 식닥거리며 노려보는)…

인태 (무릎 꿇고 두 손바닥 바닥에/구부린)…(울기 시작하고 있는)

유 ??(노려보다 이상해서 고개 옆으로 빼고 보는)?? 아니 지금 뭐해요?

인태 (크으윽)

유 ??(딸 보는)

주하 (달려들어)그만 일어나요.(일으키려)

인태 (주하 손 밀어내는)

유 (오버랩)아니 영문을 모르겠네. 내가 뭐랬다구/아니 내 입장에 서 당연히 할소리 아니었어요? 내 딴에는 그래두 내 새끼 얼굴 깎 을까봐 경우빠진 소리 단 한마디 안하구 최대한 자제하구

주하 (오버랩)자제한 게 그거야? 자제해서 염치 엿바꿔 먹었대?사 람 꿇어앉혀놓고 엄마 지금 뭐하는 거야

유 ?? 내가 앉혔어?들어오자마자 지가 아니 자기가 꿇어 앉았는 데 누구한테 뒤집어씌워.

주하 (오버랩)일어나란 말두 안했잖아.그대로 놔둔채 하구 싶은 말 다 했잖아.

유 (오버랩)뭐 이쁘다구 아이구 이러지 마세요 일어나세요해!!

주하 (오버랩)엄마아!!!

인태 (오버랩)괜찮아요주하씨 가만 있어요.

주하 (오버랩)내가 못보겠어요.일어나라구요오!!

인태 (오버랩)주하씨

주하 (오버랩)우리가 잘못한 게 뭔데요.인태씨 잘못한 거 없어요 오.우리 미성년 아니에요.이런 굴욕까지 받으면서 허락받을 필요 없다구요오

인태 (오버랩)미성년까지만 부모님인거 아니에요··제발날 위해 가

582

만 좀 있어요.

주하　무릎꿇려놓구 이럴 일 아니란 말이에요오!!

유　（오버랩）열녀났다열녀났어.

주하　（오버랩）엄마아!!

유　상처한데다 혹까지 매달구 그럼/ 뻣뻣하게 주머니에 손 넣구 다
　　리 벌리구 서서 딸 내봐라 해?!!

주하　노인네 또 억지 나팔 꺼내들었다.이러기 시작하면 대화 끝이야.

유　（벌떡 일어나며）아니 내가 뭐랬다구 대짜고짜 울기부터하나영?
　　무슨 남자가 그모양이야.

주하　（오버랩）남자는 울면 안된다는 법 있어?

유　（오버랩）남자는 일생에 딱 세 번 우는 거야 부모 돌아가셨을 때 조
　　국이 망했을 때.

주하　（오버랩）그래애애 언젠 엄마가 내 인생에 도움됐어?

유　뭐야?

주하　（오버랩）아 그만하구 가라구우.

유　아무것도 아닌 일에 눈물바람부터 하는 녀석 뭘 믿구 내자식
　　울 줘어!!

인태　（오버랩）아무 것도 아니라뇨 그런 말씀 마십시오 어머님.（터지듯）
　　주하씨없이 전 살수 없습니다, 사람하나 살려주십시오 어머니임‥엉
　　엉엉엉

유　（인태 보며）?????（딸 보며）????

주하　아으으으으응응응응（인태 안으며 주저앉는）

유　……（보다가 겨우）얘들이?‥아니 이것들이 정말?? 늬들 울다가 눈
　　맞은 거야?

둘   ....(그냥 껴안고 울고)

유   ....(보다가)가만 (핸드백 뒤져 핸드폰)이걸 누가 믿겠니. 동영상 찍어 늬 아버지랑 이모들이랑한테 쫙 다 보내고 내가 트위터에두 올릴 거야웅.

주하   (기어올라 핸드폰 뺏으며)엄마아아아아 웅웅(에서)

S# 은수의 주방

슬기   엉(서서)탑이 이러구 서있어.(기우뚱/모녀 콩나물 다듬는 중.) 그 런데에? 이탈리아 정부에서? 아주 쓰러지지지 말라구 공사했더 니? 일년에 이센티씩 바로 서고 있대. 그래서 하안참 지나면 원래대 로 똑바로 설수도 있을 거래. (식탁으로)그런데 그렇게 되면 그 탑 보 러 몰려드는 관광객들이 안올 거구 그래서 관광수입 안 생긴다고 걱정하는 사람들도 있대.가이드 아저씨가.

은수   ㅎㅎㅎㅎ.

슬기   그 앞에서 사진 찍었어. 가이드 아저씨가 찍으라는데서 찍으 면 틀림없어.

은수   그래서 단체 여행한 사람들 사진이 다 똑같아.

슬기   아빠가 따로 찍기도 했어 많이. 아줌마가 아빠 사진 잘 찍는대. 아줌마는 아빠가 좋아 죽겠나봐..어쩌면 사진두 잘 찍어요오? 정말 놀랬어요. 그럼 아빠는 바보같이 히히 웃어.

은수   호호호호

슬기   베니스에서 곤돌라 타구 아빠가 노래했거든? 으으웅 마지막에 싼타루치아아아아 소리지르는 거.

은수   산타아루치아아아아아(노래로/끝)

슬기   어 그거..아줌마 이러어어구(두 손 기도하듯) 아빠 보면서 울었어.

은수 ???

슬기 보니까 울더라구. 아빠가 아줌마 안아줬어.

은수 왜 빗죽거려?

슬기 해해 그냐앙..

[은수 메시지 들어오는/보면]

태원 E 통화 좀 했으면 좋겠는데…

은수 …(일어나며)엄마 전화 좀 하구 나올게.

슬기 엉..나두 영석이 만나러 나가야 해.(일어나며)

은수 약속했어?

슬기 나 올때 기다렸대.아이스크림 먹으면서 그네 탈 거야 전화한

     다 그랬는데 먼저나가있을라구

은수 전화받구 나가는 게 좋지 않을까?

슬기 왜?

은수 우음..여자는 좀 약간은 으스대는 게 좋거든?

슬기 어 참 그래야 비싸보인대

은수 에?

슬기 이모가.해해.

은수 그런 얘길 언제 했어?

슬기 저번저번에.엄마 나 이웃 괜찮아?

은수 이뻐..좋아. 부족함 없어.

[오버랩 슬기 전화]

슬기 응..나갈게 영석아.(현관으로)

은수 아이스크림 산다며.도온.

슬기 　주머니에 있어어(나가는)

은수 　너무 오래 놀진 마아.

슬기 　아앙..

은수 　(거실 소파로)…(앉으며 통화 시도)

S# 태원 사무실

　[테이블 결재 서류 검토하는데 울리는 전화벨,]

태원 　(보고 일어나며 창 쪽으로)어 슬기 엄마….잘 지냈어?…다행이야.

　슬기/컨디션어때

S# 은수 거실

은수 　좋아. (전보다는 약간 서먹한 느낌이랄까 사양하는?)

태원 　F ….

은수 　덕분에 잘 쉬었어 고마워.

태원 　F 슬기엄마(오버랩)…..

은수 　…..응…..뭐.

태원 　슬기가 걱정해.

S# 태원 사무실

태원 　(창 쪽에서 테이블 향해 서서 시선 내린 채)저 때문에 당신 한남
　동 안간다 그러는거 같은데 제 걱정은 조금도 할 거 없다구….암튼
　슬기는 그런 생각이 드나봐..무엇보다 애기가 가여우니까 엄마는
　애기아빠한테 가야한대… ..내 얘기 더 들어봐… 그 성격에 힘든 거
　알아. 그렇지만 언제나 항상..내가 원하는 일만 하고 살 수는 없어.
　그런데 당신은 지금까지 거의 자신이 원하는대로

S# 은수 거실

태원 　F 살아왔어..이혼도 재혼도 또 그만둔다는 것도..나는 당신 그/

586

한번 결정하면 흔들리지 않는 확실함을 좋아한 사람이야. 나는 그
렇질 못하니까‥

은수　…

태원　F 아버님 한번 그러시드군. 왜 당신들 눈에는 보이는 게 은수
는 안 보이는지 모르겠다구.지가 보고 싶은 거만 보나보라구.

은수　(오버랩)알아 그런데 나 여전히 그래.못 고치겠어. 슬기하구만
/평화롭게 살거야.

태원　F …슬기만이라니

은수　…‥앤…보낼 거야.

태원　F …‥제 정신이야?

은수　(오버랩)슬기랑은

S# 태원 사무실

은수　F (연결)다르게 키워져야 해. 나는 자신없어.

태원　(오버랩)슬기엄마.

은수　F (오버랩)그만 얘기하구 싶어.

태원　(오버랩)당신 어떻게/ 슬기만도 못해!너는 항상 너만 생각해.다
른 사람 아무 상관없어. 어떻게 그럴 수가 있어,

은수　F (오버랩)나만 생각했으면

S# 은수 거실

은수　당신집 그 지옥에서 그렇게 안 참았어. (오르며)

태원　F (오버랩)그래알아미안해.그렇지만 분가할테니 몇 달만 기
다려달랬는데 당신 나한테 기획 안줬어.

은수　(오버랩)당신데리구 분갈 어떻게 해. 그 분가가 분가였을까?

태원　F 그래서 기어이 또 그 빌어먹을 고집대로 하겠다는 거야?

은수 끊어.

태원 F 내 말 들어. 나도 괜찮아보이는여자 있으면 흘끔거려.. 웃기는 생각도 해. 남자는 그래.그게 남자야.

은수 (오버랩)그 정도는 알아.

S# 태원의 사무실

태원 (오버랩)절대 하고 싶지 않은 일을 한번 해봐. 당신 자신을 포기해. 죽여버려. 나를 죽이면 새로운 다른 내가 살아나. 그게 먼저 나보다 훨씬.(하는데 끊어지는 전화)……(전화 보며 내리고)

S# 은수 거실

은수 (일어나 화장실로)….

S# 화장실

은수 (들어와 물 틀어놓고 얼굴에 픽픽 끼얹는)……

S# 태원 사무실

태원 ……(전화 내려 든 채 ….있다가 통화 시도)

　　[받지 않는 전화….]

S# 은수 화장실

은수 (얼굴에 비누질 벅벅 하며 우는)……

S# 태원 사무실

태원 ….(앉아 있다가 벌떡 일어나 나가는)…

S# 스파 개인 욕실/세트 처리 가능할까.

　　[꽃들 가득 덮인 큰 욕조에 들어앉아 있는 태희와 채린.]

태희 타고난 성격도 그런데다 수십년 남자들 부리면서 더 억셔졌겠지…우리 학교 가는 거 다 아버지가 해주셨었어. 엄마는 새벽같이 공사판 뛰어나갔다 오밤중에 들어오군 했으니까. 엄마 사랑? 잔

정? 우리 그런 거 몰라. 우리가 안 망가진 거 순전히 아버지 덕분이야. 아버지가 부처셨어.

채린   네에..

태희   (오버랩)태원이는 딱 아버지구 나는 엄마 삼분에 이에 아버지 삼분에 일 섞였구 까르르르. 여태두 파악 못하면 어떡하니.신경쓰지 마. 그저 불편해보이면 불편하구나 소리지르면 발성연습하는구나 그래.

채린   형님하고는 친구사이같아요.

태희   (오버랩)아 나두 엄마 못잖게 드세잖아.안 그랬음 엄마같은 폭군 아래서 살아남질 못했어.

채린   그이는 안 그렇잖아요.

태희   남 말할 때 장보러 갔었니? 부처 아버지 빼 닮았다니까.그런데 알고보면 스트레스 많을 거야.. 아버지처럼 일찍 죽을까봐 걱정이다.

채린   어머 안돼요오오

태희   (오버랩)올케가 잘 해줘어. 엄마한테 말대답만 안하면 돼.

채린   형님이 완충역할을 잘 하세요.(잘해서 좋아요)

태희   착한 년 코스프레야.

채린   흐훗. 암튼 내편에서 도와줘서 고마워요.

태희   ?? 암튼이라니. 그거 착한년 코스프레 맞다는 거야?(흘기는)

채린   흐훗 말이 잘못나갔어요. 그런데 헷갈릴 때 한번씩 있어요.

태희   (오버랩)착한 척두 긍정적일 수 있어.착한 척 하다 확 뒤집어 본색 드러내 깽판칠 수 없잖아.

채린   까르르르르

S# 은수 거실

은수   (소파에 꼬부리고 누워 있는)…

　　　[현관 벨.]

은수   (굼뜨게 일어나는)………(현관으로)네 누구세요.

태원   E 오분만 얘기해.

은수   싫어.

태원   E 슬기 엄마.

은수   (오버랩)나두 내가 안 이랬으면 좋겠어. 나두 내가 마음에 안들
　　　어 죽겠어. 그런데 안되는걸 어떡해..

태원   F (오버랩)문 안 열어줄래?

은수   싫어.

S# 현관 밖

태원   ……당신이 그려놓은 그림에 딱 맞는 남자/그건 당신 상상 속
　　　에나 존재해..이미 소녀가 아닌데 아직도 그걸 붙잡고 있으면 어떡
　　　해…/그러지 말고 좀 넉넉해져봐..

S# 현관 안

은수   (오버랩)그만해…

태원   E 당신. 우리가 슬기한테 한 짓을 또 하지는 마. 부모가 자식한
　　　테/ 그건 할 짓이 아니야..

은수   (오버랩)그만하라구.내 결정 안바껴.

태원   E 더 생각해……갈게….

　　　[태원 현관에서 멀어지는 기척.]

은수   …..(주방으로)….(우유 콸콸 따라 벌컥벌컥 마시는)….

　　　[현관 전자음.]

슬기 (뛰어 들어오며)엄마아아

은수 엄마 여기이.

슬기 (화장실로 뛰며)싸겠어싸겠어.

은수 (보며 서글픈 웃음)··

S# 친정 마루

자모 ·····(멍하니 보는)····

현수 아무래도 미리 알고 있는 게 날 거 같아서.

자모 (시선 딸에게서 마루로)차암··모질다···무섭다아아······

현수 그 집에서 안줄 거야. 내 생각도 그래.

자모 ·····

현수 지가 키우는 거 보다는 그 집이 훨씬 날 거구.

자모 (오버랩)그렇지만 새끼를 어떻게 그래. 눈에 밟혀 그걸 어떡할
      라구.

현수 슬기두 떼놨었잖아. 한번 해본 거 두 번째는 더 쉬울 거야.

자모 말을 왜 그렇게 해애.

현수 ····(보며)

자모 니 아빠가··· 그 집에서 그럴지두 모른다더니 ···

현수 그러셨어?

자모 (오버랩)아 눈딱감구 지가 들어가면 되잖아.

현수 눈이 안 감아지나봐··

자모 (오버랩)애가 왜 그렇게 독해애. 독해서 득될 거 없는데에에···(눈
      물 닦아내는)

현수 ·····

자모 한번만 더 딱 한번만 더

현수　(오버랩)엄마.

자모　갈라서는 건 언제라도 할 수 있잖어.

현수　그러다 애 또 낳구 그럼 둘 놓구 나와?

자모　(오버랩/울음 섞이는) 무슨 놈으 팔짜가 그 모양이야아. 왜 저는 잘못한 거 하아나두 없이 번번이 이 사단이 나냐구우우··

현수　·····(휴지 뽑아 주고)

자모　(얼굴 가리고)잉잉잉잉··이게 다아 내 죄야··내가 죄가 많아서 이 모양이야아

현수　엄마가 뒤집어쓸 게 뭐 있어. 지가 뿌린 씨 거두는 거야···말릴 때 듣지 기집애 저 혼자 잘났다구

자모　(오버랩)욕하지 마. 듣기싫어.

현수　···(보며)

자모　너는 어떡할 거야 너는. 니가 하는 짓은 그게 뭐야··

현수　우리 헤어질지도 몰라.

자모　???

현수　으흐흐흐 아냐 엄마. 광모가 왕창 삐졌어. 어제 가서 전화두 안 해. 심각하게 재검토해보겠대.

자모　귀신 씻나락 까먹는 소리 말구 은수를 어떡해애애··

현수　우리가 어떻게 해본 적 있어? (소지품 챙기며)결국 저 하구싶은 대루 할텐데 뭐.놔둬어. 가요오오.(나가고)

자모　(앉아 있는 채)·········(두 손이 무릎 아래로 들어가며 우그러지는)······
·······

S#　은수의 거실

은수　(김칫국 준비하고 있는)····

슬기 (소파에 앉아 책 읽으며)엄마 뭐해?

은수 김치구욱.

슬기 김치 냄새 나서 그런 줄 알았어.

은수 알면서 왜 물어?

슬기 그냐앙…엄마 뭐 기분 나쁜 일 있어?

은수 아니? 왜애?

슬기 아까부터 말을 안하잖어.

은수 내가 그랬나?

슬기 그랬어.(책장 넘기며)

은수 슬기는 엄마를 나쁜 사람이라고 생각해 좋은 사람이라고 생각해.

슬기 좋은 사람. (보며)

은수 고마워. 영석이랑 무슨 얘기했어?

슬기 응 걔네 할머니 거실에서 미끄러지셨는데 엉덩이 뼈 수술 하셨대.

은수 어머 그래애?

슬기 엄마 병원다니느라 거의 집에 없대. 엄마 없어서 잔소리 안들어 좋기는 한데 근데 심심하기도 하대. 삼촌하구 영화보러 간댔어.

은수 너는 안 심심해?

슬기 (오버랩)아으으, 난 좀 쉬어줘야 해..너무 피곤해..(소파에 쓰러지듯 누우며)

은수 그러다 잘라. 밥 다 됐어. 금방이야.

슬기 에어컨 좀 틀면 안돼?

은수 오늘은 견딜만한데? 틀고 싶으면 틀어.

슬기　(등 돌려 소파에 얼굴)엄마 에어컨 싫어하니까 견뎌볼게.

은수　잠들면 안된다니까아아..

S#　호텔 로비 라운지

준모　(찻잔 들다가)???

이모　(안 보며/찻잔 내리며)....

준모　무슨 소리에요?

이모　아이는 어미가 어미 손길로 키워야 해. 할머니는 할머닐 따름/ 어미 품에서 어미 체온으로 키워져야 애가 우선 정서적으로도 안정 되구

준모　(오버랩)누가 몰라요?

이모　(오버랩)애 내놔라는 순전히 비정하기 짝이 없는 김회장 욕심 이야..

준모　그 욕심 그리/ 무리한 거 아니에요.어떤 손잔데요.

이모　걔가 키우면 손자 아니야?

준모　언니(오버랩)

이모　(오버랩)똑 부러지게 자알 키울 거야. 지가 키우겠다면 넉넉하 게 뒤 봐주면서 키우라 그래..

준모　(오버랩)안돼요. 준구 평생 홀애비로 둬요? 품성 착한 다른아 이 들어와 제 자식으로 잘 키워내게 할 거에요.

이모　나불거리는 입이 얼마나 많은데 영원한 비밀이 어딨어..

준모　....(마시는)....

이모　이럴 때보면 너 참 매몰차.

준모　매몰찬 걸로 내가 걜 어떻게 따라가요. 아이 넘기라는데 가타 부타 한 마디 없이 저러구/ 섣불리 물어볼 수도 없이 지 눈치만 살

594

피게 만들구….

이모   ….

준모   (혹시) 무슨 얘기 들은 거 있어요?

이모   한 번 봤어.

준모   ??

이모   들어올 생각없어.

준모   (오버랩)아이는요.

이모   넌 아이만 관심이야?

준모   어림없어요. 대체 지가 무슨 권리야.

이모   너는 무슨 권리야.

준모   그만해요. 불쾌해.

이모   나는 니가 더 불쾌해. 니 새끼 수빠트린 건 아무 상관없이 저
       챙길 것만 챙기겠다는 니가.

준모   (오버랩)그래서 내가 이렇게 비굴하죠오. 내가 그 심정 이해하
       니까아.

이모   이해하면 괘씸해하지두 말구 애 강제로 뺏어올 생각두 하지
       마‥그건 늬들같은 부류들 돼먹잖은 짓꺼리야‥

준모   ‥‥(동의할 수 없는 눈으로 보는)‥

S# 친정 마루

       [손 안 댄 점심상 놓고 앉아서./상추.]

자부   (상 내려다보며)‥‥‥

자모   ‥‥‥(남편 눈치 보는)‥‥‥

자부   ‥‥‥‥(그대로)

자모   (고개 바닥으로)생각해 봤는데…나는‥‥‥우리 자식 위해서는 차

라리 그게 난 거같아. 한 다리에 하나씩 둘 매달고 사는 거 보다는 그래 늬들 갖구가라… 그러구 살면 훨씬 가볍잖아. 애 키우는 게 보통일야? 그보다 더 진빠지는 일이 어딨어.

자부 ……

자모 기어이 끝을 낼 거면…애 낳았던 적 없다 잊어버리구‥슬기나 키우면서 저대루 일하면서 사는 것두…괜찮지 뭐…꼬옥 ‥남자가 있어야 하나? 남자한테 학을 떠서 아마 어쩌면 다시는 남자 필요 없다 그럴지두 몰라‥

자부 ……

자모 살다가아‥…또 모르는 일이지‥그야말루 늦게라두 제대로 된 인연만나면…그때는 슬기두 어지간히 컸을 거구‥…

자부 ……

자모 뭐라구 말 좀 해애애.

자부 예상했던 대룬데 뭘‥

자모 (글쎄 말야)‥당신이 점쟁이야‥

자부 할수없는 거지 어떡해. 오죽하면이겠어. 그럴 정도로 그쪽이 가망이 없단 증거야.

자모 그런 거지이이‥도살장인가봐‥

자부 지가 살 지 인생인데…아무리 아프구 쓰라려도 도살장보다는 낫다 그럼 뭐‥어떡해.

자모 ‥…(보며)‥…(맞어)

자부 모르는 척 가만 있어. 말하거든‥…들었다 그러구 ‥우리는 어떤 경우에두 니편이다‥그저 그래주면 돼‥

자모 ‥…어이그으으으(한숨)

자부 (수저 들며)한숨 쉴 거두 없구⋯(오이 냉국 떠먹고 상추 집어 손바 닥에)

자모 (고등어조림 옮겨주며)고등어 새루 졸였어. 같이 싸먹어(하며 울음이 터지는)⋯⋯

자부 (모르는 척 싸는)⋯⋯

자모 <u>으으으으</u>..<u>으으으으</u>(돌아앉으며/억제하지만 잘 안 되는)

자부 (싸던 쌈 도로 놓고)⋯⋯⋯(상 내려다보며)⋯

자모 정서방을 그렇게 박차버리는 게 아니었는데에에⋯⋯

S# 태원 회사 근처 레스토랑

태원 (들어오고)⋯

채린 (메뉴 들여다보다가 활짝 웃는)⋯

태원 누나는.

채린 화장실⋯

태원 (앉으며)맛사지 덕인가? 훨씬 맑아보이는데요?

채린 정말요? 어머님이 낮에 버티랬는데 케어받으면서 나도 모르 게 잠깐 잤어. 마악 쏟아져 내리더라구요.

태원 흠흠. 편안하게 자연스럽게 제 자리 찾으면 되는 걸 뭐얼⋯(메뉴 집으며)

채린 우리 어머니/ 좀 전에 통화했는데 아버지 입원하신대요.

태원 ⋯⋯(보는)많이 안 좋으시대요?

채린 눈에 보이게 나빠지시나봐요⋯

태원 (메뉴에 시선)어머니 힘드시겠네⋯

채린 입원하면 당신하구 오라구⋯

태원 가야죠⋯가 뵈야죠⋯

채린 혼자 가요. 난 안 보구 싶어.

태희 (나타나며)왔구나. 뭐 먹을까.

채린 형님 샐러드만 먹는댔잖아요.

태희 (오버랩)결심은 그랬는데 지금 흔들리고 있거든? 뭐 할래.

태원 난 육개장 같은 거 먹구 싶은데.

채린 (오버랩)나두우

태희 (메뉴 받으며)야 티내지 마. 아니꼬와.

채린 태원 (약간 소리 내어 웃고)

태희 늬들(냅킨)이세 계획/엄마가 궁금한가봐‥엄마가 슬쩍 떠보라
는데 난 슬쩍이 안되는 인물이라/ 엄마한테 뭐라 그래?

태원 이 사람 스트레스 받아요. 가만 계시라 그러세요.

태희 엄마 이빨 다 빠졌어. 빨리 하나 낳아 주구 맘편하게 살어‥ (채
린에게)

채린 (태원 보며)네에 정말 나두 빨리 그러구 싶어요오오.

S# 은수의 거실

　　　[모녀 소파에 붙어 앉아서]

은수 (루치아노 파바로티〈산타루치아〉듣고 있는)‥‥‥

슬기 (듣다가)갤갤갤갤‥

은수 ??

슬기 이 아저씨가 아빠보다 천배는 더 잘 해.

은수 깔깔깔, 당연하지이이. 이 아저씨는 세계 최고 가순데에. 지금은
하늘나라 가셨지만

슬기 어 그래?

은수 응.

598

슬기   쯔쯔쯔 아깝다아아.

은수   응?

슬기   수유리 할머니 저번에 뉴스 보시다 누가 죽었다 그러니까 쯔쯔
       즈쯔 아깝다아 그러셨어.

은수   으으응(그랬구나)

슬기   애기 자? 조용해?

은수   별로라면서 왜 그래.

슬기   그래두 /‥‥애기 나오면 얼만해?

은수   아주 작아‥슬기 반에 반 쯤?

슬기   (일어나 제 몸/ 배 부분 한 번 나눠 다시 반으로 나누고)이만?

은수   (잡아 앉히며)포도 줄까?

슬기   (앉혀지며)엄마 병원에 오래 있어?

은수   아니 금방 와

슬기   병원에 가서 애기 봐두 되는 거지?

은수   ‥‥(보며)

슬기   이름 뭐라구 할 거야? 내 이름 아빠랑 엄마가 같이 지었다면서.
       동생 이름은 아저씨랑 엄마가 같이 지어야겠네?

은수   포도 먹자.(일어나는)나 포도 먹구싶어.(주방으로)

슬기   엄마 나 망고.

은수   알았어어‥

       [은수 전화벨.]

슬기   갖다 줄게.(전화 엄마에게)

은수   (받아서)응 언니.

현수   E 엄마한테 얘기했어‥ 엄마아빠두 준비시켜 놀겸.

은수   알았어‥고마워‥

현수   F 목소리가 왜그래.

S# 현수 사무실

은수   F 응 천하에 나쁜 년 같아서.

하나   (상담실 쪽에서 나와 오버랩)대표님이 잠깐 들어오시래요.

현수   결심했으면 갈등할 거 없구 갈등이면 다시 생각해.나 잠깐 들
어가 봐야 해‥응‥나중에 얘기하자.(끊고 움직이는)

S# 작은 상담실

대표   그리고 저희 제품을 카피하거나 심지어 이름까지 카피하는 제
품이 있어요. 혹시 다른 브랜드를 함께 취급하실 때는 브랜드명을
알려주시면 저희와 문제가 있는 브랜드인지 아닌지를 알려드리겠
습니다.

　　　[40대 후반 여자 바이어 / 대표 한참 얘기하는 중]

　　　[앞에 차와 다과 나와 있고]

손님   (유창하지만 약간 일본톤이 섞인) 네 그렇게 하겠습니다.

대표   (현수 들어오는)어 이리 와 오선생.

현수   (날 왜 불러/앉는)

대표   다음 달에 쿄토에 오픈하신대. 바잉하러 오셨어.

현수   아 네에‥ (근데요?)

대표   (오버랩)오선생 오가닉 제품들이 너무 좋아 계약하러 오셨대.바
로 이 친구랍니다.

손님   오 그래요? (일어나며 손 덥썩)아. 정말 반갑습니다.

현수   (얼결 같이 일어나) 아 네.네감사합니다‥호호

손님   (오버랩)우리 강아지가 피부가 약해서 고생 많이 했는데 오가닉

600

/ 정말 반가웠어요.

현수 (오버랩) 감사합니다. 그런데 한국인이세요?

손님 네 3세랍니다. 다음 달 오픈에 선생님 초대해도 될까요?

대표 아 좋죠오오 다녀와요.

현수 ???

대표 다녀오라구.

현수 출장 싫은데요.

대표 싫어두 갔다와. 우물 안 개구리 우물 밖으로 뛰어 나오라구. 담 달 일본 다다음달 나랑 유럽. 그담달 미국 캐나다‥꼼짝 마.

현수 (오버랩)그럼 저 회사 그만둘래요.

대표 뭐?

　　　[현수 전화벨.]

현수 실례합니다. (꾸뻑하고 나가는)

S# 상담실 밖

현수 (나오면서)에에.

광모 F 저녁에 부대찌개 먹자.

현수 처절한 재검토 벌써 끝났냐?

S# 광모 병원 앞

광모 어디가 잘하지?

현수 F 나 울엄마한테 너랑 헤어질지도 모른댔는데?

광모 ?? 너 미쳤냐?

S# 은수 거실

은수 (선풍기 틀어놓고 두 손 허리 짚고 둔하게 거실을 걷고 있는)……

　　　　　　　　　　　　　　　　　　　　F.O.

S# 서울 야경/10월 초

S# 어느 호텔 현관 안

　　[주하 모녀 들어오면서]

유 　(딸이 못마땅해 죽을 지경이다)어이그어이그으으. 허전하기 짝이 없는 기집애..남자 눈물에 풍덩빠져 허우적거리다 팔짜 꽈배기 만드는 멍청이.

주하 　(오버랩)딸 팔짜 꽈배기면 좋겠어? 악담 너무 독해

유 　(오버랩)꽈배기두 약과야. 수박/길바닥에 패대기쳐 박살낸 거야.

주하 　(오버랩)진짜..병원에서 퉁퉁 붜 안구 찍은 사진만 아님 생모 아니네.

유 　얼마나 아까운지 이뿌리가 시려 이 기집애야. 니가 내 심정 알어?

주하 　(오버랩)아까울 거 눈꼽만큼두 없어. 엄마 딸 놀구싶은만큼 놀았어. 오히려 인태씨한테 미안할 정도야. 잘해줘야지 평생 충성할 거야. (엄마 팔 끼며)

유 　(홱 털어내는)이꼴 보자구 죽자사자 애면글면 키웠어?

주하 　(오버랩)애면글면은 무슨. 고삼짜리 딸 있는 집에 날마다 친구들 끌어들여 하하호호 먹자 파티만 한 사람이..

유 　(멈추며)이기집애가??

주하 　(오버랩)으하하하하..

유 　어으 어으어으..내 팔자야아아아..

S# 중국 요리 별실

　　[종업원 안내. 노크하고..]

인태 　E 네에에.

종업 　손님 모시겠습니다아.(문 여는데)

인태 (벌써 마주 나오며 꾸뻑)죄송합니다 어머님.

주하 (오버랩 인태 팔 찌르며 그러지 말라는 눈짓)

유 (억지로 상냥하게)우리가 늦었나?(앞서 들어가며)

인태 아닙니다. 아직 시간 전입니다.

S# 별실

유 (들어오며 일어서 있는 인태모와 인태 아들 보는)…크음..(작게/목
다듬고)안녕하세요..제가 주하 엄마랍니다.

인모 예에에..저는 인태 어머니에요.

유 쟤 아빠가 원래 어제 들어오는 날인데 독일 출장이 삼사일 늦춰
지는 바람에 이렇게 결례를 하게 됐네요.

인모 예 예에 괜찮습니다. 괜찮습니다..예에

주하 (오버랩)우리야. 인사드려. 새엄마 엄마.

유 (딸 흘기는데)

우리 (열 살//밤톨 같은 남자아이)안녕하세요 할머니 저는 이름이 김
우리이고 열 살입니다..

유 으(오버랩)으응 그래..(웃지만 아이구 이 미친년)인물이 아빠 보
다 훠얼 났구나아.

주하 (오버랩)내가 배우시키게 잘 생겼댔잖아아..

유 (오버랩)유엔 사무총장 어떡하구…어머니 앉으시게 해 김선생.

인태 예에..(어머니 앉았던 의자 뒤로 움직이고)

주하 우리야. 우리도 앉자.(하다가)아하하하. 우리야 우리도 앉자 재
밌지 않니?

우리 네. 재밌어요 하하.

유 시드니에 계시다구요..(하다)????

인모 (손수건으로 눈 가리고 울고 있는)····(인태는 엄마 등 두 손으로 잡고 우는 것처럼 고개 숙이고)

유 ???(딸 보는)

주하 (잠깐 가만 있어줘. 얼굴 신호)

인모 (아예 소리 조금 내며)응응응응. 고맙습니다··정말 고맙습니다 아아.응응응

유 ????(입이 벌어지고)···

S# 현수 원룸··거실

광모 (강아지 저녁 주고 있고/자유롭게 자연스럽게 아이들하고 얘기하세요)

현수 (사갖고 들어온 햄버그스테이크 접시에 꺼내는 중)손씻었어.

광모 알아알아.

현수 밥 먹구 애들데리구 산책나가자.

광모 어엉··(손 씻으러 개수대로)

현수 (오버랩)장도 봐야 해.

광모 오케이.

현수 이달부터 너 식비 좀 더 내. 나보다 세배는 더 먹으면서 똑 같이 내는 건 불공평해.

광모 세배 더내라구?

현수 아냐 오만원만 더 내. 달랑달랑해서 카트 물건 도로 빼야하는 거 쫌 쭈글스러.

광모 ?? 언제 그랬는데.

현수 월말 근처되면 그래.

광모 아아 너 그래서 내가 집어넌 거 다 뺐구나. 난 또 내 건강관리하

604

는 건줄 알았지.십만원 더 내께.

현수 좋아.(하는데)

　　[현수 전화벨.]

현수 어 엄마.(받는)···알았어. 금방 갈게···알았어알았어.(끊으며)너
　　빨리 옷 입어.(계단으로 뛰며)

광모 왜애애.

S# 친정 동네 큰길 /거리(밤)

자모 (안절부절 기다리는)

　　[택시 와서 서고]

자부 (택시 문 열고)여기여기··빨리 타.

자모 응··응응(택시로)

S# 아파트 현관 앞에 멎는 택시에서 서둘러 내리는 자매 부모

S# 은수 거실

슬기 (열린 방문 밖에 서서 엄마 침실 보고 있는)

S# 은수 침실

은수 (속옷/임부 내의 수면 바지 생리대 화장품 주머니 세면도구 타월 등
　　등 출산하러 가는 여자가 챙길 것들 가방에 넣고 있는)·····

슬기 ·····(보며)

은수 (가방 지퍼 채우는)····

슬기 ·····(보며)

은수 (가방 들고 거실로)

S# 거실

은수 (가방 현관께 놓고 슬기에게 손 내밀며 소파로/손잡으며)걱정마.
　　괜찮아··

슬기 많이 아파?

은수 조금..아직 많이 안 아파. (슬기와 소파에 앉으며)

슬기 할머니 왜 안와. (하는데)

  [현관 벨소리와 함께]

자모 E 슬기야 문 열어 빨리이.

슬기 (튕겨져 현관으로)…(문 열고)

자모 (들어오며)엄마 엄마 어딨어.

슬기 (손가락으로 가리키고/자모 딸에게/자부 들어오고)

자모 언제부터야언제부터.

은수 아까 한 한시간 좀 넘었을 거야. (일어나려 하며/엄마 잡아줘야 합
  니다. 만삭은 굼뜨고 힘듭니다)

자모 뭐 물 줘?

은수 (오버랩)아니 병원 갈려구.

자모 (오버랩)있어 언니 금방 와.

은수 내버려 두라니까아.(오버랩)

자모 택시타구 어떻게 가아아.

현수 E (오버랩)슬기야아아.(슬기 문 열러 뛰고)

자모 (오버랩)봐 왔잖어, 가자 가자가자.

현수 (오버랩) 내가 할게 엄마 있어.

자모 (오버랩)엄마가 가야지니가 뭘해··슬기 학교보내구 니가 있어
  있어.(현관 신발 신으며)뭐 신어. 뭐 신을래.(은수에게)

은수 (오만상 찡그리며 신발장으로 손)

현수 (제가 굽 없는 신발 꺼내 놓아주고)

은수 (신으며)슬기 엄마한테 와 봐.

슬기   (엄마 앞으로)

은수   (안아 붙이고)갔다올게.

슬기   (엄마 안아주고)

은수   정말 진심 사랑해.

슬기   나두우··

은수   (엄마와 같이 나가고····자부··따라 나가고)

현수   ····(나가는 것 보고 있다가 현관문 닫히자)슬기 밥 먹었어?

슬기   응. (끄덕이며)엄마 설거지하다 배 아팠어.

현수   (과장해서)디저어어어어어어트는?

슬기   (고개 흔들고)

현수   어디/ 뭐가 있나 한번 보자아아아(냉장고로)

S# 아파트 현관 앞

      [나오고 있는 은수/엄마/가방 든 아빠···]

광모   (차 문 열고)어머니가 먼저 타세요·····

자모   어 그래··(타고)

광모   (은수 타는 것 도와주고)주세요.(아버지 가방)

      [가방 넘어가고]

광모   (꾸뻑)

자모   어 부탁한다.

광모   예에.(운전대로. 가방 조수석에 놓고)

      [출발하는 자동차···]

자부   ······(서서 자동차 나가는 것 보며)········

S# 이동 중 차 안

은수   (조금 기대어 앉아서 눈 감고 주루르르르 흐르고 있는 눈물.)····

자모 (딸 한 손 잡고 시선 내리고 있다가 조용히 돌아보고)·······(비죽거려

지며 핸드백에서 거즈 손수건 꺼내 딸 얼굴로)····

은수 (거즈 손수건 빼내 눈물 닦으며 엄마에게 조금 웃어 보이는)·····

자모 (시선 피하면서···입 꾸욱)/·····

S# 은수 주방···(밤)

　　[현수/아버지에게 소주 따라주는··]

자부 ·····

슬기 (과일 한 쪽 들고 할아버지 보는)·····

현수 아빠

자부 ??···(잠깐 보고)어어··(소주잔 비운다)····

현수 (빈 잔에 다시 채워주는)·····

S# 거실

준모 (집전화 받고 있는)네·····네 알았어요 닥터정··고마워요·· 네 기다

려요 부탁해요··(전화 끊고 총총 서재로)···(노크)

회장 E 들어와요.

S# 서재

준모 (문 열고)아이 출산하러 들어갔대요.

회장 ??(일어나며)며칠 남았다 그러지 않았어요?

준모 앞뒤 며칠은 당겨지기두 늦춰지기두 해요.

회장 당신 가봐얄 거 아뇨.

준모 천천히요. 연락해준다 그랬어요··(나가려다 돌아보며)걱정할

거 없어요··둘 다 아무 이상없이 건강하다니까 순산할 거에요.

회장 그럼··(앉으며)당연히 그래야지그럼요···(아내 안 보며/그래도

긴장은)····(혼잣소리)

608

준모   (잠시 보다가 문 닫는)

S# 준구 사무실

준구   (오버랩/열나게 영문 이메일 쓰고 있는데/)

  [전화벨]

준구   (전화 안 보는 채 받는)네 김준굽니다. 아직 회사에 있어요..??? (일
  어나는)

S# 병원 앞(밤)

  [급하게 와서 멎는 준구 자동차.]

준구   (튀어 내려 병원으로)

S# 승강기와 복도

준구   (내려서 입원실 쪽으로)

S# 산부인과 입원실 복도

준구   (입원실 앞으로/곧장 노크하고 문 여는데)

자모   ?? (마침 나오려고 하던 차/보온병 들고)....

준구   (꾸벅 인사하는데)

자모   (나오면서)나중에...해산하구 나중에 본대요.

준구   ....(보는)

자모   (문 닫으며)아직 한참 더 있어야한다니까./.... 내일 와서 보
  든지...(움직이며)아프기두 죽을 지경인데..굳이 들어가지 말아요.

준구   .....(보며).....(보다가 문으로 고개)

S# 병실 안

은수   (진통 /두 손으로 입 틀어막고 소리 안 내려 애쓰고 있는)......(줄줄줄
  눈물)....

S# 병원 식당

준구　(얼음 들어간 냉수 마시고 있는)……

S#　31회에서

준구　못 알아 듣는 척 하지 마./세상에 절대 없는 짓 한 거 아니잖아. 당신 하늘에서 내려온 하나님 딸이야? 세상 수없이 많은 여자들이 한 두 번은 겪는 일이야. 바람기는 더하냐 덜하냐 차이 뿐 여자들도 있어. 여자보다 남자가 더 많은 에너지와 기회와 무모함이 있을 뿐이야.

S#　병원 식당

준구　….(병신 같은 놈/저 자신한테/)…..(다시 물 벌컥벌컥 마시고 내리면서)….

은수　E (담백하고 편안하게)실망이라는 말은 너무 가벼워. 그렇다구 절망이랄 거 까지는 없어. 당신 때문에 죽을 정도는 아니니까.

S#　31회 카페

은수　더 이상 한심하지도 더 이상 굴욕스럽지도 않아. 왜냐면 그건 당신 자신의 무책임 불성실 문제지 내 문제 아니니까..

S#　병원 식당

은수　E 아 내 문제도 있긴 있어. 사람 잘못 본 거. 나 자신을 너무 과대 평가한 거. 공부했어, 깨달았어.

준구　…..(물잔 아예 비워버리고)…..

S#　준구네 전경(밤)

S#　이모의 방

이모　(염주 굴리며 불경 외고 있고)…..

S#　김회장의 방

준모　(아이 침대 내다 놓고 마른걸레질…..)

회장   (아이 배냇저고리 한 장 펼쳐들고 히죽거리는)····

S# 은수네 거실

자부   (소파에 기대어 앉아 우두커니이)·····

현수   (슬기 방에서 나오고)

자부   자아?

현수   (아빠 쪽으로)열 한시야아··

자부   어어··왜 소식이 없어어어.

현수   불편하게 이러구 있지 말구 집에 가요오오

자부   불편할 거 없어어.

현수   아예 소파 올라가 눕던지이··

자부   뭐 잘못 된 거 아냐? 전화 좀 해봐.

현수   조금 아까 했잖어··

자부   어어 그래··

S# 병원 입원실

자모   (괜히 ···휴지로 탁자 닦으면서)····(혼잣소리)그만 고생시키구 얼른

          나와라 얼른·····얼른 나와아아··

S# 분만실 앞 복도

          [분만 중 표시 사인··]

준구   ·····(창밖 내다보고 있는)····

          [출산 완료 사인이 뭔가 있을텐데···]

준구   (돌아보며)······(눈 잠깐 감았다 뜨는)·····

S# 병원 입원실 복도

S# 입원실

은수   (지쳐서 잠들어 있고)·····

자모   (딸 침대에 엎드려 잠든)·····

S# 다미의 아파트 앞

   [밴이 대기 중.]

S# 다미 거실

스타일   (들어와 전체 등 켜고)····(침실로)

S# 침실

스타일   (들어오면 침실 불은 화안하고/ 바닥에 술병 세 개··술잔··어이 또
  오오 하는 얼굴로 욕실에)언니 빨리하구 나오세요오··여덟시 슛팅이
  에요오····(대답 없고)······

S# 다미 욕실

스타일   (문 열고 들어오다)???

다미   (욕조 바닥에 엎어져 있는)·····

스타일   언니·····언니이···(흔드는데 의식 없다)??? 언니 언니이이이이이!!!

제40회

S# 병원 전경(낮)

S# 은수의 입원실

은수 (머리 올려 손질하고 있는)

　　　[입원 가방 싸져 있고 은수 모녀 퇴원 차림 옷]

자모 (아이 침대 옆에 서서 내려다보며)……(있다가 돌아보는)

은수 ….(담담한)…..

S# 입원실 승강기에서 내리는 준구 모자…입원실 복도로….

S# 입원실 복도/입원실 앞

　　　[모자 저쪽에서 입원실 복도로 들어오고 있는…..]

준모 (아들 보고)

준구 저는 나중에 보겠대요(하며 병실 문 호출 누르고)…..(사이 좀 두었
　　　다가)

자모 (문 열고 보는)

준구 (목례하는)

자모 (시선 피하며 비켜주고)….

준모　(들어가는)

준구　....

S# 입원실 안

준모　(목례하고/엄마에게)

자모　(시선 피한 채 답례)

준모　뭐라.... 드릴 말씀이 없네요··

자모　....예에··뭐 우리야 무슨 힘이 있나요.(중얼거리듯)

은수　(오버랩)엄마··(그런 말 마세요/준모에게 목례)

준모　(잠깐 보고 아이에게 다가들어 내려다보는)....

아이　(진짜 신생아)....

준모　(소 응접실로)

은수　...(따르는)

S# 소 응접실

준모　(들어와 자리 잡고 앉는)....

은수　.....(들어와 앞으로)....(앉고)...

준모　(보며).......

은수　....(시선 내린 채)

준모　.......

은수　......(그대로)

준모　며칠 전까지만 해두 만에 하나 남겨뒀었는데 니가/ 계속 준구
　　　보기를 거절한대서 접었었어.

은수　.....

준모　뭐라 말할 수 없이 잔인한 짓인 줄 알아. 어쨌든 니가 이럴 수밖
　　　에 없는 우리 입장을 받아들여줘 ··고맙구나.

614

은수 .....

준모 후회 안할 거 같니?

은수 그건(보는)..살면서 부딪힐 일이죠 어머니..지금은 그러지 않을 것 같습니다.

준모 대부분의 여자들은 이런 경우 참고 넘어가.

은수 네. 제가 그만한 그릇이 못돼요 죄송합니다.

준모 이모님이 너한테/다 용서하고 너도 해방되라는 뜻으로 말씀하셨다는데 /이모님 섭섭해하셔.

은수 저 많이 반성하고 열심히 생각했어요.저 때문에 딸아이/ 말할 수 없는 상철 받았어요.

준모 (오버랩)데리고 오랬잖아

은수 아니요 딸아이한테 다시 / 또다른 변화를 겪으랄 순 없어요.

준모 .....(보며)

은수 제가 키우고 싶은 건 역시 또 제 이기심이에요.저는 제 아빠만큼 누리게 해 줄 수 없고 이혼한 엄마 아빠 중간에서 제 딸아이 처럼 자라야 해요. 어머님께서

은수 E 잘 키워주실 거 의심없이 믿고. 준구씨/ 가능한 빨리 좋은 사람 만나 가정꾸리면 아이는 그 여자를 엄마로

준모 (오버랩)그건 우리 집 일이야.

은수 네 (주제 넘었어요)..

준모 ....(보며)

은수 .....

S# 입원실 밖

준구 (통화 중)아직 말씀 중이세요.. 전/ 밖에 있어요.(한 번씩 방심하

고 삼돌이가 되더라)

S# 이모의 방

이모   지지하구 구구하게 다른 말 말구 그저 잘못했다 미안하다 고
          맙다 소리만 해‥‥이해하느니 못하느니 쓸데없는 소리 하지 마. 막
          차 떴어‥그마음/ 늬들은 천만번 죽었다 깨나두 모르는 법이야‥ 응
          그래.회장님 꼼짝 안하구 기다리신다 집으로 들어오냐?‥

S# 입원실 복도

준구   아니에요 회사로 가야해요 이모님‥네…들어가세요(도우미 나
          타나고/끊으며)오셨어요?

도우미   이모님께서

준구   (오버랩)네…(문 열어주고)들어가세요.

S# 입원실

자모   (침대에 앉아 아이 보다가 일어나는)

도우미   (들어와 목례하는)

자모   ??

도우미   저어 사모님 모시러‥

자모   아 예에에.(목례)

도우미   죄송합니다‥

자모   에/에에‥

도우미   (아기 침대로 가 들여다보는)

자모   (도우미 보며)‥‥‥

S# 소 응접실

준모   …(조용히 보다가)마지막으로‥‥

은수   (보는)‥‥

616

준모 너 혹시 결혼 전에 하던그일. 계속할 생각이니?

은수 네 가능하면요‥ 제가 잘 하던 일이니까요.

준모 (오버랩)안하면 안되겠니? 세상에 드러나는 일은 안했으면 좋겠구나. 왜 이런 소리하는지 알겠지만

은수 (오버랩)어머니 저는/ 저대로 살겠습니다. 저는 세상 두려울 일 없어요.

준모 ‥‥(보다가)그럼 인터뷰 같은 것도 할 참이니?

은수 (좀 웃는)저 그렇게 인기인 아니에요. 그리구 그런 거 하게 되더라두 준구씨한테 피해가게는 안할게요.

준모 (다시 시도)우리가 보장해 줄 테니까 딸아이하고 조용히 사는 것도

은수 (오버랩)어머니. (그런 말씀 하지 마세요)

준모 ‥‥알았다그래. 끝까지 성공하는 건 못봤다만 어쨌든 아이한테 너는/ 없는 사람으로 키울 참이야.

은수 네‥

준모 (소지품 챙기며) 모르겠구나‥어디에 복병이 숨어 있는지 모르는 채 사는 게 인생이니.(일어나고)

은수 (일어나는)

준모 아이 걱정은 할 거 없다‥

은수 네.안합니다.

준모 ‥‥‥데리고 간다.

은수 네에.

준모 (출입구로 돌아서는)

은수 ‥‥(보며)‥‥

S# 입원실

준모   (나오자 도우미 그에 따른 움직임‥)

　　　　[준모 침대로/ 도우미도/갖고 온 옷들 갈아입히는/자연스레…]

자모   (보다가 소 응접실로)

S# 소 응접실

은수   (다시 앉아 있는)‥‥‥(가만히)‥‥

자모   ‥‥‥(보는)‥‥‥‥‥

은수   (돌아보고 일어나는)

S# 입원실

준모   (아이 옷 입히기 끝내고 싸개로 싸고 있는 중)‥‥(아이 들어올리는데)

　　　　[나오는 은수와 자모‥]

준모   ‥‥‥(은수 앞으로)‥‥(아이 내밀어 주고)

은수   (조용히 받아 안는데)

자모   흐윽/(소리 내며 입 막고 창 쪽으로)‥‥

은수   ‥‥(아이 내려다보는)

아이   (진짜 신생아)

은수   ‥‥‥(아이한테 조금 웃어 보이듯 하고‥‥‥ 준모에게 건네주는)

준모   (받아 안는데)

도우미   (손 내미는/주세요)

준모   아니에요‥(창가에 있는 자모 보며)가겠습니다‥

자모   ‥‥‥

준모   (은수에게)고맙다‥

은수   (조금 웃는 듯)

도우미   (잠깐 은수 보며 안됐고 얼른 출입문 열어주고)

준모   (나가는)

은수   (나가는 것 보며)……

S# 입원실 밖

준모   (나와 움직이며)차 불러.(아이 안은 채 승강기 쪽으로)

준구   (도우미 아이 옷 갖고 온 가방 들고 총총 따르고‥‥준구 보면서 전화
　　　꺼내는)

S# 입원실 안

은수   ……우리두 가야지 엄마.

자모   (대답처럼 장으로/가을 코트와 스카프/입원할 때 입었던/꺼내 딸
　　　에게)

은수   나 괜찮아 엄마.

자모   (오버랩)암말 마. 나두 괜찮어‥(입히는데)

준구   (들어오고)

자모   (돌아보고/딸 보는)

은수   엄마 먼저 나가세요.

자모   …(입원 가방 들고 나가는)……

준구   ……(바닥 보며)…(문 닫히고 은수에게 돌아서며)이렇게… 무서운
　　　사람인줄 몰랐어.

은수   (핸드백 집어 작은 화장 주머니 넣으며)이것두 나에요.

준구   후회안할 자신있어?

은수   어머니랑 똑같은 말 하네‥후회할 일 없도록 살게요.

준구   성실하지 못했던 거 정직하지 않았던 거 / 이렇게 당신 놓치는 거
　　　나는/‥말할수없이 후회해‥

은수   ……

준구 사랑하지는 않고 좋아는 한다는말을 그저/튕기는 걸로 생각
했던 게 내멋대로였다는 거 이제 알아..

은수 (돌아서 보며 웃는)당신은 나 사랑한댔는데 사랑한 게 아니었
고/나는 사랑할 참이었는데 김준구씨가 그 싹을 죽여버렸죠.

준구 (보며)……

은수 그독한 말 많이 했지만.. 이제 다 잊어요.나도 힘들었지만 당신
도 나 힘들었을 거에요..미안해요. 나처럼 빡빡한 사람 아니구 너
그럽구 편안한 사람 만나기 바래요

준구 (오버랩)나 때문에 벌어진 일이니..당신이 사과할 건 없어..

은수 몸조리 끝나구 남아있는 일 처리해요

준구 ….(보며)

은수 엄마 기다려요(문으로)

준구 (오버랩)어쩌다가..어떤 장소에서 우연히 만나게되면…

은수 (돌아보는)….

준구 설마..모른 척 하지는 않겠지.

은수 (웃는)우리/ 노는 동네가 다를 텐데 뭐.(잠시 생각하고)그쪽에
서 안 거북하면 난 상관없을 거 같아요.

준구 슬기아빠처럼 지낼 수 있나?

은수 슬기 아빠 못 본지 한참 됐어요..아 이런 불필요한 말을 왜 하
지? 우습다..(앞서 나가는)

준구 …..(보며)

S# 아파트 광장을 달려오는 슬기…6, 7초 정도

S# 아파트 현관으로 뛰어 들어가는 슬기

S# 아파트 현관 거실

[현관 전자음.]

현수　(소파에서 스케치 중/연필 움직이며)슬기니이이?

슬기　(들어오는)아앙..엄마는?

현수　아지이익.

슬기　에에이 왜 아직이야아아아

현수　에에에이 글쎄 아직이네에?(주방으로)밥 먹구 춤추러 가야지?

슬기　(제 방으로)아앙.

현수　참치 샌드위치이이.

슬기　(들어가며)좋아좋아.

현수　(주스 병 꺼내 따르면서)....(뿌우우우)....

S#　병원 현관 앞

[나오고 있는 준구와 은수 모녀].

은수　(택시 잡으려)

준구　있어..차 금방 나와.

은수　택시 타면 돼요.(마침 빈 택시 대어지고)엄마.(자모 타고 은수도
　　　타고/은수가 차 문 닫고/웃어 보이며 손 잠깐 들어 보이고 바로 출발하는
　　　차)....

준구　......(보고 서서)

[와서 대어지는 준구 자동차.]

[준구 시각으로 멀어지고 있는 택시]

준구　........(기사 내려서 차 문 열고 기다리는데/그냥 서서)

S#　택시 안

은수　(무감동한 얼굴/시선 조금 내린 채 바로 앉아서)

자모　(눈물 찍어내며 있다가 문득 딸 보는)

은수   ….(그대로)……

자모   (딴 쪽으로 고개 돌리며 수건으로 얼굴 가리고 우는)……

은수   (아무것도 없는 얼굴)………

S# 달리는 택시…… 디졸브

S# 리조트 해변 산책/오디오 음악 대체

S# 리조트에서 포커하던 은수와 준구, 이모, 준모

S# 준구 침실

    [뭔가 분위기 좋았던 두 사람 있었는데/ 다미 들통나기 전. 골라주세요.]

S# 화기애애한 한남동 가족 식탁

S# 준모와 골프 연습장 잠깐

S# 택시 안의 은수…눈 감고 기대어 있는/현재

S# 송선화의 핸드폰 문자…

S# 다미와 첫 대면….

S# 부부 싸움 1, 2, 3. 곤지암 주방 포함…길지 않게/ 다른 상황으로

S# 아파트 출입 현관 앞 /현재

은수   (멎은 택시에서 내리는/엄마가 잡아주고/현관으로)

S# 아파트 현관 거실

현수   (설거지하다 전자음에 빠르게 현관으로)

    [들어오는 모녀..]

현수   (엄마 가방 얼른 챙기고)

자모   (은수 잡아주고)국 데워..

현수   엉..(주방으로)

은수   (현수 대답과 함께 엄마 밀어내듯)괜찮아….(침실로 들어가는)

자모   (보며)

622

S# 은수 침실

은수 (들어와 코트와 스카프 벗어 침대 발치에 아무렇게나/동시에 쓰러

지듯 엎어지면서 입 틀어막고 울음이 터진다)·········

S# 주방

현수 (엄마 밥상 차리고 있고)

자모 (미역국 간 보고 있는)·····

현수 아빠 전화 기다려··

자모 니가 해··

현수 ····(돌아보고)

자모 (의자로)밥 생각도 없다···지껄이구 싶지두 않구··

현수 (소파로) 문자 너께··

자모 (물컵 집어 벌컥벌컥)····(마시고)후-우-우-우-우···

현수 (문자 넣고 전화 든 채 엄마에게)어떻게 데려갔어.

자모 안아서 데리구갔어.

현수 ····(보며 그 얘기가 아니지)····은수는···울었어?

자모 우는 게 차라리 낫지··안 울구 버티는 게···기가 막혀서 참··

현수 ·····(보며)

자모 기가아 막혀서 차암···(울음 머금어지는)···

S# 은수 침실

은수 (일어나 앉아/한 손 가슴에/한 손 입 틀어막고 우는)·····

S# 준구네 거실

도우미 (보온병과 우유병, 우유 깡통 받쳐 들고 주방에서 종종걸음으로 나

오고)

S# 안방

회장　(벙글거리며 아이 내려다보고 있고)‥

준모　(거즈로 아이 이마 살살 닦아주고 있는)

　　[노크]

준모　들어와요.

도우미　(들어와 쟁반 놓고 나가고)

회장　우리 이제…할일 했소 손여사.

준모　나간다면서요.

회장　황명예회장이 잠깐 보자 그러네요‥지난번에 인수했던 골프
　　장을 되팔려구 내놓은 모양인데 계산두 안맞구 이래저래 골치가
　　아픈가봐요.

준모　어이 나가보세요.

회장　그럽시다.(문으로)보살님은 왜 애두 안 보구 나가셨어요.

준모　‥‥‥

회장　날마다 보는 부처님 하루 쯤 거르면 어때서‥(나가며)…

준모　(아이에게…내려다보며)반갑다…우리 잘해보자응?

S# 　발레 교실

　　[수업 중인 슬기….]

S# 　아파트 욕실

　　[샤워 중인 은수…여전히 울면서…‥]

S# 　아파트 광장을 달려 들어오고 있는 슬기

S# 　주방

은수　(미역국에 하얀 밥 말아 떠먹는)….

자모　참기름 한방울 더 떨어트릴까?

은수　으으응(아니)병원 꺼보다 훨씬 맛있어.

자모   병원에서 못 먹은 거 다 찾어 먹어.

은수   응다찾어 먹을게.

자모   잊어 바본척 하구 다 잊어버려.

은수   응그럴 거야.

　　[현관 전자음/슬기 들이닥치면서]

슬기   엄마아아!!

은수   엄마 여깄어어.

자모   에미 밥 먹어.

슬기   (오버랩)애기/애기 어딨어? 엄마 방에?(엄마 방으로)

자모   (오버랩)이리와이리와 슬기야..이리 와.

슬기   ??(돌아보는)

자모   (손녀에게)

슬기   애기 자?

자모   아냐..그게 아니라 애기가..애기 안왔어.

슬기   ??

은수   엄마한테 와

슬기   ??(엄마 쪽으로)

은수   엄마 밥 먹구 애기하자 조금만 기다려..나 배고파.응?

슬기   (의심으로 끄덕이는)

은수   손 발 씻구 나와. 아니 아예 샤워를 할래?

자모   (오버랩)그래 하자. 지금 해 치우자 슬기야(슬기 데리고 욕실로)

은수   ....(보다가 젓가락으로 미역 한꺼번에 입에 욱여넣고 씹으며/.... 참는)....

S# 준구의 사무실

준구   (사무실로 들어오며)웬일야.

정수   (핸드폰 검색하다 일어나며)어 회의 끝나간대서.

준구   (오버랩)십오분 밖에 없어. 여덜시까지 계속이다.날마다야.

정수   (오버랩)너 아직 모르지.

준구   뭐.

정수   …(코 만지며)….

준구   뭐어‥

정수   다미 말이다

준구   (오버랩)하지 말랬지

정수   사흘째 의식불명이란다.

준구   ?????

정수   송기자 만났어.

준구   (오버랩)자살기도야?

정수   그건 아닐 거래. 일 끝내면 바로 미국 어학연수 간다는 계획두
있었구/ 그 애긴 나한테도 했었어.

준구   (오버랩)언제 만났는데

정수   좀 됐지? 멀쩡했었어‥수면제세개 이상은 안 먹구/먹구두 잠 안
오면 날밤 새우면서도 더는 안 먹는대서 착하다 이다미 해줬었어

준구   (오버랩)죽을려구 먹은 거 아닌데 어떻게 의식불명이야.

정수   (오버랩)죽을 애가 엄마 텃밭있는 집 지어준다구 땅 알아보라
그래놓구 피티 티켓 끊어놨겠니?

준구   (오버랩)어디로 튈지 모르는 애야‥

정수   차실장두 그 소린 하더라‥한동안 이상하다 싶을 정도로 멀쩡
하더니 병원 다니는 거 게름피기 시작하면서 현장에서도 심심찮
게 속썩였었대.

준구 (오버랩)밤낮 붙어 살면서 송기자는 뭐 했대.

정수 마카오 사흘 다녀왔는데 그동안 연락안됐었대. 그 사이 혹시 너하고 무슨 일 있었나

준구 (오버랩)무슨 일. 나 깽판쳐 놓구는 끝이야.

정수 …(보다가)기사 터져두 니 문젠 걱정말라 그러더래차실장이

준구 ….

정수 송기자 울고불고 난리도 아냐. 자기가 사진만 안찍었어도 이런 일은

준구 (오버랩)돌대가리. 그게 말이야? /기자 맞어?(테이블 회의 자료 챙기는)…

정수 ….(보며)

준구 (오버랩)할만큼 했어. 와이프 애녀석 던져놓구 가게했으면 됐지(챙기던 서류 한꺼번에 던지면서) 더 이상 날더러 뭘 어떡하란 거야.

정수 …..(보며)

준구 다미기집애두 송기자두 지긋지긋해. 나 알바 아냐.

정수 …(보다가)그래……내가 챙겨볼게.(정수 나가고)

준구 (난감 난감)‥

S# 아파트 거실…

자모 (바닥 걸레질하며 침실 보는)

S# 은수의 침실

은수 (슬기 침대에 마주 앉혀놓고 두 손 잡고)애기는 아직 어리니까 아저씨가 빨리 다시 결혼해서 그 아줌마를 친엄마로 자라는 게 /아기한테 좋은 일이겠어서‥

슬기 ….(보며)

은수 엄마 정말 많이 고민하구 열심히 생각해서 아가한테 제일 좋은 길을 선택한 거야. 엄마 잘했다구 생각해. …무슨 말인지 이해해?

슬기 그런데 엄마…애기 언제 봐? 좀 크면 봐?

은수 아니 못봐··안 볼 거야··

슬기 ····(보며)

은수 다른 엄마 진짜 엄마 있는데 내가 어떻게 봐.

슬기 진짜 엄마는 엄마잖어.

은수 엄마는 그거/ 잊어버릴 거야··

슬기 ·····

은수 너두…엄마랑 같이 잊어버리면 좋겠다··

슬기 ····(눈물 뚝뚝)

은수 왜 울어··

슬기 (비죽비죽)몰라···엄마가 불쌍해··

은수 (껴안는)괜찮아. 나는 너만 있으면 행복해.

슬기 (목에 팔 두르며 달라붙는)··

은수 응웅그래그래 고마워··고마워 착한 딸·····미안해··고마워어어····

      디졸브

S# 서울 야경··

S# 아파트 현관 앞(밤)

자모 (팔짱 끼고 서서 땅 보며)문 닫구 내쳐 잠만 자는 거 같어···자기두 해야지 뭐··

자부 국은 먹었어?

자모 와서 한번 먹구는··나중에 먹는대.

자부 슬기는

628

자모 들어오자마자 애기부터 찾더라구‥지에미가 데리구 들어가 애기했어‥그 담부터 암말 안하구 그거두 지방에서 뭘 하는지‥저녁은 먹였어‥

자부 후우우우우우(먼 데 보며)

자모 ‥‥(남편 보며)

자부 ‥‥들어가.

자모 밥먹구가지.

자부 들어가라구.(움직이는)

자모 ‥‥‥(보며)‥‥‥

S# 태원의 거실

태모 (과일 찍어 들고 돌아보며)늦을 거 같다더니.

채린 (주방에서 쪼르르 나와 가방 받고)

태원 미팅이 취소됐어요.

태모 잘 됐군.

태원 (채린에게)지금 저녁생각없어요. 아주머니께 말씀드려요.

채린 왜애애.

태원 중간에 케익한조각 먹은 게 아직(계단으로 앞서며)

채린 (따르면서 오버랩)순두부찌개 맛있는데.

태모 아줌마아아 슬기애비 저녁 안 먹느대애.

채린 아.(돌아보며 웃는/깜박했네)

태모 쥐정신이냐? 곰방 듣구 곰방 까먹구 그냥 쫓아 올라가?

채린 죄송해요 어머니이…

태모 (올라가는 둘 돌아보고 있다가)강아지야강아지. 졸랑졸랑 그냥 지 서방 꽁무니 쫓아다니는거 밖에는 아아무 관심이없어(혼잣소

리/ 비죽거리며 과일 먹는)

태희 (주방에서 바나나 두 개 들고 나오며)하나 드실라우?

태모 금방 숟가락 놓구 무겁게 그건 왜 먹어.

태희 (껍질 벗기며)이번 께 유난히 맛있다구 아줌마가 꼬셔서.

태모 (오버랩)저러구 살 걸 왜 처음부터 못했어.처음부터 저렇게 살 었으면 반미치쾡이루 사람 섬칫하게 만들지두 않았을 거구 슬기 뺏길 일두없었을 거아냐.

태희 왜 잘 살어두 불만이야.

태모 누가 불만이래? 하루 아침에 앨 확 돌려논 이유가 뭔지가 여엉 궁금하다는 거지.

태희 아직두 그렇게 궁금한 게 많어 엄마는 오래 살거야. 아 뭐 채린이 만의 비결이 있었나부지이이.

태모 그 비결을 그래 왜 첨부터 안써먹구 애껴뒀던 거야.

태희 (아) 잘 살면 됐어어.

태모 애는 왜 안 생겨.

태희 ?? 내가 그걸 어떻게 알어.

태모 병원이라두 다녀봐얄 거 아냐. 할 일을 못하구 있으면서 어떻게 저렇게 태평이야.

태희 진짜 그냥 조요옹히 평화롭게 아아무 걱정꺼리가 없으면 몸부림이 나? 지들 알어하라구 신경꺼.

임실 (찻잔 들고 나오며)사장님 할 일이 손주 기다리는 거 밖에 뭐 있겠소‥버섯차 새로 끓였소.

태모 에에

임실 그라지요.

S# 태원의 침실

태원 (실내복/통화 중)아니 어쩌다가요오.(채린/옷 걸다 돌아보는)……

태원 E 차는 어떻게 처리했어요? 브랜드쪽에 연락했어요?……(듣다
가)촬영은요 …모델이랑 스탭들은요·· 차사고 아닌 것만 해도 정말
다행이라 생각해야죠. 알겠습니다. (끊고) 후우····

채린 (앞에 와서)무슨 일이에요?

태원 새로나온 신차 빌려 촬영갔는데 주유소가 디젤인지 휘발류지
확인 안하고 개슬 잘못 넣었다네··

채린 어머나. 어떡해.

태원 현장 수습 끝내고 올라오구 있다니까 걱정할 거 없구/참 낮에
회장님 뵙구 왔는데 …

채린 (오버랩)엄마 전화받았어요.

태원 가 뵈어요··

채린 그럴 맘이 안 생겨··

태원 평생 후회할 일 만들지 말구 가서 얼굴 보여드려요. 채린이가 나
보러 왔구나만 해도 된다구.

채린 ····(보며)

태원 어머니한테 자꾸만 미안하다 그러신다는데 당신한테도 그말
씀 하고 싶으실테니까 하시게 해드리라구.

채린 (오버랩)미안하다는 말 로 퉁쳐주고 싶지 않아··

태원 ····(보다가 안아주는)이해해 이해하는데 나는 당신이 그 얼룩마
저 지워버렸음 좋겠어··그게 내가바라는 바야.

채린 ····(뿌우우우)

태원 샤워할게.

채린 (끄덕이고 가벼운 키스)

태원 (웃어 보이고 나가며 돌아보면)

채린 (손 흔들어 보이고)

태원 (손 흔들어 보이고)

S# 욕실

태원 (들어오며 문자 간단히 넣고 칫솔에 치약 묻히는데)

  [전화벨.]

태원 어 아빠야..왜 이렇게 하루 종일 조용해? 아빠 삐질까 어쩔까 생각 중이야. 엄마 퇴원 안했어?

S# 슬기 방

슬기 했어....근데 엄마 애기 안데리구 왔어. ..애기를 위해서 그랬대 ..엄마는 나만 있으면 행복하대..응 많이 열심히 생각했대..그런데 기분이 별로 안 좋아..엄마는 괜찮대. 잊어버릴 거래.나더러두 잊어버리래.

S# 태원 화장실

태원 (오버랩)그래. 엄마 그렇게 결정한 이유...지금은 잘 모르겠어두 나중에 너 더 많이 자라면 이해하게될 거야...응..아마 많이 아주 많이 슬플 거야..니가/너만이 엄마 꿈이구 희망이니까 너 엄마 정말 사랑해야하구 정말 잘해줘야 해....아냐아냐 너때문아니구 엄마는...엄마는 아마 너만 빼구 모든 것에서 자유롭고 싶었던 걸 거야. 아빠는 엄마를 알 수 있어...응..응 그래...

  [노크.]

태원 ?? 아빠 샤워해야해.응 잘자.(끊고 문 열면)

채린 (새 비누 내밀며)형님 씻고 나오면 향이 너무 좋아서 아까 연필

화 학원 끝나구 사왔어‥

태원 남자한테서 여자 비누향 웃기지 않어? (받으며)

채린 어머어머 진짜 까르르르‥나 바보야아.

태원 (웃고)

채린 슬기? (통화한 상대)

태원 응 오늘 통화 못했거든.

채린 당신 부녀는 날마다 무슨 할말이 그렇게 많은지 모르겠더라.

태원 또오오

채린 호호 미아안‥ (애교 있게 얼버무리고 나가고)

태원 ‥‥‥

S# **은수의 침실**

은수 (침대 아래서 임신 출산에 관한 책들 일고여덟 권 꺼내 보자기에 싸고 있는‥‥보자기 여며 구석으로 치우고 약봉지 찢어 알약들 넘기고)‥‥‥
(물컵 내리며 허탈한)‥‥‥

S# **준모의 방**

준모 (침대 걸터앉아 아기에게 젖병 물리고 있는/신생아 우유량은 아주 적습니다. 몇 시시인지 조사 요망)

이모 ‥‥‥(그저 보면서)‥‥‥

준모 (문득 언니 보는)

이모 끄으으응(일어나며)소젖 먹어야하는 거두 니 팔자다아아.

준모 어미 젖 먹는 애가 얼마나 된다구.괜한 소리는‥

이모 (문으로)해봐라 어디 한번. 낑하면 깨야하구 캥하면 일어나지구 다 잊어버려 그렇지 보통일 아닐 거다‥

준모 내니 곧 와요.

이모   (나가며)나무관세음보사아알..

S# 준구 회사 앞

준구   (현관에서 나오다 전화받는/진동) 어..왜.

정수   E 다미 세시간 전에 겨우 정신 차렸단다.

준구   (멈추며/아아 살았다)

정수   F 기억이 전혀 없다 그런대..죽을 작정은 아니었던 거 같으니까
그렇게 알어라.

준구   기억이 없는 게 그게 문제야. 기억도 못하는 짓을 왜 해.

정수   F (오버랩)과로입원으로 기사 나갈 거구 드라마는 스토크 있
어서 지장없나보더라.

준구   (오버랩)됐다. 그만 하자.(끊고 대기 중 차에 오르고/기사 운전대로)

S# 출발하는 차

S# 차 안

준구   (눈 감으며 기대는)‥‥‥

S# 입원실

다미   (주사 꽂고 눈 감고 눈꼬리로 줄줄 흐르는 눈물)‥‥‥‥

송   (붙어 앉아서)‥‥‥(눈물 닦아주는)‥‥‥

다미   (고개 조금 돌리고)‥‥‥

송   ‥‥다미야‥‥‥‥다미야‥‥

차   (서 있다가)가 저녁 먹구 와요.

송   ‥‥(다미 보며)

차   예??

송   (일어나 소지품 챙기며)기사 넘기구 올게요.두시간만 봐줘요.(나
가고)

차　　(나가는 것 보고 다미 침대 옆으로/한숨 푸욱)차라리 나를 먼저 죽여
　　　놓구 해라　너랑나랑 십년이다십년. 너 인간적으로 진짜/ 나한테 이
　　　래야겠니어엉?!!까짓 김준구가 뭐라구엉? 그 새끼 개자식인 거 너
　　　아직두 몰라??!!!

다미　　시끄러..(오버랩/조용히)

차　　...(보는)

다미　　(눈 뜨며)내 마음/ 내 마음 늬들 꺼 아니야.. 나가..

차　　....

다미　　(머엉하게).....

차　　열흘 미뤄놨어.끝은 내 줘얄 거 아냐.

다미　　.......

S#　주하 오피스텔

현수　　(소주잔 잡고)우리 엄마아빠는 무슨죄냐.

주하　　부모된 죄..

현수　　(술잔 들며)만약 또 결혼한다면 그때는 내가 죽여버리고 말 거
　　　야.(훌쩍)

주하　　어 어디갔다 이제 왔냐 여기 진짜 소울메이트다.그럼 또 할 수
　　　두 있지 뭐.

현수　　또 새끼 낳구?

주하　　하하 그건 좀 생각해봐야겠다.

현수　　(오버랩)남자 없으면 못 사니?

주하　　(그러는)너는 왜 남자랑 사니.

현수　　....(따르는)

주하　　(오버랩)난 남자없인 싫다. 남자 없는 건 비오는 날 우산없는 거

같아..처량맞어, 우산은 필요해.

현수　(마시는)....

주하　난 언제나 우산 하나는 반드시 들고 있을 거야. 만약 인태씨가 아니다 그럼 미련없이 버리고 다른 우산 찾을 거구? 또 아니면 또 바꾸고 또 바꾸고 일곱 번이든 여덟 번이든/내 인생/ 거침없이 용감할 거야.

현수　(오버랩)주하야 너 혹시라도 ..

주하　......응?

현수　(보며)혹시라두 나 때문에 ..나 가볍게 해줄려구 인태씨랑

주하　(오버랩)돌았니? 너 그건 내가 인태씰 제물로 삼은 거 아니냐소 린데 제물하구 결혼까지 하냐? 그게 무슨 망발이야?

현수　....(보며)

주하　아 물론 첨엔 별로였어. 너무 안돼보여서 /그때는 뭐 내 처지두 한심했을 때구 나도 별거 아니면서 야박하지 말자 그러다가/뭐냐 가랑비에 옷 젖는 거 모양 살살 빠져든 거지 저언혀..너도 상관없고 광모도 상관없었어. 너 그건 인태씨 모욕하는 거야엉?

현수　(오버랩)나를/...우리를 어떻게 보니.

주하　......(보는)

현수　아무 일 없었던 척 아닌 척 하면서..너도 나같을 거 아냐.

주하　으으으음..첨엔 좀.. 지금은 안 그래. 왜냐면 나 인태씨만으로도 엄청 바쁘거든.

현수　(오버랩)나 웃기지 않니?

주하　내가 웃겼었지. 인태씨 괜찮지 다른 우산 필요없을 거같지.

현수　응 아마도.

주하   아아아 지루해서 어떡하지? (따르며/현수 잔에) 마시자.

현수   마시자.

　　[둘 부딪치고 같이 비우는…]

S# 친정 골목(밤)

　　[……광모 차 와서 멎고/]

광모   (약간 취한 현수 내리는 것 도와주며) 늙어서 술두 줄었드구만 조금만 마시지. 넬 보자.

현수   (오버랩) 아냐 들어와들어와.

광모   ? (현수 먼저 들어가고/차 문 잠그며) 왜 이랬다 저랬다야. (중얼거리며 뛰어 들어가는)

S# 자매 친정 거실 주방

현수   (들어오며) 아빠 뭐하세요.

자부   (걸레질하다 돌아보는) 왔어?

광모   (들어오며) 저두 왔습니다 아버지.

자부   (일어나며) 어어 그래.

현수   뭐하세요?

자부   (아냐) 마루 한번 닦아줬어.

현수   저녁은요.

자부   갈비탕 먹구 들어왔어‥

현수   (오버랩) 지금부터 소주 한잔 카악 어때요.

자부   그래 그러자

광모   (주방으로 가는 현수) 그만하지이이?

현수   (오버랩) 시끄러

광모   (오버랩 아빠에게) 쟤 전작이 있거든요.

자부 그래보였어.

현수 (술 챙기다 돌아보며)냄새났나?

자부 들어오는 폼이 벌써 그랬어.

현수 하하하하

S# 마루/시간 경과

　　[간단한 안주. 현수는 좀 더 취했고‥]

현수 (술잔 들고)‥나요 나 은수 차암 싫어. 진짜 싫어. 그게 나 언니대
　　접하는 거 본 적 있어요? 걔 단 한번두 그런 적 없어. 언제나 지가 더
　　잘났구 지가 더 똑똑하구 지가 더 인기있구 지가 더

광모 (오버랩)야야.

현수 (오버랩)암튼 진짜 밥맛없는 기집앤 건 확실한데에/ 그래두 나
　　는 걔가 아파. 속이 무지 상해. 난 뱉이 없어. 무지랭이야.

광모 (현수 잔 뺏어놓으며)그만하구 자라.

현수 (오버랩)그래두 아빠 /우리 은수 절대 괜찮을 테니까 아아무 격
　　정 마세요. 그 기집애무지무지 독하구 싸가지 없어서 일주일만 지
　　나면 멀쩡하게 일어나 고개빳빳이 들구 천연덕스럽게 잘 지낼 거
　　야. 왜애? 무슨 일이 있었는데에?

광모 현수야.(오버랩)

자부 (같이)현수야.

현수 네.

자부 니동생 독해서두 싸가지 없어서두 아니야‥은수는…뜨거운 애
　　야. 뜨거운 만큼 차기도 하구‥걔 할수 있는 최선을 다하다가 이건
　　아니다그럼 미련없이 접을 뿐이지/그걸 싸가지라 그러는 건 아
　　니야.

현수 호호 아빠는 은수만 좋아해..

자부 (오버랩)그 자리가 아무리 대단해두 /지가 의미를 못찾겠다면 그건 안하는 게 옳아. 나는 그렇게 생각해.

현수 네에..(꾸울벅)

자부 우리 걱정마.우리..괜찮아. 우리가 늬들한테 해줄수 있는 건 그 저 어떤 경우에두 늬들 편이라는 거.. 그거 밖에는 없어.

현수 딸들이 이래서 미안합니다아아

자부 내딸들이 어디가 어때서 허허허.

현수 나 취했어 광모야.

광모 취한지 하안참 됐어..일어나일어나.(현수 겨드랑이에 팔 껴 일으키면서)얘 재워야겠어요 아버지..재워놓구 와서 치울게요..

자부 (오버랩)내 치울테니까 그냥 자. 올거 없어...

　　　[나가는 둘....]

현수 E 아아아아 깝깝해애애애.

광모 E 조용해조용해..

자부 ....(있다가 술 따라 놓고 내려다보며).......

S# 은수의 거실

자모 (고개 외로 꼬고...세탁물 개키고 앉았는)...

슬기 (제 방에서 나오는)

자모 안잤어?

슬기 (할머니에게)엄마 밥 먹었어요?

자모 아까..조금 먹었어..

슬기 (엄마 방 문 여는)

자모 깨우지 마아..

은수 E (열린 방문 사이로)엄마 안자..들어와아..(은수 방에 불이 켜지고)

S# 은수 침실

은수 (몸 일으키고 슬기 들어와 침대로)자다 깼어?

슬기 (올라가며)안 잤어.

은수 안자구 뭐했어.

슬기 생각을 좀 했는데에?...

은수 ...

슬기 내가 엄마한데 잘해줄게. 말도 잘듣고? 공부도 열심히 하구?
　내가 착한 딸 효녀해서 엄마 행복하게 해줄게...

은수 진짜?

슬기 진짜 약속해.

은수 넌 벌써 착한 딸 효녀야아.

슬기 지금보다 더 더/ 열배 스무배 더어.

은수 (오버랩 안으며)고마워 내딸..고마워 미안해 고마워.....

F.O

S# 홈쇼핑 회사 현관/여섯 달 후

　[출근하는 은수..활달하고 명랑하게 인사하고 인사 받으며 들어오
　는/...]

　[전화벨.]

은수 (걸으며 받는)어 언니. 도착했어?나 회사. 지금 막 점심먹구 들
　어오는 길이야.. 어 그럼. 당연히 비워놨지... 깔깔 그럼 출장이 놀러
　가는 건 줄 알았어?

S# 인천공항(출국 게이트 앞)

현수 (통화 중)말마라 대표가 얼마나 기운이 쎈지 잠시도 가만 안놔

두고 계에속 끌구 다니는 데 진짜 토끼구 싶더라 힘들어 죽을 뻔 했어… 타자마자 뻗어서 도착 이십분 전에 깼어.슬기 보구 싶다‥잘 있지? 아 차 왔다‥타구 다시 할게. 어어 알었어.

[광모 차 대어지고/]

광모　(뛰어내려 트렁크 큰 거 작은 거 싣고/그러는 동안/현수 조수석에 오르고)

S# 광모 차 안

광모　(차로 오르며 벨트 빼며)오랜만이야 마누라.

현수　한 이십년만이지?

광모　(오버랩)야 너없는 독수공방(출발하며)외로워 죽을 뻔했다.

현수　날마다 살판났다 술 푸구 다녀놓군 어디다 뻥을 쳐.

광모　그것도 일주일 지나니까 지치더라. 너 없는 서울/진짜 아아무 의 욕이 없더라의욕이.

현수　(오버랩)됐어어. 그동안 어디서 바지만 안 벗었으면 돼.

광모　(오버랩)야야야야. 너 떠날 때 입었던 바지 고대로 입구 있는 거 안보이냐?

현수　(오버랩)흐흐흐

광모　디이게 보구 싶더라.

현수　엉.

광모　디이게 만지구 싶더라.

현수　엉.(하며 뽀뽀 잠깐 해주고)

광모　없어 보니까 왜 있어야하는지 절감을 하겠드군.내가 반쪽만 어정거리구 다니는 거 같드라구. 일을 하면서두 밥을 먹으면서두 반쪽이 없어. 한 쪽이 휑해‥

현수 어 나 전화해야해. (통화 시도)엄마 나 왔어‥응 지금(에서)‥

S# 미팅실

　　[업체, 은수, 피디 앉아 있고 / 티브이 카탈로그 각자 앞에 두고 있고]

은수 그것도 괜찮은데 /극장을 안방으로… 영화테마도 괜찮을 것 같

　　고요. 스포츠로도 한번 찾아 봐야겠네요 (스마트폰 빠르게 검색해

　　보는)

피디 ?큰 스포츠 축제 괜찮죠‥

은수 (웃는)조명 좀 넣고 호프집 배경으로/쇼핑호스트 의상은 붉은

　　옷에 머리띠/ 얼굴에 페인트 좀 하고 응원하는 컨셉이요?

피디 헤어밴드나 두건같은 것도 활용하고요.

은수 많이 본 컨셉 아니에요?

피디 뭐 안본 거 있어요?

업체 극장을 안방으로 보다는 스포츠 축제가 날 거 같은데요.

피디 나두 그게 날 거 같은데‥

은수 (오버랩)모델 몇 명이나 가죠?

피디 ?가족모델링 한팀가고, 친구들 한팀가고, 한 열 명 정도 갑시다.

은수 소품으로 피자 치킨 맥주같은 거 갖다놓고요.

업체 네(노트에 메모) 준비하죠.

피디 (오버랩)아, 잠깐만요. 스튜디오 한 번 볼게요. (스튜디오 스케줄

　　표 들춰보는)아하/스튜디오가 겹쳤어요. 우리방송 슛 들어가기 20분

　　전에 세트체인지니까/미리 와서 대기해 주세요.

업체 ?네(메모하며 일어나)그럼 저는 먼저‥(인사하고 나가고)

피디 왕년에 완판녀 오은수씨 /업체들 벌써 순번표 들고 있다는 소

　　문이에요.(음료수 들며)

은수   까르르르. 격려 고맙습니다아.(자료 챙기며)

S# 준구네 거실

　　[6개월짜리 은수 아들 그네에 태워놓고 초기 이유식 먹이고 있는 이모. 노인네 아기가 이뻐서 내는 소리 자연스럽게…]

유모   (주방에서 나오면서)제가 할께요 보살님.

이모   누가 하면 어때. 놔두구 일봐요. (유모 대답하고 퇴장하는/상관없이 아이에게)우리 이이쁜 할머니는 목욕하구 나오니까 어디 가시구 안 보이시나요오오. 으흐흐흐 이쁜 할머니 음대 스승님 병문안 가셨답니다아. 아구우우 잘 자시네에에‥그렇지그렇지 자알 자시구 무럭무럭 커야지 그럼. 에헤헤헤헤‥ 이게 언제 커서 사람 구실을 할까 몰러‥ 보살 할머니 우리 도련님 열 살까지는 볼 수 있을까나아?

S# 티브이 생산 공장 둘러보고 있는 준구‥간단한 보고 받으면서/…

S# 공장 앞

준구   (나와서 직원들 인사 받으며 대어진 자동차로 오르고)

S# 출발하는 차 안

준구   (핸드폰 꺼내 벌쭉 웃고 있는 아들 사진 꺼내서 보는)‥‥‥(생각하는)‥‥(은수 불러내서 문자 치기 시작)

준구   E 영원한 비밀 유지 보장따위는 없는 거고/언젠가는 당신 존재 드러나게 될 거요. 그럼 굳이 안 볼 이유도 없으니까

S# 회사 화장실

은수   (양치하다 문자 보는)

준구   E 언젠가 그날에 낯설지 않도록 아이 사진을 한번씩 보내주고 싶은데…대답 줘요.

제40회 643

은수   ……(있다가 문자 시작)

은수   E 멀고 먼 앞일에 대해서는 생각 안해요.

S# 이동 중 차 안의 준구

은수   E 내가 진심으로 바라는 건 영원한 비밀유지가 가능해서 아이가 혼란스런 과정을 안 겪어줬으면 하는 거에요. 뜻만 받겠어요. 고마워요.

준구   … (문자 보며)……

S# 아파트 광장

　　[들어와 멎는 은수 빨간 차.]

은수   (내려서 거의 달려 들어가듯 현관으로)……

S# 아파트 거실

슬기   (가방 옆에 두고 발레 디브이디 보며 흉내 내고 있는)……

은수   (전자음/들어오며)미안해애 엄마 좀 늦었지?

슬기   괜찮아..약간 늦었는데 뭐..(디브이디 끄면서)일 잘하구 왔어?

은수   공부 잘하구 왔어? 근데 왜 그렇게 입었어? 엄마 그거 아니랬잖아.

슬기   난 이렇게 입는 게 좋아.(주방으로)

은수   학교 갈 때 입었던 거 입어어.

슬기   (냉장고 열며)아냐아아

은수   어엉? 요새 스을슬 말 안듣는다? 왜 그러는 거야?

슬기   (물 꺼내 따르며)엄마가 입으라는대로 입으면 애기같다니까?

은수   너 애기라니까?

슬기   참 엄마는 뭘 몰라.난 애기가 아니라 소녀야. 소녀된지가 언젠데 엄마는 아직두 애기 래? 그게 벌써 틀린 거라구.

은수　옷에 대해서 엄마가 더 잘 알지 니가 더 잘 알어?

슬기　우리 옷은 우리가 더 잘 알어. 엄마가 골라주는 옷은 유치해.

은수　얘 너 니가 입겠다는대로 입으면 아줌마야.늙었단 말야.

슬기　아냐.

은수　왜 그렇게 빨리 늙구싶어? 안 서둘러두 자연히 늙어어.

슬기　(오버랩)아줌마 아니란 말야. 영석이가 이옷이 이쁘다 그랬단
　　　　말야.

은수　영석이 눈이 엄마보다 낫다는 거야?

슬기　우리끼리는 그래. 엄마 옷은 유치원생같대.

은수　(오버랩)슬기야슬기야?

슬기　(오버랩)아 나쫌 가만둬어. 옷두 내맘대루 못입게 하구 엄마 진
　　　　짜 너무 귀찮아.

은수　?? 귀찮아?

슬기　엉.

은수　엄마한테 잘해준다더니 말 잘듣는다더니 효녀한다더니 이게
　　　　효녀야?

슬기　(오버랩)옷입는 거만 참견하지 말아줘.

은수　너 이이상하게 입구 나갈려들잖아. 색깔 안 맞는 스타킹에
　　　　안 어울리는 자켓에 운동화두 니 멋대루 맛대루

슬기　(오버랩)아줌마 올 거야.시간됐어.(가방 집어 들며) 갔다 올게.

은수　(오버랩)바꿔입구 가.

슬기　싫어(현관으로)

은수　(오버랩) 고모랑 아줌마가 엄마 흉본단 말야아아

슬기　(신 신으며)내맘대루 입었다 그럴게.

은수　(오버랩)애애 운동화 그거 아니지이이.

슬기　(오버랩)괜찮아. 빠이빠이이.

은수　빠이빠이 아냐 싫어.(밖에 대고 아이처럼)

슬기　E 할머니이이

은수　??(현관으로/문 여는)

자모　(오버랩)아빠네 가?

슬기　E 네에..(멀어지며)

자모　(들어오며 밖에 대고)잘 갔다 와아아.(김치 통)

슬기　E 네에에..

은수　(김치 통 받으며)벌써 저렇게 말을 안들으면 어떡해 속상해 죽 겠어 정말.

자모　흐흐 왜 또오.

은수　(주방으로)꼭 지 의견야 꼭. 죽어두 말 안듣구 지고집대로야. 옷 지맘대로 입으러들어서 아주 돌겠어.

자모　깔깔깔 딱 넌데 뭘 그래. 니가 그랬잖어.(보자기 풀며)

은수　저거 믿구 살어봤잘 거 같아.대 놓구 귀찮대.

자모　(오버랩)흐흐. 크면클수록 거꾸루 가는 게 새끼야. 늬들두 그랬 어어어. 늬들은 뭐 수운하게 내맘에 들기만 했는 줄 알어?

은수　작년까지만 해두 안 저랬어.

자모　컸다는 거지이이흐흐..아이구 애 우리 집 팔렸어.

은수　그래애애?

S# 아파트 광장

슬기　(튀어나오며)?? 왜 아빠가 왔어?

태원　(기다리고 있다 가방 벗기며)아줌마가 아줌마 아버지 초상치르구 나서 좀 아퍼..

슬기 어어엉. 많이? (부녀 자동차로)

태원 아니 조금..자꾸 어지럽대..

슬기 병원 갔다 왔어?

태원 괜찮아. 걱정할 정도 아니야..(둘 타고)

S# 차 안

　　[부녀 각각 벨트 매면서]

슬기 아빠 안 바뻐?

태원 너 데려다주구 금방 다시 나와야 해.

슬기 으으응..

태원 (출발하며) 엄마는.

슬기 집에. 곰방 들어왔어. 할머니 김치 담아 오셨나봐. 접때 김치 떨어져간다구 했걸랑.

태원 으으응.

슬기 (오버랩)(픽 기대듯 하면서) 아아 인생이 고달파아.

태원 ?? 하하하하

슬기 학교 다녀야지 피아노 쳐야지 발레해야지이 (한숨 섞어) 미술학원 다녀야지 글씨 써야지이 받아쓰기 해야지이 책 읽어야지 아빠네 갔다왔다 해야지이...

태원 하는 게 너무 많다 그랬잖아..재미없는 피아노 그만하지이이?

슬기 그래두 바이엘은 떼야 해.

태원 엄마가?

슬기 내가. 할 수 있는 데까지는 할 거야.

태원 힘들어 죽겠다면서.

슬기 힘안들구 공짜로 얻는 건 세상에 없대.

태원 엄마가?

슬기 엉.

태원 엄마 말이 맞어.

슬기 피 아빠는 언제나 엄마 말은 다 맞는다 그러드라.

태원 맞는 말만 하니까.

슬기 안맞는 거두 있어요오오

태원 그게 뭔데.

슬기 그런 거 있어.

S# **태원의 거실**

임실 (아이스크림 들고 나오며)뭘 좀 제대로 먹어주는 게 있어야지 아이스크림만 줄창 먹구 어떤 아가를 날라 그라는지 참말로 의문이구먼잉.(소파에 기댄 채린)

채린 (받으며)속에서 받아주질 않는데 어떡해요.

임실 그래도 펑펑 어지러운데는 선지랑 생간이랑 그런 것 좀 먹어줘야

채린 (구역질)

임실 어매어매.

채린 (웃는)말만 들어도 이런데 어떻게 먹어요.

임실 약으로먹어야제 약으로.괜스리 조심하쇼. 사장님이 꾸욱꾹 눌러 참구 있는 거 보이는데 계에속 이것도 싫다 저것도 싫다 그라다 욕바가지 먹지 말고. 입덧 너머 심하게 하는 메느리/이쁘덜 안해.시어머니가 원래 그런거랑께.

채린 네에에..

648

임실　그럴줄 알었응께. 원래가 얼굴이 핏기가 없어갖고 어지럼증 도 무리가 아뇨.

채린　(오버랩)나 좀 먹어요 아줌마.

임실　이로우라고 하는 소리요. 구찮어하지 마소.(주방으로)

태모　(침실에서 나오며)아줌마아아.

임실　예에. 에.

태모　(봉투 내밀며)이빨 해 너.

임실　아고오오 아고아고‥

태모　또 아들 갖다 주지 말구 꼭 바꿔 껴 알었어?

임실　예에 그라지요‥이번에는 꼬옥 할테니께 걱정마시오.

태모　검사할 거야.

임실　예예 ㅎㅎㅎㅎ

태모　너는 또 아이스크림이냐?(아이스크림 그릇 들고 선 채린)

임실　(오버랩)단 것만 자꾸 땡기는가봅소. 그래도 아침은 좀 먹었응 께 차차 나아질 것이오

태모　(오버랩)신경쓰게 하지 마. 너 아니래두 눈뜨면 신경쓸 일 천지 에 골이 빠개져.나 좀 살자.

채린　죄송해요 어머니.

태모　에미가 먹어줘야 애가 나눠먹을 게 있지 끌끌글끌‥슬기는 왜 안와(오버랩)

　　　[현관 전자음.]

슬기　(뛰어들면서)할머니이이.

태모　어구어구 내새끼 양반은 못되네.할미 마악 슬기는 왜 안와 그 러는 참인데우후후후

슬기   (할머니 손잡으며)아빠는 회사도로 갔어요.

태모   (오버랩)오냐오냐. 들어가자들어가.

슬기   (손잡혀 안방으로 가면서)할머니 안녕하세요?

임실   오이야아아

슬기   아줌마 아프다면서요?

채린   (웃으며 손 흔들어주고)아냐아 이따 보자.

슬기   네에에.(둘 들어가고)

임실   육회좀 비벼주까요.

채린   (찡그리고)

임실   아 어지럽다면서어어

S#   **태모의 방**

태모   (손녀랑 마주 앉으며)그래 어떻게 생각해봤어?

슬기   (보며)···

태모   (아) 너랑 할미랑만 비밀이다 그러구 얘기한 거 말야. 생각해 본
다 그랬잖어··

슬기   생각해봤는데요 할머니.

태모   오냐.

슬기   엄마랑 오오래오래 쭈우욱 같이 살기로 먼저 약속했기 때문
그 약속을 지켜야해요.

태모   그건 아는 소리구 그래서 싫다구?

슬기   (끄덕이는)싫은 거 아니구 나는 엄마랑 살아야해요··

태모   채린이 아줌마가 아직두 싫어?

슬기   그게 아니라··내가 엄마를 보호해야해서요.엄마는 나 없으면
안돼요.

650

태모　끄으응 니 에미가 너하나는 확실하게 붙잡어 놨구나. 할미가
　　　그저 니에미한테 크은 선물한 셈치고 포기해야지 어쩌겠니. 엄마
　　　한테 이 얘기 안했지?

슬기　(고개 흔들고)

태모　애비한테두?

슬기　안했어요.

태모　그래 잘했다. 채린이 아줌마 니 동생 낳을 거야.

슬기　??

태모　병원에 여얼심히 쫓아다니더니 마침내 성공했어.

슬기　그래서 아픈 거에요?

태모　으응 아프다기 보다 임신한 여자들은 누구나 해야하는 고생이
　　　야. 너두 나중에 결혼해서 해야할 고생이지.

슬기　언제 낳아요?

태모　가을에.

슬기　아아.

태모　동생 생기면 동생이랑 너랑 우리 한집에서 다같이 살면 좋을텐
　　　데‥그래두 싫어?

슬기　(고개 흔드는)나는 /나중에 결혼해서도 엄마랑 살 거예요.

태모　(오버랩)니 에미 또 결혼한다 그럼

슬기　(오버랩)결혼 다시는 안한댔어요.

태모　그건 두구 봐야 알 일이야.

슬기　그때는 할머니한테 올께요. 할머니 나 목말라요. 물 마실래요(나
　　　가려는데)

태희　(문 열고)앗 이게 누구십니까.

슬기 앗 정슬기입니다.

태희 어디가?

슬기 물 마시러요.

태희 그래 마셔.(슬기 나가고/ 들고 온 서류 봉투 탁자에 놓으며)황소장 엄마때매 돌겠대. 작년 일월부터 이달 어제까지 지출 영수증이랑 장부..

태모 (오버랩 혼잣소리)어린 거 데리구 입찬 소리는...앞으로가 장장 인데 뭘 장담해. 끄으으웅.(일어나 화장대로)항아리 속에 숨었어두 팔자도망은 못한다 그랬어. 심란스런 팔자 어디 가? 니맘대루 다 시는이 어딨어 다시는. 두구 보자 어디..(로션 손에 바르며)

태희 아줌마 닮아가? 웬 혼자만 아는 궁시렁이 부쩍 심해져?

S# 은수 침실

은수 (화장하고 하면서)엄마가 이쪽으로 오면 나는 너무 좋지이이.. 애 학교에서 오는 시간 댈려구 허둥지둥 안해두 되구.한번 씩 저녁 외출두 할 수 있구 나만 복터지게 생겼어.

자모 (바닥 걸레질하며 오버랩)맞어 그나앙 애만 처다보며 있지 말구 나가서 친구두 만나구 영화두보구 자유롭게 살어자유롭게. 새끼 한테 너머어어 그래봤자 그거 다 소용없어. 다아 저혼자 컸다 그러 지 에미 덕봤다 그럴 줄 알어?

은수 덕봤다 소리 듣자 그러는 건가. 슬기 아니면 할 일이 뭐 있어.

자모 운동/헬스두 좀 다니구.

은수 회사 주변은 다 걸어다니니까 팬찮아. 스트레칭 요가두 하구 있구.

자모 딴 거 아아무것도 필요 없어. 그저 니 몸 하나 건강하면 끝이야. 니가 건강해야 슬기도 제대로 키울 수 있구 니일두 잘 해나갈 수 있어.

은수 (오버랩/조금 돌아보듯)어 나 내년 연봉계약 이번보다 훨씬 좋은 조건일 수 있겠어.

자모 더 준대?

은수 지금 같이만 되면 물론 더 받아야지이이‥흐흐 난 타구났나봐아. 모두 다 이이상하대‥별 볼일이지이 하는 거두 내가 나서면 잘 팔아치운대.

자모 니가아 신용있게 보이잖아아‥

은수 까르르 어디가 그런 말 하지 마아.

자모 정말이야아. 니방송 보구 있으면 나두 사구 싶다니까?

은수 (오버랩)구매자들이 그래줘야지 엄마가 그런 건 소용없어.

자모 그래두 내가 시장이며 어디며 다니면서 선전하잖아아.

은수 까르르르르‥

자모 (걸레 들고 일어나며)끄으응. 무슨 결혼식을 밤에 해애.

은수 많이들 그러는데 뭐얼‥‥‥(엄마 나가려는데)엄마‥

자모 웅.(돌아보고)

은수 (화장대에서 일어나며)아까 한남동 그 사람한테서 문자 왔었어.

자모 뭐라구(뿌우)무슨 볼일 있어서.

은수 (옷 꺼내며)아이 사진 보내주냐구‥언젠가는 만날 일 있을지두 모르는데 한번씩 사진 보구 낯익혀두는 게 어떠냐 그러더라.

자모 고양이쥐생각하네.

은수 싫댔어.

자모 잘했어. 보긴 왜 봐. 괜히 사람 속만 흔들어 놓는 거지 그건 봐서 뭐해.

은수 내말이이

자모 보지 마 볼 거 없어. (나가는)

자모 E 언젠가 만날일 생기면 그때 봐두 돼‥낮 안 익혀둬 새끼 몰라 볼까봐?

은수 언젠가 만날 일 없길 바래 엄마아아‥‥

자모 E 그래. 그깐 거 깡그리 잊어버리구 너대루 신나게 살어.

S# 거실

자모 (걸레 들고 침실 보며)슬기 밖에는 없어. 슬기 하나 뿐이야엉?

은수 (가방과 겉옷 들고 나오며)나가야 하는데?

자모 어어‥빨리하께‥금방 해.(걸레 욕실에 던지러)

은수 십분 쯤은 괜찮아아.

S# 서초 버스 정류장이 저만큼 보이는 곳에 와서 대어지는 은수 차

자모 (내리고 어이 가라는 손짓하고 은수 차 움직이고)……(보면서 잠시 있다가 버스 타는 곳으로 걸으며 전화 꺼내 통화)어 여보 난데 내가 여기 부동산에 좀 들려봐? (하는데 마치 도망치듯 달려온 청년 행인이 부딪혀 전화 떨어트리며 엉덩방아)‥아으‥‥아으으 왜 저래애애‥(땅 짚고 전화 집어서)여보세요?‥응 암것도 아냐.내가.전화기를 떨어트렸어‥응‥응…

S# 한복집으로 들어오는 은수

은수 안녕하세요 선생님.

허 아으. 어서 와요. 안 그래두 기다리던 참이에요‥

은수 죄송합니다. 엄마가 오셔서 좀 늦어졌어요. 아까 전화는 했었는데

허 (오버랩)들었어요··다음 약속있다면서요 일단 가봉부터 합시다.

은수 네 선생님.

S# 한복 가봉 중인 은수와 허선생

은수 머리가 여엉 아니네요 선생님.

허 머리는 보지 말고요 호호호··(가봉하며)한남동 사모님이 마침 여행이 잡히셨대서 얼마나 다행인지··

은수 계셔두 제가 모델 나선다면 안 오실 거에요··

허 예의상 말씀은 드릴 참이에요.

은수 네에.

허 듣자니까 거의 외출 안하시구 댁에만 계신 거 같더라구요.

은수 아마 한동안 그러실 거에요··

허 알만한 사람 벌써 다 알구 뭐 꼭 그렇게 흉이랄 거두 없는데·· 한다하는 집안 자식들/ 얼마나 많이 실패하는데요. 자기들끼리만 쉬쉬하지 떠도는 소리는 또 얼마나 흉악한지 말도 못해요.

은수 저는 뭐라 그래요?

허 호호··은수씨 얘기는 못들었어요.

은수 선생님 거짓말 하시네요.

허 아니 나 거짓말 아닌데에에??

은수 (그냥 웃고)

S# 어느 미용실

주하 (웨딩드레스 차려입고 거울 보며)야아아아 오뉴월 하루 볕이 어 떻다드니 진짜 그동안 팍삭 늙었다.

현수 좀 삭긴 했어두 팍삭까지는 아냐.

주하 (오버랩)나 가분수 아냐?

현수 베일 쓰면 카버돼.

주하 화장 너무 두껍지 않어?

현수 (오버랩)아 그 신부 참 말 많네. 대충 치러어.

주하 드레스 너무 조신하잖어?

현수 쇼걸 안 같어서 좋아. 잘 골랐어.

주하 (오버랩)이번에는 내가 깽판치구 뛰어나가봐?

현수 뭐어?

주하 하하하하/떨린다떨려. 첨두 아닌데 왜 이렇게 떨리냐 현수야.

인태 (전화 들고 들어오는)

주하 아 인태씨.

인태 (현수에게 눈인사 잠깐 하고 주하에게)저기 식을 한 삼십분 늦춰
야겠어요 주하씨.

주하 ?? 왜요?

인태 주례 선생님 차가 교통사고

주하 에에?(오버랩)

인태 (오버랩)아니 그렇게 큰 사고는 아닌데 엑스레이는 찍으셔야
한다구 빨리 찍고 바로 오신다구 연락이

주하 (오버랩)아아 이건 또 무슨 징조야아아..난 왜 결혼만 할라면
이 모양이야아아..

유 (들이닥치면서)아니 결혼식은 할 수 있는 거야? 주례선생 엑스
레이 찍구 곧장 입원해야 하는 거 아니야? 대타 주례 찾아야하는 거
아니냐구우우.

주하 (오버랩)이 시간에 대타 주렐 어디서 찾어어어.

유 니가 하는 일이 이렇지 그래. 알어서 한다구 큰소리 뺑뺑 치더

니 주례가 엑스레이 찍으러 병원 가 있으면 어떡하난 말야!!

주하   안되면 주례 빼구 가. 그래두 돼애!!(에서)

S# 호텔 연회실

[결혼행진곡/시작하며 문이 활짝 열리고 신랑 신부 손잡고 등장하기 시작하는/]

[박수 소리/신랑 신부 위에]

[박수하는 은수와 현수··]

S# 근처 어느 피자집

은수   (메뉴 접으며)고르곤졸라 어때.

현수   아무 거나.

은수   주세요··(주문 웨이터 대답하고 아웃)푸웃 웃긴다. 우리 옛날 주하 언니 결혼식 보구 나와 고르곤졸라 먹었었는데.

현수   (오버랩)엉. 나두 그 생각했어

은수   어 주하 언니 엄마 아직 언니랑 광모오빠 모르시는 거지?

현수   (오버랩)아셨으면 광모랑 나랑 벌써 이 세상 사람 아니다.

은수   괘앤히 내가 쩔리는 거 있지. 언니두 그만 결혼하지이? 잘 맞잖어. 아빠두 좋아하시구 엄마두 광모광모 그러는데 버틸 이유가 뭐야.

현수   버틸 이유도 없는데 딱히 해야할 이유도 없어. 결혼 안해서 불편한 거 없거든. 하면 오히려 깝깝할 거 같아. 우선 광모어머니에 대한 기본 자셀 바꿔야잖아.

은수   그게 뭐가 어려워.

S# 같은 카페/

현수   (피자 먹으며)결혼했다가 싫증내면/싫증나면 어떡하냐. 결혼에 묶이면 니집에 가라 소리두 못하구 쭈욱 같이 개겨야잖어.한 인간하구 쭈우우우우욱‥내가 그거 할 수 있을까?

은수 그런 사람이 한 인간 온갖 진상 다 보면서 십오년이냐?

현수 그건 내꺼 안됐을 때 얘기지.

은수 (오버랩)난 소질도 없으면서 주제넘게 한 인간하구 쭈우우우욱을 꿈꿨었어. 주제넘었던 결과가 이거야. 언니는 한 인간하구 쭈우우우욱 엄청 소질있는 사람인데 겸손하다 못해 자신이 없대. 우린 왜 이 모양이냐.

현수 삶이 그대를 속일지라도 알지.

은수 슬퍼하거나 노여워하지 마라.

현수 우울한 날들을 견디면 믿으라 기쁨의 날은 오리니.

은수 (오버랩)나 안 우울해.그리구 난 삶이 나를 속인 게 아니라 내가 삶을 어떻게 해보려다 실패한 거야. 네에 다시는 안 그러겠습니다. 남자와 함께 꿈 버립니다. 나 자신과 내 딸/ 엄마 아빠 그리고 언니 추가‥그 이상 또 인간 관계 사양합니다. 이제부턴 아무 것도 안 할 거야.지금 얼마나 단순하구 상쾌한데.진심/진짜야.

현수 그 반지는 뭐니. 요새 패션이야?(결혼 실반지 세 개 겹쳐 낀)

은수 어어‥(보여주며)하나는 첫 결혼 정태원/하나는 두 번째 김준구/또 하나는 세 번째 결혼 오은수. 나/ 나랑 결혼했언니.

현수 ‥‥(보며)

은수 이렇게 개운하고 평화로운데 왜 그렇게 힘들어했는지 모르겠어. 나 다시 살아나서 지금 행복해. 슬기도 행복하대. 그런데 고게 벌써 컸다구 말대답 퐁퐁/기막히게 해.

현수 하하하하하‥

은수 <u>으ㅎㅎㅎㅎㅎ..</u>

S# 다미 아파트 전경(밤)

S# 다미 아파트 거실

다미 (달려나와 껴안으며 붙는)

준구 알았어알았어. 밥줘 배고파. 빨리해.술자리 가야해.

다미 (상의 벗기며)달래간장 새우전 된장찌개.

준구 (오버랩)아무거나.

다미 오분이면 돼 (상의 적당히 치우며)손씻어.

준구 (개수대 수전으로)두통은 어때.

다미 어 아침보다 훨씬 나아‥견딜만해.

준구 운동 갔다왔니?

다미 (조리대로)갔다왔지. 두 시간 죽어라 하구 왔어.

준구 자알했어. 기특해.

다미 <u>호호홋 당신이 죽으라면 나는 죽어.</u>(손 씻는준구 허리 안고 붙으며)

준구 (타월 받아 손 닦으며)죽는단 소린 입밖에 내지 말랬지 끔찍하다.

다미 으흐/(반찬 내놓기 시작하며)이모님 전화하셨었어‥ 필승이 이름이 아무래도 너무 무식스럽다구.

준구 (앉으며)아버지 고집이신 걸 어떡해.

다미 병원 빼먹지 말구 열심히 다니라구‥

준구 모르겠다‥(반찬 집어 먹으며)이모님 작전이 어떻게 될건지‥‥

S# 은수 아파트 거실

은수 (요가 운동복으로 침실에서 나오며 통화)응 엄마 운동할려구. 뭐하는 중이었어?‥어어 너 고모한테 한번 물어봐 아까 너 입구 간 옷이/‥(듣다가 꽤액)너 진짜 이럴 거야!!!???? 까르르르 알았어알았

어.돼지 안 잡을게.깔깔··응··으으웅··잘 지내 낼 보자아아? 사랑해

애? 굿나잇··(끊고)

　　[스트레칭 시작하다가 문득 반지 세 개 손가락에서 빼 탁자에 놓고/ 음

　　악 넣어놓고 주방으로/]

은수　(맥주 한 캔 꺼내 시워언하게 벌컥벌컥 마시고 내리며 그으윽/트림

　　하고 혼자 웃고 다시 마시는)·····

S#　탁자의 반지 세 개···

〈끝〉

부록

TV 드라마

〈무지개〉

1972년, MBC, 주간 드라마.

〈상록수〉

1972년, TBC, 주간 연속극(문예물 각색).

〈새엄마〉

1972~1973년, MBC, 일일 연속극.
재혼한 여성이 대가족을 자신의 의지로 슬기롭게 끌고 나가는 이야기로,
가족 중심 일일 연속극의 새 지평을 연 드라마.

〈심판〉

1972년, KBS무대, 단막극.

〈강남가족〉

1974년, MBC, 일일 연속극.
고지식하면서도 정직하고 단란하게 살아가는 공무원 가정의 일상 이야기.

〈수선화〉

1974년, MBC, 일일 연속극.
여성을 중심으로 지혜롭게 살아가는 가족의 이야기로, 이 드라마를 시작
으로 세칭 '김수현표 드라마'로 평가받기 시작함.

〈하얀 밤〉
1975년, KBS무대, 신년 특집극.

〈안녕〉
1975년, MBC, 일일 연속극.
가정과 부부 윤리의 변화를 그린 드라마.

〈신부일기〉
1975~1976년, MBC, 일일 연속극.
시골서 갓 시집온 영리하고 해맑은 며느리가 만들어가는 부드럽고 화목한 가정 이야기.

〈아버지〉
1975년, TBC, 토요무대(단막극).

〈탄생〉
1976년, MBC, 신년 특집극.

〈여고 동창생〉
1976~1977년, MBC, 일일 연속극.
여고 시절 단짝이었던 다섯 명의 동창생들이 사회와 부딪치며 살아가는 이야기.

〈말희〉
1977년, KBS무대, 작가가 드라마 선집에 추천한 대표 단막극.

〈보통 여자〉
1977년, TBC, 단막극.

〈당신〉

1977~1978년, MBC, 일일 연속극.

새 며느리가 주변의 질투와 멸시 등의 어려움을 극복하고 부부애를 되찾는 홈드라마.

〈후회합니다〉

1977~1978년, MBC, 주말 연속극.

가족의 오해와 갈등 속에 인생을 살아가는 중년 여성 이야기.

〈청춘의 덫〉

1978년, MBC, 주말 연속극.

배신한 남자에게 복수하는 애정극으로, 1999년 SBS 리메이크작으로 "당신 부숴버릴 거야"라는 명대사를 낳음.

〈불행한 여자의 행복〉

1978년, TBC, 단막극.

〈행복을 팝니다〉

1978~1979년, MBC, 일일 연속극.

한집안에 모여 사는 일곱 세대의 애환을 다룬 드라마.

〈엄마, 아빠 좋아〉

1979년, MBC, 주말 드라마.

〈고독한 관계〉

1980년, TBC, 주말 드라마.

〈입춘대길〉

1980년, KBS, 신년 특집극.

〈잃어버린 겨울〉
1980년, TBC, 주말 드라마.

〈아롱이다롱이〉
1980년, TBC, 주간 드라마.

〈옛날 나 어릴 적에〉
1981년, KBS, 신년 특집극.
1993년 KBS 설날 특집극으로 리메이크됨.

〈첫 손님〉
1981년, MBC, 신춘 특집극.

〈안녕하세요〉
1981년, MBC, 주말 드라마.

〈사랑의 굴레〉
1981년, MBC, 〈사랑의 계절〉 100회 특집극.

〈불타는 다리〉
1981년, MBC, 육이오 특집극.

〈사랑합시다〉
1981~1982년, MBC, 일일 연속극.

〈야상곡〉
1981~1982년, MBC, 주말 드라마.
농밀한 애정극.

〈아버지〉
1982년, MBC, 신년 특집극.
중년 가장이 그리는 남자 이야기.

〈어제 그리고 내일〉
1982~1983년, MBC, 일일 연속극.

〈다녀왔습니다〉
1983년, MBC, 일일 연속극.
밝고 경쾌한 홈드라마.

〈딸의 미소〉
1984년, KBS, 신춘 특집극.

〈사랑과 진실〉
1984년, MBC, 주말 드라마.
정반대의 성격을 가진 자매의 엇갈린 운명을 그린 이야기.

〈사랑과 진실〉 2부
1985년, MBC, 주말 드라마.
〈사랑과 진실〉의 속편.

〈사랑과 야망〉
1987년, MBC, 주말 드라마.
시대적 배경과 함께 서로 다른 두 형제가 살아가는 이야기. 2006년 SBS 주말 드라마로 리메이크됨.

〈모래성〉
1988년, MBC, 미니시리즈.
작가의 소설을 원작으로 극화한 멜로드라마.

〈배반의 장미〉
1990년, MBC, 주말 드라마.
식물인간에서 깨어나는 남편과 아내 이야기.

〈사랑이 뭐길래〉
1991~1992년, MBC, 주말 연속극.
전통적인 가정과 비교적 개방적인 두 가정 사이의 문화적 갈등과 충돌
이야기로, '대발이 아버지'라는 캐릭터를 낳음.

〈두 여자〉
1992년, MBC, 미니시리즈.

〈어디로 가나〉
1992년, SBS, 창사 특집극.
병든 아버지와 자녀들 간의 갈등과 삶과 죽음 이야기.

〈산다는 것은〉
1993년, SBS, 주말 드라마.
가장이 된 여성의 삶과 가족 이야기.

〈작별〉
1994년, SBS, 주간 드라마.
시한부 의사와 그 가족의 인생과 슬픔에 대한 이야기.

〈인생〉
1995년, SBS, 창사 특집극.

〈목욕탕집 남자들〉
1995~1996년, KBS, 주말 연속극.
목욕탕을 하며 삼대가 함께 사는 서울 변두리 집안의 전통과 현대가 섞

인 이야기.

〈사랑하니까〉
1997~1998년, SBS와 HBS(케이블 현대방송) 동시 방송.
김수현 드라마 가운데 유일하게 죽은 영혼이 드라마 속에 등장하는 이야기.

〈아들아 너는 아느냐〉
1999년, SBS, 창사 특집극.
사고로 뇌사에 빠진 아들의 장기를 기증하면서 깨닫는 삶에 대한 이야기.

〈불꽃〉
2000년, SBS, 주간 드라마.
네 주인공의 엇갈린 관계와 운명적 사랑 이야기.

〈은사시나무〉
2000년, SBS, 창사 특집극.
부모 자식 간의 복잡한 감정과 관계에 대한 고찰.

〈내 사랑 누굴까〉
2002년, KBS, 주말 연속극.
자녀들의 연애와 결혼을 중심으로 펼치는 홈드라마.

〈완전한 사랑〉
2003년, SBS, 주말 드라마.
희귀병에 걸린 연상의 아내와의 애틋한 사랑 이야기.

〈혼수〉
2003년, KBS-2TV, 추석 특집극.
결혼의 현실과 이상에 대한 고찰.

〈부모님 전상서〉

2004~2005년, KBS, 주말 연속극.

경기도 여주를 배경으로, 자녀들이 그들의 삶에 대해 매일 돌아가신 부모님께 보고하는 형식의 드라마.

〈홍소장의 가을〉

2004년, SBS, 창사 특집극.

경제위기로 퇴직한 가장을 통해 가족의 아픔과 사회문제를 그린 드라마.

〈내 남자의 여자〉

2007년, SBS, 미니시리즈.

가까운 친구가 남편과 불륜에 빠진 이야기.

〈엄마가 뿔났다〉

2008년, KBS, 주말 연속극.

살림에 지친 주부가 휴가를 선언하는 홈드라마.

〈인생은 아름다워〉

2010년, SBS, 주말 드라마.

제주도 배경의 성소수자를 포함한 가족 이야기.

〈천일의 약속〉

2011년, SBS, 미니시리즈.

알츠하이머에 걸린 아내를 보살피는 순정극.

〈아버지가 미안하다〉

2012년, TV조선, 개국 특집극.

환경미화원 가장이 겪는 애환을 들려주는 드라마.

〈무자식 상팔자〉

2012~2013년, JTBC, 주말 연속극.

한집안 삼대의 세대별 우여곡절을 다룬 이야기.

〈세 번 결혼하는 여자〉

2013~2014년, SBS, 주말 연속극.

결혼의 의미를 되새겨 보는 젊은 층의 풍속도.

〈그래, 그런 거야〉

2016년, SBS, 주말 연속극.

아버지와 아들 세 형제가 살아가는 이야기.

라디오 드라마

〈저 눈밭에 사슴이〉

1968, MBC라디오 공모 당선 연속극.

〈약속은 없었지만〉

1968, MBC라디오 연속극.

〈지금은 어디서〉

1968, MBC라디오 연속극.

영화 시나리오

〈잊혀진 여인〉(1969), 〈아빠와 함께 춤을〉(1970), 〈필녀〉(1970), 〈미워도 다시 한번〉 3편(1970), 〈미워도 다시 한번〉 4편(1971), 〈보통 여자〉(1976), 〈불행한 여자의 행복〉(1979), 〈어미〉(1985)

소설

『상처』,『겨울로 가는 마차』,『안개의 성』,『포옹』,『유혹』,『청춘의
덫』,『여자 마흔 다섯』,『겨울새』,『결혼』,『모래성』,『그늘과 장미』,
『망각의 강』,『눈꽃』(이 가운데 일부는 다른 작가의 각색으로 TV 드라
마로 방송됨)

산문집

『미안해, 미안해』(1979),『生의 한 가운데』(1979)

영화화 된 원작들

『눈꽃』,『유혹』,『겨울로 가는 마차』,『마지막 밀회』,『내가 버린 남
자』,『청춘의 덫』,『상처』,『약속은 없었지만』,『죄 많은 여인』,『욕망
의 늪』,『버려진 청춘』,『너는 내 운명』,『나는 고백한다』,『이 밤이여
영원히』

1943   3월 충북 청주에서 출생.

청주여자고등학교, 고려대학교 국문학과 졸업.

잡지사 기자로 잠시 활동.

1968   MBC 문화방송 개국 기념 라디오 연속극 공모에 「그해 겨울의 우화」(〈저 눈밭에 사슴이〉)가 당선. 방송 드라마 작가로 공식 등단 이후 두어 편의 라디오드라마를 더 집필.

1969   〈잊혀진 여인〉 1970년 〈미워도 다시 한번〉(3, 4편) 등 10편 안팎의 영화 시나리오를 직접 썼고, 이 가운데 〈필녀〉는 1971년 제8회 청룡영화상 시나리오 각본상을 받았다. 이밖에 〈눈꽃〉 등 원작만을 가져가 영화화한 작품도 10여 편 더 있다.

1972   MBC-TV 주간극 〈무지개〉 집필 도중 일일 연속극 작가로 전격 발탁. 그 해 8월 말에 시작한 일일극 〈새엄마〉가 폭발적인 인기로 무려 411회나 방송되어 당시로서는 최장수 드라마의 기록을 남겼다. 이는 곧 현실적 일상생활을 바탕으로 하는 일일극 패턴의 시작을 알림과 동시에 일일극 중흥을 예고하는 '김수현 드라마'의 화려한 등장이었다. 〈새엄마〉는 1973년 한국 방송 사상 최초로 제1회 한국방송대상 극본상 수상. 1974년 〈강남가족〉, 〈수선화〉 등 쓰는 연속극마다 시청률 1위는 계속되었고, 앞서 〈새엄마〉 때부터 1980년대 초까지 약 10년 동안 거의 하루도 쉬지 않고 쓰는 실로 초능력의 작가가 되었다. 매일 또는 주간 연속극이라는 특징도 있지만 단순히 집필량으로만 치자면 아마도 이 지구상에서 가장 많은 원고를 쓴 작가로 기록될 것이다.

1975   〈신부일기〉 때부터는 '시청률 제조기'라는 별명과 함께 명실

공히 TV 드라마 일인자 자리를 굳혔다. 덕분에 MBC는 그때부터 한동안 '드라마 왕국'이라는 소리를 듣기도 했다. "김수현 드라마라면 죽은 시체도 벌떡 일어난다"는 말도 이때 나왔다. 실제로 김수현 드라마가 방송되는 저녁 시간에는 거리가 한산했고, 그 시각 설거지를 미루고 TV 앞에 앉는 주부들 때문에 전국의 수돗물 사용량이 줄어든다는 말까지 나왔다. 〈신부일기〉는 제3회 한국방송대상 최우수 작품상을 받았고, 1980년 TBC-TV를 통해 방송한 주말극 〈고독한 관계〉는 제16회 백상예술대상 극본상을 받았다.

1977   월간 여성 잡지 연재소설 「상처」를 시작으로 1990년까지 드라마와 별개로 무려 13편 이상의 소설을 발표. 단행본으로 출간된 이들 소설들은 단번에 베스트셀러 반열에 올랐다. 소설 『겨울로 가는 마차』, 『여자 마흔 다섯』 등이 모두 이 시기에 나왔다.

1980   컬러 TV 방송 시대가 열린 후 2000년대까지, 긴 연속극에 비해 상대적으로 작품성이 뛰어난 각 방송사의 명품 단막극 또는 순도 높은 2, 3부작의 특집극을 사실상 도맡아 집필하며 TV 드라마의 또 다른 진수를 보여주었다. 모두가 인간의 본질을 끊임없이 추구하는 내용들로, 3부작을 하룻밤에 연속 방송하는 집중 편성을 통해 더 많은 시청자들에게 전율에 가까운 충격과 감동을 안겨주었다. 이들 특집극 가운데 〈옛날 나 어릴 적에〉는 1981년 또다시 제17회 백상예술대상 극본상을, 〈어디로 가나〉는 제20회 한국방송대상 TV 드라마 부문 작품상과 그해 한국방송작가상을 받았고, 〈은사시나무〉는 다시 한번 제37회 백상예술대상 TV 부문 극본상을 수상했다.

1984   5월부터 11월까지 방송된 〈사랑과 진실〉은 최고 시청률을 76%까지 끌어 올리며 김수현 드라마 '사랑 시리즈'의 신호탄이 되기도 했다. 이 무렵부터 일일극에서 빠져나와 TV 드라마의 흐름을 주간 연속극 위주로 바꿔놓았고, 1987년에는 '사랑 시리즈' 제2탄이라 할 수 있는 〈사랑과 야망〉을 써서 또 한 번 최고 시청률 70% 이상이라는 선풍적인 인기를 안방에 몰고 왔다. 1988년

제24회 백상예술대상에선 TV 부문 대상을 차지했고, 2006년 SBS에서 리메이크되어 또다시 폭발적인 인기를 얻었다.

1988   사단법인 한국방송작가협회의 이사장직을 맡아 이후 8년여 동안 방송 작가들의 권리 찾기에 앞장서 투쟁과 헌신으로 저작권 확보를 완성했다. 후진 양성을 위한 '방송작가 교육원'도 개설해 향후 이곳 출신 작가들 대다수가 방송 프로그램을 거의 장악해 방송 콘텐츠 향상을 주도함으로써 드라마를 비롯한 방송 발전에 크게 공헌하였다.

1990   11월부터 1992년 5월까지 방송된 주말극 〈사랑이 뭐길래〉는 코믹 홈드라마라는 새로운 장르를 개척함과 동시에 TV 드라마의 수준과 흥미를 한 단계 높였다는 평가를 받았다. 기왕의 수식어인 '언어의 연금술사'에 이어 TV 드라마에 관해 드디어 '신의 경지'에 이르렀다는 극찬을 세상 사람들과 언론으로부터 들었다.

1992   〈사랑이 뭐길래〉는 한국 방송 사상 처음으로 중국에 진출, 한류의 원조 또는 효시로 최초의 수출 드라마가 되었다. 당시 〈사랑이 뭐길래〉가 방송되는 주말 저녁 8시 시간대에 남의 집에 전화하는 일은 크게 실례라고 할 정도로 온 국민이 이 드라마에 빠져드는 일종의 '김수현 신드롬'을 낳았다. 중국 역시 그 반응이 엄청나 당시 10억이 넘는 인구의 온 대륙이 들썩였다는 중국 CCTV 관계자의 증언이 있었다. 국내 최고 시청률 64.9% 또한 결코 그저 그냥 넘길 만한 수치가 아니었다.

1993   〈산다는 것은〉과 〈작별〉과 같은, 주로 삶과 죽음에 대해 진지하게 접근하는 작품들을 SBS 주간 드라마를 통해 선보였다. 번뜩이는 재치와 시청자의 말문을 트이게 하는 생생하고 맛깔스러운 대사, 언어 문학의 상승 효과, 빠른 전개와 충만한 리얼리티, 인물들의 다양한 캐릭터와 상황 반전에 지치지 않는 서사 구조를 거침없이 쏟아냈다.

1995   KBS 주말 연속극 〈목욕탕집 남자들〉은 수많은 '김수현표 가족 드라마' 가운데 또 하나의 전범을 보여준 경우다. 이 드라마 한

편으로 그때까지 상대적으로 다소 열세에 있던 KBS 드라마들을 단 한 방에 강세로 돌려놓는 마법을 보여주었다. 1995년 당시 한 유력 월간지가 해방 후 '한국을 바꾼 100인' 가운데 방송계에서는 유일하게 드라마 작가 김수현을 선정 발표했다. 가령 시청률 30% 면 대략 1천만 명, 70% 안팎이면 아무리 깎아도 2천만 명 이상이 한꺼번에 동시 시청한다는 계산이다. 게다가 이와 같은 특정 작가 드라마에 대한 꾸준하고 열광적인 시청 행태는 1970년대 초 김수현의 드라마가 처음 등장한 때부터 2010년대 초까지 약 40여 년간 견고하게 유지됐다. 그간의 '김수현 드라마'가 한국인의 생활양식이나 의식과 문화, 대중적 가치와 정서에 미친 긍정적인 영향을 올바르게 평가한 결론으로 볼 수 있는 일이었다.

2000　　SBS 주간 드라마 〈불꽃〉을 시작으로 〈완전한 사랑〉(2003), 〈내 남자의 여자〉(2007)까지 시대의 변화와 함께하는 〈청춘의 덫〉 리메이크를 비롯해 새로운 감각의 멜로드라마를 모색해 동시대의 사회 윤리적 문제와 정서적 도덕 방향을 정리해보기도 했다. 2004년 KBS 주말 연속극 〈부모님 전상서〉는 두 번째로 한국방송작가상을 받았고, 〈엄마가 뿔났다〉(2008), 제주도를 무대로 한 〈인생은 아름다워〉(2010)와 JTBC의 주말 연속극 〈무자식 상팔자〉(2012)까지 2000년대에 들어 괄목할 만한 '가족 드라마 4종 세트'를 내놓으며 역시 김수현 드라마의 기본 단위는 '가족'이라는 점을 상기시켰다. 계속된 여러 편의 '국민 드라마'로 여전히 많은 시청자의 공감을 이끌어내는 데 성공했다.

2008　　한국방송협회 주관 '서울 드라마 어워드'에서 '올해의 대한민국 대표 작가'로 선정됐다.

2012　　대한민국 대중문화예술상 은관문화훈장을 수여받았다.

김수현 드라마 전집 16
세 번 결혼하는 여자 3

1판 1쇄 인쇄	2021년 5월 17일
1판 1쇄 발행	2021년 6월 21일

지은이	김수현
펴낸이	임양묵
펴낸곳	솔출판사

책임편집	임우기
편집장	윤진희
편집	최찬미, 윤정빈
디자인	오주희
마케팅	이원지
경영관리	김태영, 박정윤

주소	서울시 마포구 와우산로29가길 80(서교동)
전화	02-332-1526
팩시밀리	02-332-1529
홈페이지	www.solbook.co.kr
이메일	solbook@solbook.co.kr
출판등록	1990년 9월 15일 제10-420호

ISBN	979-11-6020-136-9	04680
	979-11-6020-120-8	세트